Reinhold Wagner

Formen schriftlichen Sprachgestaltens

50 Modelle zum Aufsatzunterricht der Grundschule

R. Oldenbourg Verlag München

PRÖGEL PRAXIS 78

13. Auflage 1994

Textzeichnungen von Eduard Wienerl, München
Umschlaggestaltung: Mendell & Oberer, München
Satz, Offsetdruck und Broschuren von Schneider Druck GmbH, Rothenburg ob der Tauber

ISBN 3-486-**98318**-0

Inhaltsverzeichnis

B Unterrichtsmodelle

Unterrichtseinheiten für das 1. und 2. Schuljahr

Herstellen erzählender Texte

Vorwort

Kein Bereich des Deutschunterrichts in der Grundschule stellt Studenten, Junglehrer und erfahrene Lehrer bei der täglichen Unterrichtsplanung und -durchführung vor so große Schwierigkeiten wie die Erziehung der Kinder zu einem adressaten-, sach- und situationsgerechten Herstellen schriftlicher Texte.

Dieses Handbuch bietet Arbeitshilfen zu allen Formen schriftlicher Textproduktion in allen Grundschuljahrgängen an und achtet auf eine ausgewogene Integration erzählender, informierender und appellierender Textsorten entsprechend sprachlichem Entwicklungsstand, Interessenlage, gegenwärtigen und zukünftigen Schreibanforderungen. Es zeigt 50 in der Unterrichtspraxis sorgfältig erprobte Modelle auf, die neuere kommunikations- und informationstheoretische Erkenntnisse in bewährte Verfahren des Aufsatzunterrichts integrieren.

Jedem Modell liegt ein Schema zugrunde, das dem Leser eine sichere und zügige Orientierung und Information ermöglicht: Die *Didaktischen Informationen* am Beginn jeder Unterrichtseinheit erhellen den fachwissenschaftlichen und -didaktischen Hintergrund der jeweiligen Unterrichtsthematik.

Im *Grobziel* ist die globale Unterrichtszielsetzung definiert, die *Lernzielkontrollen* weisen Möglichkeiten zur Überprüfung ihrer Realisierung auf.

Die *Lernhilfen* skizzieren stichpunktartig alle erforderlichen Arbeits- und Anschauungsmittel.

Unter „*Verlauf des Unterrichts*" sind detailliert ausgearbeitete Stundenbilder mit vorangestellten Feinzielformulierungen dargestellt, deren methodische Strukturen exemplarischen Charakter haben und sich mühelos in gleicher oder geringfügig variierter Weise auf andere Aufsatzthemen übertragen lassen.

Besonders hilfreich sind zahlreiche Schülerarbeiten zu allen Darstellungsformen, an denen konkret aufgezeigt wird, wie Schülertexte mit Hilfe der von uns entwickelten Kriterienkataloge beurteilt, benotet und mit einer sinnvollen Verbalbeurteilung versehen werden.

Unterrichtsverläufe und insbesondere ihre Zeitplanung können — dies sei betont — nur Beispielcharakter haben, wie der Unterricht bei Erprobung der Modelle verlief. Der Nachvollzug setzt die sorgfältige Beachtung des spezifischen sozio-kulturellen und anthropogenen Bedingungsfeldes einer Klasse voraus, aus der zeitliche, didaktische und methodische Verschiebungen resultieren können.

Wittlich, im Frühjahr 1979

Reinhold Wagner

A Theoretische Grundlegung

1. Kritik am traditionellen Aufsatzunterricht

Das Schreiben von Aufsätzen bereitet vielen an der Schule Beteiligten wie kaum ein anderer Bereich des muttersprachlichen Unterrichts Unzufriedenheit und Sorgen: den *Schülern*, die sich zuweilen mit Mißerfolgserlebnissen auseinandersetzen müssen, den *Eltern*, die über schlechte Zensuren klagen und dem Phänomen Aufsatz meist ratlos gegenüberstehen, und schließlich den *Lehrern*, die keine ausreichenden Konzepte zur Konsolidierung ihrer Notlage im Aufsatzunterricht zur Hand haben.

Kein Wunder also, wenn vor solchem Hintergrund eine beachtliche Skala fachwissenschaftlicher Positionen bezogen wird. Diese reichen von der Forderung, den Aufsatzunterricht in seiner bisherigen, wenn auch nicht immer bewährten Form des Herstellens normativer Textsorten beizubehalten, über gemäßigte Neuansätze moderner Sprachbücher und Richtlinien (1), die *reale Schreibanlässe* als einzige Grundlage schulischer Textproduktion fordern, bis hin zu soziolinguistisch orientierten Vertretern einer Extremposition: Da sich Aufsätze ohnehin nicht objektiv und somit gerecht bewerten ließen und das erheblich divergierende Sprachpotential infolge unterschiedlicher Schichtzugehörigkeit Start- und Entwicklungsnachteile bedinge, sei die Eleminierung von Aufsätzen aus der Schule die einzig sinnvolle Lösung.

In Anbetracht gegenwärtiger und wohl auch künftiger gesellschaftlicher, sozialer und wirtschaftlicher Bedingungen und Anforderungen wird jedoch kein für die Schule Verantwortlicher die Notwendigkeit bestreiten wollen, junge Menschen zur Bewältigung der zahlreichen schriftlichen Kommunikationsanforderungen in Alltag und Beruf zu führen.

Notwendig ist allerdings die ständige Überprüfung der Ziele, Bedingungen und Verfahren einer angemessenen Schulung im Herstellen schriftlicher Texte. Eine solche Positionserhellung sollte vor dem Hintergrund herkömmlicher Bestrebungen geschehen. Zur Einbettung der folgenden Unterrichtseinheiten soll daher zunächst eine knappe Übersicht über maßgebliche Entwicklungsschübe im Aufsatzunterricht der Vergangenheit gegeben werden, aus der dann Zielformulierungen, didaktische und methodische Folgerungen zur Konzeption der Unterrichtseinheiten abzuleiten sind.

1.1 Der gebundene Aufsatz

Bis zum Ende des 18. Jahrhunderts war der Aufsatzunterricht in der Volksschule unbekannt. Erst allmählich entwickelte sich aus stehenden Schreibformeln der Lehrer als erste Aufsatzmethodik der gebundene Aufsatz. Die Schüler sollten in den Stand gesetzt werden, vorgefertigte Texte aus dem Lese- oder Realienbuch möglichst wortgetreu nachzuschreiben. Man war der Auffassung, das Kind könne nur *reproduktiv* tätig sein und seine Sprachkräfte reichten zur Gestaltung eigener Ideen, Gedanken und Vorstellungen nicht aus.

Diese erste Aufsatzform war in ihrer extremsten Ausprägung „gebunden im Thema, in der Gliederung, in den Gedanken, im Satzbau, im Wortgut, im Umfang und im Zeitpunkt des Abfassens" (2).

1.2 Der freie Erlebnisaufsatz

Um die Wende vom 19. zum 20. Jahrhundert kam es unter dem Einfluß von Kunsterziehungs-, Erlebnisschul- und Arbeitsschulbewegung zur Entdeckung der *eigenschöpferischen Kräfte* des Kindes und zur Proklamation des *kindlichen Anspruchs auf Eigenleben*. Die Sprachkräfte des Kindes zur freien Entfaltung zu bringen und „das Kind wieder neu zum Erlebnis kommen zu lassen" (3), lautete das gemeinsame Ziel der Vertreter einer Erlebnispädagogik. Interessant scheint an dieser Stelle die Anmerkung, daß bereits im Jahre 1867 *Rudolf Hildebrand* in seinem Buch „Vom deutschen Sprachunterricht und von deutscher Bildung und Erziehung überhaupt" die Forderung erhob, die eigengestalterischen Kräfte im Kind hervorzulocken und daran die Form zu üben.

Zahlreiche Reformpädagogen wollten in radikaler und übertriebener Weise die Sprachkräfte des Kindes wuchern lassen. „Die gesamte Zeitbewegung hatte die Tendenz zum Subjektiven. Auch die Aufsatzbewegung war letzten Endes einseitig subjektiv gerichtet; daher war sie stark diffus und widersprüchlich geworden." (4) Dies soll dennoch nicht das grundsätzliche Verdienst der Erneuerer schmälern, insbesondere nicht dasjenige von *Paul Georg Münch* („Rund ums rote Tintenfaß", Leipzig 1900), *Otto Anthes* („Der papierene Drachen", Leipzig 1907), *Adolf Jensen* und *Wilhelm Lamszus* („Unser Schulaufsatz. Ein verkappter Schundliterat", Hamburg 1910).

Nach dem Abklingen der ursprünglichen Euphorie für eine in Thema, Wortwahl, Syntax, Gliederung, Inhalt und Umfang freie Gestaltung der Schüler wurden die Gefahren des blinden Drauflosschreibens erkannt und eine planmäßige Stilschulung betrieben.

Aus diesem Umbruch sollte für die gegenwärtige Situation der Aufsatzarbeit die Konsequenz gezogen werden, nicht auf eine einseitige und überzogene Berücksichtigung realer Schreibanlässe und des Adressatenbezuges abzuheben, sondern nach wie vor gezieltes Training zu angemessener stilistischer Sprachverwendung zu betreiben.

1.3 Der „sprachschaffende" und „sprachgestaltende" Aufsatz

Prägend für den Aufsatzunterricht der fünfziger und sechziger Jahre, ja bis in die Gegenwart hinein, wurde *Walter Seidemanns* Buch „Der Deutschunterricht als innere Sprachbildung", in dem er die Forderung nach einer „Erziehung zu sprachschaffender Darstellung" erhebt. Sprache wird bei ihm als etwas Schöpferisches, als Gestaltung aufgefaßt, bei der Inhalt und Form in der rechten Weise aufeinander abgestimmt sein müssen. Durch behutsame Lenkung sollen im Kind Sprachformgefühle entwickelt und das Hineinwachsen des Kindes in die Sprache erreicht werden. Aufsatz hat nicht, wie bei den Reformpädagogen, seine Grundlagen im Erlebnis überhaupt, sondern im *sprachlichen Gestaltungserlebnis*, bei dem das Kind durch seine Gestaltungsversuche immer neue Sprachmittel hinzugewinnt.

Im Gefolge Seidemanns waren *Reumuth* und *Rahn* der Meinung, im Aufsatzunterricht gehe es um die sprachliche *Gestaltung von persönlich Erlebtem* und die Einübung *kriterienbestimmter Stilformen*.

An der Schwelle zur völligen Neuorientierung des Aufsatzunterrichts am Ende der sechziger Jahre unterscheidet *Oswald Beck* in seinem verbreiteten zweibändigen Werk „Aufsatzerziehung und Aufsatzunterricht" fünf Grundformen des Aufsatzes und ordnet ihnen zahlreiche Misch- und Übergangsformen zu. „Hierbei umfassen Erzählung und Schilderung das mehr erlebende Begreifen und Darstellen von Welt (Erlebnisgestaltung), Bericht und Beschreibung die vorwiegend erkenntnismäßige Begegnung und Bewältigung von Welt (Erkenntnishaltung). Die Erörterung versucht, die Welt mit ihren Problemen verstandesmäßig zu durchdringen und abwägend Stellung zu beziehen; je nach dem Thema kann die Stellungnahme persönlich gefärbt oder mehr sachlich objektiv sein." (5)

Bis in die Gegenwart fordern Lehrpläne (6) die strikte Einübung spezifischer Stilmerkmale schriftsprachlicher Grundformen, deren Bewältigung als Indiz einer angemessenen Sprachgestaltung und -beherrschung gilt. Da auch die neue Textproduktion unter kommunikativem Aspekt auf herkömmliche Stilelemente erzählender, informierender und appellierender Textformen zurückgreifen sollte, werden sie kurz skizziert:

— Die *Erzählung* gestaltet ein äußeres oder inneres Geschehen in der richtigen Reihenfolge frisch, lebendig und spannend. Leser oder Hörer sollen gefesselt und unterhalten werden.

— Der *Bericht* stellt ohne Stellungnahme des Autors Tatsachen fest und erstrebt die sachlich richtige und genaue Wiedergabe eines einmaligen Ereignisses oder Geschehens in einer knappen Form und in einer nüchternen Ausdrucksweise.

— Zur *Beschreibung* gelangen Vorgänge und Gegenstände (Menschen, Tiere, Dinge). Die Vorgangsbeschreibung verdeutlicht klar und genau in der richtigen Reihenfolge ein Geschehen. Gegenstandsbeschreibungen führen in sachadäquater Formulierung und logischer Folge die charakteristischen Einzelheiten des Beschreibungsgegenstandes auf.

— Die *Schilderung* mit ihren Unterformen Naturschilderung, Stimmungsbild, Charakteristik und Bildbetrachtung verlangt innere Anteilnahme und persönliches Empfinden des Schreibers. Sie will Leser oder Hörer ergreifen und in Stimmung versetzen. Ihr ist ein anschaulicher und gefühlsbetonter Ausdruck angemessen. Ihre Bewältigung setzt genaues und verweilendes Betrachten voraus.

— In der *Erörterung* soll sich der Schüler mit einer Sache, einem Problem, einer Frage auseinandersetzen und eine Antwort geben. Die Zusammenhänge werden nur durch intensive Denkleistung einsichtig. Am Ende seiner Arbeit gelangt der Schreiber zu einem selbständigen Ergebnis. Voraussetzung sind eine klare Gliederung, eine sachliche Ausdrucksweise und die geschlossene Gestaltungseinheit.

1.4 Die schriftliche Kommunikation

Kommunikations- und Zeichentheorie, Pragma- und Soziolinguistik haben zu Beginn dieses Jahrzehnts neue sprachdidaktische Impulse vermittelt und eine Umstrukturierung der Sprachdidaktik bewirkt, die auch das schriftliche Sprachgestalten voll umfaßt. Zur Erweiterung der sprachdidaktischen Perspektive und zum Verständnis der Kritik am sprachgestaltenden Aufsatz werden zunächst grundlegende kommunikationstheoretische und linguistische Positionen aufgezeigt:

Kommunikationstheorie ist mit der Erkenntnis gekoppelt, daß Sprache ein Zeichensystem ist, mit dessen Hilfe wir Kommunikation treiben können. Sprache läßt sich unter diesem Aspekt verstehen als eine Kommunikationskette zwischen Kommunikationspartnern. Der Prozeß der sprachlichen Kommunikation läßt sich an dem von *Detlef C. Kochan* entwickelten, zwischenzeitlich vielfältig umgestalteten und modifizierten Kommunikationsmodell verdeutlichen:

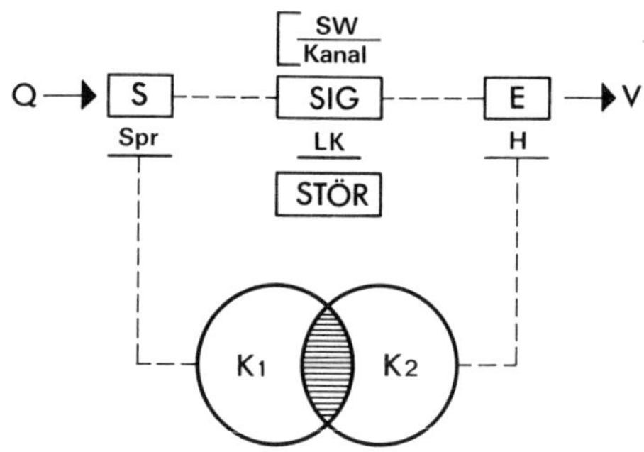

unterstr. Zeichen = *sprachl.* Kommunikation als *Spezial*fall
Q = Informationsquelle
S = Sender
Spr. = Sprecher (als Sender)

SIG = Signal
LK = Lautketten (bilden Signal)
Kanal = *SW* = Schallwellen (bilden Kanal)
E = Empfänger
H = Hörer (als Empfänger)

V = Informationsverwertung
STÖR = Störung
K = Kode
K_1 = Kode des Sprechers
K_2 = Kode des Hörers
= gemeinsamer Kode von K_1 und K_2

Dieses Modell kann nur Grundstrukturen sprachlicher Kommunikationsvorgänge wiedergeben. Es dokumentiert aber ein grundlegend verändertes Textverständnis:

a) Text wird verstanden als eine zentrale Komponente in einem kommunikativen Bezugsfeld, auf dessen einer Seite der *Autor* (Sender, Produzent, Sprecher, Schreiber), auf dessen anderer Seite in der Regel *Empfänger* (Hörer, Leser, Rezipient, Zuschauer) stehen (vgl. *P. Hartmann, H. Steger*).

b) Als Texte werden alle von Menschen mit einer *Aussageabsicht* gestalteten sprachlichen Produkte definiert, unabhängig
   — davon, ob sie mündlich oder schriftlich geäußert werden;
   — von ihrem Anlaß;
   — von den vermittelnden Medien (Geschriebenes, Gedrucktes, Bild, Tonträger);
   — von den gewählten Sprachebenen und -strukturen;
   — von Inhalt und Autor.

c) Jede Textproduktion geht von einem *Anlaß* aus und wird bestimmt durch das Zusammenspiel von
   — Autorabsicht,
   — dem dem Text zugrundeliegenden Sachverhalt,
   — der Situation des Textempfängers.

Auf der Grundlage dieser linguistischen Neuerungen wurden vor allem von *K. D. Bünting* und *Detlef C. Kochan* folgende Kritikpunkte an der formsensibleren Phase schriftlicher Sprachgestaltung formuliert (7):

— Die „Sprachgestaltung" der fünfziger und sechziger Jahre erweise ihre Herkunft aus den als vorbildlich empfundenen literarischen Ausprägungen, d. h. aus einem einseitig *literarisch* orientierten Verständnis von sprachlichem Darstellen.

Dabei sollten von Schülern im Aufsatzunterricht subjekt- oder objektbetonte Textformen der Hochliteratur (Erzählungen, Berichte, Beschreibungen) um der *Sprache* selbst, nicht jedoch um der situativen Autorinteressen willen, nachgeahmt werden. Solche Spracharbeit sei aber in höchstem Maße anfällig für Sprachnormvorstellungen.

- „Sprachgestaltung" fühle sich nicht an die Realität des sprachlichen Umgangs gebunden und gebäre sterile Darstellungsformen, die für den realen Sprachgebrauch unwichtig seien.
- Es sei im Aufsatzunterricht heute viel unmittelbarer einzugehen auf den unmittelbaren Gebrauch der schriftlichen Kommunikation und die damit gegebenen Schreibanlässe. Für den Sprachgebrauch zähle allein, ob und wie man mit seinem Sprachpotential und dessen Verfügbarkeit *reale Situationen* sprachlich bewältige.
- Der Schüler habe zuzeiten der schriftlichen „Sprachgestaltung" nicht gelernt, sich der schriftlichen Kommunikation so zu bedienen, daß er in erforderlichen Situationen eine schriftliche Fixierung so leisten könne, wie sie seinen *Absichten* entspreche und wie sie nach seiner Einschätzung dem Adressaten angemessen sei.
- Schriftliche Kommunikation fordere eine größere Bandbreite von Textsorten als die „Sprachgestaltung" mit ihren fünf Grundformen. Darüber hinaus müsse eine deutliche Akzentverschiebung zugunsten informierender und appellierender Texte gegenüber erzählenden Texten erfolgen.
- Die konsequentere Beachtung alterstypischer Sprachstilelemente infolge der Forschungsergebnisse *Pregels* (8) müsse die einseitige Anlehnung an die Normebene der Mittelschicht ersetzen.
- Die Benotung und Beurteilung von Aufsätzen in Form subjektivistischer Sanktionen müsse einer Bewertung nach Kriterien einer adressaten-, situations- und sachangemessenen Sprachverwendung weichen.

Zweifellos überzeichnen einige dieser kritischen Komponenten die negativen Aspekte der Phase schriftlicher Sprachgestaltung in den sechziger Jahren:

- Auch die schriftliche Sprachgestaltung stand primär im Dienste einer Vorbereitung junger Menschen auf vielfältige schriftliche Kommunikationsanforderungen ihrer gegenwärtigen und künftigen Umwelt, wenn auch der besondere kommunikative Aspekt keine so deutliche Akzentuierung wie heute erfuhr. Hierbei erwiesen sich die schriftlichen Grundformen als brauchbares Übungsmaterial, und sie wurden nur in Ausnahmefällen ohne realen Lebensbezug um der Sprache selbst willen geschrieben.
- Die propädeutische Hinführung zur Beherrschung eines für die Lebensbewältigung unabdingbaren Sprachkodes, der deutliche Merkmale und Parallelen des Mittelschichtkodes trägt, darf trotz neuer Erkenntnisse über alterstypische Sprachstilelemente nicht aus dem Auge verloren werden. Anforderungen des Mittelschichtkodes und altersbedingte Stilmerkmale dürfen einander nicht ausschließen, vielmehr muß die systematische Annäherung von entwicklungsabhängigem Sprachkode an den gesellschaftlich tragenden Kode in der Schule betrieben werden.
- Die Beurteilung und Bewertung von Aufsätzen wird mehr als bisher auf altersspezifische Phänomene Rücksicht nehmen müssen.

— Neben einer stärkeren Betonung des kommunikativen Zusammenhangs bei der Herstellung von Texten müssen nach wie vor im Neuerungseifer übersehene Grundpositionen schriftlicher Sprachgestaltung beibehalten werden:

  a) Textgestaltung unterliegt den Anforderungen der *Sprachform:* Dies bedeutet für die Unterrichtsarbeit nicht allein Festlegung des Textempfängers und des zu vermittelnden Sachverhalts, sondern auch *sprachlich-stilistische Übungen* zur Bereitstellung des Wortmaterials und der syntaktischen Grundstrukturen.

  b) Der Schüler benötigt — nicht nur in der Grundschule, aber hier im besonderen — die Unterscheidung erzählender, informierender und appellierender Grundformen durch Operationalisierung und Systematisierung ihrer konstitutiven *Stilelemente.*

  c) Beachtung der Sprachform schließt eine radikale und einseitige Wertminderung der Sprache auf ihren reinen *Materialcharakter* aus und beläßt ihr einen angemessenen, wenn auch reduzierten kulturellen Eigenwert.

2. Didaktische Grundlagen eines zeitgemäßen Aufsatzunterrichts

2.1 Kommunikationspartner für die Schüler

Grundsätzlich gehen wir in kommunikationstheoretischem Sinne davon aus, daß jede schriftliche Kommunikation, ebenso wie die mündliche, Mitteilungscharakter hat, d. h. auf Leser oder Hörer bezogen ist.

Zu fordern ist bei der Festlegung der Textempfänger eine realistischere Einschätzung schulischer Bedingungen, Voraussetzungen und Möglichkeiten als bisher:

a) Reale Kommunikationspartner sollten immer dann außerhalb der Klasse gesucht werden, wenn es die natürlichen organisatorischen Voraussetzungen der Schule erlauben. Hier bieten sich vor allem Mitschüler, Eltern, Geschwister, Freunde, Lehrer, Verwandte und Bekannte und in Ausnahmefällen über Jugendzeitschriften ein größerer Leserkreis an. Nach wie vor tritt der Lehrer als häufigster, wenn auch nicht unbedingt wichtigster Textrezipient auf. Darüber sollten auch zahlreiche fachwissenschaftliche Beiträge oder Richtlinien nicht hinwegtäuschen und die Lehrer in arge Verlegenheit bringen (9).

b) Schüler können sehr wohl zur Bewältigung realer Schreibanlässe in Gegenwart und Zukunft unter nichtrealen unterrichtlichen Bedingungen angeleitet werden. Wir halten es für eine unzulässige Verkürzung bzw. Verfälschung, die vielfältigen schriftlichen Kommunikationsformen auf reale Textempfänger außerhalb der Schule einzuengen.

c) Neben dem Lehrer sollte der Textautor als Leser eigener Texte zu einem späteren Zeitpunkt zum Zwecke der Information (Merkzettel, Stichwortzettel, Exzerpte u. ä.) oder der Unterhaltung (Tagebuch, Geschichtenbuch u. ä.) eine Aufwertung erfahren.

2.2 Schreibintentionen

Der Schreibende verfolgt bei der Abfassung von Texten dem Leser gegenüber bestimmte Intentionen, die zu den folgenden drei Schreibabsichten zusammengefaßt werden:

a) Die Absicht zu erzählen

Der Autor will seine Textempfänger (Leser, Hörer) erfreuen, unterhalten, in Spannung versetzen und zum Nacherleben anregen.

Gelegentlich können erzählende Texte auch, wie z. B. bei der Fabel, belehrenden Charakter haben.

Der Erzähler läßt stets eine eigene, neue, fiktive Welt entstehen, in der die Wirklichkeit mehr oder weniger stark verändert dargeboten wird. Dem Erreichen seiner Intention dient die bewußte oder unbewußte Berücksichtigung der Baugesetze einer Erzählung.

b) Die Absicht zu informieren

Der Autor will beobachtete Vorgänge, Sachverhalte oder erfahrene Begebenheiten, Meinungen und Fakten mitteilen oder weitergeben. Beim *Mitteilen* tritt er als unmittelbarer Informant über eigene Sinneseindrücke und Erfahrungen auf, während er beim *Weitergeben* als mittelbarer Informant selbstempfangene Informationen an andere Rezipienten weiterleitet. Der Empfänger soll neue Erkenntnisse oder Kenntnisse gewinnen und/oder abgesicherte Einsichten in unsichere, subjektive Mutmaßungen erhalten.

c) Die Absicht der persönlichen Zuwendung oder die Absicht, jemanden zu beeinflussen (appellatives Schreiben)

Der Textverfasser hat die besondere Intention, den Adressaten durch den Einsatz entsprechender sprachlicher Mittel zu einer bestimmten Aktion zu veranlassen bzw. diese zu verhindern oder seine Meinung zu beeinflussen.

Eine Sonderform appellativer Texte stellt ein Text ohne direkten sprachlichen Appell dar, bei dem der Appell aus einer gegebenen Information abgeleitet werden muß.

Wenn diese Schreibabsichten in der Sprachrealität auch in Mischformen auftreten, sollten sie im Aufsatzunterricht der Grundschule bei Aufgabenstellung und Gestaltung möglichst einzeln und klar ersichtlich gehandhabt werden.

3. Ziele der Unterrichtsgestaltung beim Herstellen schriftlicher Texte

3.1 Erzählende Textgestaltung

Die Schüler sollen lernen, Texte abzufassen, in denen sie

— eigene Erfahrungen und Gedanken anderen mitteilen;

Schreibanlässe: Vielfältige Erlebnisse der Schüler mit besonderem Motivationscharakter

— Fiktives aus der Phantasie oder Vorstellung heraus aufschreiben;

Schreibanlässe: Einzelbilder, Bilderfolgen bzw. Bildergeschichten, Fotos, pantomimische Darstellungen

Texte oder Bildserien, die mit oder bis zu einer offenen Situation angeboten werden

— gehörte Texte wiedergeben und sie durch eine andere Erzählperspektive umgestalten;

Schreibanlässe: Epische Kurzformen, Lieder, Abzählreime u. ä.

3.2 Informative Textgestaltung

Unter der Absicht zu informieren, Information einzuholen, festzuhalten oder weiterzugeben, sollen die Schüler lernen,

— einen Vorgang oder Gegenstand genau zu erfassen, schriftlich zu fixieren und weiterzugeben;

Schreibanlässe: Die Grundlegung anspruchsvoller, umfangreicher informierender Textsorten, wie sie in vielfältigen Formen des Berichts und der Beschreibung auftreten, verlangt ein Hinausgehen über den engen und schlichten Kanon altersgemäßer, mehr oder minder ausgefallener Ausprägungen. Neben realen Schreibanlässen wie

a) Merkzettel, Notiz, Protokoll usw.

b) Briefe, in denen der Schreiber Auskunft gibt oder verlangt,

müssen auch weniger reale und mehr fiktive Anlässe wegen ihrer propädeutischen Bedeutung für weiterführende Schulen und zur Vorbereitung auf Berufs- und Alltagssituationen in die Grundschule integriert werden:

c) Altersadäquate Vorformen von Berichten über beobachtete Vorgänge und Beschreibungen betrachteter Gegenstände, die Dinge, Menschen und Tiere umfassen.

3.3 Appellative Textgestaltung

Die Schüler sollen lernen,

— ihre persönliche Zuwendung einem Adressaten und einer Situation angemessen zu formulieren,

— eigene Absichten in gesteigerter Appellationsform in Sprache umzusetzen und diese in die jeweils angemessenen Formen des schriftlichen Sprachgebrauchs zu bringen;

Schreibanlässe: Persönliche Briefe, in denen Grüße, Glückwünsche, Entschuldigungen, Einladungen, Bitten, Fragen, Mahnungen, Ratschläge u. ä. ausgesprochen werden; Wunschzettel und -briefe; Herstellen von Aufrufen, Plakaten usw.

4. Methodische Brennpunkte einer Unterrichtseinheit im schriftlichen Sprachgestalten

Aufsatzunterricht läßt sich, von der besonderen Methodik des 1. Schuljahres und am Beginn des 2. Schuljahres einmal abgesehen, in der Regel als Stundensequenz organisieren, deren Umfang und Verlaufsstruktur vom Darstellungsgegenstand und der Schreibfähigkeit und -fertigkeit in den aufsteigenden Schuljahren abhängt.

Unterrichtseinheiten des 1. und 2. Schuljahres dienen der systematischen Hinführung zu differenzierteren methodischen Akzentuierungen in der oberen Grundschulstufe und der Sekundarstufe I. Zunächst werden methodische Grobraster charakterisiert, wie sie allen folgenden Unterrichtseinheiten mit mehr oder weniger deutlichen Akzentsetzungen bzw. -verschiebungen zugrunde liegen. Diese Schwerpunkte sind nicht an eine bestimmte Stundenzahl oder -folge innerhalb der Einheiten gebunden.

4.1 Themenwahl und Themenformulierung

Über Erfolg und Gelingen von Unterrichtsvorhaben im schriftlichen Sprachgestalten entscheiden in erheblichem Maße Auswahl und Formulierung der Themen.

Folgende Grundsätze waren bei der Konzeption dieses Handbuches bestimmend:

— Die Gestaltungsbereiche sollen der Erlebens-, Erfahrens-, Anschauungs- oder möglichen Vorstellungswelt des Kindes entstammen und seine Verstehensgrenze keineswegs übersteigen;

— die Schreibanlässe sollen in Situationen oder Sachzusammenhänge schulischer und/oder privater Realität des Schülers eingebettet sein;

- die Themen sollen starke Sprech- und Schreibanreize bieten und Mitteilungsbereitschaft und -freude des Schülers entfalten;
- Einzel- und Rahmenthemen sollten — wo immer möglich — einander abwechseln;
- die Themenformulierung soll Aufsatzgrundform und Schreibintention erkennen lassen, möglichst knapp und dem sprachlichen Entwicklungsstadium angemessen sein und zu einer individuellen, genauen und klaren Aussage anleiten.

4.2 Vorbereitende Maßnahmen

Schriftliche Textgestaltung bedarf einer sorgfältigen Vorbereitung auf vielschichtige Anforderungen. Der Schreiber ist mit dem Darstellungsgegenstand, dem Adressaten und dem Sprachmaterial ebenso vertraut zu machen wie mit den sprachlichen Gestaltungsmitteln.

Im *1. und 2. Schuljahr* nimmt das mündliche Gestalten — das Erzählen und Berichten von Erlebtem und Erfahrenem, das Beschreiben und Erkunden einfacher Dinge und Sachverhalte, das korrekte Stellen von Fragen und ihre Beantwortung im Unterrichtsvollzug — eine zentrale Stellung ein.

Schriftliche Aufgaben erfordern wegen begrenzter Schreiberfahrungen und unzureichender Beherrschung von Grund- und Gebrauchswortschatz die besondere Hilfestellung des Lehrers, vor allem bei der Bereitstellung von Wort- und Satzmaterial.

Eine gezielte Differenzierung der Schreibanforderungen ist um der Vermeidung von Unter- und Überforderungen willen geboten.

Schriftliche Textherstellung geht im 1. Schuljahr kaum über kleine Einsatzgeschichten, Bildunterschriften oder mehrere Reihensätze hinaus, während im 2. Schuljahr bereits überschaubare, knappe Erlebnisse, Vertextungen von Bilderfolgen, Rätsel zur Gegenstands-, Tier- und Personenbeschreibung, Spiel- und Werkanleitungen und Briefe erarbeitet werden können.

Im *3. und 4. Schuljahr* erhalten die Schüler zunehmend Freiraum für individuelle Gestaltungen. „Sprachliche Kreativität setzt Freiheit voraus", das bedeutet, „daß beim Schreiben einfach mehr erlaubt wird" (10). Die Anforderungen werden durch systematischen Ausbau der Aufgabenstellungen erhöht. Der Wortschatz wird ständig ausgeweitet und die Wortwahl zunehmend reflektiert. Sprachliche Gestaltungsprinzipien werden durch gemeinsames Besprechen und Bewerten erstellter Entwürfe bewußter erfaßt und bei nachfolgenden Textproduktionen angewendet.

Ausgangspunkt aller vorbereitenden Überlegungen und Bemühungen im Aufsatzunterricht der Grundschule muß stets die anlage- und entwicklungsmäßig vorhandene *Sprachkraft* des sechs- bis zehnjährigen Schülers bleiben, d. h. jeweils der aktive und passive Wortschatz, die Erlebnis- und Darstellungsfähigkeit sowie Mitteilungsbedürfnis und -fähigkeit. Je mehr Gelegenheit der Schüler zu intensivem Sprechen erhält, um so besser und stetiger entwickelt sich seine Sprachkraft — auch im schriftsprachlichen Bereich.

4.21 Schaffung echter Schreibmotivationen

Die Schreibunlust vieler Schüler bereitet manch einem Praktiker erhebliche Sorgen. Oftmals resultiert sie aus einer fehlenden, unzureichenden oder zu wenig variierten Schreibmotivation. Beim Großteil aller erzählend-unterhaltsamen Textproduktionen geht sie vom Darstellungsgegenstand selbst aus: lustige, interessante Bildinhalte, spannende persönliche Erlebnisse u. ä. evozieren Mitteilungsbereitschaft und Freude am Schreiben.

Bei der Vielzahl von Schreibanforderungen im Verlaufe eines Schuljahres bzw. einer mehrjährigen Schulzeit genügt auf Dauer jedoch nicht ein auf wenige Minuten bemessener, als Motivationsphase ausgewiesener Einstieg in eine mehrstündige Unterrichtssequenz, dem die Arbeit an Darstellungsgegenstand und Sprachform auf dem Fuße folgt. Erforderlich ist vielmehr — und dies im besonderen in einem kommunikativ ausgerichteten Aufsatzunterricht — ab dem 3. Schuljahr das schrittweise Bewußtmachen von Sinn, Voraussetzungen und Folgen angemessener sprachlicher Enkodierung von Sachverhalten. Konkret bedeutet das: Am Beginn etwa jeder dritten Unterrichtseinheit sollte in einem ersten Block, der etwa ein bis zwei Unterrichtsstunden umfaßt, an bereitgestellten *Situationen*, sprachlichen *Vorbildern* oder *Fehlbeispielen* in sorgfältiger Kleinarbeit die Einsicht in die Notwendigkeit sach-, adressaten- und situationsbezogener Textproduktion vermittelt werden. Ist der Schüler einmal in dieser Weise sensibilisiert, wird er sich bereitwilliger der Textherstellung, der Korrektur und reinschriftlichen Endfassung unterziehen.

Beispiele einer derart breit angelegten Motivationsphase bieten die Unterrichtseinheiten:

Thema	*Schuljahr*	*Seite*
Der Dieb	3	127
Erlebnis mit einem Tier	3	133
Kleider verschwunden	3	152
Wenn ich Münchhausen wäre	3	159
Ein Beobachtungsgang zu einer Tankstelle	3	169
Jürgen hat seine Armbanduhr verloren	3	180
Einen(eine) Freund(in) einladen	3	194
Eine Anfrage an einen Förster richten	3	200
Angst gehabt — Erschrocken	4	236
Bach — Mütze — Schirm	4	244
Der Rabe und der Fuchs	4	256
Dackel entlaufen	4	274
Bin um sechs zurück	4	284
Mehr Schwimmunterricht!	4	291

4.22 Inhaltlich-sachliche Erschließung des Darstellungsgegenstandes

Aufsatzunterricht in der Grundschule muß „am konkreten Darstellungsgegenstand ansetzen" (11). Von diesen Darstellungsgegenständen fordert *Zander:* „Sie müssen im Unterricht bereitstellbar sein", „allen Schülern gemeinsam vorliegen", „einer ausführlichen Analyse zugänglich, anschaulich und motivierend sein" (12).

Mit aufsteigenden Jahrgangsstufen verbietet sich verständlicherweise in zunehmendem Maße die unterstützende Funktion des Lehrers, d. h. er wird darauf zu achten haben, daß die Aufsätze immer weniger vorbesprochen werden und der Freiraum für individuelle Textgestaltung sich ständig ausweitet.

4.23 Herstellen des Adressatenbezugs

Im Sinne des kommunikativen Ansatzes werden die Schüler bewußt zu einem adressatengerichteten Schreiben angeleitet. Ob es eines Hinweises durch den Lehrer auf mögliche Rezipienten bedarf und an welcher Stelle des Unterrichtsverlaufs dieser erfolgt, oder ob die Schüler von sich aus mögliche Textempfänger ansprechen, bleibt der individuellen Unterrichtssituation anheimgestellt. Im *1. und 2. Schuljahr* sollte das Bewußtsein des Textherstellens für einen bestimmten Leser systematisch in natürlicher und ungezwungener Atmosphäre angebahnt werden, so daß im *3. und 4. Schuljahr* allmählich unaufgefordert Vorschläge zu möglichen Textadressaten unterbreitet werden.

Als Adressaten können auftreten: der Lehrer, der neben dem Lesen auch die Aufgabe des Korrigierens und Bewertens wahrzunehmen hat; Lehrer des Kollegiums, frühere Lehrer; jetzige oder ehemalige Klassenkameraden, Briefpartner an anderen Schulen, Schüler der gleichen oder einer Parallelklasse; Eltern, Geschwister, Verwandte, Bekannte, denen man Geschichten, Berichte, Anleitungen zum Spielen und Basteln u. dgl. aufschreiben will; Textproduktionen für die Pinnwand oder Leseecke der eigenen Klasse, Texte für das Klassen-Geschichtenbuch oder für eine jeweils neu anzulegende Lesemappe; Einladungs-, Gruß- und Glückwunschschreiben an persönlich Bekannte; Bittschreiben; Anfragen bei diversen Fachleuten; Merkzettel für den eigenen Gebrauch u. a. m.

4.24 Sprachlich-stilistische Erschließung des Schreibanlasses

In dieser Phase geht es um die *Bereitstellung des Sprachmaterials* und um *Bewußtmachen von Gestaltungskriterien*, bei deren Verwendung ein Text partner-, sach- und situationsbezogen in einem alters- und schichtenspezifischen Sprachgebrauch abgefaßt werden kann.

Die Arbeit konzentriert sich vor allem auf fünf Schwerpunkte:

(1) Arbeit am Wortschatz

— Hilfsverben (ist, war, hat usw.) sinnvoll durch Vollverben ersetzen;
— dann-, da-Reihungen durch neue Satzmuster oder andere gleichwertige Wörter (plötzlich, auf einmal, ein wenig später u. ä.) ersetzen;
— Erweiterung des Wortschatzes durch Erarbeitung von Wortfeldern und Wortfamilien, durch Einsetzübungen u. ä.;
— klare Wortbegriffe schaffen durch Analyse semantischer Strukturen.

(2) Arbeit am Satz

— logische Reihenfolge herstellen durch Ordnen von verstellten Satzfolgen;
— logische Zuordnung von Satzfolgen zu Bildern;
— Folgen ohne Worte zeichnen lassen;
— Erzähltes spielen und nachspielen lassen;
— Gespieltes erzählen lassen und neu spielen.

(3) Rechtschreibarbeit

— im 1. und 2. Schuljahr Zeichnungen als Ersatz für Wörter zulassen;
— Benutzung von Schülerduden gestatten und fördern;
— Wortlisten mit den richtigen Schreibweisen in differenzierter Absicht zur Verfügung stellen;
— Texte schwacher Schüler werden vom Lehrer nach Diktat aufgeschrieben.

(4) Arbeit am Textaufbau bei erzählenden Texten

— Gliederung in Einleitung, Hauptteil und Schluß im 4. Schuljahr;

— Spannungskurve im literarischen Unterricht einführen und bei Erstellung, Besprechung und Bewertung von Texten nutzen:

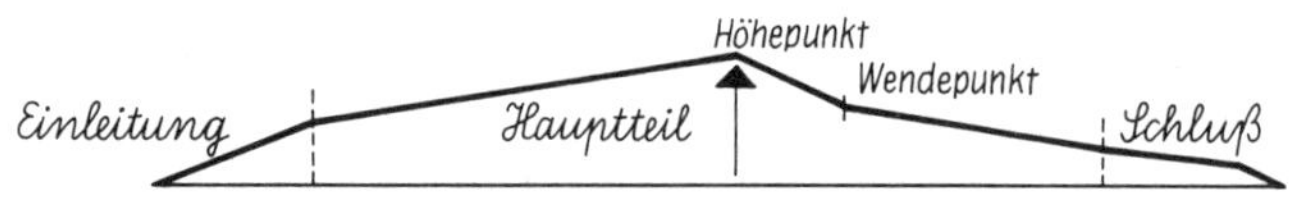

(5) Bewußtmachen grundlegender Gestaltungskriterien

Gestaltungsgrundsätze wollen und dürfen nicht zur Kanalisierung bzw. Einengung sprachschöpferischer Kräfte im Kinde führen, sondern sollen die abverlangte Aufgabenstellung transparent, d. h. klar verständlich, eindeutig und überprüfbar machen. „Der — manchmal gehemmte — Drang zum Ausdruck muß durch eine dem Entwicklungsalter entsprechende Aufgabenstellung ‚entbunden' werden und durch eine begrenzende Anweisung wieder gebunden werden." (13) Für Textherstellung, Besprechung, Korrektur und Beurteilung sind verständlich formulierte Gestaltungsgrundsätze eine wesentliche Hilfe.

4.25 Mündliche Gestaltungsversuche

Sie dienen dem Vertrautwerden des Schülers mit vorbild- bzw. beispielhaften Textfassungen, die sich ihres Vorläufigkeitscharakters wegen eher von den Zuhörern kritisieren lassen. Diese Phase hat in den ersten beiden Schuljahren eine weitaus höhere Gewichtung als in der oberen Grundschulstufe, in der sie um der Erhaltung von Kreativität und Individualität willen immer mehr in den Hintergrund tritt.

Die Überprüfung aus dem Stegreif vorgetragener Texte erfolgt mit Hilfe geläufiger und/oder bereitgestellter bzw. erarbeiteter Gestaltungskriterien. Möglich und sinnvoll ist auch die Ableitung von Gestaltungsmerkmalen und die Ergänzung eines vorhandenen Kriterienkatalogs.

Voraussetzung zum Gelingen dieser Unterrichtsphase ist eine konzentrierte Aufnahmehaltung der Klasse. Jede Störung bringt den Sprecher aus seinem Konzept und lenkt die Zuhörer ab.

4.3 Herstellen des schriftlichen Entwurfs

Aus der Sicht des Lehrers ist diese Phase ab der zweiten Hälfte des 2. Schuljahres nicht mehr steuerbar. Vor- und Nacharbeit fordern die Lehreraktivität stärker als jetzt, wo der Lehrer mehr als „Wörterbuch", „Formulierungs- und Rechtschreibhilfe" benötigt wird.

Von den Sozialformen ist bei der Textherstellung keine ausgeschlossen, je nach Aufgabe und Unterrichtszielsetzung empfiehlt sich die Einzel-, Partner- oder Gruppenarbeit, gelegentlich ist auch die gemeinsame Erarbeitung im Klassenverband angebracht. Um der Erhaltung der Schreibfreude willen empfiehlt sich ein regelmäßiger Wechsel der Sozialform.

Die in jeder Klasse unterschiedlich ausgeprägte Schreibfähigkeit und -fertigkeit macht Differenzierungsmaßnahmen erforderlich. Auf diese Tatsache nehmen die Unterrichtseinheiten dieses Handbuches in besonderem Maße Rücksicht.

4.4 Besprechung, Überarbeitung, Korrektur

Die Abfolge feinmethodischer Maßnahmen ist nicht festgelegt: Während sich einmal die Besprechung unmittelbar an die Herstellung der Entwürfe anschließt und Richtschnur für nachfolgende Korrekturmaßnahmen des Schülers ist, steht ein andermal die Korrektur durch Lehrer und/oder Schüler am Anfang. Folgende Schemata verdeutlichen mögliche Verlaufsstrukturen:

Konzeption 1

Besprechung exemplarischer Entwürfe Vergleich gelungener, mittelmäßiger und schlechter Beispiele	→	Korrektur, Textüberarbeitung oder -neufassung durch Lehrer und/oder Schüler in Allein-, Partner- oder Gruppenarbeit	→	Reinschrift

Konzeption 2

Korrektur durch Lehrer und/oder Schüler in Allein-, Partner- oder Gruppenarbeit	→	Besprechung exemplarischer Entwürfe Vergleich gelungener, mittelmäßiger und schlechter Beispiele	→	Reinschrift

4.41 Korrekturen durch die Schüler

Sie sollen und können Lehrerkorrekturen nicht ersetzen, sondern wollen dem Schüler deutlich machen, daß sein Entwurf zunächst Arbeitsgrundlage ist, an der ge- und überarbeitet werden kann. Schülerkorrekturarbeiten sind in Allein- und Partnerarbeit, aber auch in kleinen Gruppen von drei bis vier sprachlich etwa gleich ausdrucksfähigen Schülern möglich. In der schwächeren Gruppe wird der Lehrer intensive Hilfestellung leisten.

An exemplarischen Textbeispielen sollten die Schüler entsprechend Konzeption 1 für notwendige Überarbeitungen an den eigenen Entwürfen sensibilisiert werden. Bei der vergleichenden Besprechung haben sich vor allem zwei Formen bewährt:

a) Die Besprechung unmittelbar im Anschluß an die Textherstellung

Die Schüler lesen Entwürfe mit unterschiedlichem Leistungsniveau unmittelbar nach Fertigstellung vor. Unter Verwendung zuvor festgelegter Gestaltungsprinzipien werden positive und negative Momente herausgestellt.

Eine variierte Textbegegnung läßt sich durch Medieneinsatz herbeiführen: Tafelanschrift, Abzüge, Episkop, Tageslichtprojektor.

b) Die Besprechung nach vorangegangenen Vorarbeiten des Lehrers

Nach sorgfältiger Auswahl erhalten die Schüler Abzüge mit zwei bis vier Schülertexten unterschiedlicher Leistungsstärke. In Allein-, Partner- oder Gruppenarbeit streichen sie Fehler an, be- und überarbeiten erforderlichenfalls die Texte und erteilen gelegentlich auch Noten. (Lehrer spielen bereitet Kindern Freude!) In der Besprechung werden Aussagen am Text belegt; alle Schüler erhalten auf diese Weise Gelegenheit, Textstellen sorgfältig und in Ruhe ins Auge zu fassen und Verbesserungsvorschläge zu unterbreiten.

4.42 Korrekturen durch den Lehrer

Sie dienen einmal dazu, dem Schüler genau zu zeigen, wo seine Schwächen und seine Stärken bei der Textgestaltung liegen, und ihn über Anerkennung und aufbauende Kritik zur intensiven Betrachtung seines Tuns zu führen. Zum andern sollte der Lehrer bei der Durchsicht der Entwürfe alle positiven und negativen Besonderheiten in einer Auflistung festhalten. Diese dienen

— der Planung und Durchführung der sich unmittelbar anschließenden Nachbesprechung der Schülerarbeiten,
— der Planung und Durchführung besonders angesetzter Wortschatz- und Ausdrucksübungsstunden zur Verbesserung schwacher Ausdrucksformen,
— der Bewertung der Aufsatzleistungen ab dem 3. Schuljahr, für die sie die Grundlage zur Beurteilung sprachlicher Gestaltungsfähigkeiten abgeben.

Primäre Aufgabe einer vom Lehrer vorgenommenen Korrektur der Schülerentwürfe ist es, dem Schüler Hilfestellung und Material an die Hand zu geben, um aufgetretene Schwächen erkennen und berichtigen zu können, so daß sie nicht mehr mit gleicher Wahrscheinlichkeit in nachfolgenden Arbeiten erneut auftreten. Für den Lehrer und seine Korrektur ergeben sich Notwendigkeiten, die es zu beachten gilt:

> Der Lehrer soll zurückhaltend korrigieren!
>
> Er soll nur solche Fehler ausbessern, die der Schüler aufgrund seines Könnens nicht selbständig bewältigen kann!
>
> Er soll nur kennzeichnen, was als falsch belegt werden kann, nicht aber, worüber man im Zweifel oder anderer Meinung sein könnte!
>
> Er soll als Fehler feststellen, was falsch ist, nicht nur, was der Schüler als falsch erkennen kann!
>
> Er soll bei rechtschreibschwachen Schülern die Korrektur selbst vornehmen; leistungsstarken Kindern genügen Bemerkungen am Rand!

4.5 Endfassung und Reinschrift

Diese Phase rief in der jüngsten Vergangenheit wegen der Einwände gegen übertriebenen Formalismus und gegen die an den realen kommunikativen Bedürfnissen des Schülers vorbeigehenden Anforderungen zahlreiche Gegner auf den Plan. Man artikulierte die Befürchtung, dem Schüler werde die Freude an einem kreativen, echten und ungezwungenen Schreiben genommen.

Man bedenke jedoch: Solange unsere Gesellschaft einen in Schriftbild und Textanordnung ästhetischen Schriftverkehr erwartet, sollte auch im schriftlichen Sprachgestalten der Schule eine saubere und ansprechende Endfassung erstellter Texte selbstverständlich sein, zumal dann, wenn diese einem größeren Leserkreis zugänglich gemacht und über einen längeren Zeitraum aufbewahrt werden soll.

4.6 Bewertung und Benotung

Der nachfolgende Aufweis neuer, in mehrjähriger Praxis gewonnener Kriterienkataloge zur objektivierten und koordinierten Beurteilung von Grundschulaufsätzen macht eine knappe fachtheoretische Erhellung der vielschichtigen Problematik von Aufsatzbeurteilung erforderlich.

4.61 Aufsatzbeurteilung kontrovers

Schon 1925 stellte *W. O. Döring* fest, daß ein und derselbe Lehrer zu verschiedenen Zeiten bis zu zwei Notengrade in seiner Bewertung des gleichen Textes schwankt, so daß also die gleiche Arbeit nicht nur von verschiedenen Einzelbeurteilern sehr unterschiedlich bewertet wird, sondern auch vom gleichen Beurteiler zu verschiedenen Zeiten.

Zu gleichen Ergebnissen kam *G. Schröter* (14), der 600 Aufsätze von verschiedenen Lehrern beurteilen ließ und nicht nur Schwankungen in den Ziffernoten bis zu 100% feststellte, sondern auch ebenso gestreute gegensätzliche Wortkommentare. Das Problem der Aufsatzbeurteilung wurde Gegenstand kritischen Nachdenkens und empirischer Untersuchungen. Seit Beginn der sechziger Jahre hat die Diskussion verstärkt eingesetzt und drei Gruppierungen mit unterschiedlichen Meinungen zur Aufsatzbeurteilung hervorgebracht:

a) Die Befürworter konventioneller Beurteilungsverfahren und Zensierungsmethoden
Sie bewerten vorwiegend die nach Erlebnis (Subjekt) und Erkenntnis (Objekt) aufgespaltenen Aufsatzgattungen mit Hilfe literaturästhetischer Gesichtspunkte in der Meinung, man könne „erfahren und intuitiv richtig, angelehnt an die Kriterienkataloge, beurteilen" (15).

b) Die Lehrer, die die Aufsatznote zwar beibehalten, das Verfahren der Zensierung jedoch objektivieren wollen
Sie suchen nach Möglichkeiten der Verbesserung und Vereinheitlichung der Benotungspraxis, um den „Gerechtigkeitskoeffizienten" zu erhöhen.

c) Eine engagierte Gruppe, die eine ersatzlose Abschaffung der Aufsatznote fordert (16)
Wir sind mit *Beck* der Meinung: „Die erste Gruppe handelt in oft zu selbstsicherer bis selbstgefälliger und damit unverantwortlicher Weise. Die letzte Gruppe muß deshalb wirklichkeitsfremd bleiben, weil bislang keine überzeugende Alternative zur Notengebung angeboten, ja nicht selten von fachfremder Basis her argumentiert wird." (17)
Somit bleibt als einzig sinnvolle Lösung die Verbesserung und Objektivierung der Leistungsmessung bei der Beurteilung von Schülertexten.

4.62 Verfahren zur Objektivierung der Aufsatzbeurteilung

Um Fehlerquellen weitgehend auszuschalten, sollte der Lehrer neben dem Bemühen um die Entwicklung und Anwendung neuer Beurteilungsverfahren (Operationalisierung von Lernzielen, Erforschung und Ausdifferenzierung textkonstitutiver Elemente) stets *kritische Selbstprüfung* üben.

Punktuell wären zu nennen:

— Die Überprüfung der jeweiligen Voraussetzungen bei der Aufgabenstellung;
— eine eigene gestalterische Sprachleistung des Lehrers in gewissen Zeitabständen;
— eine mindestens zweimalige Durchsicht der Aufsätze;
— die Ausschaltung des Reihenfolgeeffektes;
— eine gelegentliche Gegenkontrolle im Kollegenkreis;
— die Einbeziehung von informellen Tests und von Vergleichsarbeiten.

Ähnliches gilt, um Unsicherheitsfaktoren beim Schüler, beim Darstellungsgegenstand, bei der Sprache und bei sonstigen Aspekten auszuschalten. Hierbei wäre vor allem zu beachten:

— Ein frühzeitiges Einbeziehen der Schüler in Beurteilungspraktiken und Zensurvorgänge;

— die gezielte Streuung der Aufgabenbereiche, um sachlich/objektorientierte und persönlich/subjektbetonte Stiltypen gleichwertig zu berücksichtigen;
— die Rolle von Rechtschreibung und Schrift im Zensurvorgang unmißverständlich festlegen;
— dem Schüler Einsicht in Sinn und Zweck der Verbalbeurteilung vermitteln.

4.63 Anforderungen an Kriterienkataloge

Bei Herstellung und Gewinnung der nachfolgend aufgezeigten Kriterienkataloge ließen wir uns von folgenden Grundsätzen leiten:
— Sie sollen auf die Altersstufe des Grundschülers abgestimmt sein, d. h. seinem sprachlichen Reife- und Entwicklungsstadium entsprechen;
— sie sollen möglichst aufgabenspezifisch, d. h. auf jede Aufsatzgrundform abgestellt sein;
— sie sollen neuere fachwissenschaftliche und -didaktische Erkenntnisse mit einbeziehen (kommunikativer Aspekt);
— sie sollen eine Gewichtung der Teilaspekte (Inhalt — Sprache) und der Einzelkriterien vorschlagen;
— sie sollen zwar auf der einen Seite möglichst viele Beurteilungsgesichtspunkte in differenzierter Weise enthalten, auf der anderen Seite aber unbedingt überschaubar und handhabbar bleiben (18).

4.64 Neue Kriterienkataloge zur Beurteilung von Grundschulaufsätzen

Mit beachtlichem Erfolg haben wir über einen Zeitraum von zwei Jahren Kriterienkataloge in der Praxis erprobt. Sie brachten uns dem Ziel einer gerechteren Bewertung von Schülertexten erheblich näher, wenn auch ebensowenig wie bei allen bisher bekannten Kriterienkatalogen (19) eine absolut objektive Beurteilung eines so vielschichtigen Gebildes, wie es ein Aufsatz darstellt, möglich sein wird. In besonderer Weise haben sie sich bewährt
— bei der koordinierten Leistungsmessung an einem Schulsystem;
— als Formulierungshilfe bei der in Lehrplänen und Richtlinien der Bundesländer einheitlich geforderten Verbalbeurteilung;
— als Richtschnur bei der Operationalisierung maßgeblicher sprachlicher Gestaltungsmittel bzw. -kriterien der jeweiligen Darstellungsform;
— als „offene" Kriteriensysteme, in denen sich bei Bedarf einzelne Kriterien ändern, streichen oder ergänzen lassen.

Ihr Einsatz erfordert die *Beachtung folgender Grundsätze:*

4.641 Allgemeine Beurteilung

(1) Alle Textsorten werden nach Kriterien innerhalb folgender *Grobraster beurteilt:*
   a) Inhalt
   b) Gestaltung
   c) Schrift

   Die Gesamtnote errechnet sich aus Inhalt und Gestaltung. Die Schrift wird gesondert bewertet. Folgendes Schema kann zugrunde gelegt werden:

   Inhalt: Schrift:
   Gestaltung:
   Gesamtnote:

(2) Für die einzelnen Arten von Aufsätzen (Bildergeschichte — Phantasieerzählung — Erlebniserzählung — Nacherzählung — Vorform des Berichts — Vorform der Beschreibung) sollen die untenstehenden *Kriterienkataloge* verwendet werden.

(3) Für alle Textsorten gilt folgende *Bewertungstabelle:*

Gesamtpunktzahl = 20

20—18 Punkte = sehr gut	11—8 Punkte = ausreichend
17—15 Punkte = gut	7—5 Punkte = mangelhaft
14—12 Punkte = befriedigend	4—0 Punkte = ungenügend

(4) Bei der Festlegung der Teilnoten für *Inhalt* und *Gestaltung* ist die sich ergebende Punktzahl zu *verdoppeln* und die Note danach aus der Bewertungstabelle abzulesen. Die *Gesamtnote* ergibt sich aus der *einfachen Addition* der beiden Teilpunktzahlen.

Beispiel:

Inhalt: 5 Punkte × 2 = 10 Punkte = ausreichend
Gestaltung: 8 Punkte × 2 = 16 Punkte = gut
Gesamtnote: 13 Punkte = befriedigend

4.642 Kriterienkataloge für die Bewertung einzelner Textformen

Bildergeschichte

I. Inhalt:

a) Richtigkeit des Handlungsablaufs	2 Punkte
b) Erfassung der Pointe	4 Punkte
c) Genauigkeit und Vollständigkeit in der Darstellung	2 Punkte
d) Sinnvolle Füllung der Geschehnislücken	1 Punkt
e) Erreichen einer Gestaltungseinheit	1 Punkt
	10 Punkte

II. Gestaltung:

a) Treffende Wortwahl	2 Punkte
b) Vermeiden von Wiederholungen am Satzanfang und im Satz	2 Punkte
c) Richtigkeit bei Satzbau, Satzverbindungen, Satzgefüge	2 Punkte
d) Wirksamkeit der Sprache: Lebendige und frische Ausdrucksweise durch wörtliche Reden, Fragen und Ausrufe	2 Punkte
e) Einhalten oder gezielter Wechsel der Erzählzeit	1 Punkt
f) Richtiger Kasusgebrauch	1 Punkt
	10 Punkte

Erlebniserzählung

I. Inhalt:

a) Liegt eine Gestaltungseinheit vor? Keine Sprünge? Folgerichtiger Handlungsablauf?	2 Punkte
b) Ist eine lebendige Darstellung gegeben?	2 Punkte
c) Liegt eine Steigerung der Spannung vor? Wird allmählich zum Höhepunkt hingeführt?	2 Punkte
d) Sind Beobachtungen genau und differenziert wiedergegeben? Vollständige Darstellung, Angaben über Personen, Ort und Zeit?	2 Punkte
e) Werden eigene Gedanken und evtl. Gefühle wiedergegeben?	2 Punkte
	10 Punkte

II. Gestaltung:

a) Hat der Schreiber eine spannungsweckende Überschrift gewählt?	1 Punkt
b) Hat der Schreiber treffende Verben und farbige Adjektive verwendet?	2 Punkte
c) Finden wir wechselnden und richtigen Satzbau sowie Satzgefüge?	1 Punkt
d) Sind unterschiedliche Satzanfänge benutzt worden?	1 Punkt
e) Wird wörtliche Rede eingesetzt?	1 Punkt
f) Belebt der Schreiber seine Erzählung mit Fragen und Ausrufen?	1 Punkt
g) Ist ein Spannungsbogen erkennbar?	2 Punkte
h) Ist die Zeit eingehalten oder gezielt gewechselt worden?	1 Punkt
	10 Punkte

Phantasieerzählung

I. Inhalt:

a) Wurde die vorgegebene Aufgabe erfüllt? Wurde zu Reizwörtern oder zu einem Rahmenthema erzählt? Wurde ein Erzählteil sinnvoll ergänzt?	3 Punkte
b) Liegt eine Gestaltungseinheit vor?	3 Punkte
c) Ist ein Gestaltungszusammenhang gegeben?	2 Punkte
d) Ist eine Grobgliederung in Einleitung, Hauptteil und Schluß erkennbar?	1 Punkt
e) Wurde eine treffende Überschrift gefunden?	1 Punkt
	10 Punkte

II. Gestaltung:

a) Hat der Schreiber treffende Verben und farbige Adjektive verwendet?	2 Punkte
b) Finden wir wechselnden und richtigen Satzbau sowie Satzgefüge?	2 Punkte
c) Sind unterschiedliche Satzanfänge gewählt worden?	1 Punkt
d) Wurden wörtliche Reden, Ausrufe und Fragen eingesetzt?	2 Punkte
e) Ist ein Spannungsbogen erkennbar?	2 Punkte
f) Ist die Erzählzeit eingehalten oder sinnvoll gewechselt worden?	1 Punkt
	10 Punkte

Nacherzählung

I. Inhalt:

a) Wurde der Inhalt vollständig aus wechselnder oder gleicher Perspektive wiedergegeben?	3 Punkte
b) Wurde auf Darstellung überflüssiger oder störender Details verzichtet?	2 Punkte
c) Wurden die Autorintention, die Pointe, der Grundgedanke des vorgegebenen Textes erfaßt?	3 Punkte
d) Wurde die Reihenfolge der Einzelschritte eingehalten?	2 Punkte
	10 Punkte

II. Gestaltung:

a) Hat der Schreiber treffende Verben und farbige Adjektive, auch nach eigener Wahl, verwendet?	2 Punkte
b) Finden wir wechselnden Satzbau und richtiges Satzgefüge?	2 Punkte

c) Sind die Satzanfänge variabel gestaltet? 2 Punkte
d) Wird wörtliche Rede eingesetzt? 1 Punkt
e) Werden spannungserzeugende Ausrufe und Fragen verwendet? 1 Punkt
f) Ist die Erzählzeit eingehalten worden? 2 Punkte

10 Punkte

Vorformen von Bericht und Beschreibung

I. Inhalt:

a) Ist die gegebene Information sachlich richtig und vollständig? 4 Punkte

b) Wird die Information in einer logischen Reihenfolge der Einzelschritte gegeben? 3 Punkte

c) Ist die Information so ausführlich, daß
- der Leser des Berichts von einem Ereignis oder Geschehen eine genaue Vorstellung erhält?
- der Leser der Beschreibung genaue Vorstellungen von Vorgängen, Gegenständen, Tieren oder Personen erhält? 3 Punkte

10 Punkte

II. Gestaltung:

a) Hat der Schreiber treffende Fachtermini, Verben und Adjektive verwendet? 2 Punkte
b) Sind Satzbau, Satzverbindungen und Satzgefüge richtig? 2 Punkte
c) Ist der Darstellungsstil dem Darstellungsgegenstand entsprechend sachlich, knapp und klar? 2 Punkte
d) Ist die verwendete Zeitform der Aufgabenstellung angemessen? 2 Punkte
e) Gelingen dem Schreiber Variationen in Wortwahl und Satzbau? 2 Punkte

10 Punkte

4.7 Die Verbalbeurteilung

Hier nimmt der Lehrer *konkret* zur Arbeit des Schülers Stellung. Er hebt besondere Leistungen hervor und gibt gezielte Anregungen und Hilfen für Verbesserung, Überarbeitung und die weitere Aufsatzarbeit.

Die Verbalbeurteilung hat darüber hinaus die Aufgabe, dem Schüler die in einer Note ausgedrückte Leistungsbewertung verständlich und einsichtig zu machen.

Die folgenden Unterrichtseinheiten enthalten beispielhafte Verbalbeurteilungen, an denen sich die individuelle Formulierung ausrichten kann.

Anmerkungen:

1. Vgl.: „Sprache und Sprechen", Arbeitsmittel zur Sprachförderung in der Primarstufe, Schroedel Verlag, Hannover
„Sprachbuch für die Grundschule", Diesterweg Verlag, Frankfurt a. M.
Rahmenrichtlinien für die Grundschule der Bundesländer Hamburg, Hessen und Nordrhein-Westfalen
2. Beinlich, A. (Hrsg.): Handbuch des Deutschunterrichts im ersten bis zehnten Schuljahr, Band 1, Emsdetten 1969[5], Seite 403
3. ebd., Seite 404
4. ebd., Seite 408
5. Beck, O.: Aufsatzerziehung und Aufsatzunterricht, Band 2, Bonn-Bad Godesberg 1971[2], Seite 25

6. Vgl. Lehrplan für die Grundschule der Länder Rheinland-Pfalz und Saarland
Lehrplan für die Hauptschule in Rheinland-Pfalz
Lehrplan für die Hauptschule in Bayern

7. Bünting, K. D./Kochan, D. C.: Linguistik und Deutschunterricht, Kronberg Ts. 1973, Seite 183ff.

8. D. Pregel hat mit seinem Buch „Zum Sprachstil des Grundschulkindes. Studien zum Gebrauch des Adjektivs und zur Typologie der Stilalter. Düsseldorf 1970" eine Zäsur in der Betrachtungsweise entwicklungsabhängiger mündlicher und schriftlicher Darstellungsweisen im Grundschulalter gesetzt, die kein Lehrer in seinem Aufsatzunterricht unberücksichtigt lassen sollte. Ihrer außerordentlichen Bedeutung sowohl für die Unterrichtsplanung als auch für die gerechtere Bewertung sprachlicher Gestaltungsleistungen des Grundschulkindes wegen seien Pregels Ergebnisse knapp skizziert:

   Das *erste Stilalter* reicht durchschnittlich bis ins 9. Lebensjahr bzw. 3. Schuljahr und ist gekennzeichnet durch die Benutzung des sog. „Fresko-Stils". Hierfür sind charakteristisch
   — die „und-da-Satzanschlüsse",
   — die Dominanz des Perfekts als Darstellungstempus,
   — die Dominanz des bestimmten Artikels.

   Das *zweite Stilalter* beginnt Mitte/Ende des 9. Lebensjahres und ist gekennzeichnet vor allem durch den Gewinn sprachlicher Perspektive. Das Kind benutzt sprachliche Mittel, die Raum und Zeit detaillierter ordnen. Der Rückgang flächiger Konturen bei gleichzeitiger Entwicklung perspektivischer Tiefe führt zur Bezeichnung „Reliefstil".

9. Vgl. Anmerkung 1

10. Pielow, W./Sanner, R. (Hrsg.): Kreativität und Deutschunterricht, Stuttgart 1973, Seite 63

11. Zander, S.: Zur Methodik des schriftlichen Darstellens. Hinweise zur Arbeit mit Bildergeschichten, in: Die Grundschule, Heft 6/1975, Seite 314

12. ebd.

13. Jahn in: Pielow, W./Sanner, R. (Hrsg.): Kreativität und Deutschunterricht, Stuttgart 1973, Seite 105

14. Schröter, G.: Die ungerechte Aufsatzzensur, Kamps pädagogische Taschenbücher 48, Bochum 1971^2

15. Watzke, O.: Zur Aufsatzbeurteilung in der Hauptschule, in: Die Scholle, Heft 2/1977, Seite 98

16. Vgl. Beck, O.: Kriterien zur Aufsatzbeurteilung, Mainz 1974, Seite 9

17. ebd., Seite 10

18. Über das erforderliche Maß der Ausdifferenzierung gehen die Meinungen der Fachdidaktiker weit auseinander. Im Hinblick darauf, daß Deutschlehrer im Verlaufe eines Schuljahres mehrere hundert Aufsätze korrigieren und bewerten müssen, ist den Komponenten „Praktikabilität" und „Überschaubarkeit" ein angemessener Stellenwert einzuräumen. Ein Negativbeispiel stellt Hahns mehrseitige „Flensburger Norm für die Aufsatzbeurteilung" in: Die Pädagogische Provinz, 20, Heft 3/1966, Seite 190—194, dar.

19. Beck hat in „Kriterien zur Aufsatzbeurteilung, v. Hase & Koehler Verlag Mainz 1974" die 18 bekanntesten Kataloge aufgenommen und einer Bewertung unterzogen. Auffällig — ja bedenklich — an ihnen ist die jeweilige, wenn auch gelegentlich nur geringfügige Andersartigkeit von Einzelkriterien, die jedoch im Rahmen der Gesamtkonstellation eines Katalogs eine verschobene Gewichtung erfahren. Facit: Kein bisher vorliegender Katalog kann absolute Gültigkeit für sich beanspruchen; seine Aufgabe ist es, ein mit Unwägbarkeiten belastetes Hilfsmittel zur Operationalisierung und Koordinierung der Leistungsmessung im schriftlichen Sprachgestalten zu sein.

B Unterrichtsmodelle

Unterrichtseinheiten für das 1. und 2. Schuljahr

Herstellen erzählender Texte

Erzählen zu einem Bild

Gestaltungsaufgabe: *Ein Bild mit Sprechblasen zum Reden bringen*

Thema: *Jörg hat Fieber*

Stufe: *1./2. Schuljahr*

1. Didaktische Information

1.1 Zu den ersten und schlichtesten Formen des Übergangs vom mündlichen zum schriftlichen Sprachgestalten am Ende des 1. und zu Beginn des 2. Schuljahres gehört das Betexten von Sprechblasen in einem Bild.

Im Unterrichtsverlauf nimmt zwar die mündliche Spracharbeit bei der Erschließung der Bildinhalte breitesten Raum ein, doch lernen die Schüler erstmalig, Bildsituationen Schrifttexte zuzuordnen.

1.2 Die Verwendung der Sprechblasen läßt sich entsprechend der individuellen Schreibfähigkeit und -fertigkeit einer Klasse variabel gestalten:

— Im *1. Schuljahr* werden vorbildhaft an der Wandtafel Sprechblasen mit einigen wenigen Sätzen versehen und anschließend von den Schülern auf Abzüge übertragen;

— zu *Beginn des 2. Schuljahres* werden Beispielsätze gemeinsam erarbeitet und an der Tafel fixiert; aus diesen wählen die Schüler ihnen zutreffend erscheinende Sätze zur individuellen Ausgestaltung der Sprechblasen aus;

— gegen *Ende des 2. Schuljahres* werden Wortlisten mit Nomen und Verben zur selbständigen Formulierung kleiner Sätze in den Sprechblasen bereitgestellt.

Diese drei Verfahren bieten sich aber auch zur inneren Differenzierung der Schreibanforderungen im *2. Schuljahr* an. Die folgende Verlaufskonzeption greift schwerpunktmäßig auf die zweite Variante zurück, um Grundlagen für gesteigerte Schreibanforderungen in den nachfolgenden Unterrichtseinheiten zu schaffen.

2. Grobziel und Lernzielkontrolle

2.1 Durch Sprechen und Spielen zur Bildsituation „Jörg hat Fieber" sollen die Schüler motiviert und befähigt werden, Schrifttexte in Sprechblasen zu fixieren.

2.2 Die Sprechblasen enthalten einen sinnvollen Ausschnitt des Gesprächs zwischen Arzt und Jörg beim Krankenbesuch.

3. Lernhilfen

Tafelzeichnung bzw. Overheadprojektion und Arbeitsblätter mit dem Bild „Jörg hat Fieber", Satzreihen an der Tafel

4. Verlauf des Unterrichts

Lernziele:

Die Schüler sollen befähigt werden,

- ein Bild genau zu betrachten und sinnvolle Aussagen zur Bildsituation zu machen;
- ihren Wortschatz im Sprachfeld „Krankheiten" zu erweitern;
- sich durch die Schilderung eigener Krankheitserlebnisse und durch spielerische Ausgestaltung der Bildsituation genaue und bildhafte Vorstellungen vom Zustand des Krankseins zu schaffen;
- situationsadäquate Fragen zu stellen und Antworten zu geben;
- angemessene Beispiele aus einer Satzliste auszuwählen und in Sprechblasen zu übertragen.

Phase/Zeit	*Mögliches Unterrichtsgeschehen*	*Didaktisch-method. Kommentar/Medien*
Motivation ca. 5'	Bild als Sprechanlaß: 	Stummer Impuls Overheadprojektion oder Tafelzeichnung
	Ungelenkte Schüleräußerungen zum Bild L nimmt sie kommentarlos entgegen.	Erlebnisberichte der SS fließen u. U. mit ein.
Erarbeitung ca. 30'	*Teilziel 1: Genaues Erfassen und Beschreiben der Bildsituation* Mögliche Gesprächsschwerpunkte: L: Jörg liegt krank im Bett. Er kann verschiedene Krankheiten haben! SS: Grippe, Erkältung, Masern, Röteln ... L: Erzähle, wie du einmal krank warst!	SS berichten über eigene Krankheitserlebnisse.
	Teilziel 2: Spielerische Gestaltung des Arztbesuchs	Drei- bis fünfmal gestalten je zwei SS den möglichen Dialog.
	Teilziel 3: Erarbeitung einer Satzreihe L: Wir wollen aufschreiben, was der Doktor Jörg fragen und was Jörg antworten könnte!	

Phase/Zeit	Mögliches Unterrichtsgeschehen	Didaktisch-method. Kommentar/Medien

Tafelanschrift:

Der Doktor fragt:
Hast du Husten?
Hast du Halsschmerzen?
Hast du Fieber?
Ist dir heiß?
Kannst du essen?

Jörg antwortet:
Ich habe (keine) Halsschmerzen.
Ich habe (keinen) Husten.
Ich habe (keinen) Schnupfen.
Mir ist (nicht) kalt.
Ich friere (nicht).
Ich habe (keinen) Durst.

Die Beispiele werden, soweit möglich, ohne Lehrerhilfe von den SS beigetragen.

Bei Bedarf gibt L Impulse durch Gestik und Mimik.

Sicherung
ca. 10′

L verteilt *Arbeitsblätter,* bei denen in das Bild Sprechblasen eingefügt sind:

Auftrag: Tragt in einem oder mehreren Sätzen ein, was Jörg und der Arzt miteinander sprechen!

L erläutert Sinn und Zweck der Sprechblasen, sofern sie noch nicht aus Comics bekannt sind.

In dieser Phase empfiehlt sich die innere Differenzierung:
— schwache SS dürfen sich stark an die Beispielsätze an der Tafel anlehnen (Abschreiben bzw. geringfügige syntaktische Umstellungen);

— begabte SS formulieren ihre Sätze selbständig und fixieren u. U. ein Gespräch.

Weiterführung

Die Lernzielkontrolle erfolgt, sofern am Ende der Stunde keine Zeit verbleibt, in der folgenden Stunde. Als Sitzordnung sollte möglichst der Gesprächskreis gewählt werden. Einzelne Schüler lesen ihre Texte vor. Die Mitschüler tun kund,

— ob und warum ihnen das gehörte Gespräch gefallen hat,

— ob die Fragen des Arztes und die Antworten Jörgs aufeinander bezogen waren,

— ob die Sätze sprachlich richtig gebaut waren u. a. m.

Ziel der Besprechung ist das noch unsystematische und behutsame Anbahnen der Fähigkeit, Texte eines Mitschülers konzentriert anzuhören und Aussagen darüber zu machen.

Gestaltungsaufgabe: *Ein Bild mit mehreren Sätzen versehen*
Thema: *Auf dem Spielplatz*
Stufe: *1./2. Schuljahr*

1. Didaktische Information

1.1 Fibeltexte dienen im 1. Schuljahr in der Regel der Gewöhnung an das Sprechen und Lesen von Reihensätzen, um einfache Sprech- und Satzbaumuster einzuschleifen und den Sprachschatz zu erweitern. Zum Bild „Auf dem Spielplatz" lassen sich mühelos solche Reihensätze gewinnen.

1.2 Da diese Unterrichtseinheit in der Phase des Übergangs vom mündlichen zum schriftlichen Sprachgestalten mit dem Ziel einer systematischen Ausdifferenzierung erster Schreiberfahrungen angesiedelt ist, werden folgende didaktische Schwerpunkte gesetzt:

— Bewußte Loslösung vom Sprechen und Schreiben in fibeltypischen Reihensätzen,
— bewußte Loslösung vom altersspezifischen Sprachstilelement der „Und-da"-Satzanfänge bei Aneinanderreihung von Sätzen mit gleichem Baumuster.

2. Grobziel

Die Schüler sollen im *1. Schuljahr* zur schlichtesten Form selbständiger Textproduktion hingeführt werden, indem sie das in den Reihensätzen stereotyp wiederkehrende Wort „Kind" durch Namen ersetzen sowie an den Satzanfängen die „Und-da"-Formel bewußt vermeiden.

Im *2. Schuljahr* sollen die Schüler in Anlehnung an eine Liste mit Verben, die die Tätigkeiten der Kinder auf dem Spielplatz charakterisieren, in freier Formulierung ihre Texte herstellen.

3. Lernhilfen

Bild „Auf dem Spielplatz" als Overheadprojektion oder Tafelzeichnung, Wortlisten als Tafelanschrift, Arbeitsblätter mit dem Bild „Auf dem Spielplatz"

4. Verlauf des Unterrichts

Lernziele:

Die Schüler sollen

— eigene Erlebnisse auf dem Spielplatz erzählen können;
— Angaben zur detaillierten Bildbeschreibung machen können;
— mit Hilfe einer an der Tafel fixierten Satz- bzw. Wortliste
  a) im *1. Schuljahr* Reihensätze in eine gefälligere Sprachform umarbeiten,
  b) im *2. Schuljahr* selbständig einige Sätze zur Charakteristik der Bildinhalte aufschreiben können.

Phase/Zeit	*Mögliches Unterrichtsgeschehen*	*Didaktisch-method. Kommentar/Medien*
Initialphase ca. 5'	L: Ihr haltet euch häufig auf dem Spielplatz auf. Berichtet von euren Erlebnissen! SS tragen ihre Erlebnisse vor.	Erlebnisberichte in der Einstiegsphase leisten einem Abweichen während der Arbeit am Bild Vorschub.

Phase/Zeit	*Mögliches Unterrichtsgeschehen*	*Didaktisch-method. Kommentar/Medien*
Erarbeitung	*Teilziel 1: Erschließen der Bildinhalte*	
ca. 35'	L zeigt ein Bild, zu dem sich die SS äußern:	Overheadprojektion oder Tafelbild

Teilziel 2: Ganzheitliche mündliche Textgestaltung

Mehrere SS tragen nacheinander ihre Texte vor. Die Mitschüler achten darauf, ob der Erzähler in seiner Auflistung ein spielendes Kind übersehen hat.

Anleitung zu konzentriertem Zuhören

Teilziel 3: Erarbeitung von
— *Reihensätzen* im *1. Schuljahr*
— von *Tunwörtern* im *2. Schuljahr*

Tafelanschrift im 1. Schuljahr:

Ein Kind rutscht.
Ein Kind schaukelt.
Ein Kind spielt im Sand.
Zwei Kinder sitzen auf der Wippe.
Zwei Kinder klettern auf das Gerüst.
Drei Kinder spielen mit dem Ball.

Je nach Leistungsstand der Klasse genügen drei bis fünf ausgewählte Satzbeispiele.

Tafelanschrift im 2. Schuljahr:

rutschen
schaukeln
klettern
im Sand spielen
sitzen
...

Phase/Zeit	*Mögliches Unterrichtsgeschehen*	*Didaktisch-method. Kommentar/Medien*
	Weiterer Verlauf im 1. Schuljahr:	
	L: Mir gefällt unsere Geschichte an der Tafel nicht!	Impuls
	Sofern die SS keine sinnvolle Erklärung wissen, L: In jedem Satz wiederholt sich ein bestimmtes Wort. Das finde ich langweilig.	
	Es wird erarbeitet, daß man wegen der allgemeingültigen Bezeichnung „Kind" nicht genau weiß, welches Kind an welchem Gerät spielt. Zur Verdeutlichung soll jedes Kind einen Namen erhalten.	Sofern den SS die Schreibweise verschiedener Namen noch nicht geläufig ist, wird eine Liste an der Tafel zusammengestellt.
	Teilziel 4: Schriftlicher Entwurf	
	Abzüge mit dem Bild „Auf dem Spielplatz" werden ausgehändigt.	Durch den Wechsel der Arbeitsform bleiben Leistungsbereitschaft und -freude erhalten.
	Arbeitsauftrag im 1. Schuljahr: Schreibt mit den Sätzen an der Tafel eine kleine Geschichte zu dem Bild! Gebt allen Kindern Namen!	
	Arbeitsauftrag im 2. Schuljahr: Schreibt eine Geschichte zu dem Bild! Verwendet dabei die Tunwörter an der Tafel!	
Ergebniskontrolle ca. 5'	Einige SS lesen ihre Texte vor.	
	Die Mitschüler stellen evtl. Fehler fest und unterbreiten Vorschläge zu Überarbeitung und Korrektur.	

Gestaltungsaufgabe: *Den Höhepunkt eines Märchens nach einem Bild erzählen*
Thema: *Die Bremer Stadtmusikanten*
Stufe: *2. Schuljahr*

1. Didaktische Information

1.1 Die Unterrichtseinheit setzt in ihrer Anfangsphase bei einem Teil der Schüler das Vertrautsein mit dem Märchen „Die Bremer Stadtmusikanten" voraus.

1.2 Das Bild mit dem Höhepunkt des Märchens darf und will nicht Ersatz einer originären Textbegegnung sein, sondern nimmt im Rahmen dieser Unterrichtssequenz andersartige didaktische Funktionen wahr:

— Es ist Sprechanlaß und Motivationsgrundlage;
— es grenzt anschaulich und überschaubar den Höhepunkt des Märchens von vorausgegangenen und nachfolgenden Erzählschritten ab;
— es hält den Höhepunkt des Märchens für intensive mündliche und schriftliche Spracharbeit jederzeit verfügbar;

— es motiviert die Schüler dieser Altersstufe zur eigenschöpferischen Ausgestaltung eines Textausschnittes;

— es dient einer propädeutischen Hinführung zum Nacherzählen einer durch Text und/oder Bild bereitgestellten vielschichtigen und komplizierten Situation.

2. Verlauf des Unterrichts

2.1 Erste und zweite Stunde

Lernziele:

Die Schüler sollen

— spontan an einem Bild das Märchen „Die Bremer Stadtmusikanten" wiedererkennen und Teile daraus erzählen können;

— den Höhepunkt des Märchens im Spiel sprachlich ausgestalten können;

— aus der Beurteilung mündlicher Gestaltungsversuche drei Gestaltungskriterien ableiten können;

— den Höhepunkt des Märchens unter Beachtung und Verwertung von Wortlisten und Gestaltungsmerkmalen in eine gefällige schriftliche Fassung bringen können.

Phase/Zeit	*Mögliches Unterrichtsgeschehen*	*Didaktisch-method. Kommentar/Medien*
Einstieg		
ca. 5'	L: Ich habe euch heute ein Bild mitgebracht und bin gespannt, ob ihr erkennt, was darauf dargestellt ist!	Einleitender Impuls

Das Bild wird mit Hilfe des Episkops zugänglich gemacht.

	Die SS erzählen Ausschnitte aus dem Märchen.	
Vorbereitende Phase	*Teilziel 1: Ganzheitliche Textbegegnung*	
ca. 70'	L: Ich will euch nun das ganze Märchen von vorne an erzählen. Wenn wir an die Stelle kommen, die unser Bild zeigt, dürft ihr euch melden.	

Phase/Zeit	Mögliches Unterrichtsgeschehen	Didaktisch-method. Kommentar/Medien
	L trägt das Märchen eindrucksvoll vor.	Beim Erzählen gelten die bewährten Grundsätze: Motiviere! Detailliere! Modernisiere!
	Teilziel 2: Spontane Schüleräußerungen	L nimmt die Schülerbeiträge kommentarlos und ungelenkt entgegen.
	Teilziel 3: Spielerische Gestaltung des Höhepunktes	
	Etwa drei bis fünf Spielversuche, die die Mitschüler danach beurteilen, ob die Situation in ihrem Ablauf und in sprachlich angemessener Form bewältigt worden ist.	Die Spieler sprechen laut und verständlich.
	Teilziel 4: Erarbeitung von Wortlisten	
	L: Wir wollen nun zu unserem Bild notieren, wer alles in dieser spannenden Situation dabei war!	Impuls
	Tafelanschrift: Esel Hund Katze Hahn Räuberhauptmann Räuber	
	L: Die Tiere und die Räuber haben auch etwas getan und gerufen!	Impuls
	Tafelanschrift: aufeinanderklettern, hochspringen, hochfliegen; spähen, blinzeln, glotzen; schreien, brüllen, toben, miauen, johlen, bellen, krähen, jammern; trampeln, stampfen, treten; wegrennen, rasen, sausen, flitzen, sich aus dem Staub machen; o weh! Weg hier! Au, au! ...	Entsprechend den Schülerbeiträgen kann die Wortliste gekürzt, ergänzt oder geändert werden. Den SS soll aber farbiges, lebendiges und treffendes Wortmaterial für mündliche und schriftliche Textgestaltung zur Verfügung stehen.
Festigung ca. 10'	*Teilziel 1: Mündliche Gestaltungsversuche*	
	L: Erzählt nun zu unserem Bild! Verwendet die Wörter an der Tafel!	
	Teilziel 2: Gewinnung von Gestaltungsgrundsätzen	
	Aus der Besprechung der Gestaltungsversuche ergeben sich folgende Verbesserungsvorschläge:	Die Texte werden erfahrungsgemäß in einem alterstypischen Sprachstil abgefaßt.

Phase/Zeit	*Mögliches Unterrichtsgeschehen*	*Didaktisch-method. Kommentar/Medien*
	Tafelanschrift: 1. Vermeide die Wiederholung von „da" oder „und da" am Satzanfang! 2. Wähle treffende Tunwörter aus! 3. Laß die Tiere und die Räuber rufen und schreien!	Die ersten Prinzipien effektiver schriftlicher Textgestaltung werden in einem gelösten Unterrichtsgespräch gewonnen.
Sicherung ca. 5'	Die SS schreiben Wortlisten und Gestaltungskriterien auf Abzüge mit dem Märchenbild ab.	
	Hausaufgabe: Schreibt für die nächste Stunde zum Bild eine Geschichte! Verwendet dabei Wörter aus der Wortliste und beachtet die drei Merksätze!	Das Herstellen der schriftlichen Entwürfe kann auch in der Anfangsphase der folgenden Stunde erfolgen.

2.2 Dritte und vierte Stunde

Lernziele:

Die Schüler sollen

- bei der Gegenüberstellung eines gelungenen und eines mißglückten Entwurfs positive und negative Darstellungskomponenten nennen können;
- nach einem an der Tafel beispielhaft vorgeführten Verfahren die eigenen Entwürfe überarbeiten können;
- eine reinschriftliche Textfassung herstellen, die einem größeren Adressatenkreis in der Schule oder im Privatbereich der Schüler zu unterhaltsamer Lektüre zugänglich gemacht wird.

2.21 Besprechung und Beurteilung von Erstentwürfen (ca. 40')

Grundsätzlich bieten sich vier methodische Verfahrensweisen an:

a) Der Lehrer läßt drei bis fünf Textbeispiele mit steigender oder fallender Leistungstendenz vortragen und im Vergleich ihre positiven und negativen Elemente herausstellen.

b) Der Lehrer macht den Schülern einen oder mehrere mißglückte Entwürfe mit Hilfe des Episkops für eine Beurteilung zugänglich. Die Arbeiten bleiben anonym; es darf kein Schüler diskriminiert werden.

c) Der Lehrer stellt, sofern er Zeit zum Einsammeln und Auswählen entsprechender Schülertexte hatte, mehrere mißlungene Beispiele auf Abzügen zur Bewertung und Überarbeitung in Allein-, Partner- oder Gruppenarbeit zur Verfügung.

d) An der Tafel werden ein schlechter und ein geglückter Text gegenübergestellt, negative und positive Merkmale herausgearbeitet. Im Klassenverband erfolgt die satzweise Überarbeitung und Korrektur des mangelhaften Entwurfs.

Zur Variante d) hier eine Verlaufskonzeption. An der Tafel stehen gegenüber:

Beispiel 1:

Die Flucht der Räuber

Zuerst stemmte sich der Esel dicht ans Räuberhaus. Auf seinen Rücken sprang der Hund. Auf ihn kletterte die Katze. Oben drauf flog der Hahn. Dann fingen sie alle an zu toben. Der Esel brüllte „Iah". Der Hund bellte wütend „Wauwau". Die Katze fauchte und miaute aus Leibeskräften, und der Hahn krähte oben am Fenster „Kikeriki".

Da stürzten die Räuber voll Angst aus dem Räuberhaus und rannten in den dunklen Wald. Der Räuberhauptmann war ein Angsthase und brüllte: „Gespenster, Gespenster, schnell weg von hier!"

Beispiel 2:

Die Räuber

Unten steht der Esel. Und auf dem Esel steht der Hund. Und auf dem Hund die Katze. Oben auf der Katze steht der Hahn. Die brüllen alle. Und da rennen die Räuber weg in den Wald.

In der Besprechung wird zum gelungenen *Beispiel 1* unter besonderer Berücksichtigung der drei Gestaltungsmerkmale und des Adressatenbezugs herausgestellt: Diesen Text hören wir uns gern an, weil er mit treffenden Tunwörtern die Tätigkeiten der Tiere und Räuber beschreibt, weil hier die Tiere und Räuber rufen und schreien und weil stellenweise lustige Ausdrücke gewählt sind. Die Überschrift trifft den dargestellten Inhalt.

In *Beispiel 2* dagegen sind keine treffenden und abwechslungsreichen Tunwörter gewählt worden, sondern das Tunwort „steht" wiederholt sich dreimal. Die Tiere und Räuber rufen oder schreien nicht. Drei Sätze werden mit „Und" eingeleitet. Von diesem Text fühlt sich der Leser oder Hörer nicht angesprochen, da wichtige und ausschmückende Einzelheiten fehlen. Die Überschrift ist zu weitschweifig und daher nichtssagend.

Beispiel 2 wird nun satzweise überarbeitet, indem das wiederholte oder unzutreffende Wort durchgestrichen und mit einem zutreffenden überschrieben wird. Vernachlässigte Redeteile von Tieren und Räubern werden ergänzt.

Die überarbeitete Textfassung könnte folgendermaßen aussehen:

Die Flucht der Räuber

Vor dem Räuberhaus steht der Esel. Auf seinen Rücken springt der Hund. Darauf klettert die flinke Katze. Ganz oben steht stolz der Hahn. Gleichzeitig schreien alle Tiere los. Der Esel ruft „Iah". Der Hund bellt „Wauwau". Die Katze miaut, und der Hahn kräht „Kikeriki".

Plötzlich stürzen die Räuber voll Angst aus dem Räuberhaus und brüllen: „Hilfe, Hilfe, der Teufel ist hinter uns her!" Sie verschwinden im finsteren Wald.

2.22 Überarbeitung in Allein- oder Partnerarbeit (ca. 35')

In der an der Tafel exemplarisch vorgeführten Weise überarbeiten, korrigieren oder ergänzen nun alle Schüler ihre Erstentwürfe.

2.23 Reinschrift (ca. 20')

Die Endfassung wird in sorgfältiger äußerer Aufmachung auf DIN-A4-Bogen hergestellt mit der Begründung, daß sie gleichaltrigen Mitschülern oder Freunden zur unterhaltsamen Lektüre angeboten werden soll.

Erzählen nach einer Bilderfolge

Gestaltungsaufgabe: *Vertauschte Bilder ordnen und mit einer Unterschrift versehen*

Thema: *Der Luftballon*

Stufe: *1./2. Schuljahr*

1. Didaktische Information

Der Übergang vom mündlichen zum schriftlichen Erzählen nach einer Bilderfolge vollzieht sich in seiner ersten Phase durch Zuordnung eines Satzes zu einem Bild. In den beiden diesem Beispiel folgenden Unterrichtseinheiten (Seite 42 und Seite 46) werden Schwierigkeitsgrad und Anspruchsniveau von Schreibfähigkeit und -fertigkeit systematisch gesteigert und ausdifferenziert, indem zunächst Textganze aus einem *Lückentext* und schließlich nach *Stichpunkten* hergestellt werden sollen.

Das Anordnen von Bildern in richtiger Reihenfolge dient sowohl der Steigerung der Kombinations- und Konzentrationsfähigkeit als auch der erhöhten Lernmotivation.

2. Verlauf des Unterrichts

Lernziele:

Die Schüler sollen

— erkennen und mündlich artikulieren können, daß die vertauschten Bilder in die richtige Reihenfolge zu bringen sind;

— die Bildinhalte im Detail charakterisieren;

— zur Bilderfolge eine zusammenhängende Geschichte erzählen und aus der Beurteilung grundlegende sprachliche Gestaltungsmerkmale ableiten;

— bei differenzierten Schreibanforderungen jedem Bild einen adäquaten Satz zuordnen können.

2.1 Motivationsphase (ca. 5')

Zwei methodische Möglichkeiten bieten sich an:

a) Unterrichtsgespräch: Die Schüler berichten über Erlebnisse mit einem Luftballon.

b) Unvermittelte Konfrontation mit der verstellten Bilderfolge:

Spontane Schüleräußerungen zu den Bildinhalten und zur vertauschten Bilderfolge nimmt der Lehrer kommentarlos entgegen.

2.2 Erarbeitungsphase (ca. 35')

Teilziel 1: Begründung der Reihenfolge und mündliches Erzählen

— Der Lehrer schließt an spontane Äußerungen an oder gibt einen Impuls, der zur Richtigstellung der Bilderfolge führt.

— Die Schüler beschreiben ausführlich jede Bildsituation.

Teilziel 2: Mündliche Gestaltungsversuche

Mehrere Schüler stellen einen zusammenhängenden Text her. Die Mitschüler hören konzentriert zu und weisen, durch entsprechende Impulse und Fragen geleitet, auf positive und negative Darstellungskomponenten hin. Schwerpunkte der Beurteilung können beispielsweise sein:

Negative Merkmale:

N. hätte zu jedem Bild ausführlicher erzählen können . . .

Er hätte lustiger, spannender, interessanter erzählen können, wenn er gesagt hätte, wie

— der Junge auf dem Bild den Luftballon immer fester aufgeblasen hat,

— der Junge sich über seinen dicken Luftballon gefreut hat,

— der Junge vor den anderen Kindern angegeben hat,

— der Luftballon durch einen heftigen Windstoß davonflog und der Junge ihm enttäuscht nachsah,

— die anderen Kinder ihn verspotteten ...

N. hätte nicht jeden Satz mit „Und da" beginnen sollen und treffendere Tunwörter wählen können ...

Positive Merkmale:

N. hat zu jedem Bild mehrere Einzelheiten erzählt. Der Zuhörer konnte sich den genauen Geschehensablauf vorstellen ...

Er hat dem Jungen einen Namen gegeben ...

Er hat Otto und die anderen Kinder lustige Dinge reden und rufen lassen ...

Er hat mit passenden Tunwörtern gesagt, was Otto und die anderen Kinder getan haben, was mit dem Luftballon passierte ...

Teilziel 3: Aufschreiben eines Satzes zu jedem Bild

Je nach Leistungsstand der Klasse oder zur inneren Differenzierung bieten sich drei Verfahrensmöglichkeiten an:

a) *Erarbeitung eines Satzes* zu jedem Bild an der Tafel im Klassenverband; er wird anschließend auf bereitgestellte Abzüge mit den Bildern übertragen (etwa *Mitte des 1. Schuljahres*)

b) *Erarbeitung mehrerer Sätze* zu jedem Bild, aus denen sich die Schüler im multiple-choice-Verfahren einen zur Übertragung auf ihre Abzüge auswählen (etwa *Ende des 1. und Anfang des 2. Schuljahres*)

Tafelanschrift:

Bild 1

Der Luftballon wird immer dicker.
Peter bläst seinen Luftballon auf.
Die Kinder eilen herbei.

Bild 2

Peter freut sich über seinen dicken Luftballon.
Der Luftballon steigt auf und ab.
Die Kinder laufen hinter Peter her.
Peter läuft und läßt seinen Luftballon auf- und absteigen.

Bild 3

Peter ärgert sich.
Peter ist wütend.
Die Kinder lachen Peter aus.
Peter schaut erstaunt dem Luftballon nach.
Der Luftballon fliegt in die Höhe.
Ein Windstoß reißt den Luftballon los.

c) *Erarbeitung eines Wortgerüsts* zu jedem Bild, mit dessen Hilfe die Schüler selbständig ihre Sätze zu den Bildern formulieren (etwa ab *Mitte des 2. Schuljahres*)

Tafelanschrift:

Bild 1	*Bild 2*	*Bild 3*
Junge	Kinder	aufsteigen
aufblasen	rufen	Höhe
Luftballon	herbeieilen	Luft
...	stolz	davonfliegen
	angeben	Windstoß
	auf- und absteigen	auslachen
	...	weglaufen
		sich ärgern
		...

2.3 Ergebnissicherung (ca. 5')

— Einzelne Schüler lesen ihre Texte vor. Die Mitschüler beurteilen nach den gleichen Gesichtspunkten wie bei der mündlichen Textgestaltung.

— Der Lehrer kontrolliert die Entwürfe entweder in rascher Durchsicht oder sammelt sie zur sorgfältigen Korrektur und Bewertung ein.

Gestaltungsaufgabe: *Zu einer Bilderfolge eine Geschichte aus einem Lückentext herstellen*

Thema: *Im Zoo*

Stufe: *1./2. Schuljahr*

1. Bilderfolge:

2. Konzeption des Unterrichts

Erwartete Fähigkeiten und Fertigkeiten der Schüler:

— Den Ablauf eines in vier Bildern fixierten lustigen Geschehens in der richtigen Reihenfolge ordnen und teilweise antizipieren;

— das Geschehen durch genaues Betrachten der Einzelbilder erfassen und dazu klar verständliche und sprachlich richtige Aussagen machen;

— zu den vier Bildern charakteristische Stichwörter nennen;

— nach Bilderfolge und Stichwörtern die Geschichte im Zusammenhang mündlich darstellen;

— die Geschichte

— in der *schwächeren Leistungsgruppe* nach dem multiple-choice-Verfahren mit einer Überschrift versehen und durch Ergänzen eines Lückentextes ganzheitlich darstellen,

— in der *stärkeren Leistungsgruppe* nach bereitgestellten Stichwörtern lebendig und spannend aufschreiben.

3. Verlauf des Unterrichts

Phase/Zeit	*Mögliches Unterrichtsgeschehen*	*Didaktisch-method. Kommentar/Medien*
Motivation ca. 5'	L: Sicherlich waren einige von euch schon einmal im Zoo. Erzählt! Erlebnisberichte der SS	Impuls zur Einstimmung in den situativen Kontext
	L: Ich war auch vor kurzem im Zoo und habe da etwas Seltsames miterlebt. Ihr könnt es auf den Bildern sehen!	L hört ohne Kommentar zu.
Erarbeitung ca. 40'	*Teilziel 1: Begegnung mit Bild 1 und Bild 2* Spontane Schüleräußerungen	Stummer Impuls durch Bild 1, Bild 2
	L: Wer kann erraten, wie die Geschichte weitergeht?	Schulung der Beobachtungs- und Kombinationsgabe
	Die SS antizipieren den möglichen Geschehensverlauf.	Lehrer-Schüler-Gespräch
	Teilziel 2: Ordnen der vier Bilder	
	Je zwei SS erhalten Hektographien der vier Bilder mit dem Auftrag, sie in die richtige Reihenfolge zu bringen. Die Partner kontrollieren sich gegenseitig. Schwächeren Zweiergruppen gibt der L Hilfestellung.	Durch Partnerarbeit werden alle SS aktiviert und üben ihre Kombinationsfähigkeit.
		Bild 3, Bild 4
	Ein Schüler hängt Bild 3 und Bild 4 vor der Klasse auf.	Kontrollfunktion der Mitschüler
	Teilziel 3: Mündliches Erschließen der Bildinhalte und Gewinnung markanter Stichpunkte	

Phase/Zeit	*Mögliches Unterrichtsgeschehen*	*Didaktisch-method. Kommentar/Medien*
	Mögliche *Tafelanschrift:* *Bild 1:* Herr ________ (Name des Mannes) Elefant ________ (Name des Elefanten) beugt sich vor, sticht, Schirm, Elefant, Bein, wütend	*Tafelanschrift* durch Lehrer oder SS unter den vier Bildern
	Bild 2: Wasser, Eimer, Rüssel, saugt	
	Bild 3: spritzt, in das Gesicht, stolpert, pudelnaß	
	Bild 4: läuft weg, lacht sich krumm, trompetet	Festigung des Wortschatzes durch Vorlesen der Stichpunkte
Verarbeitung ca. 45'	***Teilziel 1: Mündliche Gestaltungsversuche*** Mehrere SS stellen unter Verwendung der Stichwörter einen Text her.	
	Die Mitschüler bewerten die Texte nach folgenden Gesichtspunkten: — Wurden die Stichwörter zur Ausgestaltung jeder Bildsituation sinnvoll verwendet? — Wurde die richtige Reihenfolge im Geschehensablauf beachtet? — Wurden wichtige Einzelheiten übersehen, ohne die für den Hörer Ablauf und Zusammenhang schwer oder nicht verständlich sind? — Wurden klar und gut verständliche Sätze gebaut? — Wurden Wiederholungen vermieden?	Der L leitet das Beurteilungsgespräch durch Impulse und Fragen. Hierbei werden gezielt allgemeingültige Gestaltungskriterien eingebracht, die teilweise bekannt sind.
	Teilziel 2: Bereitstellen von Überschriften L: Wir wollen für unsere Geschichte treffende Überschriften suchen!	

Phase/Zeit	Mögliches Unterrichtsgeschehen	Didaktisch-method. Kommentar/Medien
	Mögliche *Tafelanschrift:*	Dem S wird einsichtig gemacht, wie angemessene Überschriften gewonnen werden.
	Die Rache des Elefanten Quäle nie ein Tier zum Scherz! Eine böse Überraschung ...	
	Teilziel 3: Erstentwurf Je nach Schuljahr und fortgeschrittener Fähigkeit im Herstellen schriftlicher Texte bieten sich zwei methodische Verfahren an: a) *Schreibgewandte SS* gestalten frei. b) *Schwache und mittelmäßige SS* bearbeiten ein *Arbeitsblatt* mit einem Lückentext:	Innere Differenzierung der Schreibanforderungen
	1. Wähle für deine Geschichte eine passende Überschrift! 2. Ergänze die Lücken durch passende Wörter und Ausdrücke! ________________ Herr ________ steht im Zoo bei den Elefanten. Plötzlich beugt er sich vor und ________ mit seinem ________ einen Elefanten ________. Wütend saugt der ________ mit dem ________ Wasser aus einem ________. Voller Freude spritzt er es in das ________ des Mannes. Der stolpert und wird ________. Der Elefant aber ________ und ________ laut. Jetzt ist Herr ________.	Hektographiertes *Arbeitsblatt* Sofern die unmittelbare Bearbeitung nicht möglich erscheint, werden die Arbeitsanweisungen vorgelesen und sorgfältig erläutert, damit jeder S den Arbeitsauftrag versteht.
	Teilziel 4: Kontrolle der Alleinarbeit a) *Schwächere Leistungsgruppe:* Überprüfung, ob eine passende Überschrift gefunden und die Lücken sinnvoll ausgefüllt worden sind. b) *Stärkere Leistungsgruppe:*	
	Bei der Besprechung mehrerer Entwürfe werden diejenigen Kriterien berücksichtigt, nach denen das Herstellen von Erzählungen zu Bildern in der oberen Grundschulstufe beurteilt wird:	Propädeutische Anleitung der Textbewertung nach inhaltlichen und sprachlichen Kriterien
	Inhalt: — Wurde der Handlungsablauf richtig dargestellt?	

Phase/Zeit	*Mögliches Unterrichtsgeschehen*	*Didaktisch-method. Kommentar/Medien*
	— Wurde die Pointe erfaßt? — Wurde genau und vollständig dargestellt, d. h. wurden Einzelheiten erzählt? *Gestaltung:* — Wurden treffende Tunwörter gewählt? — Wurden Wiederholungen, vor allem an den Satzanfängen, vermieden? — Wurde eine Zeitform durchgehalten? — Wurden wörtliche Rede, Ausrufe- und Fragesätze zur Erzeugung von Spannung und Lebendigkeit verwendet?	Die Kriterien können den SS verbal oder durch Tafelanschrift ab *Mitte des 2. Schuljahres* zugänglich gemacht werden.
	Nach einer von der Klasse begründeten Auswahl können geglückte Texte der persönlichen und evtl. mehrfachen unterhaltsamen Lektüre aller Schüler an der Wandleiste oder am Pinnbrett zugänglich gemacht werden.	Das Bewußtsein des Schreibens von Texten für einen Kommunikationspartner soll behutsam, aber systematisch angebahnt werden unter den natürlichen und schlichten Möglichkeiten, die sich im *1. und 2. Schuljahr* anbieten.

Anmerkung:

Die Bilderfolge wurde unter geringfügiger Abänderung entnommen aus: Lustige Geschichten mit Fragezeichen — Wir lernen logisches Denken, Kinder-Kolleg 9. Franz Schneider Verlag, München 1973 (S. 22, 23)

Gestaltungsaufgabe: *Ein fehlendes Bild in einer Bilderfolge antizipieren und eine Geschichte nach Stichwörtern erzählen*

Thema: *Katze und Vogel*

Stufe: *2. Schuljahr*

1. Didaktische Information

1.1 Bilderfolge:

1.2 Die vier Bilder bestimmen den inhaltlichen Ablauf des Geschehens und damit den Erzählverlauf. Die Ausgangssituation ist auf Bild 1 dargestellt. Es wird Neugierde auf das kommende Geschehen geweckt. Bild 2 bringt die Auslösung des Geschehens. Hätte der Vogel nicht gesungen, wäre die Katze nicht geweckt worden. Auf Bild 3 scheint die Situation klar zu sein. Die Katze, das stärkere und sehr flinke Tier, Meister im Springen und Klettern, wird wohl den Vogel fangen und auffressen. Bild 4 enthält die Pointe: Die Katze geht leer aus, der winzige Vogel hat die Situation gemeistert.

1.3 Bild 4 soll in der Phase des mündlichen Erschließens der Bildinhalte zunächst antizipiert werden. Dies dient zum einen der Erhaltung der Schreibmotivation, zum anderen werden erhöhte Anforderungen an Kombinationsfähigkeit, phantasie- und sprachgestalterische Kräfte der Schüler gestellt, die mit Aufbau und Zusammenhang einer Bilderfolge vertraut sind. Bild 4 steht erst mit Stichpunkten zur Herstellung der individuellen Erstentwürfe zur Verfügung.

1.4 Als Orientierungshilfe und abstützendes Korsett dient ein Wortgerüst in Form von Stichpunkten unter den Bildern. Es soll primär schwächeren Schülern Hilfestellung leisten, während schreibgewandte Schüler weitgehend ungebunden und mit eigenen Formulierungen ihre Texte gestalten.

2. Grobziel und Lernzielkontrolle

2.1 Adressatenbezogene schriftliche Gestaltung der Bilderfolge „Katze und Vogel" nach bereitgestellten Stichwörtern und ausgewählten Gestaltungsprinzipien.

2.2 Angemessene Beachtung von Adressatenbezug und Gestaltungskriterien bei Herstellung von Erstentwurf und Endfassung.

3. Lernhilfen

Bilderfolge „Katze und Vogel", herausgegeben von Orion-Lehrmittel, 4421 Reken; Stichwörtersammlungen als Tafelanschrift; Hektographien mit Negativbeispielen

4. Verlauf des Unterrichts

4.1 Erste und zweite Stunde: Vorbereitende Maßnahmen

Lernziele:

— Mündliches Erschließen der drei ersten Bilder und Antizipation des vierten zur Gewinnung zutreffender Beschreibungen von Tätigkeiten und Verhaltensweisen der Tiere
— Erarbeitung markanter Stichwörter
— Mündliche Gestaltungsversuche zur Gewinnung von Gestaltungskriterien
— Besprechung und Bewertung von zwei bereitgestellten Negativbeispielen mit Ableitung weiterer Gestaltungsgrundsätze für die schriftliche Textproduktion

4.11 Einstieg (ca. 10')

Methodische Alternativen:

a) Einstimmung auf die Bildinhalte im Unterrichtsgespräch

L: Einige von euch halten zu Hause sicherlich ein Heimtier!

SS zählen auf, z. B. Hund, Wellensittich, Fische im Aquarium, Katze, Hamster, Kaninchen . . .

L: Warum halten wir uns eine Katze?

SS nennen Gründe, z. B. Katze fängt Mäuse, sie ist ein Spielkamerad, man hat sie gern . . .

L: Auf diesem Bild seht ihr auch eine Katze!

L hängt Bild 1 vor der Klasse auf.

b) Die Schüler werden unvermittelt mit der unvollständigen Bilderfolge (Bild 1 bis 3) konfrontiert.

Sie äußern sich ohne Lehrerkommentar zur Darstellung auf den Bildern und stellen, u. U. durch Lehrerimpulse geleitet, fest, daß das Geschehen am Ende keine Abrundung erfährt. Es werden Vermutungen über den Ausgang geäußert, doch wird dieser vom Lehrer mit dem Hinweis offen gehalten, daß die Spannung noch erhalten bleiben solle.

4.12 Erarbeitung (ca. 80')

Teilziel 1: Erschließen von Bild 1 / Gewinnung von Stichwörtern

Die Schüler beschreiben genau, was auf dem Bild zu sehen ist: Die Katze liegt auf der Fensterbank und schläft. Neben ihr steht ein Blumentopf. Bis dicht vor das Fenster ragen Äste eines Baumes.

Stichwörter unter Bild 1

Katze (Muschi, Pussi . . .)
müde, Fensterbank, schlafen, ausstrecken
ruhig, friedlich, zufrieden
Blumentopf, Äste . . .

Teilziel 2: Erschließen von Bild 2 / Gewinnung von Stichwörtern

Stichwörter unter Bild 2

Vogel:
Meise, Amsel, Star, Spatz . . .
zwitschert, pfeift, singt, tiriliert . . .
fröhlich, glücklich, munter, lustig . . .

Katze:
wacht auf, erschreckt, guckt, fährt hoch, zuckt zusammen . . .
blinzelt, guckt, glotzt, stellt Ohren hoch, lauert . . .
böse, wütend, hungrig, vorsichtig, still, leise . . .

Teilziel 3: Erschließen von Bild 3 / Gewinnung von Stichwörtern

Stichwörter unter Bild 3

Katze: springt auf, schnellt in die Höhe, streckt sich, setzt zum Sprung an, faucht wütend, böse, stößt Blumentopf um, poltert . . . *Vogel:* verstummt, erstarrt, erschreckt, still . . .

Teilziel 4: Mündliche Gestaltungsversuche

Mehrere Schüler stellen unter gezielter Auswahl und Verwendung von Stichwörtern eine zusammenhängende Erzählung her, die ein möglichst lustiges und überraschendes Ende finden soll. Erfahrungsgemäß nutzen die Schüler folgende Lösungsmöglichkeiten:

— Die Katze springt vom Fensterbrett, kann sich am Ast eben noch festkrallen, doch der Vogel ist längst auf- und davongeflogen oder hüpft spöttisch pfeifend über der hilflosen Katze hin und her;

— die Katze springt zu kurz und fällt in die Tiefe; zur Strafe für ihre Gefräßigkeit und Bösartigkeit bricht sie sich ein Bein; der Vogel jedoch zwitschert unbehelligt auf seinem Ast weiter;

— die Katze erwischt tatsächlich den armen Vogel, frißt ihn auf, doch erwartet sie wegen des zerstörten Blumentopfs auf dem Fuße die Strafe der Hausfrau.

Aus der Besprechung dieser Gestaltungsversuche werden einige der nachfolgend aufgeführten sieben Gestaltungsmerkmale herausgearbeitet und als Tafelanschrift gesichert. Fehlende Kriterien werden bei der Beurteilung von zwei Negativtexten in der folgenden Phase ergänzt.

Tafelanschrift:

1. Wähle für die Tätigkeiten von Katze und Vogel treffende Tunwörter!
2. Sage mit treffenden Wiewörtern, wie Katze und Vogel sind!
3. Leite die Sätze nicht immer mit „da" oder „und da" ein!
4. Schreibe auf, was Katze und Vogel denken, sagen oder rufen!
5. Erzähle spannend und lebendig, indem du Ausrufesätze und Fragesätze verwendest!
6. Erzähle die ganze Geschichte in der Gegenwart oder in der Vergangenheit!
7. Erzähle möglichst viele Einzelheiten zu jedem Bild!

Teilziel 5: Besprechung und Bewertung von zwei Negativtexten

Gruppenarbeit: Die Schüler sollen zwei vervielfältigte Texte beurteilen, indem sie nach bekannten oder neu hinzugewonnenen Kriterien Mängel und Fehler herausstellen.

Text 1:

Die dumme Katze

Eine Katze liegt neben einem Blumentopf. Daneben ist ein Baum. Auf dem Baum ist ein Vogel. Da singt der Vogel auf einmal. Und da wird die Katze wach und springt auf den Ast. Da ist der Vogel schnell weggeflogen. Und er lacht über die dumme Katze. Und sie ärgert sich.

Text 2:

Die Katze

Die Katze schläft auf der Fensterbank. Und da sang ein Vogel auf dem Baum. Da sprang die Katze auf. Aber da fiel der Blumentopf runter.

In den Gruppenberichten und in der Aussprache zu diesen werden die Mängel herausgestellt und entsprechende Gestaltungsgrundsätze daraus abgeleitet, sofern dies noch nicht unter Teilziel 4 geschehen ist. Zu *Text 1* wird festgestellt:

— Die Satzanfänge sind teilweise zu gleichartig (da, und).

— Es wird nicht lebendig und spannend unter Verwendung von wörtlicher Rede, Ausrufe- und Fragesätzen erzählt.

— Die Tunwörter sind nicht abwechslungsreich; dreimal wird „ist" benutzt; ausschmückende Wiewörter sind kaum berücksichtigt.

Darüber hinaus wird zu *Text 2* kritisch angemerkt:

— Die Überschrift ist zu allgemeingültig.

— Es werden viel zu wenig Einzelheiten erzählt.

— Ein packender Schluß fehlt ganz.

Weder an Text 1 noch an Text 2 vermag sich ein Leser oder Hörer zu erfreuen und zu unterhalten.

4.2 Dritte und vierte Stunde: Herstellen der Erstentwürfe — Überarbeiten und Reinschrift

Lernziele:

— Unter Beachtung der Gestaltungskriterien stellen schwächere Schüler in enger Korrespondenz zu den Stichwörtern und schreibgewandte Schüler in möglichst freier Formulierung ihre Entwürfe her

— Überarbeiten und Korrigieren der Texte in Partnerarbeit

— Reinschriftliche Textfassung mit der Begründung des Zugänglichmachens für einen größeren Adressatenkreis; Möglichkeiten:

  — der Lehrer liest ausgewählte Beispiele Mitschülern anderer Klassen vor,

  — gelungene Texte werden am Pinnbrett der Klasse oder Schule zum Aushang gebracht,

  — die Schüler lesen ihre Texte am Nachmittag oder Abend Geschwistern, Freunden, Eltern o. a. vor.

Hier das gelungene Textbeispiel einer Schülerin am Ende des 2. Schuljahres:

Zu früh gefreut

Kater Jimmy lag eines Nachmittags faul auf der Fensterbank und döste dahin. Vor das Fenster ragte der Ast eines Kirschbaumes, und mitten drauf saß eine Amsel. Die zwitscherte. Jimmy sah verwundert auf. Er dachte: Ich muß mir diesen Vogel etwas näher ansehen. Zufällig stand auch das Fenster offen. Jimmy konnte ungestört auf den Baum springen. Dabei streckte er den Schwanz so weit aus, daß er Mutters Blumentopf umstieß. Mit einem lauten Knall fiel dieser runter. Dann saß Jimmy auf dem Ast. Aber wo war denn der Vogel? Verwundert schaute er sich um. Die Amsel aber saß längst schon auf dem Fenstersims und tschilpte munter dahin. Aber einige Tage später sehnte Mutter sich nach der Hibiskusblüte. Sie bekam es aber nicht heraus, wer der Übeltäter war. Das war ein Glück für Jimmy!

Anmerkung:

Die Bilderfolge erscheint in Großformat auf Karton bei Orion-Lehrmittel, 4421 Reken.

Erzählen eines Erlebnisses

Gestaltungsaufgabe: *Sprachlich und formal richtige Darstellung eines Erlebnisses mit Hilfe einer Bilderfolge*

Thema: *Krank sein*

Stufe: *1./2. Schuljahr*

1. Didaktische Information

1.1 Das Erzählen eigener Erlebnisse besitzt beim sechs- bis achtjährigen Kind infolge seiner entwicklungsbedingten Ich-Bezogenheit starke intrinsische Motivation, die bei der Organisation von Lernprozessen genützt werden soll.

Das Rahmenthema „Krank sein" ermöglicht jedem Kind das Erzählen eigener Krankheitserlebnisse und -erfahrungen. Schwieriger als das inhaltlich-stoffliche Erschließen des Darstellungsgegenstandes gestaltet sich in der Frühphase des Übergangs von der mündlichen zur schriftlichen Textproduktion die sprachliche und formale Bewältigung einer Erlebniserzählung, da nicht, wie beim Erzählen zu Bildern, der Stoff in seiner Abfolge und Akzentuierung vorstrukturiert und konstant veranschaulicht ist, sondern die Gliederung im Erzählvorgang selbst erfolgt.

Die Hinführung zum Erzählen eigener Erlebnisse erfolgt in dieser Unterrichtseinheit über das bewährte Medium einer Bilderfolge, an dem der Schüler exemplarisch erfährt, wie eigene Erlebnisse gegliedert und dem sprachlichen Zugriff zugänglich gemacht werden.

1.2 Voraussetzungen zur Bewältigung erster Erlebniserzählungen im Bereich der m ü n d l i c h e n Sprachgestaltung sind: Den Kindern wurde häufig Gelegenheit gegeben, ihre Erlebnisse spontan mitzuteilen. Sie sind darin geübt, ein Geschehen mit einfacher linearer Handlungsfolge richtig in seinem zeitlichen und kausalen Nacheinander darzustellen. Bei ihren Erzählungen berücksichtigen sie den Partner, indem sie verständlich und unterhaltsam (spannend, lustig) im Sinne einer adressatengemäßen Versprachlichung erzählen.

1.3 Voraussetzungen im Bereich der s c h r i f t l i c h e n Sprachgestaltung sind: Die Kinder sollten über ausreichende schreibtechnische Fertigkeiten verfügen und den größten Teil des Grundwortschatzes der ersten beiden Jahrgangsstufen beherrschen. Ferner sollte die Aufsatzarbeit durch folgende Vorübungen eingeleitet sein: Gemeinsames Formulieren von Tafeltexten; Ordnen satzverstellter Texte; Schreiben eines Wortes oder Satzes zu einem Bild; Aufschreiben eines durch Bilder vorgegebenen Handlungsablaufes.

2. Grobziel

Schriftliche Darstellung eines eigenen Krankheitserlebnisses

3. Lernhilfen

Vervielfältigte Bilderfolge:

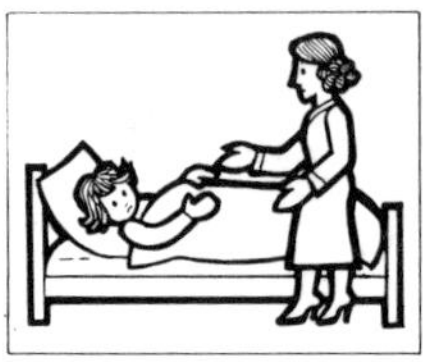

Sabine liegt im Bett, hält die Hand auf den Leib gepreßt. Die Mutter steht daneben.

Sabines Mutter führt den Arzt ins Zimmer.

Der Arzt sitzt an Sabines Bett und stellt Blinddarmentzündung fest.

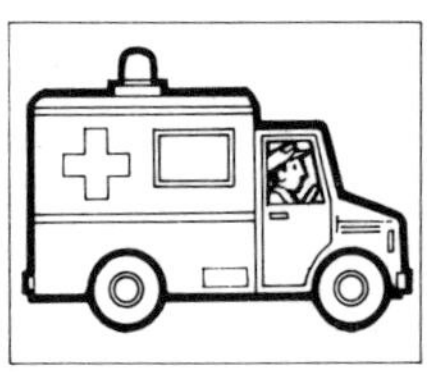

Ein Krankenwagen bringt Sabine ins Krankenhaus.

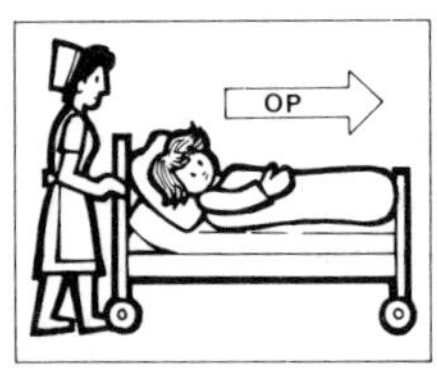

Sabine wird von einer Krankenschwester in den Operationssaal gefahren.

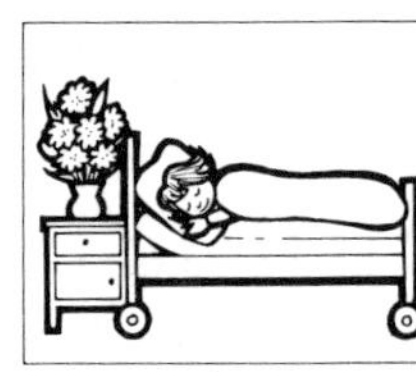

Sabine liegt im Krankenzimmer und schläft.

Jedes Kind erhält eine Papiermaske ohne Augenöffnungen. Tafelanschrift, Arbeitsblätter, Tonbandgerät, sechs Schilder zum Umhängen mit den Rollennamen (Sabine, Mutter, Arzt, Vater, Krankenschwester, Sabines Freundin)

4. Verlauf des Unterrichts

Da diese Unterrichtseinheit im *1. wie im 2. Schuljahr* durchgeführt werden kann, empfiehlt sich ihre Aufteilung nach den Bedürfnissen der Klassenstufe in zwei oder drei Einzelphasen.

4.1 Erste und zweite Stunde: Erschließen der Bilderfolge „Sabine muß ins Krankenhaus"

Lernziele:

Die Schüler sollen

— die Handlung der Bilderfolge richtig, zeitlich geordnet und spannend erzählen,

— ihre kreative Phantasie erproben und trainieren, indem sie
  — sich den Ausgang des Geschehens ausdenken;
  — das bildlich dargestellte Hauptgeschehen ergänzen und entflechten, was „zwischen den Bildern" geschieht;

— Gesagtes, Gedachtes und Gefühltes der abgebildeten Personen versprachlichen und
— das Geschehen von den verschiedenen Standpunkten aus interpretieren.

4.11 Erste Stunde (45')

Einstieg (ca. 5')

Der Lehrer schreibt als stummen Impuls an die Tafel:

krank

Die Schüler berichten über eigene Krankheitserlebnisse.

Erarbeitung (ca. 40')

Teilziel 1: Erschließen der Bilder 1, 2 und 3

Partnerarbeit: Ein Kind ist Erzähler, das andere Zuhörer. Der Zuhörer setzt eine Maske auf bzw. verschließt die Augen; der Erzähler erhält vom Lehrer die ersten drei Bilder der Geschichte und erzählt die abgebildete Handlung. Wenn der Zuhörer etwas nicht versteht, soll er fragen.

Klassengespräch: Was hat dein Nachbar dir erzählt? Verschiedene Zuhörer geben — noch mit Maske — Gehörtes wieder. Dies ist zugleich eine Kontrolle für die Erzähler.

Partnergespräch: Überprüfen der Erzählungen auf ihre Vollständigkeit und Richtigkeit hin.

Die Zuhörer nehmen die Masken ab und erhalten ebenfalls die Bilder. Sie sollen das Gehörte mit den Bildern vergleichen und ihrem Nachbarn sagen, was er nicht richtig dargestellt hat. Zur Verdeutlichung kann ein Schüler dies demonstrieren.

Teilziel 2: Erschließen der Bilder 4, 5 und 6

Gruppengespräch: Wie könnte die Geschichte weitergehen?

Erarbeitete *Tafelanschrift:*

> Wie die Geschichte weitergehen kann:
> Sabine ist am folgenden Tag (am Mittag, am Abend) wieder gesund.
> Sabine hat Fieber und muß noch einige Tage im Bett bleiben.
> Sabine muß ins Krankenhaus.
> ...

Wechsel der Aktivitätsform: Jedes Kind wählt aus dem Tafeltext einen Satz aus, der seiner Meinung am ehesten entspricht, und schreibt ihn auf den Block. „Schnelle" Schüler dürfen ein Bild dazu malen.

Partnerarbeit: Wie bei Teilziel 1, nur im Wechsel von Erzähler und Zuhörer.

4.12 Zweite Stunde (45'): Fortsetzung der Erarbeitungsphase

Teilziel 1: Szenische Darstellung

Klassengespräch: Wer kann erzählen, was man nicht auf den Bildern sehen kann, was „zwischen den Bildern" geschehen ist?

Szenische Kurzdarstellungen durch einzelne Kinder. Die Aufgaben werden durch eine *Tafelanschrift* gestellt:

> Spiele vor!
> Am Morgen sagt Sabine zu ihrer Mutter: ___
> Die Mutter ruft den Arzt an: ___
> Der Arzt kommt. Mutter sagt zu ihm: ___
> Sabine sagt zum Arzt: ___
> Im Krankenhaus berichten die Krankenschwestern: ___
> Mutter telefoniert mit Sabines Vater: ___
> Sabines Freundin besucht sie nach einigen Tagen im Krankenhaus. Sie berichtet: ___
> Sabine erzählt: ___

Die Gesprächspartner haben beim Spiel jeweils ein Schild mit „ihrer" Rolle umgehängt. Bei der sich evtl. anschließenden Kritik der Spielversuche wird der Rollenname genannt.

Teilziel 2: Mündliche Gestaltungsversuche

Einzelne Schüler stellen die gesamte Bildergeschichte mündlich dar:

Wer kann die längste Geschichte zu den Bildern erzählen?

Erzähle auch, was die Personen sagen oder denken könnten und was „zwischen den Bildern" geschieht!

Die Klasse ergänzt nach jedem Vortrag, was vergessen wurde. Der Lehrer nimmt die Geschichten der Kinder auf Tonband auf. Zu Hause stellt er aus den verschiedenen Fassungen und den Ergänzungen eine Geschichte zusammen.

4.2 Dritte Stunde (45'): Darstellung eigener Krankheitserlebnisse

Lernziele:

Die bei der gemeinsamen Erarbeitung des Textes „Sabine muß ins Krankenhaus" gewonnenen Einsichten, Fähigkeiten und Fertigkeiten sollen die Schüler auf die eigene Darstellung übertragen können; sie sollen dabei ein eigenes Krankheitserlebnis in seiner zeitlichen und kausalen Abfolge richtig schildern können, so daß eine Texteinheit entsteht.

Durchführung

Die vervielfältigte Geschichte von Sabine wird gelesen. Der Lehrer fordert die Kinder auf, ein eigenes Krankheitserlebnis aufzuschreiben.

Als Hilfe kann die Geschichte von Sabine verwendet werden. Zur weiteren rechtschriftlichen Unterstützung schreibt der Lehrer nach Aufforderung der Schüler Wörter an die Tafel oder teilt dem einzelnen Schüler im Flüsterton auf seine Meldung hin die Schreibweise eines Wortes mit.

Die Schreibanforderungen lassen sich in folgender Weise differenzieren:

a) *1. Schuljahr* und *leistungsschwache Gruppe des 2. Schuljahres:*

Die Kinder malen eine Bildergeschichte, die sie sich gegenseitig und schließlich dem Lehrer erzählen, der die Geschichten dieser Kinder aufschreibt. Die Kinder üben sich im Lesen jeweils ihrer Geschichte und tragen sie später der Klasse vor.

b) *Leistungsstarke Gruppe:*

Nach dem Schreiben lesen die Schüler sich ebenfalls ihre Geschichten vor. Dazu werden in den Ecken des Klassenraumes kleine Sitzgruppen gebildet, zu denen sich jeweils die Kinder gesellen, die ihre Niederschrift beendet haben. Die Kinder können die Gruppen wechseln und so weitere Geschichten erfahren. Dabei müssen sie in der Regel an Flüsterton und leises Gehen erinnert werden, um die Schreiber nicht zu stören.

4.3 Weiterführung

Zum Schluß werden alle Aufsätze eingesammelt. Der Lehrer verbessert möglichst wenig mit Bleistift. Aufsätze, die umfangreichere Korrekturen erfordern, sollte der Lehrer selbst noch einmal schreiben. Nach Rückgabe erfolgt Reinschrift der überarbeiteten Fassung.

Alle Texte werden in eine Mappe eingeheftet. Jedes Kind darf zu seiner Geschichte ein Bild malen. Das fertige Buch „Als ich einmal krank war" wird in die Lesekiste o. ä. der Klasse gestellt und kann von jedem Kind ausgeliehen werden.

Gestaltungsaufgabe: *Sprachlich und formal richtige Darstellung eines Erlebnisses mit Hilfe eines satz- und sinnverstellten Textes*

Thema: *Eine böse Überraschung*

Stufe: *1./2. Schuljahr*

1. Didaktische Information

Ähnlich wie in der vorhergehenden Unterrichtssequenz wird auch hier versucht, unter Zuhilfenahme einer Bilderfolge den Übergang vom mündlichen zum schriftlichen Erzählen von Erlebtem zu erleichtern. Als besondere didaktische Variante wird der Bilderfolge „Rolf im Pech" ein satz- und sinnverstellter Text zugeordnet. Diese Maßnahme garantiert

- ein lustbetontes Lernen der Schüler, die gern einen „Unsinntext" in eine sinnvolle Fassung bringen;
- eine zügige Vorbereitung der individuellen Textgestaltung zum Rahmenthema „Eine böse Überraschung";
- die Begegnung der Schüler mit einem Textbeispiel, das für die eigene Darstellung Vorbildcharakter in Form und Sprache hat.

2. Grobziel

Während der Schwerpunkt der Unterrichtseinheit im *1. Schuljahr* auf dem mündlichen Erschließen der Bildinhalte, dem Ordnen der verstellten Satzfolge im Tafeltext, dem Malen und mündlichen Erzählen eigener „böser Überraschungen" ruht, verschiebt er sich im *2. Schuljahr* zugunsten selbständiger schriftlicher Textproduktionen auf der Grundlage erster Gestaltungsprinzipien einer Erlebniserzählung, deren Überarbeitung und reinschriftlichen Fassung.

3. Lernhilfen

Bilderfolge „Rolf im Pech", satz- und sinnverstellter Tafeltext oder Satzstreifen, geordneter Tafeltext, Schreibblöcke, Zeichenblöcke, Malstifte, Bleistifte, Füller

4. Verlauf des Unterrichts

4.1 Erste und zweite Stunde: Erschließen der Bilderfolge „Rolf im Pech" und Ordnen eines sinnentstellten Tafeltextes

Lernziele:

Die Schüler sollen

— das lineare Geschehen der Bilderfolge „Rolf im Pech" in seinem kausalen Zusammenhang mündlich erschließen,

— einen der Bilderfolge zugeordneten Text als sinnentstellt erkennen und als Begründung angeben, daß der Schreiber die Satzfolge vertauscht hat,

— je nach Bedingungsfeld der Klasse den Text in Allein-, Partner- oder Gruppenarbeit in eine sinnvolle Ordnung bringen,

— bei differenzierten Schreibanforderungen
in der *schwächsten Leistungsgruppe* den überarbeiteten Text von der Tafel abschreiben,
in der *mittleren Leistungsgruppe* einen Lückentext sinnvoll ergänzen und
in der *stärksten Leistungsgruppe* einen Text in eigener Regie aufschreiben,

— die Texte der Mitschüler nach zwei Sprachkriterien beurteilen und bewerten.

Phase/Zeit	*Mögliches Unterrichtsgeschehen*	*Didaktisch-method. Kommentar/Medien*
Einstieg ca. 5'	L: Ich habe heute wieder einige Bilder mitgebracht. Seht sie euch an und sprecht mit eurem Nachbarn darüber! Folgende Bilder werden als Overheadprojektion, Tafelzeichnung oder mit Hilfe des Episkops der Klasse zugänglich gemacht:	Unvermittelte Konfrontation mit der Bilderfolge, deren Geschehen sich die SS in Allein- oder Partnerarbeit erschließen

Erarbeitung ca. 50'	*Teilziel 1: Spontane Schüleräußerungen zur Bilderfolge* *Teilziel 2: Gezieltes Erschließen der Einzelbilder und des Geschehenszusammenhangs* *Teilziel 3: Erzählen der Geschichte als Ganzes durch mehrere Schüler*	

Phase/Zeit	*Mögliches Unterrichtsgeschehen*	*Didaktisch-method. Kommentar/Medien*
	Teilziel 4: Bearbeitung eines sinnentstellten Tafeltextes:	
	Rolf im Pech Als er an dem Ast mit dem dicken Apfel baumelte, knackte und krachte es plötzlich ganz fürchterlich. Rolf (warf schnell seine Schultasche auf die Wiese und) kletterte auf den Baum. Rolf kam eben aus der Schule. In einem Garten sah er einen Baum mit leuchtend roten Äpfeln. Er jammerte nur: O, mein armer Fuß! (Wie komme ich nun nach Hause?) In seiner Hand hielt er traurig den Ast mit dem roten Apfel. (Aber der interessierte ihn nicht mehr.) Mit einem Plumps lag Rolf auf dem Boden.	Der zunächst verdeckte Tafeltext wird aufgedeckt. Die SS erlesen den Text still. Bei Bedarf läßt sich der Tafeltext um die eingeklammerten Sätze kürzen, ohne seinen Sinn zu ändern oder das Erreichen des Lernziels zu gefährden. Statt der Tafelanschrift können auch vorbereitete *Satzstreifen* verwendet werden.
	Ein oder mehrere SS lesen den Tafeltext laut vor. Sie stellen fest, daß er in eine sinnvolle Ordnung zu bringen ist. Als Kriterien, die der Schreiber dieses Textes nicht beachtet hat, die für eine Erlebniserzählung aber unabdingbar sind, werden herausgearbeitet und als *Tafelanschrift* fixiert:	
	1. Erzähle in der richtigen Reihenfolge! Vertausche nicht Anfang, Mittelteil und Schluß! 2. Wähle eine passende Überschrift für deine Geschichte!	Auf die Tafelanschrift wird im 1. und zu Beginn des 2. Schuljahres verzichtet, die Kriterien werden jedoch mündlich benannt.
	Satzweise wird nun der verstellte Text (an der Tafel) so geordnet, daß er einen Sinn ergibt:	
	Rolf im Pech Rolf kam eben aus der Schule. In einem Garten sah er einen Baum mit leuchtend roten Äpfeln. Rolf (warf schnell seine Schultasche auf die Wiese und) kletterte auf den Baum. Als er an dem Ast mit dem dicken Apfel baumelte, knackte und krachte es plötzlich ganz fürchterlich. Mit einem Plumps lag Rolf auf dem Boden. In seiner Hand hielt er traurig den Ast mit dem roten Apfel. (Aber der interessierte ihn nicht mehr.) Er jammerte nur: O, mein armer Fuß! (Wie komme ich nun nach Hause?)	Das Ordnen läßt sich in Allein-, Partner- oder Gruppenarbeit durchführen.

Phase/Zeit	*Mögliches Unterrichtsgeschehen*	*Didaktisch-method. Kommentar/Medien*
Verarbeitung ca. 35'	*Teilziel 1: Aufschreiben eines Textes zur Bilderfolge* Maßnahme innerer Differenzierung: a) *Leistungsschwache Gruppe:* Ordnen, dann Schreiben des berichtigten Tafeltextes. Zusatzaufgabe für „schnelle" Schreiber: Malt ein Bild, wie Rolfs Erlebnis endete! b) *Mittlere Leistungsgruppe:* Die Schüler erhalten einen Lückentext, den sie ergänzen. c) *Leistungsstarke Gruppe:* Die Schüler gestalten mit eigenen Worten eine Geschichte zur Bilderfolge, erhalten jedoch zusätzlich die Aufgabe, der Begebenheit einen abrundenden Schluß zu geben. Hier das zufriedenstellende Textbeispiel eines Schülers im zweiten Drittel des *2. Schuljahres:*	Anstelle von drei lassen sich auch nur zwei Leistungsgruppen organisieren.

Jochen, der Apfeldieb

Es ist Herbst. Die Äpfel hängen reif und rotbackig am Baum. Dem Jochen läuft das Wasser im Mund zusammen. Er wirft seine Schultasche auf die Wiese. Dann klettert der Dieb auf den Apfelbaum. Aber o weh! Der dünne Ast bricht ab, und der Apfeldieb fällt auf die Wiese. Sein Fuß ist gebrochen, und die Hose ist zerrissen. Nun hat der Bengel keine Lust mehr auf den Apfel. Andere Kinder haben schnell seinen Vater gerufen. Der bringt ihn zum Arzt. Jochen bekommt Gips um den Fuß und muß im Bett bleiben.

Teilziel 2: Kontrolle der Allein-, Partner- oder Gruppenarbeit

SS lesen ihre Texte vor. Die Mitschüler bewerten sie danach, ob in richtiger Reihenfolge alle wichtigen Einzelheiten erzählt und mit einer treffenden Überschrift versehen wurden.

4.2 Dritte und vierte Stunde: Gestaltung eines eigenen Erlebnisses im *2. Schuljahr* zum Rahmenthema „Eine böse Überraschung"

Lernziele:

— Die Schüler nennen mögliche Einzelthemen zum Rahmenthema.

— Sie gestalten unter Beachtung von vier Kriterien ein individuelles Erlebnis.

— Sie lesen ihre Erstentwürfe vor, beurteilen und bewerten sie und überarbeiten sie in Allein-, Partner- oder Gruppenarbeit.

4.21 Hinführung (ca. 5')

Ein oder mehrere Schüler erzählen noch einmal Rolfs Erlebnis in der Bildergeschichte.

4.22 Erarbeitungsphase (ca. 40')

Teilziel 1: Erarbeiten von Einzelthemen

L: Als Rolf vom Baum fiel und sich den Fuß verletzte, konnte er sich über den schönen dicken Apfel nicht mehr freuen. Das war für ihn eine böse Überraschung.

Tafelanschrift:

Eine böse Überraschung

L: Ihr alle habt in eurem Leben sicherlich auch schon einmal eine böse Überraschung erlebt!

SS tragen ihre Erlebnisse zum Rahmenthema vor. Die Mitschüler beurteilen, ob das Geschilderte tatsächlich eine „böse Überraschung" darstellt.

Mögliche Einzelthemen, die von den sehr unterschiedlichen Erlebnissituationen der Kinder abhängen, werden an der *Tafel* fixiert. Folgende Themen wurden in einem *2. Schuljahr*, stellvertretend für zahlreiche andere, zusammengetragen:

Beim Naschen ertappt
Als der Reifen an meinem Fahrrad platzte
Da kippte der Schlitten um
In die Pfütze getappt
Da klirrte die Fensterscheibe
Ausgerutscht
Zerrissene Hose
Vorsicht! Frisch gestrichen!
. . .

Teilziel 2: Erarbeiten von Gestaltungskriterien

Da die Freude an der Gestaltung des persönlichen Erlebnisses unbedingt erhalten bleiben soll, werden im gelenkten Unterrichtsgespräch am Textbeispiel „Rolf im Pech", das noch an der Tafel steht, vier Gestaltungskriterien abgeleitet. *Tafelanschrift:*

Wie ich mein Erlebnis erzähle

1. Ich wähle eine treffende Überschrift.
2. Ich erzähle viele Einzelheiten.
3. Ich erzähle alles der Reihe nach.
4. Ich erzähle, was ich und die anderen gedacht, gesagt und gerufen haben.

4.23 Verarbeitungsphase (ca. 45')

Teilziel 1: Erstentwurf

Differenzierung der Schreibanforderungen:

a) Schüler der *leistungsschwachen Gruppe des 2. Schuljahres* malen ein oder mehrere Bilder zu ihrem Erlebnis. Nach individueller Fertigkeit schreiben sie selbständig oder unter Anleitung des Lehrers zu jedem Bild ein Wort oder einen Satz auf.

Im *1. Schuljahr* ist dieser methodische Weg für den gesamten Klassenverband angemessen.

b) Schüler der *mittleren Leistungsgruppe im 2. Schuljahr* und der *oberen Leistungsgruppe im 1. Schuljahr* gestalten ihr Erlebnis ebenfalls in mehreren Bildern, schreiben jedoch mehrere Sätze zu jedem Bild, so daß eine Gestaltungseinheit erkennbar wird.

c) Die *schreibgewandten Schüler im 2. Schuljahr* gestalten ihre Erlebniserzählung ohne Bilder unter bewußter Beachtung der vier Gestaltungskriterien.

Bei frühzeitiger Fertigstellung ihrer Texte dürfen auch diese Schüler ein Bild dazumalen.

Während der Textgestaltung sollen sich alle Kinder beim Lehrer nach der Schreibweise ihnen unbekannter Wörter erkundigen oder — soweit möglich — ein Schülerlexikon benützen.

Teilziel 2: Besprechen und Überarbeiten der Entwürfe

Ausgewählte Bild-Text-Kombinationen von Schülern aus der *schwachen und der mittleren Leistungsgruppe* werden mit Hilfe des Episkops der ganzen Klasse veranschaulicht. Die Kinder äußern sich darüber,

— ob die gemalten Bilder tatsächlich eine „böse Überraschung" in ansprechender Gestaltung und sinnvoller Abfolge beinhalten,

— ob der in oder unter die Bilder gesetzte Textteil (Wort, Satz, Satzfolge) zur Bildaussage paßt, sie erläutert und ergänzt, oder ob er die Aufmerksamkeit des Lesers vom Geschehen ablenkt.

Die Texte der *leistungsstärksten Gruppe* werden in natürlicher, ungezwungener Atmosphäre um der Erhaltung und Förderung von Mitteilungsfreude und Schreibbereitschaft willen primär unter dem Aspekt besprochen, ob sie die Hörer erfreut und in Spannung versetzt haben. In zweiter Linie erst erfolgt eine behutsame Hinwendung zur Überprüfung der inhaltlichen und sprachlichen Angemessenheit.

Ein Textbeispiel, das ohne jegliches Reglement als Erstentwurf im *2. Schuljahr* zustande kam, belegt, daß sprachbegabte und -gewandte Kinder recht früh zur Gestaltung umfangreicher Erlebniszusammenhänge in der Lage sind. Es wäre sicherlich falsch, einige sprachliche und stilistische Unebenheiten zu überarbeiten, um eine ausgefeilte Darstellung zu erreichen.

Einbruch auf dem Eis

In den Winterferien ging ich fast jeden Tag an den zugefrorenen See Schlittschuh laufen. Da passierte es. Das Eis war ein wenig geschmolzen und leicht zerbrechlich. Ich bemerkte es zu spät, und da war es schon passiert. Ich lag im Wasser und rief: „Hilfe, Hilfe, ich ertrinke!" Meine Freundinnen hörten es und kamen mir zu Hilfe. Als sie mich rauszogen, verlor ich die Besinnung. Als ich wieder aufwachte, lag ich in meinem Bett. Meine Mutter stand vor mir und sagte: „Du mußt jetzt deine Medizin trinken. Dann bist du bald wieder gesund." „Hoffentlich", brummelte ich.

Anmerkung: Rechtschreib- und Interpunktionsmängel wurden behoben.

4.3 Weiterführung

Wie in der vorangegangenen Sequenz wird eine Lesemappe zum Thema „Eine böse Überraschung" angelegt, in die saubere Bild- und Textfassungen aller Schüler aufgenommen werden. Diese kann zur Privatlektüre aus einem Regal, einer Lesekiste, von einem Lesetisch o. ä. entliehen oder interessierten Mitschülern anderer Klassen, Freunden, Geschwistern usw. zur Verfügung gestellt werden.

Phantasieerzählungen

Gestaltungsaufgabe: *Reizwortgeschichte auf der Grundlage einer Bilderfolge*

Thema: *Schirm — Luftreise — Wolke*

Stufe: *2. Schuljahr*

1. Didaktische Information

1.1 Fachdidaktiker sind einhellig der Meinung, kreatives Erzählen zu Reizwörtern in seiner Hochform sei frühestens ab dem 3. Schuljahr möglich, weil das Kind erst dann über ausreichende schreibtechnische Fertigkeiten verfüge und den Grundwortschatz des 1. und 2. Schuljahres beherrsche.

In einem spiralcurricular organisierten Unterricht im Herstellen schriftlicher Texte, wie er in diesem Handbuch intendiert ist, wird dem freien und ungebundenen, durch einige wenige Wörter ausgelösten Erzählen in der oberen Grundschulstufe eine *propädeutische Phase* vorausgeschickt, die sich gezielt die Vorzüge des Erzählens nach Bildern zunutze macht. Mit ihrer Hilfe werden dem Schüler des *2. Schuljahres* grundlegende Fähigkeiten, Fertigkeiten und Kenntnisse vermittelt:

— wie Reizwörter die Vorstellung von Situationen auslösen, diese in einen Kontext zueinander bringen und schließlich zu einem Geschehenszusammenhang zusammenfügen;

— wie man sich des Sprachmaterials zur lebendigen, spannenden und adressatengerichteten Ausgestaltung einer in Bild und Reizwort fixierten Situation bedient und Reizwortgeschichten ohne Bilder in den folgenden Schuljahren mit erhöhten Anforderungen an Abstraktionsfähigkeit und Kreativität bewältigt.

1.2 Bilderfolge

Der einer Reizwortgeschichte eigene kreative Charakter bleibt in dieser Bilderfolge insofern gewahrt, als die zeichnerische und sprachliche Abrundung des Geschehens in Bild 4 vom Schüler selbst bewältigt werden muß.

Die unter die Bilder gesetzten Reizwörter veranschaulichen dem Schüler, wie ein einziges Wort eine *Situation*, mehrere Wörter einen *Geschehensablauf* evozieren. Bild 4 zwingt den Schüler zur zeichnerischen und sprachlichen Füllung des leeren Rahmens, wobei die Handlung zwangsläufig ihrem Ende zugeführt werden muß und nicht ins Unermeßliche ausgeweitet werden kann, eine für alle Formen der Phantasieerzählung wertvolle Erfahrung.

2. Grobziel und Lernzielkontrolle

2.1 Auf der Grundlage einer unvollständigen Bilderfolge zu den Reizwörtern „Schirm — Luftreise — Wolke" mündlich und schriftlich eine Phantasieerzählung herstellen.

2.2 Die Anforderung gilt als bewältigt, wenn das bildhafte Geschehen mit einer selbsterfundenen Abrundung lebendig und spannend schriftlich fixiert worden ist.

3. Lernhilfen

Bilderfolge als Overheadprojektion, Lehrerzeichnung (Karton, Tafel), Hektographie
Tafeltexte: Wortfeld „Sturm", Stichwörtersammlungen, Gestaltungsmerkmale

4. Verlauf des Unterrichts

4.1 Erste und zweite Stunde: Inhaltliche und sprachliche Erschließung des Darstellungsgegenstandes

Lernziele:

Die Schüler sollen

— die Funktion des Reizwortes als auslösendes Moment einer Phantasiegeschichte an Bild-Reizwort-Einheiten kennenlernen;
— die Bild-Reizwort-Einheiten 1 bis 3 erschließen und mögliche Inhalte von Bild 4 mit Hilfe ihrer Phantasie antizipieren;
— in die Leerzeilen unter jedem Bild das passende Reizwort einfügen;
— zu den Bildern 1 bis 3 das Wortfeld „Sturm" und Stichwörtersammlungen zusammentragen;
— mündlich Phantasieerzählungen gestalten;
— drei Gestaltungsmerkmale einer lebendigen Erzählung ableiten;
— entweder als Hausarbeit oder zu Beginn der dritten Stunde bei differenzierten Schreibanforderungen
  a) in der *schwächeren Leistungsgruppe* unter Verwendung des erarbeiteten Wortmaterials je nach Leistungsvermögen einen oder mehrere Sätze unter jedes Bild schreiben,
  b) in der *stärkeren Leistungsgruppe* frei einen lebendigen Text mit selbsterfundenem Ausgang des Geschehens gestalten.

Phase/Zeit	*Mögliches Unterrichtsgeschehen*	*Didaktisch-method. Kommentar/Medien*
Motivation ca. 5'	L schreibt an die Tafel:	
	Schirm – Luftreise – Wolke	Stummer Impuls
	In der Regel liest zunächst ein Schüler die Wörter vor, dann herrscht Ratlosigkeit.	
	L: Dazu könnten wir uns eine Geschichte ausdenken!	Lehrerimpuls
	SS versuchen, einen Erzählzusammenhang herzustellen.	
	L: Was es mit den drei Wörtern auf sich hat, seht ihr an diesen Bildern!	
Erarbeitung ca. 75'	*Teilziel 1: Erschließen der Bilderfolge und Erkennen des Zusammenhangs von Bild und Reizwort*	
	Zwei Formen der Begegnung mit den Bildern sind möglich:	
	a) Die Bilder 1 bis 3 werden nacheinander einzeln aufgehängt und mündlich erschlossen; Bild 4 wird antizipiert. b) Konfrontation mit der gesamten Bilderfolge 1 bis 4, Erschließen der Bildinhalte 1 bis 3, Antizipation von Bild 4.	Die Bilder werden ohne Reizwörter mit entsprechenden Leerzeilen angeboten.
	L: Was sollen die Zeilen unter den Bildern bedeuten? SS: Zu jedem Bild gehört eines der Wörter an der Tafel.	Die SS erhalten Abzüge mit der Bilderfolge.
	Nachdem geklärt ist, welches Wort zu welchem Bild paßt, werden die Leerzeilen ausgefüllt.	
	Teilziel 2: Zeichnerische Darstellung von Bild 4	
	L: Versucht, als Bild 4 einen möglichst interessanten Ausgang des Abenteuers zu malen!	Allein-, Partner- oder Gruppenarbeit
	Die fertigen Bilder 4 werden mit Episkop der Klasse zugänglich gemacht, besprochen und bewertet.	
	Teilziel 3: Erarbeiten von Wortfeldern und Stichwörtern	
	L: Wir wollen einmal überlegen, was der Sturm auf Bild 1 tut, als das Kind aus dem Haus tritt!	Impuls
	TA:	

	Was der Sturm tut	
brausen	pfeifen	toben
wehen	johlen	wüten
sausen	brüllen	krachen
jagen	heulen	knacken
fegen	summen	knallen
blasen	...	reißen
brummen		...
...		

Tafelanschrift unter Bild 1

Sie kann nach den Schülerbeiträgen einer Klasse geändert, ergänzt oder gekürzt werden.

Phase/Zeit	*Mögliches Unterrichtsgeschehen*	*Didaktisch-method. Kommentar/Medien*

L: Und was tut der Junge auf Bild 2? *TA:*

Was der Junge tut		
lachen	aufsteigen	festhalten
sich freuen	schweben	Angst haben
rufen	segeln	...
schreien	schaukeln	
weinen	...	
jammern		
flehen		
...		

Ergänzungen nach Bedarf
Tafelanschrift unter Bild 2

L: Was sieht der Junge alles bei seinem abenteuerlichen Flug? *TA:*

Was der Junge sieht
dunkle Wolke
Regentropfen
Häuser, Dächer
Berge, Wälder, Felder
Wiesen, Blumen
...

Tafelanschrift unter Bild 3, die sich beliebig ergänzen läßt

Teilziel 4: Mündliche Gestaltungsversuche und Ableiten von Gestaltungskriterien

Mehrere Schüler gestalten nun unter Zuhilfenahme des Wortmaterials an der Tafel zusammenhängende Geschichten. Diese sind erfahrungsgemäß zunächst meist recht knapp und wenig spannend. Als Grundsätze einer Erzählweise, die zuhörende Mitschüler mitreißt, werden abgeleitet: *TA:*

1. Erzähle viele Einzelheiten! Sage genau, was der Sturm tut, wie er den Jungen hochhebt, und was der Junge erlebt!
2. Erzähle lebendig und spannend! Sage, was der Junge denkt, sagt oder ruft! Laß seine Angst oder seinen Übermut in Frage- und Ausrufesätzen zum Ausdruck kommen!
3. Gib deiner Geschichte eine treffende Überschrift!

Gelenktes Unterrichtsgespräch
Tafelanschrift

Sicherung
ca. 10'

Die Schüler schreiben die Tafeltexte ab.

Die schriftliche Textgestaltung kann nach der in der Lernzielformulierung angegebenen Staffelung als Hausarbeit oder am Beginn der folgenden Stunde erfolgen.

Als Adressaten sollen zunächst die Mitschüler gelten, nach Fertigstellung der Lesemappe „Abenteuer mit dem Schirm" auch Schüler anderer Klassen, Freunde, Geschwister, Eltern u.a.

Wechsel der Aktivitätsform

4.2 Dritte und vierte Stunde: Besprechung, Überarbeitung und Reinschrift

Lernziele:

— Die Schüler lesen sich ihre Entwürfe in Vierer- oder Fünfer-Gruppen gegenseitig vor und wählen das gelungenste Textbeispiel der Gruppe zu Vortrag und Besprechung im Klassenverband aus.

— Sie beurteilen und bewerten gehörte Texte nach situativ auftauchenden Gefallens- oder Mißfallenskundgebungen und nach altersadäquaten Kriterien, die der Lehrer anbietet.

— Sie beseitigen rechtschriftliche und grobe sprachlich-stilistische Mängel ihrer Texte.

— Sie fertigen für eine Lesemappe „Abenteuer mit dem Schirm" reinschriftliche Fassungen an:

  — in der *schwachen Leistungsgruppe* als Bild-Text-Kombinationen,

  — in der *stärksten Leistungsgruppe* als Texte der Art, wie sie in die Verlaufsdarstellung aufgenommen sind.

4.21 Einstieg (ca. 5')

Die Bilderfolge „Abenteuer mit dem Schirm" hängt vor der Klasse. Mehrere Schüler geben das Geschehen mündlich wieder und stellen es im Spiel dar.

4.22 Erarbeitungsphase (ca. 55')

Teilziel 1: Vorlesen und Besprechen der Erstentwürfe in Gruppen

Jedes Kind liest seinen Text vor, der anschließend besprochen wird. Die Gruppe wählt den Text aus ihrer Mitte für den Vortrag und die Besprechung im Klassenverband aus, der ihr am besten gefällt.

Teilziel 2: Besprechen und Bewerten ausgewählter Texte im Klassenverband

Wenn auch die meisten Grundschullehrpläne den Beginn einer planmäßigen Aufsatzbesprechung erst für das 3. Schuljahr vorsehen (1), sollten in der *zweiten Hälfte des 2. Schuljahres* behutsame Ansätze zu einer begründenden und kriterienorientierten Textbesprechung gemacht werden, die zunächst von Fragen folgender Art getragen sein können:

— Hat dir die Geschichte gefallen? War sie lebendig, spannend, interessant?

— Welche Stelle hat dir besonders gut gefallen? Wo war es am lustigsten, spannendsten?

— An welcher Stelle haben dir Wörter oder Ausdrücke besonders gut gefallen? Warum?

— Wurde alles der Reihe nach erzählt? Wurden wichtige Teile der Geschichte ausgelassen?

— War die Geschichte zu kurz und zu oberflächlich erzählt? Wurden viele Einzelheiten erzählt, so daß sich der Hörer auch ein Bild von der Begebenheit machen kann?

— Paßt die Überschrift zu der Geschichte?

Unter Berücksichtigung solcher von den Schülern spontan verwendeter oder durch Lehrerfragen gegebener Besprechungsmomente waren Schüler beispielsweise in der Lage, zu folgenden Schülertexten die weiter unten aufgeführten Aussagen zu machen:

Claudia: **Die Luftreise**

Christian will spazieren gehen. Er nimmt den Schirm mit, denn es regnet. Als Christian auf die Straße kommt, regnet es nicht nur, sondern der Wind, der pfeift und braust. Als er ein wenig gegangen ist, kommt ein heftiger Sturm und hebt Christian mit dem Schirm in die Luft. Er fliegt immer höher, bis er in den Wolken verschwunden ist.

Klaus: **Robert und der Schirm**

Eines Tages nahm Robert seinen Schirm und ging draußen spazieren. Robert wurde von einem Windstoß so kräftig erfaßt, daß er in die Luft gewirbelt wurde. Es blitzte und donnerte. Robert wurde fast bis an die Wolken getragen. Als es ein paar Stunden geregnet hatte und die Sonne wieder schien, schwebte Robert ganz langsam zur Erde herunter.

Christa: **Susis großes Erlebnis**

Susi wurde von Mutter in die Stadt geschickt, um Brot zu kaufen. Weil es etwas regnete, nahm sie einen Schirm mit. Zuerst war es ja harmlos, aber dann ging es los. Platsch, ein dicker Regentropfen fiel ihr mitten auf die Nasenspitze. Susi lief schneller. Jetzt fängt es auch noch zu stürmen an, denkt sie. Aber während Susi das dachte, erfaßte sie ein böser Wirbel und trug Susi in die Luft. Sie schrie immer wieder: „Hilfe, Hilfe!" Aber niemand hörte Susi. Felder, Wiesen und Bäume sah sie unter sich. Die Sonne kam schon wieder heraus, und es regnete immer noch. Es gab einen Regenbogen. Vorher weinte und jammerte sie und konnte gar keine Gedanken fassen. Aber jetzt lachte und lachte Susi. Immer höher wollte sie hinauf. Susi war schon ganz nahe daran, ihn zu greifen, aber da ... „Wach auf, Susi, und iß deine Medizin, damit du bald wieder mit den anderen Kindern spielen kannst!" Es war nur ein Traum.

Claudias Geschichte findet ein trauriges Ende, weil Christian nicht mehr nach Hause kommt; das gefällt uns nicht besonders gut. Sie hat alles der Reihe nach erzählt und an einigen Stellen besonders treffende Wörter benutzt: pfeift, braust, hebt. Die Überschrift paßt zum Inhalt. Insgesamt hätte die Geschichte ausführlicher sein können, dann wäre sie auch für den Zuhörer spannender geworden.

Auch *Klaus* erzählt das Abenteuer des Robert recht kurz und bündig, doch findet die Geschichte ein gutes Ende. Darüber freuen wir uns. Klaus verwendet auch treffende Verben, die den Text dem Hörer interessant und lebendig erscheinen lassen: wirbeln, blitzen, donnern, schweben. Dagegen ist die Überschrift einfallslos und allgemeingültig.

Der Text von *Christa,* einem außergewöhnlich sprachbegabten Mädchen, gefiel den Mitschülern weitaus am besten wegen seiner Breite und Ausführlichkeit, des überraschenden Endes, der lebendigen und spannenden Erzählweise, die aus der wörtlichen Rede, Ausrufesätzen, lustiger und abwechslungsreicher Wortwahl resultiert. Auch die Überschrift paßt vorzüglich zum Inhalt.

4.23 Sicherung (ca. 30')

Unter Anleitung des Lehrers überarbeiten die Schüler ihre Texte und fertigen eine Reinschrift für die Lesemappe an.

Anmerkung:

1. Lehrplan für die Grundschule der Länder Rheinland-Pfalz und Saarland. Emil Sommer Verlag, Grünstadt 1971, Seite 93.

Gestaltungsaufgabe: *Erzählen nach einer Pantomime*

Thema: *Beim Zahnarzt*

Stufe: *1./2. Schuljahr*

1. Didaktische Information

1.1 Die Pantomime bietet als Ausgangspunkt und Grundlage zum schriftlichen Erzählen eines eindrucksvollen Erlebnisses aus dem Erfahrungsbereich von Sieben- und Achtjährigen vor allem drei didaktische Vorzüge:

— Der Schüler ist jedweder *Stoffnot* durch Kennenlernen der genauen Abfolge des darzustellenden Sachverhalts enthoben;

— der Schüler stellt bereitwillig einen ihm vertrauten Vorgang zunächst ohne das oft hinderliche Medium Sprache durch *Gestik, Mimik* und *Körperbewegungen* dar;

— der Schüler erlebt und erkennt durch die pantomimische Darstellung den *strukturellen Zusammenhang* und die *richtige Reihenfolge* einer Handlung; dadurch ist ihre angemessene Umsetzung in Schrifttexte erheblich erleichtert.

1.2 Voraussetzung zur Bewältigung der Pantomime an sich ist im 1. und 2. Schuljahr die Aufgliederung der Handlungsfolge in Einzelschritte, die für das Kind gut überschaubar sind. Ihre schriftliche Fixierung beschränkt sich im Frühstadium schriftlicher Textproduktion auf das Ordnen und gelegentliche Umschreiben von Sätzen, die ungeordnet bereitgestellt werden.

2. Grobziel und Lernzielkontrolle

2.1 Nach einer Pantomime einen Zahnarztbesuch in seinen wichtigsten Einzelheiten und in der richtigen Reihenfolge schriftlich erzählen.

2.2 Ungeordnetes Satzmaterial wird so umgeschrieben und aneinandergereiht, daß ein Handlungszusammenhang in sinnvoll-logischer Folge entsteht.

3. Lernhilfen

Umhängeschilder „Kind", „Mutter", „Zahnarzt"; Tafelanschrift: Ungeordnete Satzfolge

4. Verlauf des Unterrichts

Lernziele:

Im Verlauf einer Doppelstunde, die auch in zwei Einzelstunden aufgeteilt werden kann, sollen die Schüler

— über eigene Erlebnisse und Erfahrungen beim Zahnarzt berichten;

— aus dem Stegreif einen Zahnarztbesuch pantomimisch darstellen;

— aus fehlgeschlagenen Gestaltungsversuchen die Notwendigkeit der Festlegung einer Szenenfolge ableiten;

— die wichtigsten Einzelszenen beim Zahnarztbesuch nennen und nach der Szenenfolge erneut den Zahnarztbesuch als Pantomime gestalten;

— die Pantomime kommentieren und im Zusammenhang erzählen;

— durch Umschreiben und Ordnen einer verstellten Satzfolge eine in der Handlungsfolge kontinuierliche Geschichte aufschreiben;
— die Texte der Partner lesen, auf ihre sachliche, syntaktische und rechtschriftliche Richtigkeit hin überprüfen und erforderlichenfalls berichtigen.

4.1 Motivationsphase (ca. 5')

Drei Verfahren bieten sich an:

a) Lehrererzählung und Schülerberichte:

Während einer Deutschstunde im 3. Schuljahr bemerkte ich vor einigen Tagen, wie Bernd beide Hände auf seine rechte Wange preßte. Sein Gesicht war schmerzverzerrt, und Tränen standen ihm in den Augen . . .

— Spontane Schüleräußerungen: Bernd hatte Zahnschmerzen. Der Lehrer hat ihn nach Hause geschickt. Die Mutter ging sofort mit ihm zum Zahnarzt . . .
— Die Schüler berichten über eigene Erlebnisse beim Zahnarzt.

b) Bild als stummer Impuls (Tafelskizze/Overheadprojektion):

— Schüleraussagen zum Bildinhalt
— Erlebnisberichte der Schüler

c) Reizwort an der Tafel als stummer Impuls:

Zahnweh

— Spontane und ungelenkte Schülerberichte über Zahnschmerzen und Zahnarztbehandlung

4.2 Erarbeitungsphase (ca. 60')

Teilziel 1: Pantomimische Darstellung eines Zahnarztbesuchs aus dem Stegreif

Impuls: Wir wollen einmal, ohne zu sprechen, spielen, was beim Besuch eines Zahnarztes geschieht!

Mitspieler sind Kind, Mutter und Zahnarzt, die ein entsprechendes Umhängeschild erhalten. Es ist zu erwarten, daß bereits nach den ersten Stegreifdarstellungen festgestellt wird: ohne Planung der Szenenfolge läßt sich die Pantomime nicht gestalten.

Teilziel 2: Festlegen der Szenenfolge im gelenkten Unterrichtsgespräch

Tafelanschrift (im 1. Schuljahr **ohne** die eingeklammerten Sätze):

Ein Zahnarztbesuch
Das Kind kommt mit seiner Mutter in das Sprechzimmer. (Der Zahnarzt begrüßt sie und zeigt auf den Behandlungsstuhl.) Das Kind setzt sich in den Behandlungsstuhl. (Es zeigt auf den schmerzenden Zahn.) Der Arzt plombiert oder zieht den Zahn. (Das Kind spuckt aus.) Das Kind verabschiedet sich mit seiner Mutter.

Teilziel 3: Pantomimische Darstellung der Szenenfolge

Die Zuschauer erzählen, was sie gesehen haben. Dann dürfen mehrere Schüler das Geschehen kommentieren. Einige markante Sätze schreibt der Lehrer, in gleicher oder ähnlicher Formulierung wie von den Schülern gebracht, ungeordnet an die Tafel.

Es entsteht etwa folgende *Tafelanschrift,* die die unterschiedliche Lesefertigkeit im 1. und 2. Schuljahr berücksichtigt:

1. Schuljahr:	*2. Schuljahr:*
Nun tut er nicht mehr weh. Er geht mit der Mutter zum Zahnarzt. Bernd hat Zahnweh. Der Zahnarzt zieht den Zahn.	Er füllt das Loch mit einer Plombe. Er setzt sich auf den Stuhl. Nun tut der Zahn nicht mehr weh. Er macht den Mund weit auf. Sofort geht er mit seiner Mutter zum Zahnarzt. Der Zahnarzt bohrt. Bernd hat einen hohlen Zahn.

4.3 Phase der Sicherung (ca. 25')

Teilziel 1: Lesen und mündliches Ordnen der Satzfolge

Teilziel 2: Aufschreiben der Geschichte als Sinneinheit

Teilziel 3: Lesen und evtl. Korrigieren der Texte in Partnerarbeit

Gestaltungsaufgabe: *Aufschreiben eines Streitgesprächs*

Thema: *Katze und Hund streiten um eine Wurst*

Stufe: *2. Schuljahr*

1. Didaktische Information

1.1 Das Streitgespräch an sich ist eine Form sprachlicher Kommunikation, die sich im Wechselspiel zwischen verschiedenen am Kommunikationsprozeß beteiligten Partnern vollzieht. Dabei können alle Partner als Textautoren und Rezipienten auftreten. Beide Gruppen stehen durch ständigen Austausch von Texten miteinander in direktem und in zeitlich nacheinander ablaufendem Sprachaustausch. Daraus ergibt sich als ursprüngliche Realisierungsweise des Streitgesprächs seine *münd-*

liche Gestaltung, die stilistisch weniger durchgeformt ist als eine schriftliche Darstellung, dafür aber um so lebendiger und anschaulicher wirkt.

1.2 Soll nun das Streitgespräch *schriftlich* fixiert werden, muß der Schreiber

- durch gezielte Wortwahl, überlegte Satzbildung und durchdachte Gedankenfolge das Fehlen der Begleiterscheinungen lebendiger Rede wie Gestik, Mimik, Modulation der Stimme, ja selbst der Körperbewegungen auszugleichen versuchen;
- sich gleichzeitig und nacheinander in die Rolle von Textautor und Rezipient hineinversetzen und die Gesprächssituation aus mindestens zwei Perspektiven ausleuchten; dabei vermag er sich nicht so intensiv in den situativen Kontext eines Kommunikationspartners zu vertiefen, sondern ist vielmehr zu einem ständigen geistigen Positionswechsel gezwungen.

Diese besonderen Bedingungen des Aufschreibens eines Streitgesprächs verlangen trotz bedeutender intrinsischer Motivation auf stofflich-materialer Seite vom Kind des *2. Schuljahres* neben gesteigerter geistiger Wendigkeit und erhöhter Abstraktions- und Kombinationsgabe ein Sprachvermögen, das gekennzeichnet ist durch die sichere Verwendung des altersgemäßen Gebrauchswortschatzes und die rechtschriftliche Absicherung eines Großteils des Grundwortschatzes.

1.3 Der Übergang vom mündlichen Streitgespräch zu seiner schriftlichen Fixierung läßt sich zunächst über unterschiedliche Formen von Lückentexten bis hin zur freien Textgestaltung organisieren.

1.4 Als Streitgegner wurden bewußt Tiere aus dem Erfahrungsbereich der Kinder gewählt. Sie vermögen das natürliche Mitteilungsbedürfnis weit mehr zu entfalten als die ehemals so beliebten Streitgegner „Sommer" und „Winter" (Thema: Sommer und Winter streiten, wer beliebter sei) oder „Messer" und „Gabel" (Thema: Messer und Gabel streiten, wer wichtiger sei), deren abstrakte Streitgegenstände an der Interessenlage des Sieben- oder Achtjährigen vorübergehen.

2. Grobziel und Lernzielkontrolle

2.1 Angemessenes schriftliches Fixieren eines fiktiven Streitgesprächs zwischen einer Katze und einem Hund bei abgestuften Schreibanforderungen auf der Grundlage mündlicher Gestaltungsübungen.

2.2 Die Schüler sind in der Lage, Lückentexte sinnvoll zu ergänzen, Dialogteile von Katze und Hund zu ordnen oder das Streitgespräch ungebunden schriftlich darzustellen.

3. Lernhilfen

Tafelzeichnung bzw. Overheadprojektion; Tonbandaufnahmen: Stegreifdarstellungen, Endproduktionen; Tafelanschrift: Merksätze, Dialogparts von Katze und Hund; Umhängeschilder „Katze" und „Hund" bzw. entsprechende Masken, soweit vorhanden oder herstellbar; Mal- und Schreibutensilien; Lückentexte, in die Einzelwörter oder Dialogpartien (Sätze) einzufügen sind.

4. Verlauf des Unterrichts

4.1 Erste Stunde: Mündliche Gestaltung des Streitgesprächs

Lernziele:

- Die Schüler erkennen und benennen aus einer bereitgestellten Situation Streitgegner und -objekt.

— Sie stellen das Streitgespräch aus dem Stegreif dar.
— Sie erkennen und erläutern unmittelbar im Anschluß an die Darstellungsversuche oder an Tonbandaufnahmen inhaltlich-sachliche und sprachlich-stilistische Mängel der Stegreifdarstellung.
— Sie leiten davon Grundsätze einer die Hörer, Zuschauer und Leser fesselnden Gestaltung des Streitgesprächs ab.
— Sie gestalten das Ende des Streits als Bild-Text-Kombination.

Phase/Zeit	*Mögliches Unterrichtsgeschehen*	*Didaktisch-method. Kommentar/Medien*
Einstieg ca. 5′	Als Sprechanlaß bieten sich drei Alternativen an: a) Der L berichtet über folgende fiktive Begebenheit: Vor einigen Tagen lief Wolf, der Schäferhund, durch den Park. Plötzlich erspähte er die Katze Mina, die eilig mit einem großen Stück Wurst zwischen den Zähnen in die Büsche schleichen wollte. Hastig setzt er hinter ihr her. Kaum hatte er sie eingeholt, da brach auch schon ein heftiger Streit aus ...	Lehrererzählung Spontane Schüleräußerungen zum weiteren Geschehen
	b) Die Klasse wird kommentarlos mit diesem Bild konfrontiert: 	Tafelzeichnung/ Overheadprojektion. Spontane Schüleräußerungen zur Bildstiuation
	c) *Tafelanschrift:* Katze Wurst Hund Voraussichtlich werden die Kinder den Wunsch äußern, das Streitgespräch selbst darstellen zu dürfen; andernfalls macht der L durch entsprechende Impulse auf diese Möglichkeit aufmerksam.	Reizwörter als stumme Impulse Spontane Schüleräußerungen zur Erhellung der Konfliktsituation
Erarbeitung ca. 30′	*Teilziel 1: Gestaltung des Streitgesprächs aus dem Stegreif* Mehrere SS stellen das Streitgespräch dar. Akteure und Zuschauer artikulieren unmittelbar oder nach Anhören von Tonbandaufnahmen ihre Einsichten und Erfahrungen: — Ohne Planung des Gesprächsverlaufs gerät die Diskussion leicht ins Stocken, weil den	Tonbandaufnahmen

Phase/Zeit	*Mögliches Unterrichtsgeschehen*	*Didaktisch-method. Kommentar/Medien*
	„Streithähnen" neue Argumente und zündende Ideen fehlen. — Die Herbeiführung des Streitendes fällt nicht leicht, da jeder Streitgegner am Ende die Wurst für sich haben will. — Die Streitgegner verwenden gelegentlich Wörter und Ausdrücke, die die Zuhörer nicht verstehen.	
	Zusammenfassend lassen sich für künftige mündliche und schriftliche Darstellungen des Streitgesprächs folgende *Merksätze* ableiten: 1. Laß die Streitgegner zutreffende Gründe nennen, warum jedem die Wurst gehören soll! 2. Laß die Streitgegner klare und verständliche Sätze sprechen!	Sicherung gewonnener Einsichten in einer *Tafelanschrift*
	Teilziel 2: Geplante Gestaltung des Streitgesprächs Die jeweiligen Darsteller von „Katze" und „Hund" legen vor Beginn des Streitgesprächs fest, ob Katze oder Hund oder — nach Aufteilen — beide die Wurst fressen.	Beurteilung der Gestaltungsversuche unter gezielter Berücksichtigung der Merksätze
Sicherung ca. 10'	*Auftrag:* Malt in einem Bild oder einer Bilderfolge, wie der Streit endet! Es soll genau zu sehen sein, welches Tier Sieger ist und die Wurst frißt! Schreibt in einem oder mehreren Sätzen unter das Bild, was der Sieger und/oder der Verlierer des Streits sagt!	Zur Hervorhebung des Adressatenbezugs kann der L darauf aufmerksam machen, daß die fertigen Bild-Text-Kombinationen in der folgenden Stunde Mitschülern gezeigt und vorgelesen werden.

4.2 Zweite und dritte Stunde: Schriftliche Gestaltung des Streitgesprächs

Lernziele:

— Die Schüler besprechen und bewerten in Sitzgruppen die hergestellten Bild-Text-Kombinationen.

— Sie nennen Dialogteile von Katze und Hund, die ungeordnet an der Tafel gesammelt werden.

— Sie fixieren das Streitgespräch unter besonderer Beachtung des Adressatenbezugs schriftlich bei gestaffelten Schreibanforderungen:

— Die *schwächste Leistungsgruppe* ergänzt in einem Lückentext fehlende Einzelwörter,

— die *mittlere Leistungsgruppe* ergänzt in einem Lückentext fehlende Dialogpartien,
— die *stärkste Leistungsgruppe* schreibt ein Streitgespräch in selbständiger Formulierung.

— Die Schüler tragen sich gegenseitig in Sitzgruppen ihre fertiggestellten Texte vor und überarbeiten grobe Mängel nach Anleitung von Mitschülern und Lehrer.

— Sie sprechen ausgewählte Textbeispiele auf Tonband.

Phase/Zeit	*Mögliches Unterrichtsgeschehen*	*Didaktisch-method. Kommentar/Medien*
Hinführung ca. 10'	Jedes Gruppenmitglied stellt den Mitschülern sein Bild bzw. seine Bilderfolge mit dem dazu abgefaßten Dialogteil vor. Die Rezipienten nehmen Stellung, ob der Ausgang des Streits treffend in Bild und Wort gesetzt worden ist.	Es werden je nach Schülerzahl 4 bis 6 Sitzgruppen mit jeweils 4 bis 6 Schülern gebildet.
Erarbeitung ca. 60'	*Teilziel 1: Erarbeiten von Dialogteilen*	

Mögliches Tafelbild:

Was die Katze sagt:	*Was der Hund sagt:*
Ich habe die Wurst zuerst gesehen. Ich habe die Wurst von meinem Frauchen bekommen. Ich habe die Wurst auf der Straße gefunden. Wir wollen die Wurst teilen. Ich habe den ganzen Tag noch nichts gegessen. Vorsicht! Vielleicht ist sie vergiftet! ...	Du hast die Wurst in der Metzgerei gestohlen! Zur Strafe nehme ich sie dir weg. Du bist viel kleiner als ich. Mein Hunger ist viel größer. Alles Unsinn! Ich bin der Stärkere, deshalb gehört die Wurst mir! So ein bißchen Gift schadet mir nichts. Du bekommst den ersten Bissen, ich nehme den Rest! ...

Teilziel 2: Aufschreiben des Streitgesprächs

Die *leistungsschwächste Gruppe* füllt folgenden *Lückentext* aus:

Der Streit um die ______________

Katze Mina wollte eben mit einer Wurst in die Büsche schleichen. Da kam der Hund Wolf in großen Sätzen herbeigesprungen.

Wolf: Gib sofort die ______________ her! Du hast sie in der Metzgerei ______________. Zur Strafe werde ich sie ______________.

Mina: Du bist ein Lügner! Ich habe die Wurst auf der ______________ gefunden.

Wolf: Das ist mir egal! Ich bin größer als du und habe auch einen viel größeren ______________. Her damit!

Mina: Vorsicht! Ganz gewiß ist sie ______________.

Wolf: Unsinn! So ein bißchen ______________ kann nichts schaden! — Aber vielleicht hast du doch recht! Wir wollen die Wurst ______________. Du bekommst den ersten ______________. Ich nehme den ______________.

Phase/Zeit	*Mögliches Unterrichtsgeschehen*	*Didaktisch-method. Kommentar/Medien*

Die *mittlere Leistungsgruppe* ergänzt folgenden *Lückentext*:

> Streit (um die Wurst / zwischen Katze und Hund)
>
> Katze Mina wollte eben mit einer Wurst in die Büsche schleichen. Da kam der Hund Wolf in großen Sätzen herbeigesprungen.
>
> Wolf: Gib sofort die Wurst her! Du hast sie in der Metzgerei gestohlen! Zur Strafe nehme ich sie dir weg!
>
> Mina: ____
> ____
>
> Wolf: Ich bin größer als du und habe deshalb auch einen viel größeren Hunger. Her mit der Wurst!
>
> Mina: ____
> ____
>
> Wolf: Vergiftet? So ein Unsinn! Außerdem schadet mir ein bißchen Gift überhaupt nicht! — Einen Moment mal, vielleicht hast du doch recht. Schlage vor, was nun mit der Wurst geschehen soll!
>
> Mina: ____
> ____
>
> Wolf: Einverstanden! Dann sollst du den ersten Bissen haben, ich nehme den Rest!

Die *leistungsstärkste* Gruppe gestaltet das Streitgespräch inhaltlich und sprachlich ungebunden.

Hierzu eine gelungene *Schülerarbeit:*

Einmal hat der Hund Wolf die Katze Mina gesehen. Sie wollte mit einer Wurst in die Büsche schleichen.

Wolf: Mina, wo hast du meine Wurst her?
Mina: Das ist nicht deine Wurst. Ich habe sie vom Tisch geholt.
Wolf: Du bist ein Dieb! Gib mir die Wurst her!
Mina: Du willst sie allein auffressen. Du bekommst sie nicht!
Wolf: Dann beiße ich dich in den Schwanz!
Mina: Bitte nicht! Wir wollen die Wurst teilen!
Wolf: Das ist eine gute Idee.

Verarbeitung ca. 20′	*Teilziel 1: Besprechen und Überarbeiten der Entwürfe*	
	Die Gruppenmitglieder geben den Textautoren Hinweise zur inhaltlichen, sprachlich-stilistischen und rechtschriftlichen Korrektur der Entwürfe und wählen das am besten geglückte Beispiel für eine Tonbandaufnahme aus.	Sitzgruppen wie in der Hinführungsphase
	Teilziel 2: Leseübungen zur Vorbereitung der Tonbandaufnahmen	
	Jede Gruppe bestimmt und trainiert ihre Sprecher.	
	Teilziel 3: Herstellen der Tonbandaufnahmen	Konsequentes und natürliches Bewußtmachen der adressatenbezogenen Textproduktion — auch über das Medium Tonband
	Die Aufnahmen können sowohl von der Klasse wiederholt angehört als auch Nachbarklassen, Eltern, Geschwistern, Freunden usw. vorgespielt werden.	

Gestaltungsaufgabe: *Ergänzen des Schlußteils einer Geschichte*

Thema: *Da ging das Licht aus ...*

Stufe: *2. Schuljahr*

1. Didaktische Information

1.1 Das Ergänzen des Schlußteils einer Geschichte gehört zu den didaktisch wertvollsten Formen erzählender Sprachgestaltung. Es hat seine besondere Berechtigung in der Frühphase des Übergangs vom mündlichen zum schriftlichen Sprachgestalten im *2. Schuljahr*, da es als Zwischenstufe vom stofflich gebundenen Erzählen nach Bildern zum freien Erzählen von Erlebnissen oder Phantasiegeschichten eine Vielzahl didaktischer und methodischer Vorzüge bietet:

— Die Fortsetzungsgeschichte gibt zwar gegenüber der Bildergeschichte einen verkürzten stofflichen Rahmen vor, sie enthebt aber wie diese den Schüler der Stoffnot und strukturiert den Geschehensablauf in sinnvoll-logischer Weise vor;

— ein spannungsgeladener Anfangsteil der Geschichte motiviert oder provoziert in hohem Maße die Mitteilungs- und auch die Schreibfreude des Schülers;

— der Fortsetzungsteil eignet sich in besonderer Weise zur spielerischen Gestaltung alternativer Lösungsmöglichkeiten; neben die intensivierte mündliche Spracharbeit und die Förderung der Kombinationsfähigkeit tritt hierbei als zusätzlicher didaktischer Vorzug, daß beim Spiel alle Schüler den weiteren Geschehensverlauf gleichsam real miterleben und -verfolgen können;

— unter diesen Voraussetzungen ist der Schüler motiviert zur Erarbeitung von Wortmaterial, Gestaltungskriterien und zur spannenden, adressatengerichteten schriftlichen Textproduktion.

1.2 Das Gelingen der folgenden Sequenz hängt primär von der provokativen Wirkung des erzählten Anfangsteils der Geschichte „Da ging das Licht aus ..." ab. Es werden daher gezielt zwei Textvorlagen angeboten, von denen eine entsprechend der individuellen Interessenlage der Klasse auszuwählen ist.

2. Grobziel und Lernzielkontrolle

2.1 Den Schlußteil einer Geschichte adressatenbezogen, spannend, lebendig und in gefälliger Sprachform aufschreiben.

2.2 Angemessene Berücksichtigung von vier Gestaltungskriterien bei der Herstellung und Überarbeitung des Erstentwurfs.

3. Lernhilfen

Umhängeschilder mit den Rollennamen „Mutter", „Vater", „Susi", „Frank"; Tafeltexte: Satz- und Wortliste, Anfangsteil der Geschichte, Fehlbeispiel eines Fortsetzungsteils, vier Gestaltungskriterien

Arbeitsblätter mit dem Anfangsteil „Da ging das Licht aus ...", Zeichenblöcke, Malutensilien, Lesemappe „Als das Licht ausging"

4. Verlauf des Unterrichts

4.1 Erste Stunde: Inhaltliche und sprachliche Vorbereitung

Lernziele:

Die Schüler sollen

— durch Hören des Anfangsteils und die spielerische Darstellung des Fortsetzungsteils der Geschichte erkennen, daß
  a) eine begonnene Geschichte Fragen offenläßt,
  b) die offenen Fragen verschiedene Wege der Weiterführung der Geschichte erlauben,
  c) der Zusammenhang mit der Ausgangshandlung gewahrt bleiben muß,
  d) die Weiterführung für den Rezipienten (Hörer, Leser, Zuschauer) nicht langweilig sein darf;

— eine Satz- und eine Wortliste zusammentragen.

4.11 Motivationsphase (ca. 10')

Der Lehrer erzählt den Anfangsteil einer der beiden folgenden Geschichten:

Beispiel 1:

> Frank und Susi saßen mit ihren Eltern an einem Herbstabend im Wohnzimmer und spielten „Mensch, ärgere dich nicht". Draußen war es stürmisch, kalt und stockdunkel. „Gut, daß wir bei diesem ekelhaften Wetter nicht nach draußen müssen", meinte der Vater. „Und bei dieser Dunkelheit", entgegnete Susi, und ihr lief ein Schauer über den Rücken. Von fern kam ein leises Donnergrollen immer näher. Blitze erleuchteten in immer kürzeren Abständen das Wohnzimmer. „Ein Gewitter zieht auf", meinte Frank. Vater sagte eben: „Du merkst auch alles", da ging das Licht aus ...

Beispiel 2:

> Wolfgang saß abends im Wohnzimmer und schaute sich den Krimi an. Mutter spülte in der Küche Geschirr, und Vater war dabei, Wolfgangs Cassettenrecorder zu reparieren. Plötzlich rief Wolfgang seiner Mutter zu: „Ich habe einen Bärenhunger. Schäle mir bitte noch einen Apfel!" „Wenn keine Äpfel mehr in der Obstschale liegen, mußt du welche aus dem Keller heraufholen!" Wolfgang ärgerte sich, er murrte vor sich hin, denn er ging nicht gern allein in den Keller hinunter, und erst recht nicht am Abend und während eines Krimis. Aber sein Hunger war stärker. Er machte Licht und sah die Kiste mit den Äpfeln in der hinteren Kellerecke stehen. Eben bückte er sich, um einen Apfel zu greifen, da ging das Licht aus ...

Die Schüler äußern sich ohne Lehrerkommentar spontan zum Text und unterbreiten Vorschläge zum Fortgang des Geschehens.

Anmerkung: Die folgende Verlaufskonzeption greift auf Beispiel 1 zurück.

4.12 Erarbeitungsphase (ca. 35')

Teilziel 1: Darstellendes Spiel

Mehrere Spielgruppen gestalten die Fortsetzung der Geschichte. Jeder Spieler hängt ein Schild mit seinem Rollennamen um. Jede Gruppe erhält den Auftrag, das Geschehen möglichst einer neuen Lösung am Ende zuzuführen. Möglichkeiten:

— Ein Mitschüler findet nach längerem Suchen und Tasten den Sicherungskasten.

— Ein Mitspieler findet eine Kerze, eine Taschenlampe, Streichholz oder Feuerzeug.

— Nach längerem Suchen und Umherirren aller Mitspieler geht das Licht von selbst wieder an.

Teilziel 2: Sammeln von Satz- und Wortmaterial

L: Ihr habt in euren Spielversuchen die auftretenden Personen in ihrer Angst und Unbeholfenheit im dunklen Wohnzimmer manches rufen, sagen und fragen lassen. Das wollen wir uns einmal an der Tafel notieren. *Tafelanschrift:*

Was Eltern und Kinder rufen	
Was ist denn jetzt los?	Such die Kerzen!
Es ist stockdunkel.	Wo ist der Schalter?
Gib acht!	Der Strom ist weg.
Geh vorsichtig!	Mama, wo bist du?
Stoß dich nicht am Schrank!	Ich sehe nichts mehr!
Au, mein Fuß!	. . .

L: Wir wollen auch aufschreiben, was Kinder und Eltern im dunklen Wohnzimmer alles tun! *Tafelanschrift:*

Was Kinder und Eltern tun	
weinen	sich vortasten
schreien	suchen
jammern	umherirren
Angst haben	zusammenstoßen
zittern	zusammenprallen
schlottern	stolpern
. . .	. . .

4.2 Zweite und dritte Stunde: Entwurf, Korrektur, Reinschrift

Lernziele:

Die Schüler sollen

— von einem Fehlbeispiel an der Tafel vier grundlegende Gestaltungselemente einer adressatenbezogenen, lebendigen, spannenden und in der Sprachform gefälligen Darstellung ableiten;

— unter Beachtung dieser Merkmale bei differenzierten Anforderungen an Sprachgewandtheit und Schreibfertigkeit das Ende der Geschichte aufschreiben;

— beim Vorlesen der Entwürfe in Sitzgruppen deren unterschiedliche Wirkung auf den Rezipienten erkennen und hiervon die Notwendigkeit einer Überarbeitung ableiten;

— die überarbeiteten Entwürfe in eine reinschriftliche Fassung für die Lesemappe „Als das Licht ausging“ bringen.

4.21 Einstieg (ca. 5')

Auf der linken Tafelseite steht folgender Text:

Das Licht ging aus
Frank und Susi saßen abends mit ihren Eltern im Wohnzimmer. Sie spielten „Mensch, ärgere dich nicht“. Draußen donnerte und blitzte es. Plötzlich ging das Licht aus . . .

Mehrere Schüler lesen zunächst den Einleitungsteil vor und gestalten mündlich Fortsetzungs- und Schlußteil.

4.22 Erarbeitung (ca. 70')

Teilziel 1: An einem Fehlbeispiel Gestaltungskriterien ableiten

Der verdeckte Mittelteil der Tafel mit dem folgenden Schlußteil der Geschichte wird aufgedeckt:

> Da waren alle erschrocken und suchten den Schalter. Da zündete Vater eine Kerze an. Und da spielten sie weiter.

Zunächst erlesen die Kinder den Text still, dann wird er laut vorgetragen. Bei der Besprechung werden als kritische Gesichtspunkte hervorgehoben:

— Dieser Schlußteil ist wegen seiner Kürze weder spannend noch interessant. Einen solchen Text hören oder lesen wir nicht gern.

— Es werden viel zu wenig Einzelheiten erzählt, etwa: wie die Kinder in der Dunkelheit Angst bekamen, was sie riefen und taten.

— Zur lebendigen Charakteristik der Notsituation müssen treffende Tunwörter sowie Ausrufe- und Fragesätze Verwendung finden.

— Am Satzanfang darf nicht immer das Wort „da" erscheinen.

Die Kritikpunkte werden als Merkmale einer spannenden und lebendigen Textgestaltung an der rechten Tafelseite fixiert:

> *So erzähle ich meine Geschichte zu Ende:*
>
> 1. Ich wähle einen überraschenden Schluß.
> 2. Ich erzähle in allen Einzelheiten, was die Kinder und ihre Eltern tun, rufen, sagen oder fragen.
> 3. Ich suche für die Tätigkeiten der Kinder und Eltern treffende und abwechslungsreiche Tunwörter.
> 4. Ich vermeide gleichartige Satzanfänge, indem ich folgende Wörter verwende:
>
>   zuerst, anfangs, dann, kurz darauf, plötzlich, jetzt, später, anschließend, endlich, schließlich, zuletzt, sogleich, im gleichen Augenblick, ein wenig später . . .

Der Lehrer verteilt *Arbeitsblätter* mit

a) dem Anfangsteil der Geschichte,

b) der Satz- und Wortliste aus der ersten Stunde

und stellt folgende Aufgaben: Schreibt nun selbst das Ende der Geschichte spannend, lebendig und ausführlich auf, damit es euren Zuhörern gefällt, wenn ihr es anschließend in eurer Gruppe vorlest! Wer noch nicht so gut schreiben kann, darf zuerst in einem oder mehreren Bildern malen, wie die Geschichte endet; zu jedem Bild darf er dann aufschreiben, was darauf geschieht.

Teilziel 2: Herstellen des Erstentwurfs in Alleinarbeit

Teilziel 3: Vorlesen der Entwürfe in den Sitzgruppen

Im Gruppenraum und/oder im Schulzimmer verteilt, werden Sitzgruppen eingerichtet. Jeder Schüler liest in der Gruppe seinen Text vor. Die Gruppenmitglieder teilen dem jeweiligen Autor mit, ob ihnen sein Text gefallen hat; sie geben ihm, soweit nötig und möglich, Ratschläge zur Berichtigung inhaltlich-sachlicher, sprachlich-stilistischer und rechtschriftlicher Mängel. Schwächeren Schülern hilft der Lehrer bei Korrektur und Überarbeitung, evtl. bei einer erneuten Anfertigung des Entwurfs.

Der geglückteste Entwurf aus jeder Gruppe kann vom Autor auf Tonband gesprochen und der Klasse vorgespielt werden.

Einige Beispiele guter Schülerarbeiten

Entwurf 1:

Frank und Susi saßen abends mit ihren Eltern im Wohnzimmer. Sie spielten „Mensch, ärgere dich nicht". Draußen donnerte und blitzte es. Plötzlich ging das Licht aus ... *Fortsetzung eines Schülers:* Susi und Frank zuckten zusammen. Dann riefen die beiden: „Mama, Papa, wo seid ihr? Es ist so dunkel! Wir können gar nichts mehr sehen. Hoffentlich kommt kein Geist!" Da geschah es! Auf einmal knarrte die Tür und eine tiefe Stimme machte: „Huh, huh, ich bin Gondula, das Gespenst." Kurz darauf ging das Licht an. Da stand Tom, der große Bruder, und lachte laut.

Entwurf 2:

Fortsetzung eines Schülers: Susi lief eine Gänsehaut über den Rücken. Frank hätte vor Schreck beinahe den Würfel verschluckt. Vater suchte sein Feuerzeug. Plötzlich knarrte die Tür. Jemand klopfte an. Erschrocken schrie die ganze Familie: „Herein!" Nichts rührte sich. Vater tastete sich vorsichtig bis zur Tür. Er öffnete. Da kam Licht von der Küche herein. Und wißt ihr, wer da stand? Bello, der Hund. Alle lachten. Es war nur die elektrische Birne kaputtgegangen.

4.3 Sicherung (ca. 15')

Die Schüler übertragen ihre berichtigten Bild-Text-Kombinationen bzw. Texte auf Blätter mit DIN-A4-Format. Diese werden in der Lesemappe „Als das Licht ausging" abgeheftet und stehen sowohl der persönlichen als auch der Lektüre durch Eltern, Mitschüler, Geschwister, Freunde usw. zur Verfügung.

Es empfiehlt sich wiederum die ansprechende Ausstattung des Einbandes mit einer aus Schülerzeichnungen zusammengefügten Collage.

Herstellen informierender Texte

Gestaltungsaufgabe: *Rätsel zur Gegenstandsbeschreibung*

Thema: *Wir erraten Kleidungsstücke*

Stufe: *1./2. Schuljahr*

1. Didaktische Information

1.1 Aufmerksamkeitshaltung und Interessenlage der Kinder im 1. und 2. Schuljahr sind entwicklungsbedingt primär auf Vorgänge, Ereignisse und Erlebnisse in ihrer unmittelbaren Umgebung gerichtet. Dagegen setzt das Beschreiben von Gegenständen — auch in seinen schlichtesten Vorformen — die konzentrierte Hinwendung zum Darstellungsobjekt voraus. Dieses wird jedoch, von wenigen Ausnahmen abgesehen, wegen seines statischen Charakters als „tot" oder „leblos" empfunden und vermag nur schwerlich die Mitteilungsfreude des Kindes zu provozieren. Diese Schranke wird im Rahmen dieser Unterrichtseinheit durch folgende didaktische und methodische Maßnahmen überwunden:

— Sprech- und Schreibanlaß sind eingebettet in eine spannungsgeladene, im 1. und 2. Schuljahr häufig wiederkehrende Situation: Ein Kind hat ein Kleidungsstück (Mütze, Weste, Anorak o. ä.) in der Schule, auf dem Schulweg, im Schulbus, auf dem Schulhof „verloren"; um es wieder zu beschaffen, ist der Besitzer zu einer möglichst treffenden *Beschreibung* gezwungen.

— In einer ersten Unterrichtsphase wird eine lustbetonte mündliche Textproduktion durch Einkleiden in ein *Rätsel* garantiert.

— In einer zweiten Phase transferiert der Schüler seine mündlich erworbene Fertigkeit im genauen Beschreiben eines Kleidungsstücks auf eine schriftliche *Suchanzeige* am „Schwarzen Brett". Aus diesem als real empfundenen Schreibanlaß resultiert eine bewußt adressatenbezogene Textproduktion.

1.2 Ein Kleidungsstück läßt sich in einer der Altersstufe adäquaten Strukturierung nach Farbe, Form, Größe und Material charakterisieren. Zur eigenständigen Textgestaltung muß jedoch der erforderliche Gebrauchswortschatz bereitgestellt werden.

2. Grobziel und Lernzielkontrolle

2.1 Herstellen eines mündlichen Rätsels und einer schriftlichen Suchanzeige zur Beschreibung eines Kleidungsstücks.

2.2 Erkennen und benennen die Schüler das beschriebene Kleidungsstück, gilt die Aufgabe als bewältigt.

3. Lernhilfen

Kleidungsstücke der Kinder; Papiermasken; Tafeltexte: Gestaltungskriterien, Wortmaterial, Beispiel einer Suchanzeige

4. Verlauf des Unterrichts

Die folgende Sequenz läßt sich als Doppelstunde oder als zwei gesonderte Einheiten realisieren.

Lernziele:

— Mündlich ein Kleidungsstück in Rätselform beschreiben.

— Als Strukturmerkmale der treffenden Beschreibung eines Kleidungsstücks Farbe, Größe, Form und Material kennenlernen und das charakteristische Wortmaterial hierzu zusammentragen.

— Die angemessene formale und sprachliche Gestaltung einer Suchanzeige an einem Beispieltext kennenlernen.

— Eine Suchanzeige zu einem vermißten Kleidungsstück
  — im *1. Schuljahr* in Reihensätzen,
  — im *2. Schuljahr* in einer syntaktisch wendigeren Form aufschreiben.

— Durch Vergleich von Suchanzeige und beschriebenem Kleidungsstück Angemessenheit und Exaktheit der sprachlichen Gestaltung beurteilen und Vorschläge zur Überarbeitung unterbreiten.

Phase/Zeit	*Mögliches Unterrichtsgeschehen*	*Didaktisch-method. Kommentar/Medien*
Motivation ca. 5'	Drei Verfahren bieten sich an:	
	a) Aktueller Anlaß: Ein Schüler der Klasse hat ein Kleidungsstück in der Schule, auf dem Schulhof, auf dem Schulweg verloren.	Wann immer möglich, erfolgt die Motivation über die reale Situation in der eigenen Klasse.
	b) Tafelanschrift bzw. Overheadprojektion: Eine Suchanzeige vom „Schwarzen Brett" der Schule, in der ein Schüler sein verlorengegangenes Kleidungsstück beschreibt.	Unterrichtsgespräch
	c) Vermittlung des Sprechanlasses *durch den Lehrer:* Vor einigen Tagen hat ein Schüler der Nachbarklasse seine Mütze o. ä. verloren ...	Lehrervortrag
	Die Schüler berichten, wie sie selbst einmal ein Kleidungsstück verloren, gesucht und evtl. wiedergefunden haben.	Spontane Schüleräußerungen zur Beurteilung der Situation
Erarbeitung ca. 45'	*Teilziel 1: Mündliches Gestalten von Beschreibungsrätseln*	
	Nacheinander gehen Schüler zur Klassengarderobe und bringen ein Kleidungsstück eigener Wahl vor die Klasse. Die Mitschüler haben Papiermasken über den Kopf gestülpt oder halten die Augen mit den Händen verschlossen. Jeder Schüler beschreibt das Kleidungsstück etwa in folgender Art: Mein Kleidungsstück ist grün-grau kariert. — Es hat einen Kragen und zwei Ärmel. — Vorne wird es mit vier Knöpfen verschlossen. — Es ist aus Wolle. — Es reicht mir bis an die Knie. Die Mitschüler erraten, daß es sich um einen Mantel handelt, nehmen die Masken ab bzw. öffnen die Augen und stellen Stimmigkeit oder Ungenauigkeiten der Beschreibung fest.	Aufsagen und Lösen der Rätsel bereitet Schülern erfahrungsgemäß Freude. Sie sollten zur Steigerung ihrer mündlichen Kommunikationsfähigkeit reichlich Gelegenheit hierzu erhalten. Vor allem weniger begabte Kinder sollten, sofern sie sich freiwillig zu Wort melden, Beachtung erfahren.
	Teilziel 2: Erarbeiten von Gestaltungsgrundsätzen im 2. Schuljahr	
	In der Besprechung unzulänglicher Gestaltungsversuche werden folgende Merksätze abgeleitet:	Gelenktes Unterrichtsgespräch
	1. Beschreibe alle wichtigen Einzelheiten des Kleidungsstücks! 2. Beschreibe so genau wie möglich und nenne Farbe, Form, Größe und Material!	*Tafelanschrift*
	Teilziel 3: Erarbeiten von Wortmaterial	
	Die Schüler tragen satzweise Einzelheiten zur Charakteristik eines ihrer Kleidungsstücke zusammen, etwa folgendermaßen: Meine Mütze ist rot. Sie hat eine weiße Bommel. Mein Anorak ist grün. Er wird mit einem Reißverschluß zugemacht ...	

Der Lehrer sammelt *Stichpunkte* in der entsprechenden Rubrik:

Gegenstand	Farbe	Größe	Form	Material
Mütze	rot	paßt einem Jungen von sieben Jahren	Zipfelmütze	Wolle
Anorak	grün	paßt einem Mädchen von sechs Jahren	mit Kapuze, zwei Taschen, Gürtel, innen mit Teddyfutter, vorne mit Reißverschluß	Popeline
Weste	rot	für Mädchen von sieben Jahren	mit Kragen, Zopfmuster, mit Holzknöpfen	dicke Wolle
Pullover	blau, grün und gelb gestreift	paßt einem Jungen von sechs Jahren	mit Rollkragen	dünne Wolle

Der *Tafeltext* richtet sich nach den jeweiligen Schülerbeiträgen; er hat an dieser Stelle nur Beispielcharakter.

Teilziel 4: Besprechen einer Suchanzeige

Äußere und sprachliche Gestaltung einer Suchanzeige wird vorbildhaft vom Schüler kennengelernt an

— einem *Textbeispiel* für das *1. Schuljahr:*

Tafelanschrift oder Overheadprojektion

Mütze verloren!

Sie ist grün und rot gestreift.
Sie hat eine schwarze Bommel.
Sie ist aus Wolle.
Helft alle suchen!
Bitte abgeben bei
Josef Schemer
Klasse 1 b

— einem *Textbeispiel* für das *2. Schuljahr:*

Tafelanschrift oder Overheadprojektion

Gesucht!

Ich habe gestern in der Schule
meine Jacke verloren.
Sie ist dunkelgrün mit
braunen Streifen.
Das Futter ist schwarz.
Vorne hat sie braune Knöpfe.
Der Finder erhält eine Belohnung.
Bitte abgeben bei
Rolf Meier
Klasse 2 a

Phase/Zeit	*Mögliches Unterrichtsgeschehen*	*Didaktisch-method. Kommentar/Medien*
Verarbeitung ca. 40'	*Teilziel 1: Gestalten einer Suchanzeige* *Impuls:* Stellt euch vor, ihr hättet wie Josef (Rolf) ein Kleidungsstück verloren. Fertigt dazu eine Suchanzeige für das „Schwarze Brett" an! Während der Textgestaltung kann die Schreibweise ungeläufiger Wörter beim Lehrer erfragt werden.	Bei Bedarf dürfen vor allem schwächere Schüler das beschriebene Kleidungsstück vor sich auf den Tisch legen.
	Teilziel 2: Vorlesen, Besprechen und evtl. Überarbeiten der Entwürfe Beim Vorlesen seiner Suchanzeige hält der Schüler das gesuchte Kleidungsstück für alle sichtbar in die Höhe. So können die Mitschüler beurteilen, ob alle wichtigen Einzelheiten zutreffend und genau aufgeführt worden sind. Eine Überarbeitung oder gar Reinschrift empfiehlt sich nur bei groben Mängeln äußerer und/oder sprachlicher Gestaltung.	

Gestaltungsaufgabe: *Rätsel zur Gegenstandsbeschreibung*

Thema: *Wir erraten Spielsachen*

Stufe: *1./2. Schuljahr*

1. Didaktische Information

1.1 Für das Beschreiben von Spielsachen gelten ähnliche grundsätzliche Überlegungen wie für das Beschreiben von Kleidungsstücken. Doch birgt die Thematik an sich infolge enger geistig-seelischer Bindungen des Schülers seit frühester Kindheit an seine Spielutensilien eine besonders starke *intrinsische Motivation*. Dieser lustbetonte Bezug ist für propädeutische Lernprozesse im Beschreiben von Gegenständen nutzbar zu machen.

Sprech- und Schreibanlaß sollten in *situative Kontexte* eingebunden sein, bei denen Kinder unter natürlichen Gegebenheiten mit Spielsachen beschenkt werden: Weihnachten, Nikolaustag, Geburtstag, Namenstag, Festlichkeiten anderer Art. Im Anschluß an derartige Gelegenheiten bringen Kinder bereitwillig ihre neuen Spielsachen mit in die Schule, um sie den Mitschülern zu zeigen und deren Spielzeug kennenzulernen.

1.2 Spielgerät läßt sich ebenso wie ein Kleidungsstück in altersgemäßer Strukturierung nach Farbe, Größe, Form und Material beschreiben. Darüber hinaus tritt bei Spielsachen das dynamische Moment des „Sich-bewegen-lassens" und des „Bewegt-werdens" hinzu, das als typisches Charakteristikum in die Beschreibung integriert wird.

2. Grobziel und Lernzielkontrolle

2.1 Mündliches und schriftliches Herstellen eines Beschreibungsrätsels.

2.2 Sofern die Mitschüler zur Lösung der Rätsel in der Lage sind, gilt die Zielsetzung als erreicht.

3. Lernhilfen

Spielsachen, Pappschachtel, Kiste, Korb o. ä., Tafeltexte

4. Verlauf des Unterrichts

Die folgende Doppelstunde kann auch in zwei getrennten Einzelstunden durchgeführt werden. Das in *Teilziel 1* der Verarbeitungsphase angesiedelte Herstellen eines schriftlichen Beschreibungsrätsels läßt sich auch als sinnvolle Hausaufgabe realisieren.

Lernziele:

— Genaues Betrachten von Spielsachen und mündliches Beschreiben in Rätselform.
— Vergleichen von Rätseltext und Spielzeug; Erkennen und Benennen von Ungenauigkeiten.
— Erkennen und Benennen von drei altersadäquaten Gestaltungsprinzipien einer Beschreibung.
— Inhaltlich-sachliches und sprachlich-stilistisches Überarbeiten eines unzutreffenden Rätseltextes an der Wandtafel.
— Individuelle Gestaltung eines Beschreibungsrätsels über ein Spielzeug unter gezielter Berücksichtigung grundlegender Gestaltungsmerkmale.
— Erraten der in Beschreibungsrätseln eingekleideten Spielsachen; Erkennen und Benennen sachlicher und sprachlicher Unstimmigkeiten.

4.1 Motivationsphase (ca. 10')

Die Schüler erhielten am Vortag den Auftrag, ihr Lieblingsspielzeug mit in die Schule zu bringen. Sie dürfen es der Klasse vorstellen und auf Befragen seine Funktionsweise erläutern und vorführen.

Die Spielsachen werden in einer Pappschachtel, einem Korb o. ä. eingesammelt und auf den Lehrertisch bzw. in die Mitte des Sitzkreises gestellt.

4.2 Erarbeitungsphase (ca. 40')

Teilziel 1: Mündliche Rätselgestaltung

Etwa drei bis fünf Kinder treten nacheinander vor die Klasse oder in die Mitte des Sitzkreises, wählen ein Spielzeug aus der Pappschachtel und legen es für die Mitschüler unsichtbar vor sich hin. Sie nennen so lange Charakteristika, bis es durch Zuruf erraten wird.

Teilziel 2: Herleiten von Gestaltungskriterien

Im Unterrichtsgespräch werden im *2. Schuljahr* folgende Merkmale herausgearbeitet und an der *Tafel* fixiert:

1. Beschreibe alle wichtigen Einzelheiten deines Spielzeugs! 2. Beschreibe dein Spielzeug nach Farbe, Größe, Form und Material! 3. Sage auch, was dein Spielzeug t u n kann!

Unter gezielter Beachtung dieser Kriterien versuchen wiederum etwa fünf Schüler, ein Spielzeug so treffend wie möglich zu beschreiben. Die Klasse übt Kontrollfunktion aus.

Im *1. Schuljahr* liegt der Akzent deutlich auf dieser Unterrichtsphase; im *2. Schuljahr* ist das Teilziel erreicht, wenn hinreichend Sicherheit und Wendigkeit im sorgfältigen Betrachten und gezielten Auswählen und Benennen maßgeblicher Einzelmerkmale des Spielzeugs gewonnen sind.

Teilziel 3: Erarbeiten und Korrigieren eines Rätseltextes an der Wandtafel

Zur gemeinsamen Gestaltung im Klassenverband steht im folgenden stellvertretend für andere Spielgeräte die Puppe eines Mädchens. Alle Schülerbeiträge zu ihrer Beschreibung notiert der Lehrer ungeordnet an der Tafel. Anschließend wird dieser Tafeltext systematisch geordnet und überarbeitet, indem jeder einzelne Satz auf seine sachliche und sprachliche Angemessenheit hin überprüft wird. Das Anspruchsniveau ist hierbei an der jeweiligen Klassenstufe auszurichten.

Schülerbeiträge

Ratet, wer ich bin!
Ich habe ein buntes Kleid.
Ich habe schwarze Haare.
Ich habe ein gelbes Gesicht.
Ich habe schwarze Schuhe.
Ich kann sprechen.
Ich kann gehen.
Ich kann die Augen zumachen.

Überarbeitung im 1. Schuljahr

Ratet, wer ich bin!
Ich trage ein buntes Kleid.
Meine langen und schwarzen Haare kann man kämmen.
Ich trage schwarze Schuhe.
Ich rufe Mama.
Ich kann gehen.
Ich kann meine Augen schließen.

Überarbeitung im 2. Schuljahr

Ratet, wer ich bin!
Ich trage ein rot, grün und gelb gestreiftes Kleid.
Meine langen, schwarzen Haare kann man kämmen.
Ich habe eine hellbraune Gesichtsfarbe.
Ich kann Mama rufen.
Ich kann vorwärts gehen.
An den Füßen trage ich schwarze Lackschuhe.
Wenn ich liege, schließe ich meine Augen.

4.3 Verarbeitungsphase (ca. 40')

Teilziel 1: Aufschreiben des Rätsels

Die Schreibanforderungen lassen sich folgendermaßen staffeln:

a) Im *1. Schuljahr* schreibt die *leistungsschwache Gruppe* den überarbeiteten Tafeltext ab, während die *leistungsfähigeren Kinder* einen auf Abzügen bereitgestellten *Lückentext* ergänzen:

Setze in die Lücken folgende Wörter ein: tragen, gehen, schließen, rufen, tragen, kämmen, Puppe Ratet, wer ich bin! Ich ______ ein buntes Kleid. Meine langen und schwarzen Haare kann man ______. Ich ______ schwarze Schuhe. Ich ______ Mama. Ich kann ______. Ich kann die Augen ______. Ich bin eine ______.

Schnelle Schreiber dürfen die Puppe neben oder unter den Text malen.

b) Im *2. Schuljahr* schreibt die *leistungsschwache Gruppe* den überarbeiteten Tafeltext ab oder ergänzt wie die *mittlere Leistungsgruppe* folgenden, auf Abzügen bereitgestellten *Lückentext:*

Setze in die Lücken folgende Wörter ein: gehen, schließen, rufen, tragen, kämmen, tragen Augen, Lackschuhe, Haare, Kleid, Gesichtsfarbe Ratet, wer ich bin! Ich ______ ein rot, grün und gelb gestreiftes ______. Meine langen, schwarzen ______ kann man ______. Ich habe eine hellbraune ______. Ich kann Mama ______. Ich kann vorwärts ______. An den Füßen ______ ich schwarze ______. Wenn ich liege, ______ ich die ______.

Jeder Schüler der *leistungsstärksten Gruppe* darf zu einem Spielzeug seiner Wahl ein Rätsel aufschreiben. Ungeläufige oder unbekannte Wörter erfragt er beim Lehrer oder entnimmt sie einem Schülerduden, sofern er eingeführt ist.

Teilziel 2: Vortragen und evtl. Lösen der Rätseltexte

Schüler aller Leistungsgruppen lesen ihre Texte vor. Die Mitschüler stellen fest,

— ob in der *leistungsschwächsten Gruppe* der zwischenzeitlich verdeckte Tafeltext fehlerfrei abgeschrieben wurde,

— ob in der *mittleren Leistungsgruppe* die Lückentexte sinn- und sachadäquat ausgefüllt wurden,

— ob in der *leistungsstärksten Gruppe* ein Spielgerät in seinen wichtigsten Merkmalen so treffend charakterisiert wurde, daß es mühelos zu erkennen war.

Eine vertiefte sprachlich-stilistische Überarbeitung der Texte empfiehlt sich der Erhaltung von Mitteilungs- und Schreibbereitschaft im Anfangsstadium beschreibender Textproduktion wegen nicht.

Sinnvoll und empfehlenswert ist dagegen eine vertiefte Anwendung des erlernten informativen Sprachverhaltens aus veränderter didaktischer Perspektive, wobei die Schüler Aufgabenstellungen etwa folgender Art erhalten:

— Schreibe ein Rätsel über ein Spielzeug, das du im Sand, im Wasser, auf dem Rasen, im Spielzimmer, auf dem Fußballplatz usw. brauchst!
— Schreibe ein Rätsel über dein größtes oder kleinstes Spielzeug!
— Beschreibe ein Spielzeug, mit dem du fahren, rollen, laufen, schießen usw. kannst!

Gestaltungsaufgabe: *Rätsel zur Beschreibung von Menschen*

Thema: *Wir erraten Mitschüler, Lehrer . . .*

Stufe: *1./2. Schuljahr*

1. Didaktische Information

1.1 Ebenso wie die Vorform der Gegenstandsbeschreibung setzt das Beschreiben von Mensch oder Tier beim Schüler die objektbezogene Darstellungshaltung voraus. Sie verlangt dem Sechs- bis Achtjährigen die Loslösung von seiner entwicklungsbedingten Ich-Bezogenheit und die Hinwendung zum Darstellungsobjekt ab. Dieser Prozeß läßt sich nur behutsam in Gang setzen und führt über die systematische Übung hin zu anspruchsvolleren Formen der Beschreibung im 3. und 4. Schuljahr.

Es ist unerläßlich, dem Schüler durch motivstarke Schreibanlässe die Barrieren zur objektbetonten Darstellungsweise aus dem Weg zu räumen. Die folgende Unterrichtseinheit greift vor allem auf vier Möglichkeiten zurück:

— Durch aussagekräftige Bildzeichen werden die Schüler zur mündlichen und schriftlichen Beschreibung provoziert;
— der situative Kontext ist spannungsgeladen;
— Textproduktionen der Schüler sind in Beschreibungsrätsel eingekleidet;
— ein dem Schüler dieser Altersstufe leicht handhabbares Gestaltungsmittel, die Verwendung charakterisierender Adjektive, wird gezielt eingesetzt.

1.2 Die in die Verlaufsdarstellung integrierten Schülertexte belegen exemplarisch, daß sieben- und achtjährige Kinder sehr wohl zu schlichten Formen der Personenbeschreibung in der Lage sind. Es bedarf der aufgezeigten Schreibmotivation in Rätselform, der Konzentration auf ein engbegrenztes sprachliches Mittel und der Anspruchslosigkeit bei der Wahl von Verben. Der Schüler dieser Altersstufe konzentriert sich zum einen auf das „Was" seiner Darstellung, d. h. er strebt eine möglichst exakte Charakteristik des Beschriebenen an, und beachtet weniger das „Wie", d. h. eine abwechslungsreiche Verbwahl, zum anderen entspricht die konstante Verwendung von Hilfsverben seinem entwicklungsabhängigen sprachlichen Reifestadium.

2. Grobziel und Lernzielkontrolle

2.1 Die Fähigkeit zur Vorform mündlicher und schriftlicher Personenbeschreibung soll durch Überarbeitung eines unzulänglichen Steckbriefes und durch mündliche und schriftliche Produktion eines Rätseltextes angebahnt werden.

2.2 Erkennen die Schüler aus dem vorgetragenen Rätseltext den beschriebenen Mitschüler, gilt die Aufgabenstellung als bewältigt.

3. Lernhilfen

Großformatige Steckbriefbilder eines vermißten Mannes:

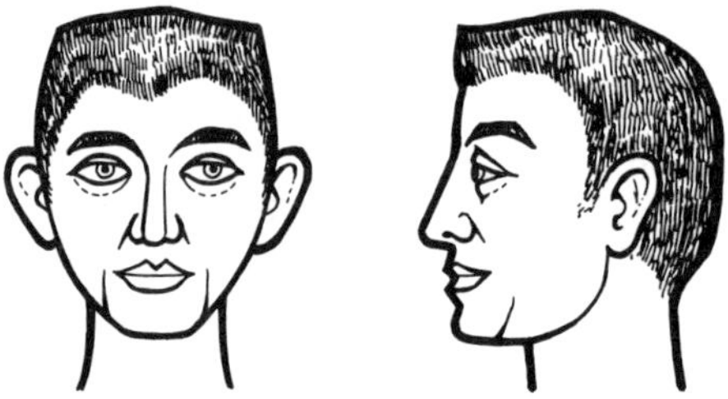

Wortlisten als Tafeltexte, hektographierte Arbeitsblätter

4. Verlauf des Unterrichts

4.1 Erste und zweite Stunde: Vorbereitende Maßnahmen

Lernziele:

Die Schüler sollen
- — sich zu zwei bereitgestellten Suchbildern äußern können;
- — die Notwendigkeit einer exakten Beschreibung durch Vergleich der Bilder mit einer ungenauen Suchmeldung erkennen und benennen können;
- — die Bedeutung des Adjektivs als Sprachmittel zur gezielten Personenbeschreibung erkennen und verbalisieren können;
- — treffende Adjektive zur genauen Beschreibung der wichtigsten Gesichtspartien des Mannes auf den Suchbildern nennen können;
- — den unzulänglichen Steckbrief so überarbeiten können, daß der Gesuchte mit Hilfe von Adjektiven wiedererkannt wird.

Phase/Zeit	*Mögliches Unterrichtsgeschehen*	*Didaktisch-method. Kommentar/Medien*
Motivation ca. 10'	Betrachten von Steckbriefbildern — Vergleich mit einem ungenauen Text	
	L: Dieser Mann ist seit einigen Tagen vermißt. Die Polizei möchte morgen eine Suchmeldung von ihm in der Zeitung veröffentlichen. Neben unseren Bildern seht ihr den Steckbrief/Suchbrief, der von einem Polizisten angefertigt worden ist.	Steckbriefbilder an die Tafelmitte Tafeltext auf linker Seite:
	Die SS erlesen den Text still, dann trägt ihn ein S laut vor.	*Vermißt!* Seit Samstag, dem 7. 10., wird ein Mann vermißt. Er hat Haare, ein Gesicht, Augen, eine Nase, Lippen und Ohren. Alle werden gebeten, bei der Suche mitzuhelfen. *Die Polizei*
	SS stellen Ungenauigkeiten an dieser Personenbeschreibung fest: So sehen alle Männer aus, mit dieser Beschreibung kann der Gesuchte nicht gefunden werden.	

Phase/Zeit	*Mögliches Unterrichtsgeschehen*	*Didaktisch-method. Kommentar/Medien*
Erarbeitung ca. 80'	*Teilziel 1: Erkennen der Bedeutung des Adjektivs* für eine Beschreibung — Erstellen einer Wortliste mit Adjektiven.	
	L: Wer möchte einmal Polizist sein und den Suchtext besser abfassen?	Ein oder mehrere SS ändern den Text, indem sie treffende Adjektive einsetzen.
	L: Eure Steckbriefe sind viel genauer als derjenige des Polizisten!	Impuls
	SS: Die Wiewörter sagen uns, wie der Gesuchte genau im Gesicht aussieht!	
	L: Wir wollen nun Wiewörter suchen, die zu den einzelnen Teilen des Gesichts des gesuchten Mannes passen!	*Tafelanschrift* unter den Suchbildern: Haare: schwarz, stoppelig Gesicht: rund Augen: braun, grau, schwarz Nase: lang, schief Lippen: dick, dünn Ohren: klein, abstehend
	Teilziel 2: Überarbeiten der Suchmeldung	
	L: Ihr dürft nun Polizist sein und eine Suchmeldung für die Zeitung aufsetzen. Darin sollt ihr den gesuchten Mann viel genauer beschreiben! Verwendet die Wiewörter an der Tafel!	Allein- oder Partnerarbeit der SS
	Teilziel 3: Arbeitskontrolle	
	SS lesen ihre Texte vor. Sie stellen fest, ob die vorgetragenen Texte der Mitschüler den Gesuchten gut erkennbar beschreiben, und bezeichnen evtl. Ungenauigkeiten oder Fehler.	
	Vergleich der Schülertexte mit der Tafelanschrift. Die SS prüfen, ob ihre eigenen Entwürfe mit der Suchmeldung an der Tafel übereinstimmen.	*Tafelanschrift* auf rechter Seite: *Vermißt!* Seit Samstag, dem 7. 10., wird ein Mann vermißt. Er hat schwarze, stoppelige Haare, ein rundes Gesicht, blaue Augen, eine lange, schiefe Nase, dicke Lippen und abstehende Ohren. Alle werden gebeten, bei der Suche mitzuhelfen. *Die Polizei*
	Bei Bedarf überarbeiten und berichtigen die SS ihre Entwürfe.	

4.2 Dritte und vierte Stunde: Herstellen eines Beschreibungsrätsels

Lernziele:

Die in den ersten beiden Stunden grundgelegten Kenntnisse über eine exakte Beschreibung sollen angewendet, geübt, vertieft und erweitert werden, indem die Schüler

— in einem Beschreibungsrätsel einen Mitschüler unter Verwendung treffender Adjektive so genau charakterisieren, daß beim Vortrag des Textes der Beschriebene erkennbar wird;
— Gründe nennen können, warum ein Rätsel nicht das Erkennen und Benennen des gesuchten Mitschülers ermöglichte;
— ungenaue Beschreibungen durch charakterisierende Adjektive überarbeiten und verbessern.

4.21 Einstieg (ca. 5')

Der Lehrer trägt im *1. Schuljahr* eines, im *2. Schuljahr* evtl. mehrere der folgenden Rätsel vor:

Ich kenn' zwei kleine Fensterlein
in einem kleinen Haus,
draus guckt den lieben langen Tag
ein kleiner Schelm heraus.
(Die Augen)

Alles hört es fort und fort
und sagt nicht ein einzig Wort.
Rate, wer ist so verschwiegen?
Schlafend wirst du auf ihm liegen.
(Die Ohren)

Es hat zwei Flügel und kann nicht fliegen,
es hat einen Rücken und kann nicht liegen,
es hat ein Bein und kann nicht stehn,
und wenn es läuft, ist es nicht schön.
(Die Nase)

Die Schüler erraten die Lösung(en) und begründen ihre Meinung durch Beleg und Erläuterung von Textstellen.

L: Ihr dürft heute auch ein Rätsel machen. Darin kommen Nase, Ohren und Augen vor!

SS: Erraten spontan oder durch entsprechende Lehrerimpulse, daß sie einen Klassenkameraden oder den Lehrer beschreiben sollen.

4.22 Erarbeitungsphase (ca. 80')

Teilziel 1: Sammeln von Adjektiven

L: Ihr wißt noch von der letzten Stunde, daß wir bei der Beschreibung eines Menschen eine bestimmte Wortart besonders berücksichtigen wollen.

SS benennen die Wiewörter.

Tafelanschrift, die im 1. wie im 2. Schuljahr dem Umfang nach an der Lese-, Sprech- und Schreibfähigkeit der Klasse auszurichten ist. Sie muß so bemessen sein, daß sie für den Schüler mit durchschnittlichem Leistungsniveau bei der nachfolgenden mündlichen und schriftlichen Texterzeugung gut überschaubar bleibt.

Haare: braun, stoppelig, schwarz, blond, lang, kurz ...
Gesicht: rund, schmal, oval, länglich, dick, voll ...
Augen: blau, grün, braun, schwarz ...
Nase: lang, schief, kurz, gerade, hakenförmig ...
Lippen: dick, schmal ...
Ohren: klein, groß, abstehend ...
Pullover (Hemd): kariert, gestreift, braun, grün ...
Hose (Rock, Kleid): gestreift, kariert, grau, braun ...
evtl.: Schuhe, Strümpfe ...

Teilziel 2: Mündliche Beschreibungsversuche

— Im *1. Schuljahr* liegt der Schwerpunkt der Textproduktion auf dieser Phase.

— Im *2. Schuljahr* dient diese Phase der Vorbereitung auf die schriftliche Gestaltung. Um eine freudige und lustbetonte Hinführung zur informativen Sprachverwendung zu garantieren, sollten stilistische Mängel, etwa bei der Verwendung von Hilfsverben, in den Hintergrund treten. Vielmehr gilt dann ein Text als gelungen, wenn von der Klasse der beschriebene Schüler oder Lehrer erkannt wird.

Teilziel 3: Schriftliche Gestaltung (im 2. Schuljahr)

Die Schüler schreiben auf Blöcke oder erhalten ein liniertes Arbeitblatt. Nach vorangegangenem Unterrichtsverlauf wurden in einem *2. Schuljahr* folgende beispielhafte Entwürfe angefertigt (Rechtschreibfehler wurden behoben):

Beispiel 1:

Der Schüler hat hellblonde Haare, eine stumpfe Nase, dünne Lippen, angelegte Ohren. An hat er einen blauen Pullover und eine blaue Hose mit grünem Gürtel und hell- und dunkelbraun gemusterte Schuhe. Wer ist es?

Beispiel 2:

Ein Schüler wird gesucht. Er hat hellblaue Augen, einen hellroten Mund, eine normale Nase, blonde Haare und eine hellbraune Haut. Alle sollen ihn finden!

Beispiel 3:

Blonde Haare, rosa Brille, blauer Pullover, rote Hose, rote Schuhe, graugrüne Augen, normale Nase, normale Ohren. Dieser Schüler wird gesucht.

Beispiel 4:

Eine Schülerin wird gesucht. Sie hat grüne Augen und eine spitze Nase. Und ist etwa 136 cm groß. Sie ist neun Jahre alt. Die Ohren kann man nicht sehen wegen der Haare. Das Gesicht ist eiförmig.

4.23 Verarbeitungsphase (ca. 5')

Die Schüler hören gespannt die Entwürfe und erraten die beschriebenen Mitschüler. Sie belegen ihre Meinung durch Textstellen.

4.3 Abschließende Bemerkung

In diesem Frühstadium objektbezogener Spracherzeugung empfehlen sich sprachlich-stilistische Überarbeitungen der Schülertexte aus folgenden Erwägungen nicht: In der Regel halten die Schüler ihre Rätseltexte dann für gelungen, wenn der beschriebene Mitschüler benannt werden konnte. Das aufkeimende Vertrauen in die eigene Gestaltungsfähigkeit sollte in diesem Frühstadium unbedingt bestärkt werden und die informative Mitteilungsfreude erhalten bleiben.

Gestaltungsaufgabe: *Rätsel zur Beschreibung von Tieren*

Thema: *Wir erraten Tiere*

Stufe: *2. Schuljahr*

1. Didaktische Information

Die Tierbeschreibung, in ein Rätsel eingekleidet, garantiert eine ebenso starke Schreibmotivation wie die Personenbeschreibung. Voraussetzung ist allerdings, daß die Tiere dem Erlebnis- und/oder Erfahrungsbereich der Schüler entstammen. Da Tiere verschiedenster Art für Landkinder eine Selbstverständlichkeit sind, aber auch Stadtkinder mit Heimtieren, Tieren im Zoo usw. reichlich Bekanntschaft gemacht haben, übt das Thema einen besonderen Reiz aus, und der Zugang zum Beschreibungsgegenstand steht weit offen.

Gegenüber der vorangegangenen Unterrichtseinheit soll nunmehr eine erste Verfeinerung der Sprachform angestrebt werden, indem besonders auf eine variable Gestaltung der Satzanfänge geachtet wird.

Wiederum muß sich der Unterrichtende um der Erhaltung von Mitteilungs- und Schreibfreude willen vor überhöhten Anforderungen hüten. Diese Unterrichtseinheit will und kann propädeutisch sein für ausgereiftere Formen der Beschreibung in den folgenden Schuljahren, vor allem im Hinblick auf die Unterrichtseinheit „Dackel entlaufen" im 4. Schuljahr.

2. Lernhilfen

Sofern es sich organisatorisch und evtl. im Zusammenhang mit dem Sachunterricht ermöglichen läßt, wird ein Unterrichtsgang in den Zoo unternommen, oder es werden Tiere als Anschauungsobjekte in die Klasse gebracht; andernfalls dienen großformatige Photographien, Bildtafeln u. dgl. der Veranschaulichung; Rätseltexte, Wortlisten als Tafelanschrift

3. Verlauf des Unterrichts

In einer Doppelstunde sollen folgende Kenntnisse, Einsichten und Fähigkeiten vermittelt werden:

- Aus einem Rätseltext die Beschreibung des Eichhörnchens entnehmen und begründen können.
- Markante äußere Merkmale beliebter Tiere zusammentragen können.
- Einen Rätseltext mündlich und schriftlich herstellen können, in dem
  - genügend Merkmale zum Erraten des beschriebenen Tieres enthalten,
  - die beschriebenen Merkmale durch charakteristische Adjektive spezifiziert,
  - die Satzanfänge abwechslungsreich gestaltet sind.
- Aus satzweise vorgelesenen Rätseln das beschriebene Tier erkennen und benennen können.

Phase/Zeit | *Mögliches Unterrichtsgeschehen* | *Didaktisch-method. Kommentar/Medien*

Motivation
ca. 5—15′

Die Motivationsphase läßt sich je nach Lage und Ausstattung einer Schule auf vier Arten organisieren:

a) Unterrichtsgang in einen Zoo
b) Lehrer oder Schüler bringen Tiere mit in die Schule (Katze, Hund, Meerschweinchen u. ä.)
c) Einstieg über Tierfilm, Bilder, Abbildungen ...
d) Unterrichtsgespräch, das durch folgendes Rätsel in Gang gesetzt wird:

> Es baut in schattigen Bäumen sein Nest,
> es hüpft und schlüpft durch der Bäume Geäst,
> es schwingt sich vom Gipfel geschwind,
> und ist doch kein Vogel — was ist es, mein Kind?
>
> (Eichhörnchen)

Der Einstieg über ein Rätsel ist von äußeren Bedingungen unabhängig. Zugleich motiviert es die SS zu eigenen Rätselproduktionen.

Erarbeitung
ca. 45—55′

Teilziel 1: Inhaltlich-sachliche Erschließung

Gelenktes Unterrichtsgespräch mit folgenden Schwerpunkten:

Welche Tiere kennt ihr?

Welche habt ihr zu Hause, im Zoo, anderswo gesehen?

Wie sehen diese Tiere aus?

Welches Tier mögt ihr am liebsten?

Der L hält eine Bildsammlung der bekanntesten Tiere bereit. Die großformatigen Abbildungen werden vor der Klasse aufgehängt.

Der L versucht, aus den Schülerbeiträgen herauszufinden, welche Tiere den Kindern besonders vertraut sind. Daran orientiert sich die folgende Zusammenstellung der Wortliste an der Tafel.

Teilziel 2: Erarbeitung einer Wortliste

Ohren	Nase	
spitz	rot	
lang	rund	
kurz	mit großen Nasenlöchern	
...	...	
Mund/Maul		**Augen**
rot, mit großen Zähnen		klein
...		winzig
		groß
		...
Fell	**Beine**	**Schwanz**
grau	lang	kurz
braun	kurz	lang
glatt	dick	...
struppig	mächtig	
...	...	

Die Tafelanschrift richtet sich in Wortwahl und Umfang nach den Schülerbeiträgen. An dieser Stelle sind daher nur geläufige Stichpunkte aufführbar.

Der L ordnet und fixiert die Stichpunkte aus Schülerbeiträgen, die möglichst in ganzen Sätzen erfolgen.

Phase/Zeit	Mögliches Unterrichtsgeschehen	Didaktisch-method. Kommentar/Medien
	Teilziel 3: Herstellen und Besprechen mündlicher Beschreibungsrätsel	
	L: Jeder von euch hat sicherlich ein Lieblingstier. Ihr dürft darüber nun ein kleines Rätsel aufsagen. Die anderen Kinder sollen das Tier erraten.	
	Die mündlichen Texte konstituieren sich erfahrungsgemäß aus Reihensätzen folgender Art: Ich habe kurze, spitze Ohren. Ich habe ein schwarz-weiß geflecktes Fell. Ich habe scharfe Zähne. Ich habe an den Pfoten spitze Krallen. (Katze)	Etwa fünf Schüler tragen ihre Rätsel vor.
	Die Texte können unter folgenden Gesichtspunkten besprochen werden: — Sind ausreichend viele Merkmale beschrieben worden? — Sind die Merkmale durch treffende Adjektive genau gekennzeichnet worden? — Wurden die Sätze nicht durch das immer gleiche Wort eingeleitet?	
Sicherung	*Teilziel 1: Herstellen schriftlicher Entwürfe*	
ca. 30′	L: Es darf nun jeder ein Rätsel über „sein" Tier aufschreiben. Ihr sollt es nachher vorlesen. Wir sind gespannt, ob die Mitschüler euer Tier erraten können.	Alleinarbeit Wortlisten stehen an der Tafel zur Verfügung. L leistet bei Rechtschreibproblemen Hilfestellung.
	Teilziel 2: Vorlesen und Lösen der Rätsel/Beachtung der Satzanfänge	
	Zwei zufriedenstellende Beispiele aus der Praxis: *Wer bin ich?* Ich habe lange und haarige Schlappohren. Meine Beine sind kurz und krumm. Mein Fell ist aus langen Haaren und hat eine rotbraune Farbe. Mein Schwanz auch. Ich kann bellen und schnell flitzen. *(Dackel)* *Rate meinen Namen!* Ich habe ein Kleid aus gelben und grünen Federn. Mein Schnabel ist kurz und grau. Ich fresse gern Körner. Wo meine Füße aufhören, sind spitze Krallen. Ich bin gefangen und wohne in einem Käfig. *(Wellensittich)*	Beim Vorlesen der Texte achten die Kinder zunächst auf den Inhalt, um das beschriebene Tier schnell zu erraten. An der sprachlichen Bewältigung der Satzanfänge sollte unter behutsamer Lenkung durch den Lehrer gearbeitet werden.

Bemerkung: Es empfiehlt sich im *1. und 2. Schuljahr* nicht, die mit Spannung aufgesetzten und gelösten Rätsel einer inhaltlichen oder sprachlichen Korrektur zu unterziehen. Eine solche Maßnahme könnte die geweckte und geförderte Mitteilungs- und Gestaltungsfreude zu sehr dämpfen. In der Regel vermögen die Schüler den Wert ihrer Texte an der Reaktion der Mitschüler einzuschätzen.

Anmerkung:

Rätsel aus: „Die Rätselstiege", hrsg. von Paula Walendy. K. Thienemanns Verlag, Stuttgart 1952

Gestaltungsaufgabe: *Berichten nach Bildern und Stichpunkten*

Thema: *Wie wir einen Schneemann bauten*

Stufe: *1./2. Schuljahr*

1. Didaktische Information

1.1 Das Herstellen eines *Berichts* als sachlich richtige und genaue Wiedergabe eines einmaligen Ereignisses in nüchterner Ausdrucksweise und knapper Form überfordert den Grundschüler und läßt sich nur über schlichte Vorformen systematisch anbahnen. Der Einstieg in das Berichten erfolgt im *1. und 2. Schuljahr* über das Aufzeichnen markanter Verlaufsstadien von Erlebtem und Beobachtetem. Das Gelingen hängt in erheblichem Maße von der Berücksichtigung besonderer didaktischer Mittel und Bedingungen ab:

— Die Schüler vermögen nur über ein Ereignis oder Geschehen zu berichten, das sie selbst erlebt, erfahren und beobachtet haben; beim Thema „Wie wir einen Schneemann bauten" läßt sich dies bei Wanderungen, Unterrichtsgängen, in allgemeinen oder besonderen Pausen ermöglichen;

— aus dem erlebten und beobachteten Bau eines Schneemanns resultiert ein natürliches Mitteilungsbedürfnis in Form von Erlebniserzählungen; diese gilt es zu kanalisieren und durch geeignete didaktische Maßnahmen auf eine ich-distanzierte, objektivierte Darstellungsebene überzuleiten. Dies geschieht über den bewährten Einsatz einer *Bilderfolge;* sie

  — lenkt Aufmerksamkeit und Interesse der Kinder auf den Ablauf des Schneemannbaus;

  — gliedert das Ereignis in wichtige, leicht überschaubare Verlaufsstadien und hält es der fortwährenden Anschauung verfügbar;

  — gewährleistet eine der sprachlichen Entwicklung und Fertigkeit der beiden ersten Schuljahre adäquate Spracharbeit beim Zusammenstellen von Stichwortmaterial;

  — ermöglicht eine ungezwungene Hinführung und Beachtung erster Merkmale eines Berichts: Darstellung des Ereignisses in der richtigen Reihenfolge, Verwendung der Vergangenheitsform.

1.2 Bilderfolge:

Bild 1 Bild 2

Bild 3

2. Grobziel und Lernzielkontrolle

2.1 In einer dem 1. bzw. 2. Schuljahr angemessenen Sprachform über den Bau eines Schneemanns mündlich und schriftlich berichten.

2.2 Der Bericht gilt dann als angemessen bewältigt,

— wenn er im *1. Schuljahr* als geordnete Bild- und Satzfolge wiedergegeben ist,

— wenn er im *2. Schuljahr* bei differenzierten Schreibanforderungen nach Stichpunkten in richtiger Reihenfolge, Zeitform und treffender Wortwahl wiedergegeben ist, so daß Leser (Eltern, Großeltern, Freunde usw.) eine Vorstellung von dem Ereignis gewinnen.

3. Lernhilfen

Dreiteilige Bilderfolge als Tafelzeichnung, Overheadprojektion o. ä.; Tafeltexte: Beispielsätze für das 1. Schuljahr, Stichpunkte und Merksätze für das 2. Schuljahr; Abzüge mit Bilderfolge, durcheinandergewürfelten Sätzen für das 1. Schuljahr und Stichpunkten für das 2. Schuljahr

4. Verlauf des Unterrichts

4.1 Erste Stunde: Sprachliche Vorbereitung

Lernziele:

— Mündlich über Erlebtes und Beobachtetes beim Schneemannbau berichten.

— Markante Verlaufsstadien des Schneemannbaus an einer Bilderfolge wiedererkennen.

— Zu jedem Bild

 — im *1. Schuljahr* zwei bis vier Sätze nennen,

 — im *2. Schuljahr* charakteristische Stichpunkte nennen.

— Über das Ereignis des Schneemannbaus mündlich unter Verwendung von Bild-, Satz- und Stichpunktmaterial in einer dem sprachlichen Entwicklungsstand adäquaten Weise berichten.
— Im *2. Schuljahr* aus Fehlbeispielen erste Merkmale des Berichts ableiten.

Phase/Zeit	*Mögliches Unterrichtsgeschehen*	*Didaktisch-method. Kommentar/Medien*
Einstieg ca. 10'	Voraussetzung: Alle Schüler haben am gleichen oder einem vorangegangenen Tag miterleben und beobachten können, wie ein Schneemann gebaut wurde.	Die gemeinsame Erlebnisgrundlage sollte für eine sinnvolle weitere Unterrichtsplanung unbedingt vorhanden sein.
	L: Wir waren heute draußen im Schnee! SS berichten über ihre Erlebnisse. Ein S wird auch den Bau des Schneemanns ansprechen.	Impuls
Erarbeitung	*Teilziel 1: Erarbeiten von Sätzen und Stichpunkten*	
ca. 35'	L: Ihr dürft euren Eltern, Geschwistern, Freunden einen Bericht darüber schreiben, wie wir den Schneemann gebaut haben. Euch helfen dabei diese Bilder!	Bewußtmachen adressatengerichteter Textproduktion
	Die Bilderfolge wird vor der Klasse aufgehängt. Zunächst äußern sich die SS spontan und ungelenkt. L: Wir wollen zu jedem Bild berichten, was wir getan haben!	Bild 1 bis 3 als Tafelskizze, Overheadprojektion, Zeichnung auf Karton oder durch Episkop veranschaulicht
	Weiterer Verlauf im *1. Schuljahr:* Durch Fragen, Impulse, Hilfen des L geleitet, formulieren die SS zu den Bildern etwa folgende Sätze:	Gelenktes Unterrichtsgespräch
	Bild 1: Zuerst wälzten wir eine große Schneerolle. Dann wälzten wir eine kleine Schneerolle.	Tafelanschrift bzw. Beschriftung der Overheadprojektion
	Bild 2: Die große Schneerolle war der Bauch. Auf den Bauch setzten wir den Kopf.	
	Bild 3: Mit Steinen (Kohle) machten wir Augen, Mund und Knöpfe. Eine Möhre war die Nase.	
	(Auf den Kopf setzten wir einen Hut. In den Arm steckten wir einen Besen.)	Der Text läßt sich bei Bedarf um die eingeklammerten Sätze kürzen.

Phase/Zeit	*Mögliches Unterrichtsgeschehen*	*Didaktisch-method. Kommentar/Medien*
	Weiterer Verlauf im *2. Schuljahr:* Während der mündlichen Schülerberichte oder im Anschluß daran notiert der L Stichpunkte zu jedem Bild:	
	Bild 1 eine große, eine mittlere und eine kleine Schneerolle wälzen	*Tafelanschrift* bzw. Beschriftung der Overheadfolie
	Bild 2 die Schneerollen abklopfen und runden, aufeinandersetzen	
	Bild 3 Steine (Kohle) als Augen und Mund eindrücken, eine Möhre als Nase einstecken, Knöpfe festdrücken, Besen einstecken, den Hut aufsetzen	
	Teilziel 2: Mündliche Gestaltungsübungen *1. Schuljahr:* Berichten über den Bau des Schneemanns, wobei — sich schwächere Schüler mehr oder weniger auf die Beispielsätze stützen, — sprachgewandte Schüler zusätzliche Einzelheiten einfügen.	
	2. Schuljahr: Berichten nach den Stichpunkten. Aus Fehlbeispielen werden erste Kriterien eines Berichts abgeleitet:	Gelenktes Unterrichtsgespräch
	Wir berichten ... in der richtigen Reihenfolge, in der Vergangenheit, mit treffenden Wörtern und klaren Sätzen.	*Tafelanschrift*

4.2 Zweite Stunde: Schriftliche Textgestaltung, Besprechung und Überarbeitung

Lernziele:

— Im *1. Schuljahr* durcheinandergewürfelte Sätze im richtigen Ablauf der Bilderfolge zuordnen.

Im *2. Schuljahr* unter jedes Bild nach den Stichpunkten und bei Berücksichtigung erster Gestaltungsmerkmale berichtende Sätze schreiben, die den Übergang von der „Einzelgestaltung" zum „Gestaltungszusammenhang" *(Seidemann)* erkennen lassen.

— Die Entwürfe auf Einhaltung der Kriterien überprüfen, bewerten, erforderlichenfalls überarbeiten und in eine reinschriftliche Fassung bringen.

4.21 Anknüpfung (ca. 5')

Diese Artikulationsstufe entfällt bei Durchführung der beiden Stunden als Doppelstunde.

Andernfalls berichten die Schüler zur Einarbeitung in den situativen Kontext noch einmal mündlich über den Bau des Schneemanns.

4.22 Verarbeitung (ca. 40')

Teilziel 1: Aufschreiben berichtender Sätze

Abzüge mit der Bilderfolge werden verteilt. Ihr ist im *1. Schuljahr* folgende verstellte Satzfolge beigefügt:

> Mit Steinen (Kohlen) machten wir Augen, Mund und Knöpfe.
> Die große Schneerolle war der Bauch.
> (Auf den Kopf setzten wir den Hut.)
> Eine Möhre war die Nase.
> Zuerst wälzten wir eine große Schneerolle.
> Auf den Bauch setzten wir den Kopf.
> Dann wälzten wir eine kleine Schneerolle.
> (In den Arm steckten wir einen Besen.)

Aufgabe: Berichtet euren Eltern (Großeltern, Freunden) darüber, wie wir den Schneemann gebaut haben! Schreibt zu jedem Bild die passenden Sätze in der richtigen Reihenfolge!

Auf den Abzügen für das *2. Schuljahr* stehen unter den Bildern Stichpunkte wie in der Tafelanschrift der ersten Stunde.

Aufgabe: Berichtet für eure Eltern (Großeltern, Freunde), wie ihr heute (gestern) den Schneemann gebaut habt!

Teilziel 2: Vorlesen, Besprechen und evtl. Überarbeiten der Entwürfe

Einige Kinder lesen freiwillig ihre Texte vor. Die Mitschüler bewerten sie sowohl nach den besonderen Darstellungsmerkmalen des Berichts als auch nach ihnen bekannten allgemeingültigen sprachlichen Kriterien.

Einige *beispielhafte Schülerarbeiten* und ihre *Besprechung:*

Entwurf 1:

Wir gingen heute mit unserer Klasse in den Schnee. Zuerst warfen wir uns Schneebälle über. Auf einmal wälzte Peter eine dicke Schneerolle. Die Mädchen machten sie schön rund. Die Jungen setzten den Hals und den Kopf drauf. Wir steckten die Nase ins Gesicht. Einige Kinder machten die Augen und einen Mund aus kleinen Steinen. Zuletzt setzte Herr N. seinen Hut drauf. Das war lustig.

Besprechung: Über alle wichtigen Einzelheiten wird in der richtigen Reihenfolge berichtet. Die Zeitform „Vergangenheit" ist eingehalten. Es wurden durchgehend klare und gut verständliche Sätze formuliert. Diese Arbeit ist gelungen.

Entwurf 2:

> Auf eine große Rolle legten wir eine dünne. Im Gesicht war die Möhre. Das war die Nase. Und die Augen und der Mund waren aus kleinen Steinen. Herr N. legt seinen Hut drauf.

Besprechung: Wichtige Einzelheiten sind ausgelassen. Einmal wurde die Zeitform gewechselt. Statt treffender Verben wurden Hilfsverben verwendet. Der Text bedarf einer Überarbeitung.

Abschließend lesen die Schüler ihre Entwürfe in *Partnerarbeit* gegenseitig durch, geben sich Ratschläge zur Verbesserung und führen diese gegebenenfalls aus.

Gestaltungsaufgabe: *Berichten über Beobachtetes nach Stichpunkten*

Thema: *Wie der Regenschauer niederging*

Stufe: *2. Schuljahr*

1. Didaktische Information

1.1 Das Herstellen eines *Berichts* über ein beobachtetes Geschehen hat in der Grundschule mehr zukunftsorientierte als gegenwartsbezogene Intentionen: die Heranbildung von Fähigkeit und Fertigkeit, ein als Zuschauer gezielt oder zufällig verfolgtes Geschehen mündlich und/oder schriftlich im richtigen und genauen Ablauf und in sachlicher Darstellungsweise in Sprache zu setzen. Es wäre pädagogisch unverantwortlich, Schüler so lange von berichtenden Textsorten fernzuhalten, bis sich ein realer Anlaß (Unfall, Feier) mehr oder weniger zufallsbedingt einstellt. Vielmehr sollten die Kinder dann bereits möglichst über erste altersadäquate sprachlich-stilistische, sachliche und formale Mittel der Herstellung von Vorformen des Berichts verfügen.

1.2 Gegenüber der vorangegangenen Unterrichtseinheit stellen sich beim vorliegenden Thema gesteigerte Anforderungen an den Berichtenden ein:

— Der Ablauf des beobachteten Regenschauers ist nicht wie der Bau eines Schneemanns in klar unterscheidbare Verlaufsstadien strukturiert; daher bleiben Auswahl und Anordnung wichtig erscheinender Einzelheiten dem Geschick des Berichterstatters anheimgestellt;

— aus dieser inhaltlich-sachlichen Vielschichtigkeit und Differenziertheit des zu berichtenden Ereignisses resultiert seine erheblich erschwerte sprachliche Fassung.

1.3 Die gesteigerten Anforderungen machen didaktische und methodische Maßnahmen und Entscheidungen zu Erhaltung und Steigerung der Freude am Berichten und zur Vermeidung überhöhter Ansprüche notwendig:

— Der Regenschauer wird von einem geeigneten Beobachtungspunkt (Klassenzimmer, Pausen- oder Schulbuswartehalle) aus genau in seinem Ablauf verfolgt; dabei dürfen die Schüler einander und dem Lehrer beobachtete Einzelheiten mitteilen;

— das vielschichtige Ereignis eines Regenschauers wird mit Hilfe von Stichpunkten aufgegliedert;

— die Stichpunkte bilden das abstützende Korsett für anschließende mündliche und schriftliche Gestaltungsversuche der Schüler;

— der Bewältigung erster Berichte dient das Bewußtmachen und Anwenden solcher Gestaltungskriterien, die bereits dem Kind des *2. Schuljahres* einsichtig sind;
— die Schreibanforderungen sind nach mindestens zwei Leistungsgruppen zu staffeln.

2. Grobziel und Lernzielkontrolle

2.1 Mündlich und schriftlich über Beobachtungen während eines Regenschauers in altersadäquater Weise berichten.

2.2 Unter Zuhilfenahme der Stichpunktsammlung
— in der *schwachen Leistungsgruppe* einen Lückentext sinnvoll ergänzen;
— in der *starken Leistungsgruppe* unter Berücksichtigung von Gestaltungskriterien eine berichtende Satzfolge aufschreiben.

3. Lernhilfen

Tafeltexte: Stichwörtersammlung, Gestaltungsmerkmale eines Berichts, Lückentext für schwächere Leistungsgruppe

4. Verlauf des Unterrichts

Die folgende Unterrichtssequenz läßt sich als Doppelstunde oder als zwei getrennte Stunden durchführen.

Lernziele:

Die Schüler sollen
— 15 bis 20 Minuten den Verlauf eines möglichst heftigen Regenschauers beobachten;
— in einer Stichpunktsammlung das Wortfeld „Tätigkeiten des Regens" sowie weitere besonders auffällige Beobachtungen zusammentragen;
— mit Hilfe der Stichpunktsammlung nach erarbeiteten oder bereitgestellten Kriterien (wichtige Einzelheiten, richtige Reihenfolge, Zeitform „Vergangenheit") mündlich und bei differenzierten Anforderungen schriftlich über ihre Beobachtungen berichten.

4.1 Motivationsphase (ca. 15'—20')

Die Schüler verfolgen von einem geeigneten Beobachtungspunkt aus den Niedergang eines Regenschauers. Beobachtete Einzelheiten oder Besonderheiten teilen sie ungezwungen einander und dem Lehrer mit. Je nach Beobachtungsgabe und Redefluß einer Klasse weist der Lehrer gezielt auf beobachtenswerte Details hin.

4.2 Erarbeitungsphase (ca. 40'—45')

Teilziel 1: Bereitstellen des Wortmaterials

Die Schüler teilen ungeordnet und ohne Lehrerkommentar ihre während des Regenschauers gemachten Beobachtungen mit. Diese fixiert der Lehrer stichpunktartig an dem Mittelteil der Wandtafel. Da die Beobachtungen nach Lage einer Schule stark voneinander abweichen können, werden im folgenden beispielhaften

Tafeltext nur Stichpunkte mit Allgemeincharakter aufgeführt, die um standortspezifische Aussagen zu ergänzen sind. *Tafelanschrift:*

Was der Regen tut	*Wichtige Beobachtungen*
— in kleinen Tropfen fallen, — auf das Dach prasseln, — gegen die Fensterscheibe klatschen, — auf die Straße spritzen — auf den Schulhof (das Pflaster) platzen, — Pfützen bilden, — über die Dachrinne schießen, — in Strömen gießen, — tropfen, überschwemmen, strömen ...	— dunkle Regenwolken ziehen am Himmel, — es wird dunkel, — der Wind fegt, — die Leute tragen Schirme, — die Kinder haben Regenmäntel und Stiefel an, — die Autos spritzen, — Pfützen stehen auf dem Schulhof ...

Teilziel 2: Mündliche Gestaltungsversuche

Mehrere Schüler berichten unter Verwendung des Stichpunktmaterials über die ihnen wichtig erscheinenden Beobachtungen während des Regenschauers. Die Texte sind überwiegend „Einzelgestaltungen", vereinzelt wird ein „Gestaltungszusammenhang" erkennbar. Sie werden von den Mitschülern nach drei Gesichtspunkten bewertet, die eine *Tafelanschrift* festhält:

> *Berichte ...*
>
> nur über wichtige Beobachtungen (Einzelheiten),
> in der richtigen Reihenfolge,
> in der Vergangenheit!

4.3 Verarbeitungsphase (ca. 25'—35')

Bei differenzierten Schreibanforderungen berichten die Schüler

a) der *schwachen Leistungsgruppe* durch Ergänzen des folgenden Lückentextes, der sich nach individuellen Bedürfnissen ändern, kürzen oder ergänzen läßt. *Arbeitsblatt:*

> *Wie es regnete*
>
> Am Fenster unseres Schulzimmers beobachteten wir den Regen. Zuerst fielen ______________ Tropfen. Sie sprangen auf ______________ und ______________. Auf einmal ______________ es heftig gegen die Fensterscheiben. Die Leute eilten mit dem ______________ über die Straße. In der Pause standen auf dem Schulhof viele ______________. Die Jungen sprangen hinein und ______________ die Mädchen.
>
> Setze richtig ein: bespritzen, kleine, Pfützen, Schirm, die Straße, der Schulhof, klatschen.

b) der *starken Leistungsgruppe* in selbständiger Formulierung.

Die fertigen Entwürfe werden am Ende der Stunde vom Lehrer eingesammelt.

4.4 Weiterführung

Der Lehrer korrigiert in den Entwürfen sowohl rechtschriftliche als auch syntaktische und sachliche Fehler. Am Ende des 2. Schuljahres fügt er den frei gestalteten Texten kurze Verbalbeurteilungen bei. *Beispiele:*

Text 1

> Zuerst wurde es ganz dunkel. Und dann fielen kleine Tropfen vom Himmel. Sie prasselten auf das Dach von der Schule. Auf einmal goß es in Strömen. Frau Meier kam gerade mit dem Auto. Sie wollte den Schirm aufmachen, aber der Wind drehte ihn um. Da wurde sie ganz naß.

Verbalbeurteilung: Du hast wichtige Einzelheiten fein der Reihe nach berichtet.

Text 2

> Kleine Regentropfen fielen vom Himmel. Die Kinder vom 1. Schuljahr laufen schnell in die Schule. Es prasselte auch gegen die Scheiben. Alles war naß.

Verbalbeurteilung: Du hast schon recht ordentlich berichtet, was du bei dem Regenschauer beobachtet hast. Sicherlich hast du aber noch mehr gesehen: Überall bildeten sich auf dem Schulhof Pfützen. Die Leute trugen Schirme und liefen eilig über die Straße. Zuletzt fielen nur noch kleine Tropfen. — Davon kannst du noch etwas in deinen Text schreiben.

In der folgenden Deutschstunde erhalten die Schüler ihre Entwürfe mit individuellen Hinweisen auf positive Momente und Verbesserungsmöglichkeiten zurück.

Gestaltungsaufgabe: *Beschreiben eines Vorgangs*

Thema: *Wie ich einen Papierdrachen baue*

Stufe: *2. Schuljahr*

1. Didaktische Information

1.1 In einer weitgehend über informative Texte vermittelten Welt ist es unerläßlich, so früh wie möglich neben dem Lesen und Verstehen auch das Herstellen unterschiedlicher informativer Textsorten in einer altersgemäßen Vorform anzubahnen. Daher sollte auch die Vorgangsbeschreibung ihren festen Platz im schriftlichen Sprachgestalten des *2. Schuljahres* haben.

Ihr Gelingen steht oder fällt jedoch mit einer starken Schreibmotivation des Schülers. Während diese beim Beschreiben von Mensch, Tier, Gegenstand o. ä. über die spannungsgeladene Einkleidung in Rätsel erfolgt, erfährt das erste Beschreiben von Vorgängen seine Primärmotivation

— durch Auswahl eines leicht durchschau- und nachvollziehbaren Geschehensablaufs, der thematisch in die kindliche Erfahrungs- und Erlebnissphäre eingebettet ist;

— in der konkreten Ausführung und der daran gekoppelten schrittweisen Beobachtung des Vorgangs durch jeden einzelnen Schüler;

— durch skizzenhaftes Strukturieren, Verdeutlichen und Verfügbarhalten wichtiger Verlaufsstadien im Tafelbild, in einer Overheadprojektion o. ä.;

— im kommunikativen Charakter altersadäquater Frühformen der Vorgangsbeschreibung wie Spielanleitung, Bastelanweisung u. ä.;

— durch differenzierte Schreibanforderungen entsprechend der individuellen Leistungsfähigkeit eines Schülers.

1.2 Diese übergeordneten Prinzipien werden am Beispiel der Werkanleitung „Wie ich einen Papierdrachen baue" realisiert. Der vom Schüler zunächst zu vollziehende und anschließend schriftlich darzustellende Vorgang gliedert sich in zwei Hauptstadien:

a) Das Falten und Kleben eines quadratischen Papiers zur Gewinnung der Drachenform;

b) das Bemalen und Bekleben des drachenförmigen Papiers.

1.3 Aus zeitökonomischen Erwägungen empfiehlt sich die Verlegung des Werkvorgangs in den Kunst- oder Werkunterricht.

2. Grobziel und Lernzielkontrolle

2.1 Entsprechend ihrer individuellen Sprachgewandtheit schreiben die Schüler nach bereitgestelltem Wort- oder Satzmaterial für Gleichaltrige eine Anweisung zum Bau eines Papierdrachens.

2.2 Vermögen die Adressaten nach dieser Anweisung den Papierdrachen herzustellen, ist das Ziel erreicht.

3. Lernhilfen

Zeichenblätter mit quadratischem Format, Schere, Klebstoff, Filzstifte, Wasserfarben und/oder Buntpapier; Tafelzeichnung oder Overheadprojektion mit vier Stadien des Werkvorgangs (Siehe ,Dritte Stunde'); Tafeltexte: Beispielsätze, Wortlisten mit Verben und Substantiven

4. Verlauf des Unterrichts

4.1 Erste und zweite Stunde: Wir bauen einen Papierdrachen

Lernziele:

Die Schüler sollen

— für den Bau eines Papierdrachens entweder durch Erlebnisberichte mit einem Drachen oder durch Lehrervortrag des folgenden Gedichts motiviert werden:

Ach, wer das doch könnte!

Gemäht sind die Felder, der Stoppelwind weht,
hoch droben in Lüften mein Drachen nun steht.
Die Rippen von Holze, der Leib von Papier,
zwei Ohren, ein Schwänzlein sind all seine Zier.
Und ich denk': So drauf liegen im sonnigen Strahl —
Ach, wer das doch könnte, nur ein einziges Mal!

Da guckt' ich dem Storch in das Sommernest dort:
Guten Morgen, Frau Störchin, geht die Reise bald fort?
Ich blickt' in die Häuser zum Schornstein hinein:
Lieb Vater, lieb Mutter, wie seid ihr so klein!
Tief unter mir säh' ich Fluß, Hügel und Tal —
Ach, wer das doch könnte, nur ein einziges Mal!

Und droben, gehoben auf schwindelnder Bahn,
da faßt' ich die Wolken, die segelnden, an;
ich ließ' mich besuchen von Schwalben und Kräh'n
und könnte die Lerchen, die singenden, seh'n.
Die Englein belauscht' ich im himmlischen Saal —
Ach, wer das doch könnte, nur ein einziges Mal!

(Viktor Blüthgen)

— nach vier Tafelskizzen (Siehe ‚Dritte Stunde') mit entsprechenden Lehrererläuterungen einen Papierdrachen bauen;
— ihre fertiggestellten Papierdrachen Mitschülern, Freunden, Geschwistern u. a. zeigen, um deren Meinung über ihr „Werk" zu erfahren.

Im Mittelpunkt dieser Stunde steht die Herstellung des Drachens im Kunst- oder Werkunterricht. Auf eine Verlaufsdarstellung wird daher an dieser Stelle verzichtet.

4.2 Dritte Stunde: Sprachlich-stilistische Vorbereitung der Textgestaltung

Lernziele:

— Die Schüler berichten über positive oder negative Meinungsäußerungen von Mitschülern, Freunden, Geschwistern, Eltern u. a. über ihre Papierdrachen.
— Sie gewinnen erste Einsichten in Sinn und Zweck einer adressatenbezogenen schriftlichen Fixierung informativer Texte am Beispiel einer Werkanleitung.
— Sie erweitern ihren aktiven Wortschatz durch Erarbeitung von Satz- und Wortmaterial zu den vier Verlaufsstadien des Werkvorgangs.
— Sie gestalten mündlich unter Verwertung von Tafelskizzen, Satz- oder Wortmaterial die Werkanweisung und leiten aus der Besprechung erste Grundsätze zur angemessenen sprachlichen Bewältigung ab.

Phase/Zeit	*Mögliches Unterrichtsgeschehen*	*Didaktisch-method. Kommentar/Medien*
Einstieg/ Problem-stellung ca. 5'	Schülerberichte zu Äußerungen der Mitschüler, Freunde u. a. über ihre Drachen. Es ist zu erwarten, daß einzelne Kinder um Anweisungen zum Nachvollzug gebeten worden sind. L: War es leicht, zu erklären, wie wir unsere Drachen hergestellt haben? SS teilen aufgetretene Schwierigkeiten bei ihren Informationen mit. L: Wir können euren Freunden entgegenkommen! SS: Wenn wir ihnen malen und aufschreiben, wie wir unsere Drachen gebaut haben.	Die Koppelung der Einstiegsphase an Meinungsäußerungen Gleichaltriger ebnet in natürlicher Weise den Zugang zu einer bewußten Textproduktion am Beispiel der Werkanleitung.
Erarbeitung/ Problem-lösung ca. 35'	L: Das wollen wir jetzt gemeinsam tun! Ihr seht die vier Zeichnungen an der Tafel. Überlegt einmal mit eurem Nachbarn, was wir zur ersten Abbildung notieren könnten! In gleicher Weise läßt sich bei allen Abbildungen verfahren, so daß schrittweise folgendes *Tafelbild* entsteht:	Partnerarbeit, sie kann mündlich oder schriftlich ausgeführt werden.

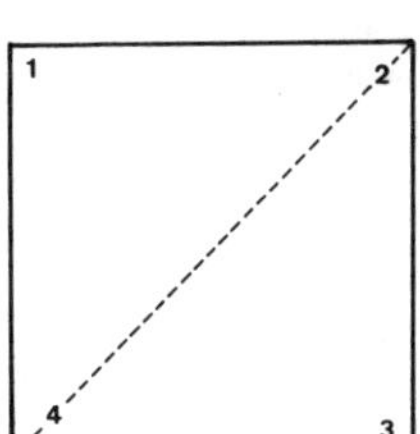

Zuerst schreiben wir auf die Ecken des Papiers die Zahlen 1 bis 4. Wir ziehen einen roten Strich von Ecke 2 zu Ecke 4.

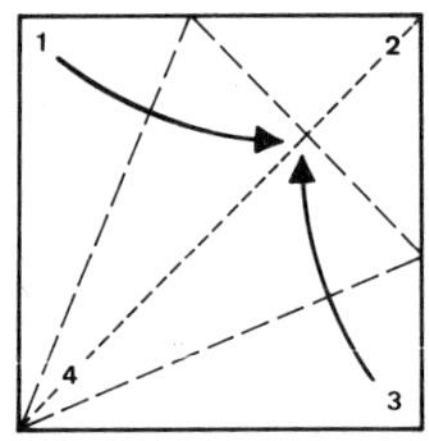

Wir legen Ecke 1 und Ecke 3 an den roten Strich und falten das Papier.

Zur Gewinnung der Sätze unter den Abbildungen gibt der Lehrer deutliche Formulierungshilfen:
- Er gibt Satzanfänge beispielhaft vor;
- er hilft bei der Ausformulierung begonnener oder bruchstückhafter Sätze;
- er umschreibt zunächst selbst den Sachverhalt, der dann vom Schüler in die Endfassung gebracht wird.

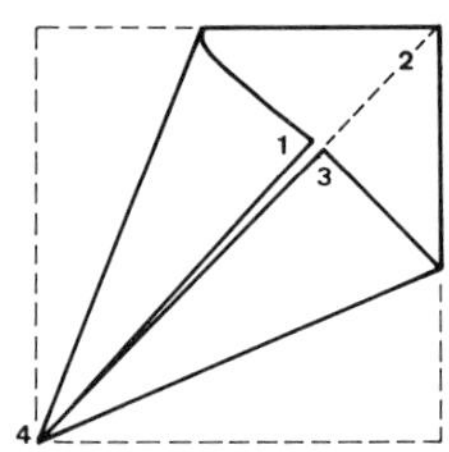

Mit Klebstoff kleben wir alles fest.

Wir bemalen das ganze Papier gelb, blau, grün oder rot und lassen es trocknen. Dann zeichnen wir Augen, Nase und Mund ein. An die Seiten und an das Kinn kleben wir bunte Papierstreifen.

Festigung/ Sicherung ca. 5'

Einige Schüler lesen noch einmal die Tafeltexte vor und versuchen dann bei verdeckter Tafel, den Herstellungsvorgang mit eigenen Worten mündlich wiederzugeben.

Phase/Zeit	*Mögliches Unterrichtsgeschehen*	*Didaktisch-method. Kommentar/Medien*
	Die Mitschüler hören aufmerksam zu, berichtigen Unstimmigkeiten und Ungenauigkeiten und leiten folgende *Merksätze* ab:	
	1. Nenne alle wichtigen Einzelheiten in deiner Werkanleitung! 2. Beachte die richtige Reihenfolge!	*Tafelanschrift*

4.3 Vierte Stunde: Schriftliche Textgestaltung, Überarbeitung und Reinschrift

Lernziele, die zugleich eine mögliche *Verlaufsstruktur* skizzieren:

4.31 Bei differenzierten Anforderungen an Schreibfähigkeit und -fertigkeit soll jeder Schüler für einen Empfänger/Leser eigener Wahl (Freund, Bruder, Schwester usw.) die Anleitung zur Herstellung des Papierdrachens in sorgfältiger äußerer Aufmachung aufschreiben. Hierbei

— übertragen Kinder der *schwächsten Leistungsgruppe* fehlerfrei und sorgfältig Tafelskizzen und -texte auf ein mit der Lineatur des 2. Schuljahres versehenes Blatt;

— ergänzt die *mittlere Leistungsgruppe* einen Lückentext:

Wie ich einen Papierdrachen baue

Zuerst schreibe ich ______________________________

______________________. Dann ziehe ich einen roten Strich von

______________________________. Ich lege ______________

an ______________ und ______________. Mit Klebstoff ______________________. Das ganze Papier

______________ mit ______________ und lasse es ________.

Danach zeichne ich ______________________________.

Schließlich klebe ich ______________________________.

— formuliert die *stärkste Leistungsgruppe* selbständig die Werkanweisung, wobei zwei Wortlisten als Formulierungshilfen angeboten werden:

Papier	schreiben
vier Ecken	ziehen
roter Strich	legen
Klebstoff	falten
Augen, Nase, Mund	kleben
bunte Papierstreifen	bemalen
	zeichnen

4.32 Während der Lehrer die Arbeiten der schwächsten Leistungsgruppe selbst kontrolliert, überprüfen die Schüler die Texte der mittleren und stärksten Leistungsgruppe unter dem Gesichtspunkt, ob ihre Leser tatsächlich einen Papierdrachen zu bauen in der Lage sind, und geben Anregungen zur Verbesserung.

4.33 Bei Bedarf wird eine abschließende reinschriftliche Textfassung mit Skizzen angefertigt, die einem Adressaten zur Verfügung gestellt wird.

Anmerkung:

Das Gedicht ist entnommen aus: „Gedichte für die Grundschule", hrsg. v. H. Schorer. Frankfurt/M, 1969, Seite 27.

Herstellen appellierender Texte

Gestaltungsaufgabe: *Ein Wunschbrief*

Thema: *Weihnachtswünsche*

Stufe: *1./2. Schuljahr*

1. Didaktische Information

1.1 Einen der wenigen echten Anlässe, die sich Kindern des 1. und 2. Schuljahres zum Schreiben eines appellativen Textes mit realem Empfänger stellen, bietet das Weihnachtsfest.

Es bereitet Kindern viel Spaß, ihre Wünsche aufzuzählen. Deshalb hat der „Wunschzettel" seinen festen Platz im Unterricht der unteren Grundschulstufe. Dabei ist es zunächst unerheblich, ob die Kinder ihre Wünsche vom Weihnachtsmann oder vom Christkind erfüllt haben wollen oder von den Eltern. In einer Vorbesprechung sollte zumindest im *1. Schuljahr* geklärt werden, welche Umstände den Kindern bekannt sind.

1.2 Der Wunschzettel stellt gewissermaßen die schlichteste Vorform eines persönlichen Briefes dar; an ihm lernt das Kind erste inhaltliche, sprachliche und formale Merkmale — Anrede, Darstellung persönlicher Wünsche und Gedanken, freundlicher Ton, Schlußsatz — kennen, die in anderen Situationen des Briefeschreibens im schulischen und privaten Bereich angewendet und vertieft werden.

2. Grobziel

Die eigenen Weihnachtswünsche auf einem Wunschzettel an die Eltern, in Ausnahmefällen an Weihnachtsmann oder Christkind, richten. Sie werden im *1. Schuljahr* nach knapp halbjährigem Schulbesuch in Reihensätzen abgefaßt, während im *2. Schuljahr* auf einen gefälligen Satzbau ebenso Wert gelegt wird wie auf eine ansprechende äußere Gestaltung.

3. Lernhilfen

Overheadprojektion oder Tafelzeichnung: Junge vor dem Schaufenster eines Spielwarengeschäfts; Tafeltexte: Wortlisten, Wunschzettel; Briefpapier

4. Verlauf des Unterrichts

4.1 Motivationsphase (ca. 5')

a) Erste Möglichkeit:

Der Lehrer zeigt folgendes Bild als Overheadprojektion oder *Tafelzeichnung:*

Nach freien Äußerungen der Schüler wird zusammenfassend festgehalten: Der Junge schaut sich die Spielsachen an. Er wünscht sich einige Dinge davon zu Weihnachten.

Die Kinder zählen ihre eigenen Weihnachtswünsche auf.

b) Zweite Möglichkeit:

Impuls: Bald ist Weihnachten. Darauf freuen wir uns alle. Die Kinder berichten von ihren vielfältigen Weihnachtswünschen.

c) Dritte Möglichkeit:

Stummer Impuls durch *Tafelanschrift:* | Weihnachtswünsche |

Die Kinder zählen ihre Weihnachtswünsche auf und begründen sie.

4.2 Erarbeitungsphase (ca. 50')

Teilziel 1: Wortschatzsammlung

L: Ihr habt mir schon viele Wünsche aufgezählt. Wir wollen an der Tafel notieren, was sich die Jungen und was sich die Mädchen wünschen. *Tafelanschrift:*

Was Jungen sich wünschen	*Was Mädchen sich wünschen*
Baukasten	Sprechpuppe
Eisenbahn	Puppenwagen
Auto	Puppenküche
Zoo	Kaufladen
Roller	Steckspiel
Lego	Puzzle
Fahrrad	Rock
Mütze	Pulli
Plätzchen	Hose
Schokolade	Marzipan
...	...

Teilziel 2: Gestaltung eines Wunschzettels an der Tafel

Durch entsprechende Lehrerimpulse geleitet, wird beispielhaft ein Wunschzettel an der Tafel gemeinsam erarbeitet, der im *1. Schuljahr* etwa folgendes Aussehen haben kann:

Liebe Eltern!
Bald ist Weihnachten.
Ich wünsche mir eine Eisenbahn.
Ich wünsche mir eine Mütze.
Ich wünsche mir eine Tafel Schokolade.
Ich wünsche mir Plätzchen.
Ich wünsche mir Nüsse.
Euer Jürgen

Im *2. Schuljahr* läßt sich der Wunschzettel folgendermaßen gestalten:

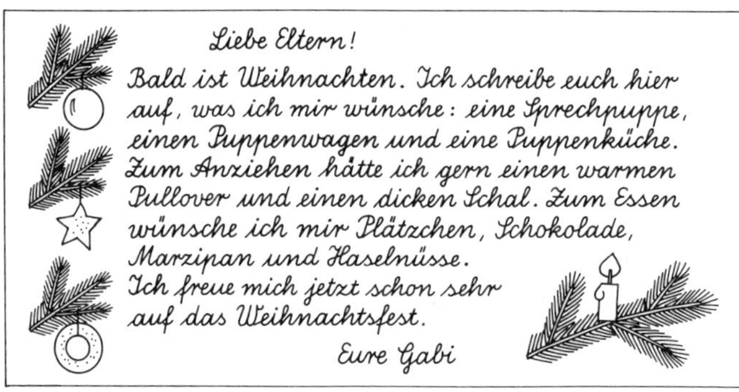
Liebe Eltern!
Bald ist Weihnachten. Ich schreibe euch hier auf, was ich mir wünsche: eine Sprechpuppe, einen Puppenwagen und eine Puppenküche. Zum Anziehen hätte ich gern einen warmen Pullover und einen dicken Schal. Zum Essen wünsche ich mir Plätzchen, Schokolade, Marzipan und Haselnüsse.
Ich freue mich jetzt schon sehr auf das Weihnachtsfest.
Eure Gabi

4.3 Verarbeitungsphase (ca. 35')

Unter Verwendung des Wortmaterials an der Tafel und Erfragen unbekannter Wörter beim Lehrer gestalten alle Schüler i h r e n Wunschzettel.

Eine Überarbeitung und erneute reinschriftliche Fassung empfiehlt sich nur bei unordentlicher äußerer Gestaltung oder gehäuften Rechtschreibmängeln.

Die Wunschzettel werden sorgfältig gefaltet und am Nachmittag oder Abend den Eltern überreicht.

Gestaltungsaufgabe: *Persönlicher Brief*

Thema: *Wir schreiben an einen kranken Mitschüler*

Stufe: *2. Schuljahr*

1. Didaktische Information

1.1 Der Brief hatte im herkömmlichen Aufsatzunterricht eine Sonderstellung, da er sich weder den erzählenden noch den informierenden Grundformen schriftlicher Sprachgestaltung zuordnen ließ. Auch wurde seine oftmals *appellative Intention* völlig übersehen. Seine Berechtigung als Bildungsgut der Grundschule leitet sich

aus der lebenspraktischen Notwendigkeit ab, Schüler zum Schreiben von Briefen aus unterschiedlichen Anlässen zu befähigen.
Die bedeutsamen Erkenntnisse der Kommunikations- und Informationswissenschaften über Stellung und Wert schriftlicher Texte in einem kommunikativen Bezugsfeld rückten den Brief aus der Randzone ins Zentrum des Interesses schriftsprachlicher Gestaltungsarbeit. Keine andere Textsorte läßt sich nämlich so mühelos in einen real vollzogenen Kommunikationsablauf einordnen, auf dessen Seiten Textautoren und -empfänger mit realen Schreibabsichten und auf Wirklichkeit bezogenen Darstellungsinhalten stehen.
Gegenwärtig interessiert die Frage einer formalen Zuordnung des Briefes zu einer schriftlichen Grundform überhaupt nicht mehr; vielmehr gilt es als selbstverständlich, daß Briefe neben informativem und erzählend-unterhaltsamem auch appellativen Charakter haben können. Noch deutlicher als bisher wird durch den kommunikativen Aspekt die Tatsache hervorgehoben, daß „das Briefeschreiben ... aus zwingenden Arbeitssituationen oder mitmenschlichen Beziehungen, aus konkreten lebenswirklichen und lebensnahen Situationen herauswachsen" (1) muß.

1.2 In jeder Klasse tritt im Verlauf eines Schuljahres der Fall ein, daß ein Schüler für längere Zeit erkrankt. Aus diesem realen Anlaß heraus sind die Schüler zum Schreiben eines Briefes motiviert.

1.3 Zur inhaltlichen und formalen Gestaltung des Briefes im *2. Schuljahr* ist festzustellen:

a) Sein *Inhalt* ist vorrangig festgelegt auf Begebenheiten und Neuigkeiten aus dem Bereich von Klasse und Schule, näher befreundete Mitschüler berichten auch aus dem Freizeitbereich. Neben die Autorintentionen des Informierens und Unterhaltens tritt in dem Brief an einen kranken Mitschüler auch diejenige des Appellierens, wenn auch in einer gemäßigten und verdeckten Form: der kranke Mitschüler wird durch Zuspruch und Ermunterung zur Überwindung seiner Krankheit ermutigt.
b) Der *Umfang* des Briefes beträgt in der ersten Hälfte des *2. Schuljahres* etwa zwei bis fünf, in der zweiten Hälfte fünf bis zehn Sätze. Der überwiegende Teil des verwendeten Satz- und Wortmaterials sollte dem Schüler zur individuellen Textgestaltung bereitgestellt werden.
c) Gegenüber dem 1. Schuljahr setzt die Einhaltung typischer formaler Merkmale des Briefes ein:
   - am Briefkopf erscheinen Ort, Datum, Anrede und Grußformel;
   - hinter der Anrede steht ein Ausrufezeichen oder Komma;
   - links bleibt ein breiter, rechts ein schmaler Rand unbeschrieben (ästhetische Wirkung);
   - der Brief schließt mit Abschiedsformel und Unterschrift;
   - Anredefürwörter werden groß geschrieben (am Ende des *2. Schuljahres*).

2. Grobziel und Lernzielkontrolle

2.1 Schreiben eines Briefes an einen kranken Klassenkameraden.

2.2 Die Briefe sind inhaltlich und formal in einer den Adressaten ansprechenden Weise gestaltet.

3. Lernhilfen

Tafelanschrift: Satzmaterial, beispielhafter Brief; Briefpapier, Briefumschlag

4. Verlauf des Unterrichts

Lernziele:

Die Schüler sollen

— mögliche appellative, informative oder unterhaltsame Aussagen eines Briefes an einen Mitschüler zusammentragen können;

— fünf Gestaltungsgrundsätze eines Briefes aus ihrem Erfahrungs- und Kenntnisschatz nennen können;

— unter Verwendung erarbeiteter Satzlisten und Beachtung der Gestaltungsmerkmale einen Brief an einen Mitschüler abfassen können;

— an ausgewählten Beispielen vorbildliche inhaltliche, sprachliche und formale Kriterien eines geglückten Briefes aufzeigen können;

— nach eigenem Ermessen fehlerhafte Briefe überarbeiten oder neu anfertigen.

4.1 Motivationsphase (ca. 10')

Sprechanlaß: Ein Mitschüler oder eine Mitschülerin ist erkrankt.

L: N. fehlt nun schon einige Tage. Wie es ihm wohl ergehen mag?

SS berichten, was sie über den gegenwärtigen Zustand ihres Mitschülers erfahren konnten, beschreiben seine Krankheit, ihren Verlauf, ihre voraussichtliche Dauer u. dgl.

L: Wir wollen N. eine kleine Freude bereiten.

Sofern die Schüler nicht spontan die Möglichkeit des Briefeschreibens nennen, lenkt sie der Lehrer durch entsprechende Impulse darauf hin.

4.2 Erarbeitungsphase (ca. 40')

Teilziel 1: Erarbeiten möglicher Briefinhalte

L: Wir wollen zunächst einmal überlegen, was wir in unseren Brief hineinschreiben!

Im gelenkten Unterrichtsgespräch werden wichtige Vorfälle, Ereignisse und Neuigkeiten aus den Bereichen Klasse und Schule angesprochen. Befreundete Mitschüler tragen auch Begebenheiten aus dem gemeinsamen Freizeit- und Privatbereich zusammen. Der Lehrer notiert entweder im Verlauf des Gesprächs oder hinterher gesammelt die Schülerbeiträge satzweise an der Tafel. So entsteht an der linken Tafelseite eine *Anschrift*, für die die folgende Darstellung nur Beispielcharakter haben kann:

Aus unserer Klasse

Wir haben einen neuen Schüler in der Klasse.
Er heißt Bernd.
Bernd sitzt neben Rudi.
Frau Müller unterrichtet jetzt Mathematik.
Herr Neumann ist nämlich krank.
...

Aus unserer Schule

Morgen kommt ein Kasperletheater in die Schule.
Das dürfen wir besuchen.
Beim Fußball haben wir gegen das 1. Schuljahr gewonnen.
...

Aus der Freizeit

Heute mittag gehen wir ins Schwimmbad.
Rolf kann jetzt auch schwimmen.
Jürgen springt schon vom Drei-Meter-Turm.
. . .

Teilziel 2: Erarbeiten der Briefform

L: Einige von euch haben schon einmal einen Brief erhalten.

SS berichten über Anlässe.

L: Dann wißt ihr auch, wie ein Brief aussieht.

SS tragen zunächst ungelenkt die ihnen bekannten Einzelheiten zusammen. Eine auf der Mitteltafel vorbereitete großformatige *Skizze* wird aufgedeckt:

<table>
<tr>
<td>Rand
etwa
5 cm</td>
<td>(Datum)
Ort, den . . . .

Lieber N.!
Viele Grüße sendet Dir Dein Freund Jürgen.

Neues aus Klasse,
Schule,
Freizeit.

Gute Besserung wünscht Dir
Jürgen</td>
<td>Rand
etwa
1 cm</td>
</tr>
</table>

Wichtige Merkmale des Briefes werden an der Skizze von den Schülern gezeigt und benannt. Der Lehrer fixiert sie an der rechten Tafelseite:

1. Oben rechts: Ort und Datum
2. Anrede mit Ausrufezeichen (oder Komma):
   Lieber N.!
   Lieber Freund N.!
3. Begrüßung
4. Schlußsatz mit Unterschrift:
   Gute Besserung wünscht Dir . . .
   Es grüßt dich . . .
   Viele Grüße . . .
5. Rand: links 5 cm, rechts 1 cm

4.3 Verarbeitungsphase (ca. 40')

Teilziel 1: Schreiben des Briefes in Alleinarbeit

L: N. liegt den ganzen Tag im Bett und langweilt sich manchmal. Jeder darf ihm jetzt einen Brief schreiben.

Mögliche Zusatzaufgabe: Wer Zeit und Lust hat, darf ein oder mehrere Bilder malen, auf denen eine lustige Begebenheit aus der Klasse zu sehen ist. N. wird sich über die Bilder gewiß sehr freuen.

Während der Niederschrift gibt der Lehrer auf Wunsch Hilfen bei rechtschriftlichen und stilistischen Schwierigkeiten.

Teilziel 2: Vorlesen, Besprechen und evtl. Neuanfertigen der Briefe

Einige Schüler dürfen, sofern sie dazu bereit sind, ihre Briefe vorlesen. Briefe mit Vorbildcharakter bezüglich ihrer inhaltlichen und formalen Gestaltung können mit dem Episkop der ganzen Klasse zugänglich gemacht werden. Voraussetzung ist wiederum die Zustimmung der Autoren. Möchte ein Schüler seinen Brief überarbeiten und neu schreiben, darf er dies tun.

Die fertigen Briefe werden sorgfältig gefaltet und in einen großformatigen Umschlag gesteckt, den Schüler am Nachmittag ins Krankenhaus oder zur Post bringen.

Anmerkung:

1. Seminardigest 2, hrsg. von Ludwig W. Müller und Georg Weigand. Michael Prögel Verlag, Ansbach 1977

Unterrichtseinheiten für das 3. Schuljahr

Herstellen erzählender Texte

Gestaltungsaufgabe: *Bildergeschichte*

Thema: *Rodelgeschichte*

Stufe: *3. Schuljahr*

1. Didaktische Information

1.1 Die „Rodelgeschichte" (1):

1.2 Diese „Rodelgeschichte" regt zu einer sprachlichen Verarbeitung in besonderer Weise an, da sie alle Kriterien einer guten Bildergeschichte aufweist:

— Sie ist wirklichkeitsnah, kindertümlich, durchsichtig und handlungsreich;
— die wichtigsten Szenen aus dem Geschehensverlauf sind dargestellt;
— Unwichtiges, was eine Gestaltung nur langatmig machen und außerdem vom Thema ablenken würde, ist auf den Bildern nicht vorhanden;
— das auf dem Bild Dargestellte ist nicht zu differenziert und regt daher zu sprachlicher Umsetzung der Handlung an.

Weisgeber bemerkt zu dieser „Rodelgeschichte": „Eine solche Bilderreihe eignet sich besonders gut für den Aufsatzunterricht der Grundschule, da sie den Kindern den Ablauf eines Geschehens in mehreren Etappen wiedergibt. Damit ist der rote Faden für den Ablauf der Geschichte so deutlich vorgegeben, daß das Kind sich beim Schreiben der Geschichte an ihn halten kann." (2)

1.3 Der methodische Verlauf dieser Unterrichtseinheit steht *exemplarisch für traditionelle induktive Verfahren* beim schrittweisen Erschließen von Bilderfolgen und ihrer Umsetzung in mündliche und schriftliche Texte. Diese Konzeption läßt sich in gleicher oder geringfügig variierter Form auf jede beliebige Bildergeschichte transferieren.

Neuartige didaktische und methodische Ansätze, wie sie den beiden folgenden Unterrichtseinheiten zugrunde liegen, sollten erst dann realisiert werden, wenn die Schüler mit den Grundlagen mündlicher und schriftlicher Herstellung von Bildergeschichten hinreichend vertraut sind.

2. Grobziel und Lernzielkontrolle

2.1 Die „Rodelgeschichte" für Mitschüler, Lehrer und Eltern unterhaltsam und interessant schriftlich erzählen.

2.2 Der Lernzielkontrolle dienen

— mündliche Gestaltungsversuche,
— Entwürfe,
— Endfassungen, die sprachliche Mittel und Prinzipien einer unterhaltsamen Erzählweise beachten.

3. Lernhilfen

Transparent, Tafelzeichnung oder Zeichnung auf Karton: Umriß eines Schneemannes; dreiteilige Bilderfolge „Rodelgeschichte"; Sammelmappen, Geschichtenbuch bzw. Arbeitshefte

4. Verlauf des Unterrichts

4.1 Erste Stunde: Inhaltliche und sprachliche Erschließung

Lernziele:

Die Schüler sollen

— sich den Inhalt der drei Bilder erarbeiten können, indem sie zu dem dargestellten Geschehen treffende Aussagen machen;
— die Bilder in die richtige Reihenfolge bringen und diese begründen können;

— die Geschehenslücken verbal schließen können;
— schriftlich Verben fixieren, die das Geschehen genau wiedergeben;
— die Bildergeschichte im Zusammenhang in gutem Stil erzählen;
— zum Vortrag kritisch Stellung nehmen, indem sieVerbesserungsvorschläge unterbreiten.

Phase/Zeit	*Mögliches Unterrichtsgeschehen*	*Didaktisch-method. Kommentar/Medien*
Einstieg ca. 5'	L hängt kommentarlos die umrißhafte Zeichnung eines Schneemannes an die Tafel:  Charakteristische Merkmale des Schneemannes (Zylinder, Stock, Mohrrübe, Kohlenstücke) werden von den Schülern ergänzt.	Stummer Impuls zur Weckung von Aufmerksamkeit und Konzentration
Erarbeitung ca. 30'	Die Bilderfolge wird einzeln in der vertauschten Reihenfolge 3 — 2 — 1 an der Tafel befestigt. Die Schüler betrachten die einzelnen Bilder genau und erzählen, was ihnen auffällt.	Eindrucksphasen und Ausdrucksphasen wechseln einander ab. SS äußern ihre ersten Eindrücke ohne Lehrerkommentar.
	L: Schaut euch die Bilder einmal ganz genau an! SS ordnen die Bilder und begründen die Reihenfolge.	Impuls
	L: Schaut euch die Bilder einzeln an und überlegt, was der Junge macht! *Tafelanschrift:* Was der Junge alles macht	
	Mögliche Schülerantworten: Der Junge fährt Schlitten. Der Junge saust den Berg hinunter. Der Junge rast usw.	Der Wortschatz der Kinder wird aktiviert und erweitert. Die Schüler sind gezwungen, die Bilder genau zu betrachten.
	L: Schreibt die Überschrift von der Tafel ab und sucht Verben, die aussagen, was der Junge alles macht!	Einzelarbeit Der Wechsel der Aktivitätsform dient der Erhaltung der Konzentrationsfähigkeit.

Phase/Zeit	*Mögliches Unterrichtsgeschehen*	*Didaktisch-method. Kommentar/Medien*
	Die Schüler lesen ihre Verben vor.	
	Tafelanschrift:	

Der Junge fährt Schlitten
schießt den Berg hinunter
flitzt
saust
rast
braust
...
Der Junge knallt gegen den Schneemann
prallt gegen den Schneemann
weint
erschreckt sich
jammert
schreit
sieht nichts
friert
zittert

Das schriftlich Fixierte gewährleistet ein leichteres Einprägen der Schreibweise des Wortmaterials.

	L: Wir wollen nun noch Adjektive sammeln, die uns sagen, wie es dem Jungen zumute ist.	Arbeitsauftrag
	Tafelanschrift:	

Der Junge ist traurig
wütend
böse
naß
enttäuscht
...

	Ein Schüler liest den Tafeltext vor.	Lautes Vorlesen fördert das Einprägen der Wortgestalten.
Verarbeitung ca. 10'	Mehrere Schüler erzählen die Rodelgeschichte anhand der Bilderreihe. Die Mitschüler nennen positive und negative Gesichtspunkte der Textgestaltung.	Bei den mündlichen Gestaltungsversuchen steht die Wortschatzsammlung an der Tafel zur Verfügung.

4.2 Zweite und dritte Stunde: Herstellen des Entwurfs

Lernziele:

Die Schüler sollen

— von einem mißglückten Beispieltext Kriterien für eine adressatengerechte inhaltliche und sprachliche Ausgestaltung einer Bildergeschichte ableiten;

— unter Beachtung dieser Grundsätze schriftliche Entwürfe erstellen.

4.21 Anknüpfung (ca. 10')

Abzüge mit Bilderfolge und Beispieltext werden ausgeteilt:

Vom Schneemann

Gerd fährt jeden Tag Schlitten. Einmal fuhr er gegen einen Schneemann. Da fiel der Hut vom Schneemann auf seinen Kopf. Da war der Schneemann kaputt. Und er weinte, weil seine Mütze weg war. Er geht schnell heim, und die Mutter holte die Mütze.

Die Kinder sehen sich die Bilderreihe noch einmal an, lesen den Text und besprechen seine Auffälligkeiten mit dem Banknachbarn.

4.22 Erarbeitung (ca. 35')

Teilziel 1: Ungeordnetes Sammeln und Fixieren von Mängeln

Beispielhafte *Tafelanschrift*, die in Umfang und Ausdifferenzierung dem Sprachniveau einer Klasse anzupassen ist:

Was der Schreiber falsch gemacht hat

— die Überschrift ist zu allgemeingültig und paßt nicht zum Text
— die Geschichte ist in einer falschen Reihenfolge geschrieben
— der Anfang der Geschichte fehlt
— die Geschichte ist nicht spannend und unterhaltsam
— es wird nicht erzählt, wie es dazu kam, daß der Junge plötzlich den Zylinder auf dem Kopf und den Stock im Arm hat
— es fehlt, was der Junge ruft und denkt
— die Erzählzeit wird gewechselt
— einige Satzanfänge sind gleichartig
— es werden viel zu wenig Einzelheiten erzählt ...

Teilziel 2: Ableiten von Gestaltungskriterien

Zunächst wird in Partner- oder Gruppenarbeit eine Zusammenstellung versucht, anschließend im Klassenverband besprochen und schließlich an der *Tafel* fixiert:

So erzähle ich meine Bildergeschichte

1. Ich suche eine treffende Überschrift.
2. Ich erzähle viele Einzelheiten in der richtigen Reihenfolge.
3. Ich erzähle lebendig und spannend mit Ausrufe- und Fragesätzen.
4. Ich erzähle in einer Zeit.
5. Ich wähle treffende Verben und Adjektive.
6. Ich vermeide Wiederholungen im Satz und am Satzanfang.

4.23 Verarbeitung (ca. 45')

Erstellen des Entwurfs unter Verwendung von Wörterbüchern und Befragen des Lehrers bei unbekannten Schreibweisen und stilistischen Wendungen.

4.3 Weiterführung

Die eingesammelten Entwürfe werden bei Rechtschreibfehlern vom Lehrer korrigiert und mit Anregungen zur inhaltlichen und stilistischen Überarbeitung versehen.

Die reinschriftlichen Textfassungen werden mit Note und Verbalbeurteilung versehen, sofern sie zur Leistungsbewertung im schriftlichen Sprachgestalten herangezogen werden sollen.

5. Beispiele zur Benotung nach Kriterienkatalog „Bildergeschichte" (Seite 25) und *zur Verbalbeurteilung*

Beispiel 1:

Der Zusammenstoß

Eines Tages im Winter nahm Klaus den Schlitten aus dem Keller. Dann ging er mit dem Schlitten auf den Affelsberg. Plötzlich sah er einen Schneemann dort stehen. Auf einmal setzte er sich auf den Schlitten und fuhr los. Plötzlich fiel die Mütze vom Kopf. Klaus wollte bremsen, aber das nützte nichts. Bums, da saß er auch schon im Schneemann, und der Zylinder des Schneemanns fiel ihm auf den Kopf. Der Stab des Eismannes kam auch schon nach. Plötzlich fiel der Schneemann um. Der Junge weinte, weil er die Mütze verloren hatte. Er suchte und suchte, bis er sie plötzlich im Schnee fand.

Benotung gemäß Kriterienkatalog „Bildergeschichte" (Seite 25)

I. Inhalt:

a) Richtigkeit des Handlungsablaufs	1 Punkt
b) Erfassung der Pointe	1 Punkt
c) Genauigkeit und Vollständigkeit in der Darstellung	1 Punkt
d) Sinnvolle Füllung der Geschehnislücken	0 Punkte
e) Erreichen einer Gestaltungseinheit	0 Punkte

Gesamtpunktzahl (verdoppelt): 6 Punkte; Teilnote „Inhalt" = mangelhaft

II. Gestaltung:

a) Treffende Wortwahl	1 Punkt
b) Vermeiden von Wiederholungen	1 Punkt
c) Satzbau, Satzverbindungen, Satzgefüge	2 Punkte
d) Wirksamkeit der Sprache	0 Punkte
e) Erzählzeit	1 Punkt
f) Kasusgebrauch	1 Punkt

Gesamtpunktzahl (verdoppelt): 12 Punkte; Teilnote „Gestaltung" = befriedigend (—)

Gesamtnote: Gesamtpunktzahl 9 (einfach) = ausreichend

Verbalbeurteilung

Du hast in deiner Geschichte wichtige Einzelheiten nicht erzählt, die den Leser aber sehr interessieren.

Wieso flog dem Jungen überhaupt die Mütze vom Kopf? Warum raste er auf den Schneemann zu? Wie kam es genau zu dem Zusammenstoß? Erfreulich an deiner Geschichte ist aber, daß du eine Reihe treffender Verben benutzt, Wiederholungen vermieden und eine passende Überschrift gefunden hast.

Beispiel 2:

Der arme Schneemann

Heinz wollte an einem Wintermorgen Schlitten fahren. Es war sehr kalt. Da sagte die Mutter: „Zieh deine Mütze an!" Heinz zog sich seine Mütze an und ging in den Keller, um seinen Schlitten zu holen. „Jetzt geht es auf den Rosenberg", dachte er. Dann schaute er erst den Hang hinunter und erblickte einen Schneemann. Plötzlich rutschte er aus und rutschte den Hang hinunter. Aber bei dem Sausen verlor er seine Mütze. Der Schal flatterte nach hinten. Er sagte: „Wie ist das so kalt!" Dann versuchte er zu lenken. Aber es gelang nicht! Dann fuhr er auf den Schneemann zu. Der weiße Mann hatte einen Zylinder und einen Stock in der Hand. Er hatte sehr große Angst. Dann zog er den Kopf ein. Da dachte er: „Wo ist meine Mütze? Sie war so teuer!" Heinz ging den Hang wieder hoch und suchte seine Mütze, die er verloren hatte. Aber er fand sie nicht. „Wenn Mutter weiß, daß die Mütze weg ist, dann wird sie sehr schimpfen." Er ging nach Hause. Die Mutter fragte ihn, warum er weine. Plötzlich sagte Heinz: „Ich habe meine Mütze verloren und einen Schneemann umgefahren." Mutter sagte: „Gehe zurück und baue einen neuen Schneemann!" Heinz machte sich auf den Weg. Jetzt war der Mann mit dem weißen Kittel fertig. Nun ging er wieder nach Hause.

Benotung gemäß Kriterienkatalog „Bildergeschichte"

I. Inhalt:

a) Richtigkeit des Handlungsablaufs	1 Punkt
b) Erfassung der Pointe	1 Punkt
c) Genauigkeit und Vollständigkeit in der Darstellung	1 Punkt
d) Sinnvolle Füllung der Geschehnislücken	1 Punkt
e) Erreichen einer Gestaltungseinheit	0 Punkte

Gesamtpunktzahl (verdoppelt): 8 Punkte; Teilnote „Inhalt" = ausreichend (—)

II. Gestaltung:

a) Treffende Wortwahl	1 Punkt
b) Vermeiden von Wiederholungen	1 Punkt
c) Satzbau, Satzverbindungen, Satzgefüge	2 Punkte
d) Wirksamkeit der Sprache	2 Punkte
e) Erzählzeit	1 Punkt
f) Kasusgebrauch	1 Punkt

Gesamtpunktzahl (verdoppelt): 16 Punkte; Teilnote „Gestaltung" = gut

Gesamtnote: Gesamtpunktzahl 12 (einfach) = befriedigend (—)

Verbalbeurteilung

Du hast die Geschichte richtig erzählt bis zu dem Zeitpunkt, als der Junge merkt, daß er seine Mütze verloren hat. Was dann geschah, hast du nicht geschrieben, obwohl es eigentlich der wichtigste und spannendste Teil der Geschichte ist: wie der Junge mit dem Schneemann zusammenstößt, ihm der Zylinder auf den Kopf und der Stock in den Arm fliegen.

Du hast ausführlich eigentlich nur zum ersten Bild erzählt. Die ganze Begebenheit mit der Mütze ist auf den Bildern nicht zu sehen. Halte dich künftig genau an das, was auf den Bildern dargestellt ist!

Im übrigen hast du abwechslungsreiche Verben in klar verständlichen Sätzen verwendet. Einige Wiederholungen am Satzanfang (da, dann) stören den Leser deiner Geschichte ein wenig.

Beispiel 3:

Fahrt ins Ungewisse

Es war ein stürmischer Dezembertag, als Georg sich auf den Weg zum „Watzmann" begab. Er wollte Schlittenfahren gehen. Mühevoll und keuchend zog er seinen Schlitten hinter sich her. Oben angelangt, gönnte er sich erst einmal eine Verschnaufpause. Jetzt machte er sich fertig. Er hielt den Schlitten fest, warf sich mit einem Ruck darauf, und los ging es. Huiiiii! Wie der Blitz sauste er den Berghang hinab. Der Sturm heulte so arg, daß er ihm die Mütze vom Kopf riß. Plötzlich sah er vor sich eine in Nebel gehüllte Gestalt. Zuerst glaubte Georg an Gespenster. Aber nein! Dieses Gespenst hatte einen schwarzen Zylinder, eine rote Nase und einen Stock in der Hand. Na, wenn das kein Schneemann war! Krampfhaft versuchte er ihm auszuweichen. Bums! Georg war gegen ihn gefahren. Der Schneemann fiel um. Der Zylinder landete auf Georgs Kopf, und ehe er sich versah, hatte er auch noch den Stock in der Hand. Mühsam suchte er sich einen Weg aus dem Schnee, wobei er mit jammernden Lauten seinen Kopf hielt: „Au, o weh!" Georg weinte bitterlich. Er nahm seinen Schlitten und machte sich, nachdem er seine Mütze geholt hatte, zerschunden und von Schmerzen gequält auf den Heimweg.

Benotung gemäß Kriterienkatalog „Bildergeschichte"

I. Inhalt:

a) Richtigkeit des Handlungsablaufs	2 Punkte
b) Erfassung der Pointe	4 Punkte
c) Genauigkeit und Vollständigkeit in der Darstellung	2 Punkte
d) Sinnvolle Füllung der Geschehnislücken	1 Punkt
e) Erreichen einer Gestaltungseinheit	1 Punkt

Gesamtpunktzahl (verdoppelt): 20 Punkte; Teilnote „Inhalt" = sehr gut

II. Gestaltung:

a) Treffende Wortwahl	2 Punkte
b) Vermeiden von Wiederholungen	2 Punkte
c) Satzbau, Satzverbindungen, Satzgefüge	2 Punkte
d) Wirksamkeit der Sprache	2 Punkte
e) Erzählzeit	1 Punkt
f) Kasusgebrauch	1 Punkt

Gesamtpunktzahl (verdoppelt): 20 Punkte; Teilnote „Gestaltung" = sehr gut
Gesamtnote: Gesamtpunktzahl 20 (einfach) = sehr gut

Verbalbeurteilung
Du hast eine inhaltlich und sprachlich vortreffliche Geschichte erzählt, die jeden Leser in Spannung versetzt und aufs beste unterhält.

Anmerkungen:
1. Die Anregung zu dieser Bilderfolge verdanken wir dem Sprachbuch „Unsere Sprache", 3. Schuljahr. Verlag Ferdinand Kamp, Bochum. Wir haben die ursprünglich vierteilige Bildserie auf drei Bilder reduziert.
2. Weisgerber, Bernhard: Kommentar zu „Unsere Sprache", 3. Schuljahr. Bochum 1971, Seite 47f.

Gestaltungsaufgabe: *Eine Bilderfolge mit Sprech- und Denkblasen versehen*
Thema: *Der wehrhafte Schneemann*
Stufe: *3. Schuljahr*

1. Didaktische Information
1.1 Zur Bildvorlage (1): Ein Mann stößt nachts den von Frank erbauten Schneemann um. Tags darauf beschließen Vater und Frank, dem Übeltäter eins auszuwischen. Vater verkleidet sich als Schneemann und stellt sich in den Vorgarten. Bald darauf erscheint der Mann und will auch den neuen Schneemann umstoßen. Er erhält jedoch von dem vermeintlichen Schneemann einen kräftigen Fußtritt und eilt verdutzt und mit schmerzendem Hinterteil von dannen.

1.2 Das Ausfüllen der Sprech- und Denkblasen wird an dieser Stelle bewußt als eine methodische Variante zur Nutzung von abgeschlossenen Bilderfolgen aufgezeigt. Es kann sowohl End- als auch Zwischenstufe beim Erschließen und Gestalten der Bildinhalte sein; im ersten Fall ist vorwiegende Intention die *sprachliche Kompetenzerweiterung* beim Herstellen von Dialogtexten, die später dem Gestalten lebendiger und spannender Erzählungen in ihren unterschiedlichen Ausprägungen zugute kommt. Das Ergänzen der Denk- und Sprechblasen kann aber auch vorbereitende Maßnahme zur Bewältigung einer umfassenden Bilderzählung sein.

2. Grobziel und Lernzielkontrolle
2.1 Sprech- und Denkblasen zur Bilderfolge „Der wehrhafte Schneemann" situations- und adressatengerecht ausfüllen.

2.2 Vermögen die fertiggestellten Sprech- und Denkblasentexte Leser zu erfreuen, zu belustigen oder in Spannung zu versetzen, gelten die Lernziele als erreicht.

3. Lernhilfen
Abzüge der Bilderfolge mit und ohne Denk- und Sprechblasen; Tafelanschrift; Bildunterschriften; evtl. großformatige Zeichnungen der Bilderfolge als Kulisse zum szenischen Spiel

4. Verlauf des Unterrichts

4.1 Erste Stunde: Erschließen der Bildinhalte und mündliche Textgestaltung

Lernziele:

Die Schüler sollen

— sich in Gruppen die Bildinhalte einzeln und in ihrem Kontext erschließen;
— durch Gruppensprecher die Arbeitsergebnisse vortragen lassen und Korrekturen bzw. Verbesserungsvorschläge einbringen;
— zu jedem Bild in Alleinarbeit eine charakteristische Unterschrift aufschreiben;
— die Formulierungsvorschläge diskutieren und sich auf eine von der Mehrzahl getragene Unterschrift einigen;
— die Geschichte lustig und lebendig mündlich gestalten.

Die Bilderfolge mit den erarbeiteten Unterschriften (2):

Ein Betrunkener stößt Franks Schneemann um.

Am Morgen entdeckt Frank seinen zerstörten Schneemann und weint.

Vater hat sich als Schneemann verkleidet, der fremde Mann kommt wieder.

Der fremde Mann will den Schneemann wieder umstoßen.

Der „Schneemann" versetzt dem fremden Mann einen kräftigen Fußtritt.

Der fremde Mann ist schwindelig und hält sich das Hinterteil fest. Vater und Frank freuen sich.

4.2 Zweite Stunde: Ausfüllen von Sprech- und Denkblasen

Lernziele:

Die Schüler sollen

— die Bildergeschichte im szenischen Spiel frisch, lebendig und lustig gestalten;
— zu jedem Bild in Allein-, Partner- oder Gruppenarbeit Sprech- und Denkblasen ausfüllen;
— ihre Arbeitsergebnisse der Klasse vortragen und die jeweiligen inhaltlichen und/oder sprachlich-stilistischen Mängel oder Vorzüge aufzeigen.

Beispiele einiger gelungener Schülerarbeiten:

Beispiel 1:

Beispiel 2:

Ha, du blöder Kerl! Was machst du denn hier?
Huuuh, mein schöner Schneemann ist kaputt. Ich habe mich doch so darüber gefreut. Huhu!
So eine Gemeinheit! Dem werd' ich's zeigen!
Hihi, da steht der Kerl von gestern. Der hat wohl immer noch nicht genug. He, was machst du schon wieder hier?
Blöder Kerl! Was so ein Betrunkener alles daherquasselt.
Hoffentlich geht alles gut!
Hahaha, was machst du denn hier, Augustine? Hohaho! Hihihi!
Der wird schon genug kriegen...
Aua, aua, was ist das denn? Mein armes Hinterteil!
Hahaha! Wer zuletzt lacht, lacht am besten.
Seit wann treten denn Schneemänner? Das ist ja das Neueste. Ich mach' mich lieber aus dem Staub.
Haha, das ist mir gut gelungen!

Beispiel 3:

4.3 Mögliche Weiterführung

— Die Kinder gestalten individuelle Bilderzählungen nach den ihnen bekannten bzw. geläufigen Gestaltungskriterien.

— Bilderfolge samt reinschriftlichen Textfassungen werden in der Klasse oder im Schulgebäude zur unterhaltsamen Lektüre der Mitschüler ausgehängt.

4.4 Beispiele zufriedenstellender Schülerarbeiten

Die Strafe des Schneemanns

Ein Junge namens Jürgen baute eines Tages einen schönen Schneemann.

Als abends ein Betrunkener nach Hause schlenderte, bemerkte er plötzlich den weißen Mann und redete ihn an, als wäre er ein Mensch: „Was stehst du hier herum? Ich werf' dich jetzt um, im Liegen schläft es sich besser!" Und stups — da lag der arme Schneemann zerstört am Boden. Als Jürgen am Morgen den umgeworfenen Schneemann entdeckte, weinte er bitterlich. Sein Vater sah ihm mit bedenklicher Miene zu. Dann hatte er eine Idee, die er seinem Sohn sofort erzählte. Als der Betrunkene am Nachmittag noch einmal dort vorbeikam, stand ein neuer Schneemann da. Der fremde Mann wunderte sich zuerst und rief: „Wo kommst du denn schon wieder her? Hast du noch nicht genug von gestern?" Und er wollte ihn wieder umstoßen. Doch da wehrte sich der Schneemann und trat dem Fremden kräftig ins Hinterteil. Schnell lief der Übeltäter weg, schaute sich noch einmal um und dachte: „Von heute ab werde ich um jeden Schneemann einen großen Bogen machen! Die sind ja gefährlich!" Der sogenannte Schneemann war aber gar nicht aus Schnee, sondern Jürgens Vater unter einem Bettlaken.

Ein seltsamer Schneemann

Als eines Abends ein Betrunkener durch die Straßen schwankte, kam er auch an Franks Schneemann vorbei. Er sagte: „Was stehst du mir hier im Weg?" Dann ging er hin und stieß ihn um. Als Frank am anderen Morgen den zerstörten Schneemann sah, weinte er, und der Vater sah ihm mit ernstem Gesicht zu. Weil Frank so heftig weinte, dachte der Vater sich einen Plan aus. Als am anderen Morgen der Bösewicht noch einmal kam, war er erstaunt, denn der Schneemann stand wieder an der gleichen Stelle. Er ging abermals hin und gab ihm einen kräftigen Stoß. Aber der Schneemann ließ nicht lange warten und wehrte sich mit einem kräftigen Fußtritt. Dem Lümmel wurde ganz schwindelig. Er schaute sich noch einmal um und machte sich aus dem Staub.

Da lachte Vater, der unter einem weißen Bettuch steckte.

Anmerkungen:

1. Aus „e. o. plauen, Vater und Sohn". © Südverlag GmbH Konstanz. Wiedergabe mit freundlicher Genehmigung der Gesellschaft für Verlagswerke GmbH, Kreuzlingen/Schweiz
2. Die Bilderfolge kann je nach Leistungsstand einer Klasse sowohl in linearer als auch in vertauschter Reihenfolge angeboten werden. Bei verstellter Reihenfolge empfiehlt es sich, die Einzelbilder durch die Schüler ausschneiden und in richtiger Abfolge aufkleben zu lassen.

Gestaltungsaufgabe: *Den Schluß zu einer Bilderfolge erfinden*

Thema: *Der Dieb*

Stufe: *3. Schuljahr*

1. Didaktische Information

1.1 Eine bislang recht stiefmütterlich behandelte Möglichkeit der Nutzung einer Bilderfolge als Motivations- und Stoffgrundlage zur Herstellung erzählender Texte ist das Fortsetzen einer bis zum Höhepunkt in Bildern bereitgestellten Situation. Es bietet jedoch wertvolle, wenn auch ungewohnte, methodische Neuansätze:

— Der Unterricht vollzieht sich nicht als ein induktiver, sondern als ein deduktiver Prozeß; das bedeutet: Die schriftliche Textproduktion steht nicht am Ende einer mehrstündigen Unterrichtssequenz als Ergebnis vielfältiger vorbereitender Maßnahmen (mündliches Erschließen der Bildinhalte, mündliche Gestaltungsversuche der Gesamtsituation, Bereitstellen von Wort- oder Satzmaterial, Erarbeiten von Gestaltungsprinzipien), sondern erfolgt unvorbereitet und unbeeinflußt am Beginn der Unterrichtseinheit;

— konkret bedeutet dies: ohne Vorbereitung erschließen sich die Schüler in Allein-, Partner- oder Gruppenarbeit eine Bildervorlage und erstellen Entwürfe;

— an den Entwürfen, die zufallsbedingt oder nach Auswahl des Lehrers der Klasse vorgelesen werden, werden positive und negative Gestaltungselemente herausgearbeitet und zu prinzipiellen Gestaltungsmerkmalen zusammengefaßt;

— entsprechend dem Grad der Bewältigung des Erstentwurfs lassen sich vielfältige sprachliche Übungen (Erarbeiten von Stichwortmaterial ohne ordnende Gesichtspunkte, Beispielsätze, Wortfelder und -familien, Beispieltexte und Textausschnitte u. a. m.) und mündliche Textgestaltungen einplanen.

1.2 Der nachfolgend aufgezeigte Unterrichtsverlauf entspricht nach Erfahrungen mit Erprobungsklassen den Erfordernissen der durchschnittlichen sprachlichen Leistungsfähigkeit von Kindern des 3. Schuljahres. Je nach Bedingungsfeld einer Klasse lassen sich differenzierende, ergänzende oder kürzende Maßnahmen einplanen.

2. Grobziel und Lernzielkontrolle

2.1 Zur unvollendeten Bilderfolge „Der Dieb" eine spannende Geschichte schreiben.

2.2 Der Lernzielkontrolle dienen

— Entwürfe,

— mündliche Gestaltungsversuche,

— Endfassungen, die den Leser durch Inhalt und Sprache in Spannung versetzen.

3. Lernhilfen

Abzüge der Bilderfolge „Der Dieb":

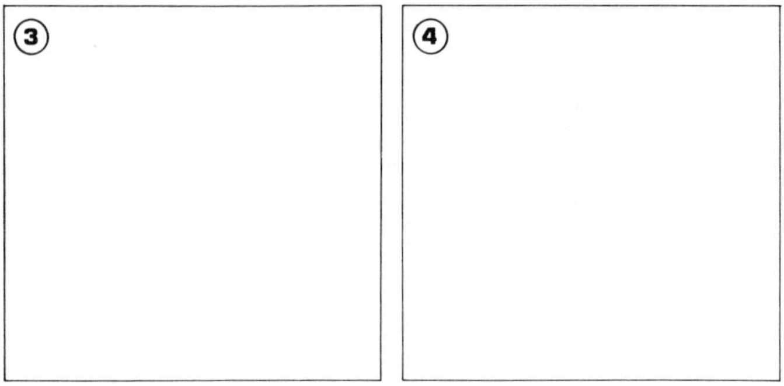

Tafeltexte: ungeordnete Sammlung negativer und positiver Gestaltungsmerkmale, Gestaltungskriterien, Stichwörterlisten

4. Verlauf des Unterrichts

4.1 Erste und zweite Stunde: Erstentwurf und Besprechung

Lernziele:

Die Schüler sollen

— unvorbereitet und ungelenkt eine spannende Geschichte zur Bilderfolge „Der Dieb" aufschreiben;

— die Entwürfe der Klasse vorlesen;

— spontan und ungelenkt zu den Texten Stellung beziehen;

— Einsicht in die Notwendigkeit spannender Erzählweise gewinnen;

— an exemplarischen Textbeispielen positive und negative Gestaltungselemente benennen und diese zu übergeordneten, allgemeingültigen Gestaltungsprinzipien zusammenfassen.

Phase/Zeit	*Mögliches Unterrichtsgeschehen*	*Didaktisch-method. Kommentar/Medien*
Motivation ca. 30'	*Arbeitsblätter* mit der Bilderfolge „Der Dieb" werden ausgeteilt.	Arbeitsblätter
	L: Seht euch die Bilderfolge genau an! Ihr dürft eine Geschichte dazu aufschreiben! Diese soll möglichst spannend sein!	Arbeitsauftrag Sofern insbesondere ängstliche oder schwache SS Vorbehalte gegenüber einer unvorbereiteten Gestaltung haben, gibt der L individuelle Hilfen und Ratschläge.
	Tafelanschrift: Spannende Geschichte	
	Mögliche *Differenzierung:*	
	— *Schwache SS* malen Bild 3 und 4 in die leeren Rahmen.	Differenzierung der Schreibanforderungen
	— *Schnelle Schreiber* malen nach Fertigstellung der schriftlichen Entwürfe Bild 3 und 4 entsprechend ihrer Geschichte aus.	

Phase/Zeit	*Mögliches Unterrichtsgeschehen*	*Didaktisch-method. Kommentar/Medien*
	Nach Textherstellung lesen etwa drei bis fünf Schüler ihre Texte vor. Die Mitschüler äußern sich ohne Lehrerkommentar spontan.	Sofern mehr SS ihre Texte vorlesen wollen, als es die Zeit ermöglicht, kann zu einem späteren Zeitpunkt eine Vorlesestunde eingerichtet werden.
Erarbeitung ca. 50′	*Teilziel 1: Erarbeiten positiver und negativer Gestaltungsmerkmale*	
	L: Wir hören uns nun noch einige Geschichten an. Ihr sollt euch dabei alles notieren, was euch daran auffällt. Eure Anmerkungen wollen wir anschließend an der Tafel sammeln.	Impuls
	Mehrere SS unterschiedlichen Leistungsniveaus lesen ihre Entwürfe vor.	Die Texte können auch mit Episkop veranschaulicht werden.
	Hier ein *Tafelbild,* wie es sich in einer Erprobungsklasse ergab (zunächst ohne Bezifferung!):	

Was uns gefiel:	*Was uns nicht gefiel:*
⑦ treffende Überschrift	⑦ Überschrift
① lebendig und spannend	① Schluß nicht spannend
⑤ viel wörtliche Rede	① wenig Einzelheiten
⑥ Ausrufe- und Fragesätze	⑤ wörtliche Rede fehlt
④ abwechslungsreiche Verben	⑥ keine Ausrufe- und Fragesätze
① gute Idee, wie der Dieb den Koffer stahl	① nicht spannend, weil Dieb sofort gefangen wird
① viele Einzelheiten	① Dieb wird nicht ertappt
② Gegenwart an der spannendsten Stelle	③ Wortwiederholungen
④ ausschmückende Adjektive	① Höhepunkt zu kurz
	② Zeit gewechselt

Tafelanschrift im Telegrammstil

Teilziel 2: Ableiten von Gestaltungskriterien

L: Wir wollen nun unsere Stichpunkte zu Merksätzen zusammenfassen! Vor jeden Stichpunkt schreiben wir die passende Nummer.

Tafelanschrift:

1. Wir erzählen Höhepunkt und Ende der Geschichte spannend und mit allen Einzelheiten.
2. Wir wechseln nur auf dem Höhepunkt die Erzählzeit.
3. Wir vermeiden Wiederholungen.

Phase/Zeit	Mögliches Unterrichtsgeschehen	Didaktisch-method. Kommentar/Medien
	4. Wir verwenden treffende Verben und ausschmückende Adjektive. 5. Wir lassen die Personen reden, rufen und denken. 6. Wir verwenden Ausrufe- und Fragesätze. 7. Wir wählen eine treffende Überschrift.	
Sicherung ca. 10'	Vorlesen und Abschreiben der Merksätze *Hausaufgabe:* Ausmalen der leeren Bildrahmen und Aufschreiben eines charakteristischen Satzes zu jedem Bild	

4.2 Dritte und vierte Stunde: Wortschatzsammlung, Überarbeitung der Entwürfe und Herstellen der Endfassung

Lernziele:

Die Schüler sollen

— das Wortfeld „laufen" und Stichwörtersammlungen (Was der Bestohlene tut — Wie der Bestohlene ist — Wie der Dieb ist) zusammenstellen, der Klasse vortragen und evtl. ergänzen;

— unter Beachtung der Merksätze und des bereitgestellten Wortmaterials ihre Entwürfe überarbeiten;

— eine reinschriftliche Endfassung herstellen, die sowohl der Leistungsbeurteilung im schriftlichen Sprachgestalten als auch der Lektüre eines größeren Adressatenkreises dient.

Phase/Zeit	Mögliches Unterrichtsgeschehen	Didaktisch-method. Kommentar/Medien
Anknüpfung ca. 15'	Mehrere SS stellen ihre ergänzten Bilderfolgen vor, indem sie die ganze Geschichte erzählen. Die Mitschüler nehmen kritisch Stellung, sowohl zum inhaltlichen Fortgang des Geschehens als auch zu seiner sprachlichen Ausgestaltung.	Episkop
Erarbeitung ca. 40'	*Arbeitsteilige Gruppenarbeit:* *Gruppe A:* Wortfeld „laufen" *Gruppe B:* Wortliste „Wie der Dieb ist" *Gruppe C:* Wort- und Satzliste „Was der Bestohlene tut" *Gruppe D:* Wortliste „Wie der Bestohlene ist"	Möglich ist auch die Erarbeitung im Klassenverband.

Phase/Zeit	Mögliches Unterrichtsgeschehen	Didaktisch-method. Kommentar/Medien

Die Arbeitsergebnisse der Gruppen werden vorgetragen und an der *Tafel* fixiert:

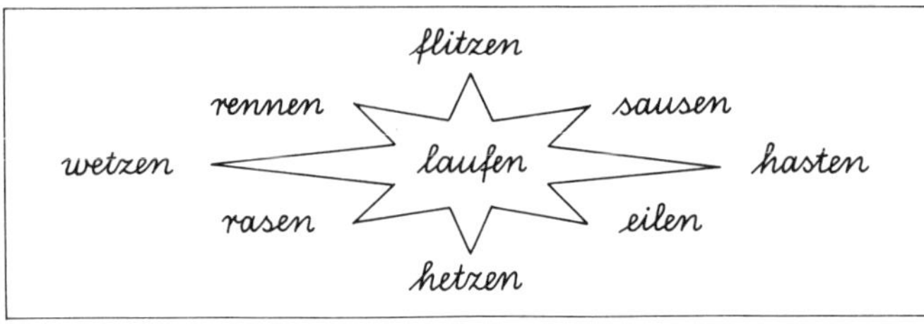

Wie der Dieb ist:

hinterlistig	gefährlich
böse	unverschämt
gerissen	durchtrieben
schlau	...
schlecht	...
gemein	

Die sternförmige Anordnung des Wortfeldes verdeutlicht den semantischen Bezug der Wörter zueinander.

Was der Bestohlene tut:

rufen
schreien
fragen
brüllen
toben
wüten
schimpfen

„Halt! Stehen bleiben!"
„Wer hat mein Geld gestohlen?"
„Wo ist meine Tasche mit dem Geld?"
„Haltet den Dieb!"
„Bleib stehen, du Dieb!"
„Wo ist die Polizei?"

erschrecken
suchen
um sich schauen
zeigen
nachlaufen
rennen
...

Nach sprachpsychologischen Erkenntnissen setzt im *3. Schuljahr* der bewußte Gebrauch des Adjektivs zur Charakterisierung von Gegenständen ein. Dieser entwicklungsbedingte Schub soll gezielt verstärkt werden.

Die Fixierung beispielhafter Sätze empfiehlt sich, um die Zeichensetzung bei wörtlicher Rede vor Augen zu führen.

Wie der Bestohlene ist:

ahnungslos	wütend
harmlos	böse
dumm	rasend
leichtsinnig	erschrocken
unvorsichtig	enttäuscht
gutgläubig	überrascht
vorwitzig	kopflos
neugierig	unsicher
...	...

Phase/Zeit	*Mögliches Unterrichtsgeschehen*	*Didaktisch-method. Kommentar/Medien*
Verarbeitung ca. 35'	*Teilziel 1: Überarbeiten, Korrigieren* und evtl. Neuanfertigen der Entwürfe	
	Teilziel 2: Reinschriftliche Textfassung herstellen	Bei zeitlichem Bedarf kann diese Arbeit als Hausaufgabe zu Ende geführt werden.

Gestaltungsaufgabe: *Erlebniserzählung*

Thema: *Erlebnis mit einem Tier*

Stufe: *3. Schuljahr*

1. Didaktische Information

1.1 Während beim Erzählen von Erlebnissen im 1. und 2. Schuljahr Weckung und Förderung der Mitteilung von persönlich Erlebtem und Erfahrenem ohne Bindung an eine bestimmte *Form* im Vordergrund stehen, setzen im *3. Schuljahr* gewisse Anforderungen an einen kunstvollen Textaufbau unter Beachtung spezifischer sprachlicher Gesetzmäßigkeiten einer Erlebniserzählung ein, die im *4. Schuljahr* vertieft und ausdifferenziert werden, z. B. Wahl einer spannungsweckenden Überschrift, Herstellen eines Erzählzusammenhangs, Ausbau wichtiger Erzählteile, Gliederung in Einleitung, Hauptteil und Schluß u. a. m. Wir sprechen daher mit Beginn des 3. Schuljahres nicht mehr von einer *„Erlebnisgeschichte"* mit der überwiegenden Intention einer *unbeeinflußten* Wiedergabe von Erlebtem, sondern von einer *bewußt* gestalteten *„Erlebniserzählung"*.

1.2 Erlebniserzählungen werden in besonderem Maße den Anforderungen an einen kommunikativ ausgerichteten Aufsatzunterricht gerecht; das bedeutet: Die Kinder erzählen ohne jegliche Künstelei aus natürlichem Sprechanlaß ihre persönlichen Erlebnisse Mitschülern ihrer Klasse als realen Textrezipienten. An eine adressatengerichtete Textproduktion ist bei der Erlebniserzählung in besonderer Weise die Beachtung der *Sprachform* gekoppelt: Je gezielter und gekonnter Sprachstilelemente einer Erzählung berücksichtigt werden, um so spannender, lebendiger, frischer und mitreißender werden Leser oder Hörer unterhalten.

1.3 Erzählen von persönlich Erlebtem nimmt unter allen Formen mündlichen und schriftlichen Sprachgestaltens in der Grundschule den breitesten Raum ein. Der Rahmen dieses Handbuches läßt nur den Aufweis exemplarischer didaktisch-methodischer Konzeptionen zu, deren Grundstrukturen sich in gleicher oder leicht variierter Form auf jedes beliebige Rahmenthema übertragen lassen:

- Einstieg durch einen Beispieltext für eine gelungene Erlebniserzählung;
- Ableitung grundlegender Gestaltungskriterien — soweit als möglich durch die Schüler selbst, ansonsten unter Anleitung des Lehrers;
- Aufschlüsseln des Rahmenthemas zur Schaffung einer möglichst breiten Erlebnisgrundlage;
- mündliche Gestaltung persönlicher Erlebnisse für Mitschüler, ihre Bewertung nach erarbeiteten Gestaltungskriterien, vor allem unter dem Gesichtspunkt einer allmählichen Hinführung zum Höhepunkt;

— schriftliche Entwürfe, ihre Korrektur bzw. Überarbeitung durch Lehrer oder Schüler in Allein-, Partner- oder Gruppenarbeit;
— Herstellen von Reinschriften unter dem Aspekt einer adressatengerechten, d. h. in inhaltlicher, sprachlicher und äußerer Form auf Hörer oder Leser abgestellten Textherstellung.

1.4 Da auch bei einem noch so weit gefaßten Rahmenthema, wie es z. B. das „Tiererlebnis" darstellt, nicht von einer ausreichenden Erlebnisgrundlage bei allen Schülern ausgegangen werden kann — wie dies leider in der Vergangenheit allzu unreflektiert geschah —, empfehlen wir grundsätzlich bei Erlebniserzählungen die Bereitstellung geeigneter Bildvorlagen (Einzelbilder, Bilderfolgen) für Schüler ohne oder ohne ausreichenden Erzählstoff.

Bei Erprobung dieser Unterrichtssequenz verfügten im Durchschnitt 10% der Kinder einer Jahrgangsklasse nicht über eine ausreichende Erlebnisgrundlage. Diese erzählten jedoch bereitwillig und mit Freude zu folgenden *bildhaften Vorlagen:*

a) *Schwachbegabte Schüler:* „Tiererlebnis" in G. Langhammer/E. Stieren/E. Tauschek „Erzählen und Schreiben" (1)

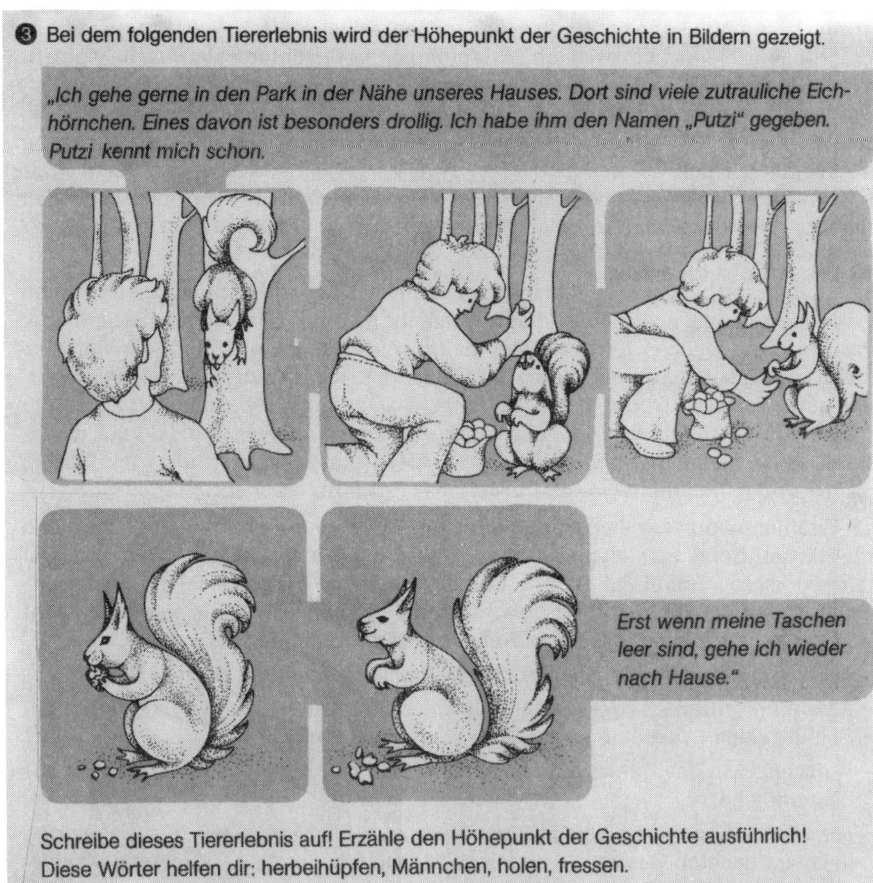

b) *Begabte Schüler:* „Ein lustiges Tiererlebnis" in G. Langhammer/E. Stieren/ E. Tauschek „Erzählen und Schreiben" (2)

2. Grobziel und Lernzielkontrolle

2.1 Schriftliches Erzählen eines persönlichen Erlebnisses mit einem Tier für Klassenkameraden unter Beachtung maßgeblicher Gestaltungselemente einer Erlebniserzählung. Schüler ohne ausreichende Erlebnisgrundlage erzählen nach einer bereitgestellten Bilderfolge.

2.2 Wird das Tiererlebnis in eine Sprachform gebracht, die Textrezipienten interessiert zuhören oder lesen läßt, sie in Spannung versetzt und mitreißt, gilt die Aufgabenstellung als bewältigt.

3. Lernhilfen

Abzüge mit dem Beispieltext „Ein aufregender Geburtstagskaffee"; Tafeltexte: Gestaltungskriterien einer Erlebniserzählung, Stichwörterlisten „Wie Tiere sich bewegen" und „Laute der Tiere"; Abzüge des Beispieltextes „Ein aufregender Geburtstagskaffee" mit Arbeitsaufträgen; Abzüge mit zwei überarbeitungsbedürftigen Textbeispielen

4. Verlauf des Unterrichts

4.1 Erste Stunde: Inhaltliche und sprachliche Erschließung des Rahmenthemas

Lernziele:

Die Schüler sollen

- durch Begegnung mit dem Beispieltext „Ein aufregender Geburtstagskaffee" zum Erzählen eigener Tiererlebnisse angeregt werden;
- das Rahmenthema in mögliche Einzelthemen aufschlüsseln;
- durch Umgang mit treffenden Verben zusätzliche Erlebnisinhalte freimachen und Wortmaterial für die Textherstellung zusammentragen.

4.11 Motivation (ca. 15')

Zwei Verfahrensweisen bieten sich an:

a) Tafelanschrift des Lehrers als stummer Impuls:

Ein aufregender Geburtstagskaffee

Einige Schüler versuchen, von der Überschrift her den möglichen Textinhalt zu antizipieren. Dann trägt der Lehrer die Erlebniserzählung vor.

b) Lehrerimpuls: Hört euch ein Erlebnis an, das ein Junge mit einem Tier hatte!

Tafelanschrift:

Ein Tiererlebnis

Der Lehrer liest folgenden Text vor oder verteilt ihn auf Hektographien zum stillen Erlesen durch die Schüler:

Ein aufregender Geburtstagskaffee

Vor ein paar Tagen waren wir bei Tante Barbara zum Geburtstagskaffee eingeladen. Wir Kinder mußten brav dasitzen, Kuchen essen und durften nichts reden, weil Onkel Otto in einem fort von seinem Wundervogel Hansi, dem Wellensittich, erzählte. Eben bat ich Mutter um ein Stück Nußkuchen, da surrte und flatterte plötzlich etwas Grünes durch das Wohnzimmer geradewegs auf Onkel Ottos Glatze zu. Die Frauen sprangen ängstlich von den Stühlen auf. Kusine Erika stieß die Tasse Kakao über das weiße Tischtuch. Vor Wut fauchend, brüllte Tante Barbara: „Wo kommt er her? Wer hat ihn aus dem Käfig gelassen?" Zuerst begriff ich nichts. Onkel Otto tobte: „Wenn ich den erwische, der den Käfig geöffnet hat! Wehe dem!" Plötzlich wurde es mucksmäuschenstill im Wohnzimmer, und Onkel Otto erklärte verlegen: „Ich bin selbst der Übeltäter! Als ich vorhin Hansi frisches Wasser geben wollte, läutete gerade die Türglocke. Da habe ich die Tür geöffnet und den Käfig offengelassen . ." Darüber mußten alle lachen. Wir Kinder halfen Onkel Otto beim Einfangen des Ausreißers Hansi. Tante Barbara legte ein frisches Tischtuch auf. Dann ging der Kaffee weiter, als wäre nichts geschehen.

Die Schüler äußern sich spontan zum Text und teilen eigene Erlebnisse mit einem Wellensittich mit.

Impuls: Nicht alle Kinder hatten ein Erlebnis mit einem Wellensittich!

Es wird aufgeschlüsselt, mit welchen Tieren die Kinder noch Erlebnisse hatten, ohne daß bereits das Thema einer Erlebniserzählung formuliert wird, z. B.:

Ein Erlebnis mit einer Katze ...
Ein Erlebnis mit einem Pferd ...
Ein Erlebnis mit einem Reh ...

4.12 Erarbeitung (ca. 30')

Teilziel 1: Erarbeiten von Stichwortmaterial im Klassenverband

L: Wir wollen einmal zusammentragen, wie Tiere sich bewegen!

Die Schüler nennen zunächst selbst Beispielsätze, dann gibt der Lehrer Verben vor, z. B. hoppeln, krabbeln usw., zu denen die Kinder die dazugehörigen Tiere suchen.

Ebenso kann bei der Erarbeitung der Tierlaute verfahren werden. Die von den Schülern formulierten Sätze werden an der *Tafel* fixiert:

Wie Tiere sich bewegen	*Laute der Tiere*
Der Hase hoppelt.	Die Katze miaut, schnurrt.
Die Katze schleicht.	Der Hund bellt, keift, knurrt, kläfft.
Der Hund hetzt.	Der Hahn kräht.
Das Pferd galoppiert.	Das Huhn gackert.
Die Ente watschelt.	Das Pferd wiehert.
Der Hahn stolziert.	Das Schwein grunzt, quiekt.
Der Wellensittich hüpft, flattert, fliegt.	Die Kuh brüllt, muht.
Das Meerschweinchen läuft, flitzt, saust, rennt.	Die Ente schnattert.
	Der Wellensittich zwitschert.
...	...

Teilziel 2 bzw. *Hausarbeit: Schriftliches Ordnen des Wortmaterials*
nach schnellen und langsamen Fortbewegungsarten, nach lauten und leisen Stimmen der Tiere

4.2 Zweite Stunde: Gewinnung von Gestaltungsgrundsätzen einer Erlebniserzählung und mündliche Gestaltungsversuche

Lernziele:

Die Schüler sollen

- durch Bearbeitung schriftlicher Arbeitsaufträge zum Beispieltext „Ein aufregender Geburtstagskaffee" Gestaltungskriterien einer Erlebniserzählung gewinnen;
- eigene Tiererlebnisse mündlich darstellen und mit Hilfe der Gestaltungskriterien beurteilen und bewerten.

4.21 Erarbeitung (ca. 35')

Teilziel 1: Bearbeitung von Arbeitsaufträgen in Partner- oder Gruppenarbeit

Die Schüler erhalten Abzüge der Erlebniserzählung „Ein aufregender Geburtstagskaffee" mit dem Auftrag, folgende Arbeitsaufträge schriftlich zu bearbeiten.

Arbeitsblatt:

1. Gefällt dir die Überschrift? Ist sie spannungsweckend?
2. Ist die Erzählung in Einleitung, Hauptteil und Schluß gegliedert? Unterstreiche die Teile in verschiedenen Farben!
3. Hat der Erzähler alles der Reihe nach erzählt? Hat er wichtige Einzelheiten weggelassen?
4. An welcher Stelle ist der Höhepunkt der Erzählung? Wo ist sie am spannendsten?
5. Hat der Schreiber treffende, abwechslungsreiche Verben und ausschmükkende Adjektive verwendet? Nenne Beispiele!
6. Belebt der Erzähler seine Geschichte mit wörtlichen Reden, Fragen und Ausrufen?

Teilziel 2: Auswertung der Arbeitsergebnisse

Die Schüler tragen ihre schriftlich fixierten Ergebnisse vor, sie diskutieren und begründen ihre Meinungen durch Textbelege. Folgende Prinzipien zur Herstellung einer gelungenen Erlebniserzählung werden herausgearbeitet *(Tafelanschrift):*

So erzähle ich mein Erlebnis:

1. Ich wähle eine spannungsweckende Überschrift, die aber nicht zuviel verrät.
2. Ich erzähle nur ein einziges Erlebnis.
3. Ich gliedere in Einleitung, Hauptteil und Schluß.
4. Ich halte die zeitliche Reihenfolge ein.
5. Ich erzähle zu wichtigen Teilen der Geschichte alle Einzelheiten.
6. Ich erzähle auf den Höhepunkt zu:

7. Ich erzähle frisch und lebendig mit abwechslungsreichen Verben und ausschmückenden Adjektiven.
8. Ich belebe meine Erzählung mit wörtlichen Reden, Ausrufen und Fragen.

4.22 Verarbeitung (ca. 10')

Mehrere Schüler gestalten mündlich ihr Erlebnis mit einem Tier. Die Mitschüler beurteilen und besprechen die gehörten Texte nach den acht Gestaltungsprinzipien, wobei die Besprechungsschwerpunkte je nach positiven oder negativen Auffälligkeiten variieren.

4.3 Dritte Stunde: Herstellen des schriftlichen Entwurfs

Kinder ohne ausreichende Erlebnisgrundlage erhalten vom Lehrer Bildmaterial mit einem Tiererlebnis: Abbildungen in Sprachbüchern, Schülerarbeitsheften, Bilderfolgen auf Transparenten, Vervielfältigungen u. ä.

Die Textherstellung kann auch als *Hausarbeit* erfolgen.

4.4 Vierte und fünfte Stunde: Besprechung und Überarbeitung der Entwürfe, Herstellen der reinschriftlichen Endfassung

Lernziele:

Die Schüler sollen

— an beispielhaften Schülerarbeiten inhaltliche und sprachlich-stilistische Vorzüge und Mängel aufzeigen;

— Vorschläge zu Überarbeitung und Korrektur unterbreiten;

— ihre eigenen Entwürfe nach Korrekturempfehlungen des Lehrers überarbeiten und in eine reinschriftliche Textfassung bringen, die einem außerschulischen Leserkreis (Eltern, Geschwister, Freunde u. dgl.) zur Lektüre angeboten wird.

4.41 Besprechung und Bewertung beispielhafter Schülertexte (ca. 40')

Teilziel 1: Bearbeitung der Texte in Partner- oder Gruppenarbeit

Die Schüler erhalten Abzüge mit zwei Beispieltexten, in denen sie verbesserungsbedürftige Passagen unterstreichen und/oder korrigieren sollen.

Text 1:

Das Wildschwein

Als meine Mutter nach Hause kam, war ich sehr erstaunt, in ihrer Tasche etwas strampeln zu sehen. Meine Mutter ließ ein Tier aus der Tasche. Es war ein kleines gestreiftes Wildschwein. Ich freute mich so sehr darüber, daß ich jeden Tag zu ihm in den Stall ging. Ich nannte es Muckilein. Es wollte zuerst nichts fressen, doch meine Mutter zog es mit der Babyflasche auf. Heute ist es ein sehr anspruchsvolles Schwein geworden. Wir haben es alle sehr gern.

Text 2:

Ein Erlebnis mit meinem Vogel

Am Mittwoch ließ ich meinen Vogel in der Küche herumfliegen. Ich machte meine Hausaufgaben. Plötzlich hörte ich ein Gezwitscher, und mein Vogel hatte mir auf das Schreibheft geschissen. Darüber wurde ich so wütend, daß ich den Vogel sofort wieder einsperrte. Als meine Mutter die Hausaufgaben nachschaute, entdeckte sie den Klecks.

Am Abend mußte ich die Aufgaben neu machen.

Teilziel 2: Besprechung der Partner- oder Gruppenarbeitsergebnisse im Klassenverband

Besprechungsschwerpunkte zu *Text 1:*

Die Überschrift ist zu allgemeingültig und vermag keine Spannung zu wecken. Die erste Begegnung mit dem Wildschwein und die hierbei erfahrenen Eindrücke des Erzählers werden nicht in Einzelheiten dargestellt, obwohl es sich um den wichtigsten Erzählteil handelt. Es wird nicht ein einziges abgeschlossenes Erlebnis erzählt, sondern eine Vielzahl von Ereignissen wird wie bei einem Bericht aneinandergereiht. Hierdurch kommt kein Spannungsbogen zustande.

Empfehlungen an den Textautor: Eine einzige abgeschlossene Begebenheit erzählen; mit mehr Einzelheiten allmählich zum Höhepunkt hinführen; die Erzählung durch wörtliche Reden, Ausrufe und Fragen beleben.

Besprechungsschwerpunkte zu *Text 2:*

Auch hier wählt der Autor keine treffende Überschrift, die Hörer oder Leser neugierig macht. Da die interessanteste und lustigste Einzelheit bereits im dritten Satz verraten wird, kann keine Spannung aufkommen. Spannungserzeugende und belebende Textelemente fehlen. In einem für einen größeren Leserkreis bestimmten Text sollte auf umgangssprachliche Wortwahl („geschissen") verzichtet werden.

4.42 Korrektur und Überarbeitung der Entwürfe (ca. 30')

4.43 Reinschriftliche Textfassung (ca. 20')

5. Beispiele zur Benotung nach Kriterienkatalog „Erlebniserzählung" (Seite 25) und *zur Verbalbeurteilung*

Schülerarbeit 1:

Zwei grüne Augen im Dunkeln

Als ich eines Abends nach Hause kam, fiel mir auf, daß Hasso nicht mehr an der Kette lag.

Das beunruhigte mich, und ich rief nach ihm. Als ich keine Antwort bekam, beschloß ich, erst einmal ins Haus zu gehen und später nach ihm zu suchen. Ich öffnete die Tür. Aber da blieb ich wie versteinert stehen! Was sah ich? Dicht vor mir funkelten zwei grüne Augen. Sie kamen langsam auf mich zu, und mir lief eine Gänsehaut über den Rücken. „Nein, um Gottes willen", rief ich in meiner Not, „bleib stehen, du Ungeheuer!" Als die unheimlichen Augen immer näher kamen, nahm ich meinen ganzen Mut zusammen und sprang zum Lichtschalter. Schnell knipste ich das Licht an. Was meint ihr, wer vor mir stand? Mein Hasso! Der Bengel hatte sich von seiner Kette losgerissen und war durch das offene Kellerfenster ins Haus gekommen. Nun stand er schwanzwedelnd vor mir.

Erleichtert sagte ich zu ihm: „Oh, Hasso, du hast mir vielleicht einen Schreck eingejagt!" Dann band ich ihn wieder an.

Benotung nach Kriterienkatalog „Erlebniserzählung" (Seite 25)

I. Inhalt:

a) Gestaltungseinheit, folgerichtiger Handlungsablauf	2 Punkte
b) Lebendige Darstellung	2 Punkte
c) Steigerung der Spannung	2 Punkte
d) Wiedergabe von Beobachtungen	2 Punkte
e) Eigene Gedanken	2 Punkte

Insgesamt 20 Punkte (verdoppelt) = Teilnote „Inhalt" = sehr gut

II. Gestaltung:

a) Spannungsweckende Überschrift	1 Punkt
b) Verben und Adjektive	2 Punkte
c) Wechselnder und richtiger Satzbau	1 Punkt
d) Unterschiedliche Satzanfänge	1 Punkt
e) Wörtliche Rede	1 Punkt
f) Fragen und Ausrufe	1 Punkt
g) Spannungsbogen	2 Punkte
h) Zeitformen	1 Punkt

Insgesamt 20 Punkte (verdoppelt) = Teilnote „Gestaltung" = sehr gut

Gesamtpunktzahl (einfach) = 20 Punkte — *Gesamtnote:* sehr gut

Verbalbeurteilung

Du berücksichtigst in deiner Erzählung alle Merkmale einer guten Erlebniserzählung. Dadurch wird der Leser oder Hörer spannend und mitreißend unterhalten.

Schülerarbeit 2:

Das Pech mit dem Frosch

Manfred und ich wollten Frösche fangen. Am Tümpel warteten wir auf einen. Endlich kam einer. Der Frosch war nicht dumm und hüpfte in einen Stein. Manfred nahm ihn heraus. Der Frosch biß ihn in den Finger. Wir hatten eben Pech.

Benotung nach Kriterienkatalog „Erlebniserzählung" (Seite 25)

I. Inhalt:

a) Gestaltungseinheit, folgerichtiger Handlungsablauf	0 Punkte
b) Lebendige Darstellung	0 Punkte
c) Steigerung der Spannung	0 Punkte
d) Wiedergabe von Beobachtungen	1 Punkt
e) Eigene Gedanken	1 Punkt

Insgesamt 4 Punkte (verdoppelt) = Teilnote „Inhalt" = ungenügend

II. Gestaltung:

a) Spannungsweckende Überschrift	1 Punkt
b) Verben und Adjektive	0 Punkte
c) Wechselnder und richtiger Satzbau	0 Punkte
d) Unterschiedliche Satzanfänge	1 Punkt
e) Wörtliche Rede	0 Punkte
f) Fragen und Ausrufe	0 Punkte
g) Spannungsbogen	0 Punkte
h) Zeitformen	1 Punkt

Insgesamt 6 Punkte (verdoppelt) = Teilnote „Gestaltung" = mangelhaft

Gesamtpunktzahl (einfach) = 5 Punkte — *Gesamtnote:* mangelhaft

Verbalbeurteilung

Du hast einige wenige Einzelheiten deines Erlebnisses in der richtigen Reihenfolge und in einer Erzählzeit dargestellt. Die Überschrift läßt eine interessante Geschichte erwarten. Aber der Leser deiner Erzählung wird enttäuscht, weil er zu wenig Einzelheiten erfährt und nicht in Spannung versetzt wird. Du hättest sicherlich schreiben können, was Manfred gesagt oder gerufen hat, als der Frosch ihn in den Finger gebissen hat. Gewiß hast auch du daraufhin etwas gesagt und getan. Füge diese Einzelheiten bitte noch in deine Geschichte ein!

Anmerkungen:

1. G. Langhammer/E. Stieren/E. Tauschek: „Erzählen und Schreiben", Arbeitsblätter 3. Jahrgangsstufe. Verlage R. Oldenbourg, München, Michael Prögel, Ansbach, 1976, Seite 4/5
2. G. Langhammer/E. Stieren/E. Tauschek: „Erzählen und Schreiben", Arbeitsblätter 4. Jahrgangsstufe. Verlage R. Oldenbourg, München, Michael Prögel, Ansbach, 1977, Seite 16

Gestaltungsaufgabe: *Erzählen nach Reizwörtern*

Thema: *Kind — Ball — Auto*

Stufe: *3. Schuljahr*

1. Didaktische Information

1.1 Voraussetzungen zur Bewältigung der ersten Reizwortgeschichten zu *Beginn des 3. Schuljahres* sind grundlegende sprachlich-stilistische Erfahrungen beim Herstellen kleiner Erlebniserzählungen, beim Ordnen und Beschriften einer Bilderfolge und beim Ergänzen von Erzählteilen (Schluß, Anfang, Mittelteil).

1.2 Reizwörter sind sinnträchtige Wörter oder Wortgruppen, die — in eine Reihenfolge gebracht — bestimmte Vorstellungen wecken, die dann zu einem geschlossenen Erzählganzen zu fügen sind. Der Spielraum bei der Reizwortgeschichte ist jedoch erheblich breiter als z. B. bei einer Bildergeschichte.

Die meisten Methodiker schlagen zu Recht als Beginn für das Gestalten von Reizwortgeschichten das 3. bzw. 4. Schuljahr vor. Dann erst lassen die reiche Phantasie und Gestaltungsfähigkeit der Kinder frühe schlichte Erprobungen zu. Im *3. Schuljahr* empfiehlt sich in erster Linie das Bereitstellen gezielter Reizwörter mit vom Lehrer vorgeplantem Gedankengang, an dem sich die Schüler beim Schreiben orientieren können. Reizwortkombinationen mit mehreren Lösungsmöglichkeiten oder mit zweideutiger Lösung bzw. Irreführung bauen im *4. Schuljahr* darauf auf.

2. Grobziel und Lernzielkontrolle

2.1 Die Schüler sollen mit der Autorintention, sich gegenseitig zu unterhalten, einen Entwurf zur Reizwortgeschichte „Kind — Ball — Auto" herstellen, daran die spezifischen sprachlichen Gestaltungskriterien erarbeiten und diese beim Herstellen einer benoteten Reizwortgeschichte zum Thema „Ball — Zaun — zerrissene Hose" anwenden können.

2.2 Lernzielkontrolle: Verifizierung der erarbeiteten Gestaltungsgrundsätze in der Reizwortgeschichte „Ball — Zaun — zerrissene Hose".

3. Lernhilfen

Tafelanschrift, Bleistift, loses Blatt mit breitem Rand (für nachträgliche Ergänzungen)

4. Verlauf des Unterrichts

4.1 Erste und zweite Stunde: Herstellen der Reizwortgeschichte „Kind — Ball — Auto"

Lernziele:

Die Schüler sollen

— mündlich zu den drei Reizwörtern „Kind — Ball — Auto" eine Geschichte erfinden und sie unter Beachtung zweier Gestaltungskriterien (Suchen einer passenden Überschrift, gleichwertige Einbeziehung der drei Reizwörter) in Gruppenarbeit niederschreiben;

— bei der Besprechung der Entwürfe Stellung beziehen können, ob diese Kriterien beachtet wurden;

— mitteilen, woran es lag, daß ihre Geschichten meist langweilig bzw. wenig spannend waren;

— als sprachliche Mittel zur Erzeugung und Steigerung von Spannung Frage- und Ausrufesätze sowie die wörtliche Rede erkennen und nennen können.

Phase/Zeit	*Mögliches Unterrichtsgeschehen*	*Didaktisch-method. Kommentar/Medien*
Hinführung ca. 5'	L schreibt an die Tafel: Kind — Ball — Auto Die Schüler geben ungesteuerte Erlebnisberichte oder Phantasieerzählungen, die in der Regel Bruchstücke eines Erzählzusammenhangs darstellen.	Diese Wörter in Verbindung mit der zu Meinungsäußerungen auffordernden Mimik des L genügen zur Provokation von SS-Beiträgen.
Erarbeitung ca. 55'	*Teilziel 1: Erarbeitung von Gestaltungsaufgabe und -merkmalen*	
	Im Lehrer-Schüler-Gespräch wird erarbeitet, daß eine Geschichte zu erfinden ist, in der die drei Wörter eine entscheidende Rolle spielen und für die eine passende Überschrift gefunden werden soll.	Gelenktes Unterrichtsgespräch
	Es entsteht folgendes *Tafelbild:* 1. Suche eine passende Überschrift! 2. Die drei Wörter sollen in deiner Geschichte eine wichtige Rolle spielen.	*Tafelanschrift* durch L oder S
	Teilziel 2: Mündliche Darstellung der Reizwortgeschichte	
	Aufgabenstellung: Ihr habt zu Beginn der Stunde bereits versucht, eine Geschichte zu erfinden. Darin fehlte aber immer eines oder zwei der drei Wörter. Erzähle jetzt einmal eine Geschichte, in der alle drei Wörter eine wichtige Rolle spielen! Suche zuerst eine passende Überschrift!	Lehrerimpuls
	Mehrere Schüler gestalten nun mündlich die Reizwortgeschichte.	
	Um inhaltliche Wiederholungen zu vermeiden und zugleich die Gestaltungsfreude zu erhalten, fordert der L die Erzähler auf, sich zu jeder Geschichte einen anderen Ausgang auszudenken. So wird einmal ein spielendes Kind vom Auto überfahren, verletzt und ins Krankenhaus eingeliefert, ein anderes hat Glück im Unglück und kommt mit dem Schrecken davon.	Gleichzeitige Förderung der Phantasie und der Sprachkräfte der Kinder Der Wettkampfcharakter der Sprachsituation spornt die SS an.

Phase/Zeit	Mögliches Unterrichtsgeschehen	Didaktisch-method. Kommentar/Medien
	Teilziel 3: Bereitstellen des Wortmaterials — Wortschatzübung	
	Aufgabenstellung: Wir wollen zu jedem der drei Wörter auf der linken Tafelseite aufschreiben, wo sich die benannten Dinge in unserer Geschichte befinden und wem sie begegnen. Auf der rechten Seite notieren wir, was sie tun.	Impuls
	Entwickeltes *Tafelbild:*	

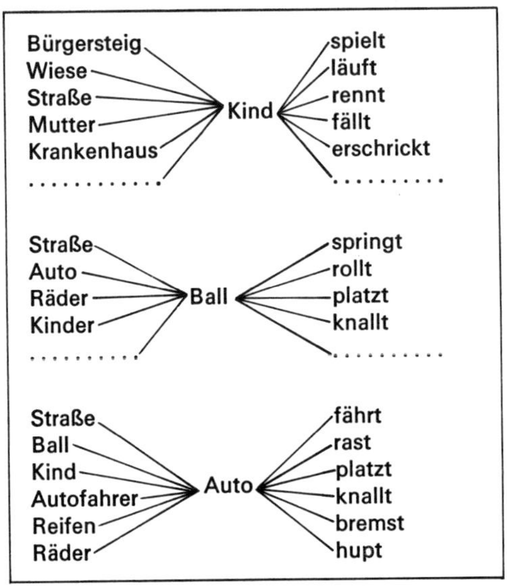

SS oder L schreiben an die *Tafel.*

Im Sinne innerer Leistungsdifferenzierung sollte der L gerade auch schwächeren SS Gelegenheit zur Mitarbeit bieten.

	Teilziel 4: Festlegen des Adressaten/Lesers/Hörers	
	L: Wir wollen einmal überlegen, für wen wir eine Geschichte zu den drei Wörtern erfinden könnten! Die SS benennen Mitschüler der eigenen und anderer Klassen, Gruppen der eigenen Klasse, Lehrer, Eltern, Freunde, Bekannte.	Lehrerfrage
	L: Ich schlage vor, daß ihr eure Geschichte heute für eure Mitschüler in den anderen Gruppen aufschreibt!	Der Mitschüler der eigenen Klasse als Kommunikationspartner bietet einen zweifachen Vorteil: Er ist mit der Sachlage vertraut, und zugleich erzeugt die Konkurrenzsituation der Gruppen Spannung, wer wohl die beste Geschichte schreibt.

Phase/Zeit	*Mögliches Unterrichtsgeschehen*	*Didaktisch-method. Kommentar/Medien*
	Teilziel 5: Schriftlicher Gestaltungsversuch in Gruppenarbeit Ziel dieses sozialintegrativen Arbeitens ist es, bei der nachfolgenden Besprechung der Erstentwürfe eine Diskriminierung der individuellen Schülerleistung beim Aufzeigen der Mängel zu vermeiden.	Der L hält sich in dieser Phase soweit wie möglich im Hintergrund, gibt Anregungen und hilft weiter, wo es notwendig ist. Beim Überfliegen der Entwürfe sucht er geeignete Beispiele für die Besprechung aus.
Verarbeitung 25′	Die Entwürfe von vier Gruppen werden vorgetragen und kritisch besprochen.	Bei entsprechenden individuellen Voraussetzungen sind weniger bzw. mehr als vier Entwürfe zu besprechen.

Gruppe 1:

Der Ball rollt auf die Straße

Eines Tages spielte das Kind mit dem Ball. Plötzlich rollt er auf die Straße. Das Kind wollte ihn holen. Doch da war es zu spät! Es kam ein Auto und fuhr über den Ball.

Gruppe 2:

Auf dem Bürgersteig

Ein Kind spielt mit dem Ball auf dem Bürgersteig. Plötzlich läuft der Ball auf die Straße. Das Kind rennt hinterher. Da kommt ein Auto. Der Autofahrer muß scharf bremsen. Als er sieht, daß dem Kind nichts passiert ist, atmet er erleichtert auf: Gott sei Dank! Als das Kind nach Hause kommt, sagt es zu seiner Mutter ...

Gruppe 3:

Der Unfall

Heidi spielt auf dem Bürgersteig. Plötzlich rollt der Ball auf die Straße. Heidi läuft ihm schnell nach. Da kommt ein Auto angerast. Der Fahrer kann nicht mehr bremsen. Das Kind versucht noch, über die Straße zu laufen. Aber, o weh! Das Auto fährt ihm über den Fuß. Da war's passiert! Die Leute kamen und brachten es zu seiner Mutter. Sie telefonierte mit dem Doktor. Der kam sofort und nahm es mit ins Krankenhaus.

Gruppe 4:

Glück im Unglück

Eines Tages spielte Bernd mit seinem Ball auf dem Bürgersteig. Plötzlich hüpfte er auf die Straße. Bernd lief hinterher. Aber schon war es zu spät. Ein Auto raste heran und mußte scharf bremsen. Der Fahrer stieg ganz aufgeregt aus dem Auto. Er rief: Ach, du liebe Zeit! Ist dir etwas passiert? Gott sei Dank war alles in Ordnung. So war das Kind noch einmal davongekommen.

Während der *Besprechung* ist darauf zu achten, daß nicht die individuelle Formulierung eines Gruppenmitglieds, die Anlaß zur Kritik gibt, dem Autor persönlich angelastet wird und ihn verletzt. Die Erziehung zum Takt ist für die fruchtbare Besprechung der Entwürfe unerläßlich.

An den Entwürfen werden folgende Gesichtspunkte im gelenkten Unterrichtsgespräch herausgearbeitet:

Gruppe 1:
Die Überschrift stimmt nur ungenügend mit der erzählten Begebenheit überein. Die Aufmerksamkeit der Zuhörer wird dadurch in eine falsche Richtung gelenkt. Die Erzählung hält sich zwar an die vorgegebenen „Stichwörter", aber wir finden nichts Spannendes oder Mitreißendes daran, durch das der Zuhörer gefesselt würde. Gruppe 1 hätte auch ausführlicher erzählen können. Daraus entsteht folgender Merksatz an der *Tafel:*

3. Erzähle ausführlich mit allen Einzelheiten!

Gruppe 2:
Hier trifft die Überschrift ebenfalls nicht den erzählten Inhalt. Im Vergleich zu Gruppe 1 bringt sie jedoch mehr Einzelheiten und benutzt ausschmückende Adjektive (scharf, erleichtert). Ihre Erzählweise ist auch spannender und erreicht einen Höhepunkt, wenn sie schreibt: „Gott sei Dank!" Doch hält sie sich am Schluß nicht an die vorgeschriebenen Wörter, sondern berichtet noch ausführlich von den Erlebnissen des Kindes zu Hause.

Gruppe 3:
Bei dieser Gruppe ist die Überschrift treffend, knapp und anschaulich. Satzbau und Ausdrucksweise sind klar. Einzelheiten werden eingefangen. Mit dem Satz „. . . und da war's passiert" ist der Höhepunkt unverkennbar erreicht. Diese Gruppe fand auch einen abrundenden Schluß für ihre Erzählung. Hörer oder Leser werden kurz, aber interessant unterhalten.

Gruppe 4:
Dieser Entwurf ist am besten geglückt. Als positive Aspekte sind zu werten: die zutreffende und sprachlich anspruchsvolle Überschrift; der klare, knappe Satzbau; die Verwendung abwechslungsreicher, anschaulicher und treffender Verben; die Erzeugung von Spannung durch Einsatz von wörtlicher Rede, Ausrufe- und Fragesätzen; der abrundende Schlußsatz. Der Leser oder Hörer dieser Geschichte wird spannend unterhalten.

Aus dem Vergleich dieser Arbeit mit den übrigen ergibt sich die gezielte Herausarbeitung der spannungserzeugenden Momente. Diese werden als Merksätze an der *Tafel* notiert:

4. Verwende Frage- und Ausrufesätze!
5. Laß die Leute in deiner Geschichte reden und rufen!

Ergebnissicherung (5')

Die Schüler erhalten vorgefertigte Abzüge mit den fünf Gestaltungskriterien oder schreiben sie von der Tafel ab.

5. Weiterführung

5.1 In der folgenden Deutschstunde gestalten die Schüler unter gezielter Berücksichtigung der fünf Gestaltungsmerkmale in Alleinarbeit die individuell zu bewertende und benotende Reizwortgeschichte „Ball — Zaun — zerrissene Hose".

5.2 Korrektur, Beurteilung und Rückgabe durch den Lehrer erfolgen innerhalb der folgenden drei Tage. Bewertungsschwerpunkt, der auch in die Verbalbeurteilung primär einfließt, ist die angemessene Beachtung der fünf Kriterien.

5.3 Der Lehrer liest — evtl. mit Genehmigung der Schreiber — bei der Besprechung drei bis vier Aufsätze mit aufsteigender Leistungstendenz vor. Die Schüler begründen ihre Beurteilung sachlich, indem sie herausstellen, ob die fünf Gestaltungsgrundsätze beachtet wurden.

Gestaltungsaufgabe: *Phantasieerzählung*

Thema: *Verzaubert*

Stufe: *3. Schuljahr*

1. Didaktische Information

1.1 Für die Bewältigung der ersten Phantasiegeschichten in der Grundschule ist die Beachtung lern- und entwicklungspsychologischer Bedingungen von grundlegender Bedeutung. Kinder des 3. und 4. Schuljahres haben zwar durch ein weitgehend objektives Denken einen beachtlichen Teil ihrer realen Umwelt erobert, es ist ihnen aber dennoch ein Hang zum Märchenhaften, Sagenhaften, Phantastischen geblieben. Das zeigt sich u. a. daran, daß sie immer wieder gern nach Literatur dieser Art greifen.

Eine weitere Grundlage für Phantasiegeschichten bilden sprachlich-stilistische Erfahrungen beim Abfassen kleiner Erlebniserzählungen, beim Ordnen und Beschriften einer Bilderfolge, beim Ergänzen von Erzählteilen (Schluß, Anfang, Mittelteil) sowie beim Darstellen einer Reizwortgeschichte. Erst wenn in diesen Erzählformen eine gewisse Geläufigkeit erzielt worden ist, sollten Phantasiegeschichten eingeplant werden, das bedeutet in der Regel erst ab der zweiten Hälfte des 3. Schuljahres.

1.2 Phantasieerzählungen sind dem Bereich erzählender Texte zuzuordnen. Obwohl gegenwärtig durch neue Bestrebungen der Deutschdidaktik in der Sekundarstufe erzählende Texte zugunsten informierender und appellierender Texte zurückgedrängt werden (1), behalten sie in der Grundschule ihre unumstrittene Vorrangstellung. Denn Erzählen ist die anlagegemäße Art und Weise sprachlicher Äußerung beim sechs- bis zehnjährigen Kind.

Beim Gestalten von Phantasieerzählungen ist es nach *O. Beck* Aufgabe der Grundschule, die rege Phantasie der Schüler richtig zu lenken. Den Kindern wird bei der Gestaltung erdachter oder erfundener Geschichten mehr abverlangt als beim Erzählen persönlicher Erlebnisse, bei Bilder- oder Fortsetzungsgeschichten usw. Während bei den letzteren auf einer in der Erinnerung haftenden und zeitlich geordneten Erfahrungsbasis aufgebaut werden kann, also ein stoffliches Gerüst oder Teile des Geschehens vorgegeben sind, ist bei der Phantasieerzählung Neues zu schaffen, wie es unter anderen Gesetzmäßigkeiten für die Erlebniserzählung gefordert ist. Dabei ist nicht zu übersehen, daß Phantasieleistungen der Schüler weit mehr durch Erfahrungen in der Wirklichkeit als durch Intelligenzleistungen bestimmt werden. Dies jedenfalls bestätigen die unten aufgeführten Gestaltungsversuche.

1.3 Bei der Auswahl von Themen für Phantasieerzählungen ist Vorsicht geboten. Sie sollten verniedlichende Einkleidungen von realen Sachverhalten, in denen zwei getrennte Welten ineinander verwoben sind, ebenso wie Personifizierungen von Naturereignissen (2) vermeiden. „Ich bin verzaubert" bietet dagegen als Rahmenthema eine Vielzahl von Möglichkeiten, um der Phantasie freien Lauf zu lassen. Das Kind kann eine ganz individuelle Auswahl treffen, je nachdem, ob es sich in einen Gegenstand, eine Pflanze, ein Tier oder einen Menschen hineinversetzen möchte. Darin liegt aber gleichzeitig auch die Gefahr, daß sich das Kind bei seiner Erzählung ins Uferlose verliert und viele Ereignisse einfach aneinanderreiht, ohne sich um die sprachliche Gestaltung eines Ereignisses zu bemühen. Hier ist eine inhaltliche Klärung und Abgrenzung notwendig, bevor die Kinder mit dem ersten Gestaltungsversuch beginnen. Eine vorgegebene Gliederung steckt den groben Rahmen für den Geschehnisverlauf ab, will aber keinesfalls Gestaltungsfreiheit und -möglichkeiten beschneiden.

2. Lernziele

2.1 Die Schüler sollen schriftlich eine Phantasieerzählung zum Rahmenthema „Ich bin verzaubert" gestalten.

2.2 Die Schüler sollen

— Personen oder Wesen nennen, in die sie gern verwandelt sein möchten,
— eine Grobgliederung sowie sieben Gestaltungsgrundsätze für die Erlebniserzählung nennen können,
— unter Beachtung dieser Aspekte die Phantasieerzählung mündlich und schriftlich gestalten können,
— in der zweiten Stunde an zwei Entwürfen positive und negative Gestaltungsmomente erkennen und nennen,
— ihre Erstentwürfe selbständig überarbeiten und u. U. neue Entwürfe anfertigen,
— die überarbeiteten Entwürfe ins Reinheft eintragen,
— in der dritten Stunde an zwei gelungenen Arbeiten positive Gesichtspunkte nennen.

3. Verlauf des Unterrichts

3.1 Erste Unterrichtsstunde (Doppelstunde): Motivation bzw. Weckung des Gestaltungswillens

Impuls: Ihr kennt alle das Märchen „Der gestiefelte Kater". Darin kommt am Ende der Zauberer vor. Erzähle, was er tut und was mit ihm geschieht!

Die Schüler berichten, wie der Zauberer sich in die verschiedenen Tiere und zum Schluß in eine Maus verzaubert, die der Kater auffrißt.

3.11 Erarbeitungsphase

Teilziel 1: Erarbeitung der Gestaltungsaufgabe

Impuls: Stellt euch vor, ihr begegnet auch einmal einem Zauberer!

Es folgen ungeordnete Meinungsäußerungen darüber, in welche Personen die Schüler verzaubert sein möchten. Daraus entsteht folgende *Tafelanschrift:*

Ich bin verzaubert

Tiere	*Gegenstände*	*Pflanzen*	*Menschen*
Elefant	Stuhl	Tulpe	Astronaut
Tiger	Kleid	Rose	Angeber
Esel	Tisch	Baum	König
Maus	Tasse	Hecke	Prinzessin
Affe	Tafel		Bettler
Rabe	Strumpf		Pirat

Teilziel 2: Inhaltliche Klärung

Die Aufmerksamkeit der Schüler wird darauf gelenkt, daß den bisherigen Erlebniserzählungen, Bilder- und Reizwortgeschichten eine bestimmte Ordnung zugrunde lag. Für die Phantasieerzählung wird im gelenkten Unterrichtsgespräch folgende Gliederung erarbeitet und an der *Tafel* fixiert:

Einleitung: Wie ich verzaubert wurde (sie kann auch weggelassen werden)

Hauptteil: Ein interessantes, aufregendes oder spannendes Erlebnis als verzaubertes Wesen

Schluß: Die überraschende Rückkehr in die Wirklichkeit

Teilziel 3: Erarbeitung der Gestaltungsgrundsätze

Impuls: Wir wollen eine Geschichte aufschreiben, die beim Vorlesen unsere Zuhörer fesselt. Erinnert euch, auf welche Merkmale ihr bisher bei euren Erzählungen Wert gelegt habt!

Tafeltext:

1. Suche eine passende Überschrift!
2. Erzähle nur ein einziges Erlebnis!
3. Erzähle es der Reihe nach!
4. Erzähle spannend, indem du Ausrufe- und Fragesätze sowie wörtliche Rede verwendest!
5. Erzähle alle Einzelheiten!
6. Verwende treffende und abwechslungsreiche Namen-, Zeit- und Eigenschaftswörter!
7. Vermeide Wiederholungen von Wörtern am Satzanfang und im Satz!

Diese Gestaltungskriterien bieten dem Lehrer bei der Beurteilung eine Grundlage für die objektivierte Leistungsmessung und dem Schüler handfeste Anhaltspunkte für das Beurteilungsgespräch.

Teilziel 4: Freier mündlicher Gestaltungsversuch

Auf Gestaltungsmängel wird verwiesen, Verbesserungsvorschläge für die schriftliche Darstellung werden angeboten.

3.12 Erster schriftlicher Gestaltungsversuch (Alleinarbeit)

3.2 Zweite Unterrichtsstunde: Besprechen positiver und negativer Momente

Der Lehrer liest Entwürfe vor, an denen im Unterrichtsgespräch kritisch überprüft wird, ob die Grobgliederung und die sieben Gestaltungsprinzipien beachtet worden sind. Hier die Wiedergabe von zwei Entwürfen:

Martina:

Der böse Zauberer Hickehack

Eines Tages ging ich zur Burg Quatquick. Dort wohnte ein Zauberer namens Hickehack. Ich klopfte an, und er öffnete mir die große Burgtür. Ich trat ein und sah schon an seinen Augen, daß er nichts Gutes im Sinn hatte. Kaum war ich im Zauberzimmer, da sagte er: „Hokus pokus, simsalabim, werde Fantomas!"

Nach ein paar Minuten war ich in Fantomas verwandelt und lebte in Frankreich. Ich war kaum dort, da war ich überall bekannt. In Frankreich spielten sich die tollsten Erlebnisse ab. Ich trug eine grüne Maske. Eines Tages war die Polizei hinter mir her. In diesem Moment starb der Zauberer Hickehack. So bekam ich wieder meine normale Gestalt.

Stefan:

Hokuspokus, ich bin verzaubert!

An einem sonnigen Nachmittag ging ich zur Burg Dudelsack. Als ich vor der großen Burgtür stand, klopfte ich an. Nach einigen Minuten öffnete sich die Tür, und der Zauberer Didelsack stand vor mir. Er sagte: „Trete ein, du schönes Kind!" Aber als ich in der Stube stand, sprach er: „Hokuspokus, werde ein Kleid!"

Nun hing ich im Kaufhaus zwischen vielen anderen Kleidern. Da kam eine Frau. Sie meinte: „Ich brauche ein neues Kleid für meine Tochter Margit." Die Verkäuferin bot ihr alle Kleider an. Die Frau richtete den Blick aber nur auf mich. „Dieses Kleid möchte ich haben", rief die Frau und streckte den Finger nach mir. Die Dame bezahlte und ging mit mir aus dem Kaufhaus. Zu Hause maulte sie: „Ob das Kleid Margit passen wird?" Als Margit nach Hause kam, probierte sie mich an. Aber kaum hatte sie mich übergezogen, platzte auch schon meine Naht. „So ein blödes Kleid", schrie Margit wütend und warf mich in die Ecke. Dann gingen die beiden Damen schlafen. Mitten in der Nacht gab es einen lauten Knall, und ich erhielt wieder meine menschliche Gestalt.

Zu diesen beiden Entwürfen werden im Klassenverband folgende kritische Anmerkungen bzw. Verbesserungsvorschläge erarbeitet:

Beispiel 1 (Martina):

Im Beurteilungsgespräch wird von den Schülern angemerkt, Martina habe keine selbständige Phantasieleistung erbracht, sondern lediglich einen Ausschnitt aus einem Fernsehfilm wiederzugeben versucht.

An der Gesamtkonzeption wird die allzu breite Anlage der Einleitung bemängelt, die ebensoviel Raum einnimmt wie der eigentliche Hauptteil. Dieser fällt kümmerlich aus, weil keine zusammenhängende, abgeschlossene und spannende Begebenheit aus dem Dasein als Fantomas erzählt wird. Die Aufreihung beschreibender Aussagen ohne jeden Handlungsablauf läßt nicht die Verwendung von Ausrufe- und Fragesätzen oder wörtlicher Rede zu, die den Hörer fesseln und in Spannung versetzen.

Sprachlich-stilistisch ist dieser Entwurf zwar zufriedenstellend, doch könnte die Wortwahl treffender und abwechslungsreicher sein.

Martina wird ermutigt, einen neuen Entwurf aus der Perspektive einer anderen Phantasiefigur zu erstellen.

Beispiel 2 (Stefan):

Dieser Gestaltungsversuch ist besser gelungen, obwohl er sich in die tote Materie eines „Kleides" hineinversetzt. Folgende positive Aspekte sind herauszustellen: Stefan hält sich an die Grobgliederung und an die sieben Gestaltungsgrundsätze. Er berichtet in allen Einzelheiten von einem Erlebnis als Kleid. Durch das häufige Einflechten wörtlicher Rede wirkt die Erzählung lebendig. Der Zuhörer ist interessiert oder sogar gefesselt und will in jeder Phase des Hauptteils den weiteren Gang des Geschehens erfahren.

Der Satzbau ist unkompliziert und daher klar und leicht verständlich. Wiederholungen von Wörtern und Ausdrücken werden vermieden. Statt dessen bemüht sich der Schreiber mit Erfolg um die Verwendung treffender und abwechslungsreicher Verben.

Lediglich die Rückverwandlung am Schluß erscheint einfallslos. An die Stelle des „lauten Knalls" sollte eine bessere Idee treten. —

Aus Zeitmangel können selbstverständlich nicht alle Aufsätze im Klassenverband besprochen werden. Zudem würden sehr bald Konzentration und Interesse der Schüler erlahmen. Der Lehrer gibt die restlichen Entwürfe mit einer Verbalbeurteilung zurück, die knapp die auffälligen positiven und negativen Aspekte charakterisiert und Verbesserungsvorschläge anbietet, so daß jeder Schüler weiß, worauf es bei der Überarbeitung ankommt. Gelegentlich ist die Ermunterung zur Neuanfertigung des Entwurfs angebracht.

3.3 Selbständiges Überarbeiten, evtl. Neuanfertigen der Entwürfe mit anschließendem Eintrag ins Reinheft

Der Lehrer hilft schwachen Schülern, indem er ihre Überarbeitungen oder neuen Entwürfe überprüft, orthographische und sprachlich-stilistische Hilfen gibt.

3.4 Korrektur und Bewertung durch den Lehrer

3.5 Dritte Unterrichtsstunde: Vorlesen guter Schülerarbeiten

Judith:

Die späte Erlösung

Ich wohne in einem Geschäft und bin ein rosaroter Unterrock.

An einem schönen Tag ging die Ladentür auf, und ein junges Mädchen trat ein. Es fragte die Verkäuferin: „Haben Sie einen Unterrock für mich?" „Selbstverständlich", antwortete sie, „welche Farbe soll er haben?" „Das ist mir egal", erwiderte das Mädchen. Plötzlich warf es einen Blick auf mich und rief: „Dieser gefällt mir gut, den möchte ich haben." „Den rosaroten?" fragte die Verkäuferin noch einmal. „Ja", entgegnete das Mädchen. Da packte mich die Verkäuferin ein. Das Mädchen bezahlte und ging mit mir nach Hause. Dort probierte es mich gleich an. Aber ich war ihr viel zu weit und zu lang. Wütend riß sie mich vom Leib und feuerte mich in eine Ecke.

In diesem Augenblick klingelt der Wecker, und ich merke, daß alles nur ein Traum war.

Dietmar:

O weh, ich bin verzaubert!

Ich bin der König der Tiere, das schönste Tier der Welt. Darum werde ich immer wieder von neuem gejagt. Wie ich heiße? Ich bin selbstverständlich der Löwe.

An einem Morgen, als ich eben durch den Busch streifte, hörte ich plötzlich Schüsse. Ob die Jäger wieder hinter mir her sind? Nein, das sind keine Jäger! Da muß etwas Schlimmes passiert sein. Blitzschnell raste ich aus dem Gestrüpp heraus. Aber was sah ich da? Ein Mann lief hinter einem Jungen her. Ob sie Fangen spielen? Nein, das kann nicht sein. Schließlich hat der Mann eine Büchse dabei. „Groß gegen Klein ist unfair", dachte ich. Mit großer Geschwindigkeit sprang ich auf den Mann zu. Noch ehe er abdrücken konnte, lag ich auf ihm, und das Kind war in Sicherheit.

Eines Tages wurde ich als das mutigste Tier in einen Zoo gebracht. Als ich im Käfig saß, traute ich meinen Augen nicht. Dort ging mein Vater! Als ich ihn sah, bekam ich meine menschliche Gestalt wieder.

Auswertung

In weitgehend freiem Unterrichtsgespräch (Kreissitzordnung) äußern sich die Schüler zu diesen beiden Erzählungen.

Beispiel 1 (Judith):

Als positive Gesichtspunkte werden an Judiths Aufsatz angeführt: die knappe und treffende Überschrift, die klare Gliederung in einen kurzen Einleitungs- und Schlußteil sowie einen breiten Hauptteil. Die Verwendung des Präsens am Anfang und am Schluß verstärkt im Hörer den Eindruck, unvermittelt in die Phantasiewelt eines Unterrocks hineinversetzt und ebenso abrupt wieder in die Wirklichkeit zurückversetzt zu sein. Der Hauptteil berichtet vom Handlungs- und Gesprächsverlauf alle Details, so daß sich der Hörer tatsächlich für einige Augenblicke in die Welt eines Unterrocks versetzt fühlt.

Satzbau und Ausdrucksweise sind klar und unmißverständlich. Die Wortwahl ist insbesondere bei den Verben ebenso treffend wie abwechslungsreich.

Beispiel 2 (Dietmar):

Auch hier ist die Überschrift zutreffend. Neben einer klaren Gliederung in Einleitung, Hauptteil und Schluß wird sehr lebendig erzählt. Der Leser verfolgt den Handlungsablauf mit regem Interesse. Der Spannungseffekt wird durch das gezielte Einflechten von Ausrufesätzen, die im Leser Aufmerksamkeit provozieren, und von Fragesätzen erzielt, die Ungewißheit über den weiteren Gang des Geschehens erzeugen und auf die Lösung der Spannung abzielen. Der Verfasser hatte ebenso wie Judith einen originellen und effektvollen Einfall bei der Rückverwandlung in die menschliche Gestalt. Im Beispiel 2 steigert sich jedoch anders als im ersten Entwurf die Spannung auf einen Höhepunkt zu, der erreicht ist, wenn der Löwe das gefährdete Kind rettet.

Anmerkungen:

1. Dies zeigt sich im Teilentwurf eines Lehrplans für das Fach Deutsch in der Orientierungsstufe, herausgegeben vom Kultusministerium Rheinland-Pfalz, Emil Sommer Verlag, Grünstadt 1974. Das „Herstellen erzählender Texte" ist nach den Teillernzielbereichen „Herstellen informierender Texte" und „Herstellen appellierender Texte" aufgeführt.
2. Das beliebteste Thema in dieser Richtung ist: Ein Regentropfen erzählt von seiner Reise.

Gestaltungsaufgabe: *Ergänzen von Anfang und Schluß einer Geschichte*

Thema: *Kleider verschwunden*

Stufe: *3. Schuljahr*

1. Didaktische Information

1.1 Während es in den Unterrichtsbeispielen für das 2. und 4. Schuljahr („Da ging das Licht aus . . ." und „Fabel: ‚Wind und Sonne'") Aufgabe des Textverfassers ist, eine Ausgangshandlung folgerichtig fortzuführen, geht es im folgenden Unterrichtsvorhaben darum, zunächst zu einem Textausschnitt den Anfang und zu einem weiteren Textausschnitt sowohl Anfang als auch Schluß passend und möglichst bruchlos einzufügen. Diese Sprachübungen

— erziehen das Kind zu folgerichtigem Denken,
— entbinden die Vorstellungskräfte des Kindes durch Vorgabe einer Situation bzw. eines Situationsausschnitts,
— zügeln zugleich aber auch die schweifende Phantasie des Kindes durch Bindung an ein real mögliches Geschehen.

1.2 Bei Erprobung der Unterrichtssequenz hat sich zur Erhaltung der Schreibmotivation und zur Vermeidung einseitiger Lenkung und Ausrichtung von Vorstellungen, Einfällen und Ideen der Kinder die Aufteilung der Unterrichtseinheit in zwei Blöcke als vorteilhaft erwiesen:

— der erste Block setzt sich die Vermittlung grundlegender Erfahrungen beim Ergänzen eines Erzählteils (Anfang) zum Ziel; dabei kann im Rahmen mündlicher und schriftlicher Textproduktionen gezielt Einfluß auf eine effektivere Gestaltungsweise genommen werden;

— im zweiten Block ergänzen die Schüler auf der Grundlage zuvor gewonnener Kenntnisse und Einsichten frei und unbeeinflußt zu einem bereitgestellten Mittelteil Anfang und Schluß einer Geschichte.

2. Grobziel und Lernzielkontrolle

2.1 Ergänzen von Anfangs- und Schlußteil zum bereitgestellten Mittelteil der Geschichte „Kleider verschwunden".

2.2 Fünf erarbeitete Kriterien zum adäquaten Ergänzen fehlender Erzählteile werden bei Entwurf, Überarbeitung, Korrektur und Reinschrift der Geschichte „Kleider verschwunden" beachtet und angewendet.

3. Lernhilfen

Arbeitsblätter mit dem Schlußteil der Geschichte „Ein Unfall" und mit dem Mittelteil der Geschichte „Kleider verschwunden"; Arbeitsblatt, Tafelanschrift oder Overheadprojektion mit einem gelungenen und einem schlechten Beispieltext; Tafelanschrift: Möglichkeiten zur Ausgestaltung des Anfangsteils von „Ein Unfall", negative und positive Merkmale der Beispieltexte, Gestaltungsregeln zum Ergänzen eines Erzählteils

4. Verlauf des Unterrichts

4.1 Erste Stunde: Mündliches und schriftliches Ergänzen des Anfangs einer Geschichte

Lernziele:

Die Schüler sollen

— erkennen, daß eine unvollständige Geschichte den Leser nicht befriedigt;
— erkennen, daß eine Geschichte ohne Anfang den Leser im unklaren läßt;
— zum Schlußteil einer Geschichte unterschiedliche Anfangsteile mündlich gestalten und ihre Wirkung auf Hörer reflektieren;
— schriftliche Entwürfe herstellen, untereinander austauschen und lesen.

Phase/Zeit	*Mögliches Unterrichtsgeschehen*	*Didaktisch-method. Kommentar/Medien*
Motivation ca. 10'	*Arbeitsblätter* werden mit der Aufforderung an die SS verteilt, den Text darauf zu lesen.	Arbeitsauftrag
	... In diesem Augenblick ertönte das Martinshorn, zuerst leise, dann immer lauter, und schließlich bog der Rettungswagen in die Hubertusstraße ein. Viele Frauen und	Arbeitsblatt mit einer Geschichte ohne Anfang

Phase/Zeit	*Mögliches Unterrichtsgeschehen*	*Didaktisch-method. Kommentar/Medien*
	Kinder standen um Klaus herum, der mit kreideweißem Gesicht auf dem Bürgersteig lag. Der Arzt sprach kurz mit einer dicken Frau neben Klaus, dann tastete er beide Beine ab. „Du mußt zum Röntgen mit ins Krankenhaus kommen", sagte der Arzt, „wir werden deine Eltern sofort benachrichtigen." Die Sanitäter schienten Klaus das rechte Bein und trugen ihn auf einer Bahre in den Rettungswagen. Schon fuhr der Rettungswagen mit Blaulicht los.	
	Die SS stellen fest, daß — hier keine ganze Geschichte vorliegt, — bei der Geschichte der Anfang fehlt und der Leser nicht weiß, wie es zu dem Unfall kam.	Spontane Schüleräußerungen
	Der Text wird, bei Bedarf mehrfach, laut vorgelesen. Unverstandene Textstellen werden erklärt.	
Erarbeitung ca. 35'	*Teilziel 1: Mündliche Gestaltungsversuche* L: Ihr habt ganz richtig erkannt, daß bei unserer Geschichte fehlt, wie es zu dem Unfall gekommen ist. Wir wollen einmal verschiedene Anfänge erfinden! Folgende Möglichkeiten wurden in Erprobungsklassen genutzt:	
	Verkehrsunfall: Klaus ist in ein Auto, einen Lastwagen, ein Moped, ein Fahrrad gelaufen Unfall beim Spiel: Klaus erhält einen derben Tritt beim Fußballspiel, er stolpert beim Nachlaufen über den Bordstein, er balanciert auf dem Bordstein und rutscht ab Unfall durch Unachtsamkeit: Klaus rutscht auf glatter oder nasser Straße aus, er rutscht in einer Öllache oder über einer Bananenschale aus, er stolpert über die Bordsteinkante oder über einen Stein ...	*Tafelanschrift* Die Bandbreite der Lösungsmöglichkeiten führt den SS vor Augen, wie wichtig in einer Erzählung oder einem Bericht jede Einzelheit sein kann und zu welch unterschiedlichen Lösungen geringfügige inhaltliche Verschiebungen führen können.
	Teilziel 2: Herstellen schriftlicher Entwürfe in Partner -oder Gruppenarbeit L: Schreibt den Anfang zu der Geschichte auf! Die fertigen Geschichten dürft ihr untereinander austauschen und lesen! Besprecht, was euch daran gefällt oder nicht gefällt!	Die Aufgabenstellung macht die adressatengerichtete Textproduktion bewußt.

Beispiele einiger Entwürfe

Gruppe 1:

Klaus wollte heute auf den Spielplatz gehen. Auf der anderen Straßenseite war der Spielplatz. Klaus erkannte seinen Freund Gustav. Der winkte ihm zu. Kein Auto ließ den armen Klaus auf die andere Seite. „Jetzt", dachte er, „nun renne ich einfach drauf los! Es wird schon klappen!" ...

Gruppe 2:

So ein Pech!

Klaus war nach seinen Hausaufgaben nach draußen gegangen. Auf dem Bürgersteig lagen viele Steine. Klaus schoß wie mit Fußbällen damit. Auf einmal machte es „Bumm", und er lag auf der Nase. Da stand er wieder auf und machte weiter. Als er dreimal auf der Nase lag, da passierte es! Da schoß er im hohen Bogen den Stein in die Luft. Klaus stolperte über den Stein, den er in die Luft geschossen hatte. Er landete auf der Nase, aber diesmal stand er nicht mehr auf, denn er hatte etwas am Bein. Ein alter Mann hatte das alles mit angesehen. Er ging sofort auf eine Telefonzelle zu und rief den Krankenwagen an. ...

Gruppe 3:

Klaus sagte zu seiner Mutter: „Ich geh' mal Oma Anna besuchen." Mutter sagte: „Geh schon, du warst ja auch schon lange nicht mehr bei ihr!" Klaus zog seine Jacke an und marschierte los. Er bummelte die Straße entlang und guckte in der Weltgeschichte herum. Plötzlich sah er seinen Freund Michael auf der anderen Straßenseite. Klaus rief: „Michael!" und wollte über die Straße laufen. Da kam ein Fahrradfahrer und prallte gegen ihn. Sie fielen hin, und das Fahrrad fiel Klaus auf das Bein. Dem anderen Jungen war nichts passiert. Er lief zur Telefonzelle und rief den Rettungswagen. In der Zwischenzeit kamen viele Leute herbeigeeilt. Eine Frau wollte gerade noch einmal anrufen, aber ...

Gruppe 4:

Klaus ging mit seinem Kätzchen auf dem Arm auf die Straße. Als er an einer Mauer vorbeiging, kam ein großer Hund und bellte. Das Kätzchen sprang vor Angst Klaus vom Arm und kletterte über die Mauer. Klaus versuchte, es einzuholen, aber das Kätzchen war schneller. Es war schon auf der anderen Seite heruntergeklettert und lief geradewegs auf die Straße. Vor lauter Angst, sein Kätzchen könnte überfahren werden, sprang er nun die hohe Mauer hinunter. Er kam falsch auf dem Boden an und blieb verletzt liegen. Eine Frau, die das beobachtet hatte, rief den Krankenwagen an. Ein Junge aus der Nachbarschaft hatte inzwischen das Kätzchen eingefangen und brachte es Klaus ...

In den *Entwürfen 1 und 2* wird nur angedeutet, wie es zu dem Unfall kam, anstatt den Hergang im Detail zu schildern. An den Nahtstellen von Anfangs- und Schlußteil entsteht ein deutlicher Bruch.

Gruppe 3 und 4 erfinden dagegen einen sinnvollen Anfangsteil, in dessen Verlauf es zu dem Unfall kommt. Anfangs- und Schlußteile gehen glatt ineinander über.

4.2 Zweite Stunde: Gewinnung von Gestaltungsregeln

Lernziele:

Die Schüler sollen

— beim Vergleich einer gelungenen und einer schlechten Schülerarbeit positive und negative Gestaltungsmomente herausarbeiten;

— Regeln zur Ergänzung eines Erzählteils ableiten.

Phase/Zeit	*Mögliches Unterrichtsgeschehen*	*Didaktisch-method. Kommentar/Medien*
Erarbeitung ca. 45'	*Teilziel 1: Erarbeiten positiver und negativer Gestaltungsmerkmale in Beispieltexten*	
	L: Ich habe euch aufgeschrieben, wie in der letzten Stunde zwei Gruppen den fehlenden Anfangsteil ergänzt haben. Lest die Texte durch, besprecht sie miteinander! Notiert euch in Stichpunkten, was euch gefällt und was euch falsch erscheint!	Arbeitsauftrag für Gruppen- oder Partnerarbeit
	1 Klaus lief mit seinem Freund Peter eine Runde um ihr Haus. Plötzlich fiel er hin und blieb bewußtlos liegen. Peter alarmiert den Krankenwagen. Als der Sanitäter ihm das Bein schient, fragte er: „Was ist denn mit mir los?" Eine dicke Frau sagt: „Du bist hingefallen und hast dir das Bein gebrochen." ...	Arbeitsblatt, Tafelanschrift oder Overheadprojektion
	2 **Der Unfall in der Hubertusstraße** Klaus wollte zu seinem Freund Rudi gehen. Dazu mußte er die Straße überqueren. Jetzt war er an der Stelle, wo er hinübergehen mußte. In Gedanken versunken, betrat er die Straße, ohne auf die Autos zu achten. Plötzlich hörte man Bremsen quietschen, doch der Autofahrer schaffte es nicht mehr! Er krachte voll mit Klaus zusammen, der flog durch die Luft und landete auf dem Bürgersteig. Schnell sammelten sich Leute um ihn. Der Autofahrer stieg aus und beteuerte seine Unschuld. „Ja, ja, quatschen Sie nicht so viel, wir haben es ja alle gesehen. Gehen Sie lieber den Rettungswagen rufen!" fiel ihm eine dicke Frau ins Wort. Als der Mann gegangen war, guckte die Frau nach Klaus und merkte, daß er aus seiner Ohnmacht erwacht war. „Was — was ist geschehen?" stotterte Klaus und stöhnte. „Wann kommt der Rettungswagen bloß? Der Junge kommt noch um vor Schmerz!" sagte die Frau wieder. ...	
	Zunächst tragen die SS alle negativen und positiven Elemente der Beispieltexte vor. L: Wir wollen einmal geordnet an der Tafel notieren, was ihr herausgefunden habt!	Auswertung und Sicherung der Gruppenarbeitsergebnisse

Phase/Zeit — *Mögliches Unterrichtsgeschehen* — *Didaktisch-method. Kommentar/Medien*

Was uns gefällt

Text 2:
- die Überschrift paßt
- der Unfallhergang ist genau und ausführlich erzählt
- wörtliche Reden machen die Geschichte lebendig und spannend
- die Erzählzeit wird eingehalten
- der Übergang vom Anfangsteil zum Schlußteil ist glatt
- Anfangsteil und Schlußteil passen genau zueinander

Was uns nicht gefällt

Text 1:
- die Überschrift fehlt
- es wird nicht erzählt, warum Klaus plötzlich hinfiel und bewußtlos war
- die richtige Reihenfolge wird nicht eingehalten: schon im Anfangsteil tritt der Sanitäter auf; vom Schienen wird erst im Schlußteil berichtet
- die Erzählzeit wird ohne Grund gewechselt
- Anfangsteil und Schlußteil passen nicht zueinander

Tafelanschrift

Gelenktes Unterrichtsgespräch

Sofern die SS wichtige positive oder negative Darstellungskomponenten übersehen, führt der L durch entsprechende Impulse darauf hin.

Teilziel 2: Ableiten von Gestaltungsprinzipien

L: Wir wollen in wenigen Sätzen zusammenfassen, was wir beachten wollen, wenn wir eine unvollständige Geschichte ergänzen!

Impuls

Gelenktes Unterrichtsgespräch

Wir ergänzen in einer Geschichte fehlende Teile:
1. Die Teile sollen im Inhalt genau zueinander passen.
2. Im ergänzten Teil soll ausführlich erzählt werden.
3. Die Teile sollen glatt und flüssig ineinander übergehen.
4. Die Erzählzeit in den Teilen muß übereinstimmen.
5. Wörtliche Reden, Fragen, Ausrufe, treffende Wörter machen den ergänzten Teil frisch, lebendig und spannend.

Tafelanschrift

Die Kriterien bleiben in den folgenden Stunden zur Einprägung und weiteren Verwendung an der Tafel stehen, werden auf Plakatkarton an der Wandleiste ausgehängt oder auf Abzügen jedem S an die Hand gegeben.

4.3 Dritte Stunde: Ergänzen von Anfang und Schluß einer Geschichte in Einzelarbeit

Lernziel:

Die Schüler sollen

— unvorbereitet und ungelenkt zum vorgegebenen Mittelteil einer Geschichte Anfang und Schluß unter gezielter Beachtung der fünf Gestaltungskriterien ergänzen.

4.31 Arbeitsblatt mit dem Mittelteil der Geschichte:

> In der folgenden Geschichte fehlen Anfang und Schluß. Erfinde eine ganze Geschichte, die sich tatsächlich so ereignet haben könnte! Du darfst dabei die Namen der Mädchen durch Namen von Jungen ersetzen.
>
> ... Gegen fünf Uhr sagte Karin zu ihren Freundinnen Elvira und Claudia: „Ich bin müde und möchte nach Hause gehen." „Wir wollen aber noch ein wenig schwimmen und in der Sonne liegen", antworteten die Freundinnen. Karin lief ein Stück den Strand entlang und dann landeinwärts zu den Sträuchern, wo sie ihre Kleider versteckt hatten. Nach einigem Suchen fand sie die Stelle. Vor Schreck blieb ihr fast das Herz stehen. Die Kleider waren verschwunden! Einfach weg! Aufgeregt hastete sie zu ihren Freundinnen an den See zurück ...

4.32 Beispiele einiger Entwürfe

Carmen:

Ein böser Schreck

„Heute ist so schönes Wetter. Sollen wir nicht an den Strand gehen?" fragte Karin. „O ja, Klasse!" Die Begeisterung von Claudia und Elvira wollte nicht enden. Es wurde ausgemacht, daß sie sich um drei Uhr träfen ...

... Als sie es den anderen berichtete, fingen diese an laut zu lachen. „Ach je, du Dummkopf", sprudelte Claudia heraus, „wir haben die Kleider im Geäst eines Ginsters versteckt, nicht in einem Flieder!" Karin schlug sich vor die Stirn und lachte mit den beiden über ihre unverzeihliche Vergeßlichkeit.

Christina:

Noch einmal Glück gehabt

Karin, Elvira und Claudia machen sich ein paar schöne Stunden am Strand ...

... Karin kommandiert: „Elvira, du suchst den Strand ab, und du, Claudia, du suchst im Wald! Ich bleibe hier und warte auf euch." Schon geht die Suche los. Doch jede kommt ohne Erfolg zurück. Nun sagt Elvira: „Wenn wir durch den Wald gehen, kann uns niemand sehen." Da gehen die drei Mädchen in ihren Badeanzügen heim. Als Karin ohne Kleider heimkommt, bekommt ihre Mutter fast einen Schlag. Als Karin sich neue Kleider anzieht, kommt ihr Bruder herein und sagt: „Ich habe Kleider am Strand gefunden und habe mir ein Häuschen damit gebaut." Vor Wut springt Karin ihrem Bruder an den Hals und ruft: „Da sind also meine Kleider!"

Frank:

Der lustige Diebstahl

Es war an einem schönen Sommertag. Peter, Frank und Jochen wollten an den Strand gehen. Nach einiger Zeit waren sie dort angekommen. Jochen zog seine Kleider aus und versteckte sie. Dann stürzte er sich ins Wasser. Während Peter und Frank einen Plan besprachen, tobte er im Wasser herum. Frank ging jetzt auch ins Wasser. Peter aber holte Jochens Sachen und vergrub sie unter dichtem Laub. Jetzt kamen Jochen und Frank aus dem Wasser. Dann trockneten sie sich ab und legten sich hin. Peter malte lustige Figuren in den Sand, und sie hatten noch viel Spaß ...

... „Frank, Peter! Meine Sachen sind weg!" „Waaas?" rief Peter ganz erstaunt. Sie gingen an die Stelle, wo die Kleider lagen. „Tatsächlich, sie sind verschwunden!" sagte Frank. Jochen begann zu heulen. Nun konnten Peter und Frank das Lachen nicht mehr zurückhalten. Jochen fragte schluchzend: „Warum lacht ihr denn?" Peter und Frank antworteten: „Wir haben deine Kleider versteckt, um dir einen Schreck einzujagen." Nun lachten sie alle drei.

4.4 Fortführung

— Eine Korrektur der Entwürfe durch den Lehrer ist erforderlich, weil den Kindern zur Vermeidung jeglicher Beeinflussung ihrer Ideenproduktivität kein Stichwort- oder Rohtextmaterial zur Verfügung gestellt wurde. Die Korrekturmaßnahmen des Lehrers beschränken sich jedoch auf die Berichtigung von Rechtschreibfehlern und auf schriftliche Hinweise zu stilistischen und syntaktischen Mängeln.

4.41 Vierte Stunde: Herstellen der Reinschrift

4.42 Fünfte Stunde: Rückgabe und Besprechung

Gestaltungsaufgabe: *Eine Parallelgeschichte erfinden*

Thema: *Wenn ich Münchhausen wäre*

Stufe: *3. Schuljahr*

1. Didaktische Information

1.1 Das analoge Gestalten im Anschluß an vorgegebene Sprachganze, etwa an ein Märchen, eine Fabel oder einen Schwank, gilt als Variante der Phantasieerzählung. Es ist gegenüber der *freien* Form des Phantasieaufsatzes, bei der zu einem Rahmenthema oder zu Reizwörtern erzählt wird bzw. Erzählteile ergänzt oder Erzählkerne ausgebaut werden, eine *gebundene* Form phantasievoller Sprachgestaltung. Vorbildhafte dichterische Texte haben die didaktische Aufgabe, die Kräfte der Phantasie einerseits anzuregen, zum anderen aber auch in wünschenswerte Bahnen zu lenken und der Gefahr des Ausartens in Phantasterei und Schwärmerei vorzubeugen.

1.2 Die sprachliche Vorlage sollte ab dem *3. Schuljahr* nicht mehr nur *Inhalte* vermitteln, sondern vor allem Strukturen der *Sprache* und des *Textaufbaus* durchschaubar machen. Völlig zu Unrecht sind oftmals Lehrer über eine vermeintlich schwache Gestaltungsleistung ihrer Schüler beim Herstellen einer Parallelgeschichte enttäuscht, da ihre vorbereitenden Maßnahmen einzig und allein auf das Bewußtmachen des phantastischen Moments abgehoben haben. Erforderlich ist darüber hinaus die Vermittlung von Kenntnissen und Einsichten in *typische Merkmale der Sprache*, z. B. die Verwendung bildhafter Verben und ausschmükkender Adjektive oder des Textaufbaus bei der Komposition auf einen Höhepunkt hin. Erst das Wissen um typische Strukturelemente ermöglicht dem Schüler das Nachgestalten eines Beispieltextes.

1.3 Der Interessenlage der Neun- und Zehnjährigen sind in besonderem Maße die „Lügengeschichten" des *Barons von Münchhausen* angemessen. Wichtig im Hinblick auf eine Auswertung im schriftsprachlichen Bereich ist nicht nur das Reflektieren über phantastisch-unglaubliche und lustig-humorvolle Inhalte, sondern vor allem die *Arbeit am Text* selbst:

— Unterstreichen von Textstellen, die eine Münchhausengeschichte verraten;

— Unterstreichen und Reflektieren bildhafter und ungewöhnlich erscheinender Wörter und Ausdrücke;

— Einrahmen des Höhepunktes.

1.4 Die nachfolgende Verlaufskonzeption steht *exemplarisch* für das Erfinden von Parallelgeschichten zu Schwänken aller Art (Eulenspiegelgeschichten, Schildbürgerstreiche, Schwänke *J. P. Hebels*), zu Fabeln (*Aesop:* „Der Esel in der Löwenhaut", „Der Gegendienst", „Der aufgeblasene Frosch" u. a.) und zu Märchen und einzelnen Märchenszenen (vor allem im 1. und 2. Schuljahr). Wichtigste didaktische Voraussetzung zum Gelingen einer Parallelgeschichte ist das Vertrautmachen der Schüler mit inhaltlichen und sprachlichen Strukturen der jeweiligen Textgattung.

2. Grobziel und Lernzielkontrolle

2.1 Herstellen einer Parallelgeschichte zu Münchhausens Schwänken „Funken und Feuer" und „Am eigenen Zopf".

2.2 Fünf textkonstitutive Elemente der Schwänke Münchhausens werden bei eigenen mündlichen und schriftlichen Gestaltungsversuchen angemessen berücksichtigt.

3. Lernhilfen

Arbeitsblatt mit den Schwänken „Funken und Feuer" und „Am eigenen Zopf"; Tafelanschrift: Gestaltungsregeln des Schwanks, Fehlerbeispiel einer Schülerarbeit; Wandleiste, Pinnbrett, Lesemappe, Klassengeschichtenbuch, Arbeitsheft o. ä.

4. Verlauf des Unterrichts

4.1 Erste Stunde: Erschließen inhaltlicher und sprachlicher Merkmale einer Phantasiegeschichte

Lernziele:

Die Schüler sollen

— an zwei Schwänken des Barons von Münchhausen inhaltliche und sprachliche Charakteristika einer Phantasiegeschichte erkennen und benennen;

— mündlich eigene Münchhausengeschichten herstellen.

4.11 Motivation (ca. 15')

Tafelanschrift als stummer Impuls:

Funken und Feuer	Am eigenen Zopf

Spontane und ungelenkte Schüleräußerungen zur Antizipation möglicher Textinhalte. Sind die Schwänke den Schülern von ihrer Privatlektüre her bekannt, dürfen sie erzählen, was sie behalten haben.

Der Lehrer fordert die Schüler auf, sich während des folgenden Lehrervortrags unverstandene und unklare Wörter, Ausdrücke und Begriffe auf dem Block zu notieren.

Lehrervortrag: Schwänke „Funken und Feuer" und „Am eigenen Zopf" (Texte sind unter „Erarbeitung" aufgeführt).

Spontane und unkommentierte Schüleräußerungen. Klärung unverstandener Textstellen und Begriffe.

4.12 Erarbeitung (ca. 30')

Teilziel 1: Gewinnung von Gestaltungsregeln

Arbeitsblätter werden ausgeteilt.

Aufgabenstellung: Unterstreicht mit r o t e m Farbstift alle Stellen im Text, die eine Münchhausengeschichte verraten! Rahmt die spannendste, lustigste oder interessanteste Stelle, den Höhepunkt, mit g r ü n e r Farbe ein!

Arbeitsblatt (hier mit den bearbeiteten Texten):

Zwei Abenteuer des Barons von Münchhausen

Funken und Feuer (1)

Eines Morgens sah ich durch das Fenster meines Schlafgemachs, daß ein großer Teich, der nicht weit davon lag, mit wilden Enten gleichsam überdeckt war. Flugs nahm ich mein Gewehr aus dem Winkel und sprang die Treppe hinab. Das tat ich so Hals über Kopf, daß ich mit dem Gesicht gegen den Türpfosten rannte. Funken und Feuer stoben mir aus den Augen; aber das hielt mich keinen Augenblick zurück.

Ich kam bald zum Schuß; allein, wie ich anlegte, wurde ich zu meinem großen Verdrusse gewahr, daß durch den heftigen Stoß sogar der Feuerstein von dem Flintenhahne abgesprungen war. (Was sollte ich tun? Denn Zeit war hier nicht zu verlieren. Glücklicherweise fiel mir ein, was sich soeben mit meinen Augen zugetragen hatte.) Ich riß also die Pulverpfanne auf, legte mein Gewehr gegen das wilde Geflügel an und ballte die Faust gegen eins von meinen Augen. Von einem derben Schlage flogen wieder Funken genug heraus. Der Schuß ging los, und ich traf fünf Paar Enten, vier Rothälse und ein paar Wasserhühner.

Am eigenen Zopf (2)

Ein anderes Mal wollte ich über einen Morast setzen, der mir anfänglich nicht so breit vorkam, als ich ihn fand, da ich mitten im Sprung war. Schwebend in der Luft, wendete ich mein Pferd, um einen größeren Anlauf zu nehmen. Trotzdem sprang ich auch zum zweitenmal noch zu kurz und fiel nicht weit vom anderen Ufer bis an den Hals in den Morast. (Hier hätte ich unfehlbar umkommen müssen,) wenn nicht die Stärke meines eigenen Armes mich an meinem eigenen Haarzopfe wieder herausgezogen hätte — samt dem Pferde, welches ich fest zwischen meine Knie nahm!

Die Schüler nennen, erläutern, begründen und diskutieren unglaubhafte Textstellen, die Höhepunkte beider Geschichten sowie auffallend treffende, bildhafte oder ausgefallene Wörter und Ausdrücke.

Im gelenkten Unterrichtsgespräch werden zugleich von den erkannten inhaltlichen und sprachlichen Gesetzmäßigkeiten der beiden Schwänke Gestaltungsregeln für die eigene Textherstellung erarbeitet.

Tafelanschrift:

1. Erfinde, wie Münchhausen, ein unwahrscheinliches und lustiges Abenteuer!
2. Erzähle die Geschichte in der Ich-Form!
3. Wähle, wie Münchhausen, besonders treffende, abwechslungsreiche und lebendige Verben und ausschmückende Adjektive!
4. Erzähle auf den Höhepunkt deiner Geschichte zu!
5. Schreibe auch, was du gedacht hast!

Teilziel 2: Mündliche Gestaltung eigener „Lügengeschichten"

Die Besprechung der mündlichen Texte erfolgt vor allem unter Berücksichtigung der fünf Gestaltungskriterien, darüber hinaus aber auch nach allgemeingültigen Gesetzmäßigkeiten der Sprachgestaltung (Vermeiden von Wiederholungen, richtiger Satzbau u. ä.).

4.2 Zweite Stunde oder Hausarbeit: Schriftlicher Entwurf

Lernziele:

Die Schüler sollen

— für bestimmte Adressaten (Mitschüler der eigenen Klasse und der ganzen Schule, Lehrer, Eltern, Bekannte) im Rahmen eines Wettbewerbs „Wer schreibt die schönste Münchhausengeschichte?" Phantasieerzählungen herstellen;
— bei der Textherstellung vor allem die fünf Gestaltungshilfen beachten und anwenden.

4.3 Dritte und vierte Stunde: Überarbeiten der Entwürfe und Herstellen von Reinschriften

Lernziele:

Die Schüler sollen

— von der Überschrift her mögliche Textinhalte antizipieren;
— Textinhalte und Überschriften ausgewählter Schülerarbeiten miteinander vergleichen und auf ihre Stimmigkeit überprüfen;
— an einem Fehlerbeispiel inhaltliche und sprachlich-stilistische Mängel erkennen und benennen;
— in Entwürfen von Mitschülern gelungene Textpassagen grün und mißglückte Stellen rot kennzeichnen;
— in den eigenen Entwürfen die fehlerhaften Textstellen verbessern;
— reinschriftliche Textfassungen herstellen, die im Rahmen eines Wettbewerbs „Wer schreibt die schönste Münchhausengeschichte?" zum Aushang gebracht und/oder vom Lehrer zur Leistungsbewertung im schriftlichen Sprachgestalten herangezogen werden.

4.31 Anknüpfung (ca. 20')

Sprechanlaß: Der Lehrer schreibt die Überschriften einiger Schülerarbeiten an die Tafel.

Die Schüler stellen Vermutungen an, was in der Geschichte passieren könnte. Anschließend liest der jeweilige Textverfasser seinen Entwurf der Klasse vor. Die Hörer überprüfen die Stimmigkeit von Textinhalt und Überschrift und unterbreiten ggf. Verbesserungsvorschläge.

4.32 Erarbeitung (ca. 70')

Teilziel 1: Überarbeiten eines Fehlerbeispiels im Klassenverband

Die Schüler erhalten den Auftrag, den Tafeltext still zu erlesen, mit ihrem Partner zu besprechen, seine Vorzüge oder Mängel herauszuarbeiten und auf einem

Notizblock für die anschließende gemeinsame Beurteilung im Klassenverband zu fixieren.

Tafelanschrift des Fehlerbeispiels: Jeder beschriebenen Zeile folgt eine Leerzeile für nachträgliche Änderungen, Ergänzungen und Korrekturen im Text:

> Münchhausen
>
> Einmal wollte ich über einen Sumpf fliegen von ungefähr
>
> zehn Meter Abstand. Ich war aber halb am Ende, als ich
>
> merkte, daß ich es mit meinem Flugzeug nicht mehr
>
> schaffen würde. Ich wollte umkehren, aber beinahe wäre
>
> ich im Sumpf gelandet. Ich wendete und flog zurück.

In der Besprechung des Fehlerbeispiels werden folgende Punkte herausgestellt:

— die Überschrift „Münchhausen" ist unzutreffend, weil sie nichts über den spezifischen Textinhalt, das besondere Abenteuer, aussagt; sie läßt sich ersetzen durch: „Ein gefährlicher Flug", „Beinahe abgestürzt", „Rückkehr in letzter Sekunde" u. ä.

— das Gesamtgeschehen ist weder mitreißend noch spannend oder unterhaltsam, da zu wenig Einzelheiten erzählt werden und kein Höhepunkt erkennbar ist;

— der Satzbau ist teilweise falsch oder nur schwer verständlich; einzelne Satzglieder müssen umgestellt werden, z. B. muß der erste Satz richtig lauten: „Einmal wollte ich über einen Sumpf von ungefähr zehn Meter Breite fliegen";

— die Wortwahl ist karg und ungeschickt, teilweise falsch; ausschmückende Adjektive fehlen; Beispiele: statt „Abstand" muß es „Breite", statt „Ende" muß es „Ufer" heißen.

Teilziel 2: Kennzeichnen gelungener und schlechter Textstellen

Die Schüler tauschen untereinander ihre Entwürfe aus, unterstreichen mit gelber oder grüner Farbe, was ihnen besonders gefällt, und mit roter Farbe, was falsch oder unverständlich erscheint.

Teilziel 3: Korrektur fehlerhafter Textstellen in den eigenen Entwürfen

Teilziel 4: Herstellen von Reinschriften

Die Motivation erfolgt durch erneutes Bewußtmachen, daß die Texte für einen größeren Leserkreis (Lesemappe, Pinnbrett, Wandleiste), evtl. sogar im Rahmen eines Wettbewerbs „Wer schreibt die schönste Münchhausengeschichte?" bestimmt sind.

Die fertiggestellten Texte können selbstverständlich zur Leistungsbewertung im schriftlichen Sprachgestalten herangezogen werden, auch wenn sie für einen Schülerwettbewerb hergestellt worden sind.

5. *Beispiele zur Benotung* nach Kriterienkatalog „Phantasieerzählung" (Seite 26) und zur *Verbalbeurteilung*

Petra:

Die gewonnene Wette

Ich hatte mit König Archibald, dem Allerersten, eine Wette geschlossen, daß ich mit meinem Maultier gegen sein Pferd ein Rennen gewinnen könne. Wäre ich Sieger, bekäme ich hundert Goldtaler, würde ich aber verlieren, erhielte ich fünfzig Backenstreiche. Listig, wie ich war, braute ich zusammen mit dem Koch des Königs, der mir wohlgesinnt war, einen Zaubertrank für mein Maultier. Schon am nächsten Tag war das Rennen. Ich auf meinem klapperdürren Maultier und König Archibald, der Allererste, auf Flothilda, dem schnellsten Pferd der Welt. Die ganze Stadt war auf der Rennstrecke, um dieses außergewöhnliche Rennen mitzuerleben. Alle setzten natürlich auf König Archibald, den Allerersten, und seine Flothilda. Doch ein Wunder — so dachten jedenfalls alle — geschah, denn ich gelangte mit zwei Längen Vorsprung ins Ziel! Für mich war es kein Wunder! Mir war nur eine außergewöhnliche Tat gelungen.

Benotung:

I. Inhalt:

a) Aufgabe erfüllt	3 Punkte
b) Gestaltungseinheit	3 Punkte
c) Gestaltungszusammenhang	2 Punkte
d) Grobgliederung	1 Punkt
e) Überschrift	1 Punkt

20 Punkte (verdoppelt) = Teilnote „Inhalt" = sehr gut

II. Gestaltung:

a) Verben, Adjektive	2 Punkte
b) Satzbau	2 Punkte
c) Satzanfänge	1 Punkt
d) Wörtliche Rede	1 Punkt
c) Spannungsbogen	2 Punkte
f) Erzählzeit	1 Punkt

18 Punkte (verdoppelt) = Teilnote „Gestaltung" = sehr gut

Insgesamt 19 Punkte (einfach) = *Gesamtnote* „sehr gut".

Verbalbeurteilung:

Petra, du hast dir ein spannendes Abenteuer ausgedacht und in allen Einzelheiten erzählt. Du hast dabei die Erzählweise Münchhausens so vortrefflich nachgeahmt, daß der Leser glauben könnte, Münchhausen selbst habe diese Geschichte erfunden.

Klaus:

Münchhausen

Ich ging an einem schönen Tag meinen Mittagsgang in unserem Garten ausführen. Auf einmal sah ich einen Schwan über den Weg fliegen. Ich wollte einen oder mehrere davon haben. Ich hatte mein Gewehr nicht dabei. Ich schnappte mir ein paar Grashalme und wickelte ein Netz daraus. Ich spannte es über den Weg und fing gleich sechs Stück.

Benotung:

I. Inhalt:

a) Aufgabe erfüllt	2 Punkte
b) Gestaltungseinheit	1 Punkt
c) Gestaltungszusammenhang	1 Punkt
d) Grobgliederung	0 Punkte
e) Überschrift	0 Punkte

II. Gestaltung:

a) Verben, Adjektive	1 Punkt
b) Satzbau	1 Punkt
c) Satzanfänge	0 Punkte
d) Wörtliche Rede	0 Punkte
e) Spannungsbogen	1 Punkt
f) Erzählzeit	1 Punkt

8 Punkte (verdoppelt) = Teilnote „Inhalt" = ausreichend (—)

8 Punkte (verdoppelt) = Teilnote „Gestaltung" = ausreichend (—)

Gesamtpunktzahl (einfach) 8 Punkte = *Gesamtnote* „ausreichend" (—).

Verbalbeurteilung

Klaus, du hast ein recht kurzes Abenteuer erfunden, das aber dennoch von Münchhausen stammen könnte. Du solltest eine Überschrift wählen, die genauer zu deinem besonderen Abenteuer paßt, z. B.: „Seltenes Jagdglück" oder „Die Jagd mit dem Netz". Du erzählst so wenig Einzelheiten, daß der Leser nicht in Spannung versetzt werden kann. Sieh einmal nach, wieviel Sätze du mit „Ich" einleitest! Dadurch wirken sie eintönig, und der Leser der Geschichte langweilt sich.

Doris:

Der Flug

Ich ging geradewegs einen Weg entlang und sah den Vögeln zu. Ich dachte bei mir: „Wenn ich so fliegen könnte, brauchte ich meine Beine nicht zu bewegen, und ich käme schneller voran. Aber probieren kann man's ja." Ich bewegte meine Arme so, wie der Vogel seine Flügel. Und was meint ihr, was passierte? Ich erhob mich in die Luft und wagte es kaum zu glauben! Dies war mein größtes Abenteuer.

Benotung:

I. Inhalt:

a) Aufgabe erfüllt	2 Punkte
b) Gestaltungseinheit	2 Punkte
c) Gestaltungszusammenhang	1 Punkt
d) Grobgliederung	1 Punkt
e) Überschrift	0 Punkte

II. Gestaltung:

a) Verben, Adjektive	2 Punkte
b) Satzbau	1 Punkt
c) Satzanfänge	0 Punkte
d) Wörtliche Rede	1 Punkt
e) Spannungsbogen	2 Punkte
f) Erzählzeit	1 Punkt

12 Punkte (verdoppelt) = Teilnote „Inhalt" = befriedigend (—)

14 Punkte (verdoppelt) = Teilnote „Gestaltung" = befriedigend (+)

Gesamtpunktzahl (einfach) 13 Punkte = *Gesamtnote* „befriedigend".

Verbalbeurteilung:

Doris, du hast dir ein recht interessantes Abenteuer ausgedacht. Der Leser deiner Geschichte ist aber arg enttäuscht, weil sie auf dem Höhepunkt endet. Du hättest ruhig etwas über den „Flug", wie ja auch die Überschrift lautet, erzählen dürfen! Vier Sätze leitest du mit „Ich" ein, das langweilt deine Leser. Dagegen verwendest du einige treffende Verben und stellst auch eine Frage, die deine Leser aufhorchen läßt.

Anmerkungen:

1. Entnommen aus: „Wunder Welt", Lesewerk für die Grundschule, 3. Schuljahr. Pädagogischer Verlag Schwann, Düsseldorf 1968, Seite 123.
2. ebd.

Gestaltungsaufgabe: *Aufschreiben eines Dialogs*
Thema: *Der fremde Autofahrer*
Stufe: *3. Schuljahr*

1. Didaktische Information

1.1 Im 1. und 2. Schuljahr liegt der Schwerpunkt dialogischer Textproduktion zumeist auf der mündlichen Ausgestaltung vielfältiger lustiger und ernster Alltagssituationen. Im *3. und 4. Schuljahr* legen dialogische Textsorten propädeutische Grundlagen zur adäquaten Sprachverwendung in Problem- oder Konfliktsituationen, um zu deren Lösung beizutragen.

1.2 Das besondere fachdidaktische Phänomen des Dialogs liegt darin begründet, daß Textautor und -rezipient wechselseitig in Erscheinung treten. Dieser Sachverhalt läßt sich am vereinfachten *Interaktionsmodell* veranschaulichen:

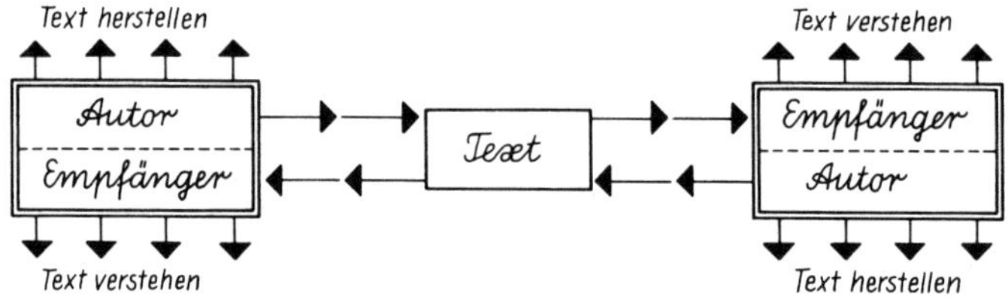

Beide Gesprächspartner stehen durch ständigen Versand und Empfang von Texten miteinander in einem zeitlich unmittelbar nacheinander ablaufenden Sprachaustausch.

1.3 Das wechselweise Hineinversetzen in beide Kommunikationspartner im Rahmen der schriftlichen Fixierung des Dialogs stellt hohe Anforderungen an die Abstraktionsfähigkeit des Schülers, die erst im *3. Schuljahr* zu erwarten ist. Dann jedoch bereitet es dem Kind Freude, insbesondere stark motivierende Dialogsituationen schriftlich zu fixieren.

2. Grobziel und Lernzielkontrolle

2.1 Die Schüler sollen einen Dialog zwischen einem „fremden" Mann und einem Kind mündlich und schriftlich unter besonderer Berücksichtigung von drei Gestaltungskriterien zur Unterhaltung ihrer Mitschüler abfassen.

2.2 Adäquate Beachtung der drei Gestaltungsmerkmale bei der mündlichen und schriftlichen Textproduktion.

3. Verlauf des Unterrichts

Phase/Zeit	*Mögliches Unterrichtsgeschehen*	*Didaktisch-method. Kommentar/Medien*
Motivation ca. 5'	Bereitstellen von Sprechanlaß und -situation durch ein Bild: 	Sitzordnung: Gesprächskreis Bild als Tafelskizze oder Overheadprojektion

Phase/Zeit	*Mögliches Unterrichtsgeschehen*	*Didaktisch-method. Kommentar/Medien*
	Ungelenkte Schüleräußerungen	
Erarbeitung ca. 40'	*Teilziel 1: Spielerische Nachgestaltung der Bildsituation* Etwa fünfmal gestalten je zwei SS die Bildsituation. Aus der kritischen Besprechung werden Gestaltungskriterien gewonnen: 1. Laß den Mann überzeugende Gründe zur Überredung des Kindes nennen! 2. Laß das Kind geschickte Ausreden finden! 3. Suche eine treffende Überschrift!	Der L weist darauf hin, daß in jedem Spielversuch „Mann" und „Kind" neue Gründe und Ausreden beitragen sollen. *Tafelanschrift*
	Teilziel 2: Erstentwurf Der L erläutert beispielhaft die Schreibweise des Dialogs an der Tafel. Er regt an, die Rede von Mann und Kind in verschiedenen Farben aufzuschreiben.	Sozialform: Gruppen- oder Partnerarbeit Da das kreative Verhalten bei der Textproduktion angestrebt wird, wird kein Wortmaterial zur Verfügung gestellt.
Verarbeitung ca. 45'	*Teilziel 1: Besprechung der Entwürfe* Beispielhaft werden weniger zufriedenstellende Beispiele von zwei Gruppen besprochen (Gruppe A und B, Texte Seite 168). Folgende kritische Anmerkungen machen die SS zum Entwurf der *Gruppe A:* Die Überschrift „Eine Autofahrt" ist zu allgemein gehalten und müßte enger auf die Begebenheit abgestellt sein. Dem „fremden" Mann fallen wenige und nicht überzeugende Gründe für die Überredung ein. Gleiches gilt für die Ausreden des Kindes. Die geschilderte Situation vermag den zuhörenden Mitschüler nicht zu fesseln, er ist vielmehr wegen der Kürze der Darstellung enttäuscht. Zum Text der *Gruppe B* wird folgendes angemerkt: Die Überschrift paßt zum Gesprächsinhalt. Es stehen zwar mehrere Argumente und Gegenargumente einander gegenüber, doch fehlt ihnen sowohl der inhaltliche wie der stilistische Schliff beim Aufeinanderprall von Rede und Gegenrede.	Gelenktes Unterrichtsgespräch
	Teilziel 2: Zwei Verfahren bieten sich an: a) Überarbeitung der Erstentwürfe b) Herstellen individueller Dialogtexte Als gelungene Beispiele werden unten die individuell verfaßten Texte von *Sonja* und *Nicola* aufgeführt. Positiv läßt sich daran werten:	Ist eine individuelle Beurteilung und Bewertung der Dialogtexte nicht geplant, erfolgt die Überarbeitung der Entwürfe in Gruppen.

Phase/Zeit	*Mögliches Unterrichtsgeschehen*	*Didaktisch-method. Kommentar/Medien*
	Rede und Gegenrede prallen heftig aufeinander und sind zielstrebig auf einen Höhepunkt hin zugeordnet. Überschrift und sprachlich-stilistische Fassung entsprechen den Erwartungen der zuhörenden Mitschüler, die lebendig und spannend unterhalten werden.	Zwei bis vier geglückte Texte werden ins Klassengeschichtenbuch eingetragen bzw. am Pinnbrett der Klasse oder Schule einem größeren Leserkreis zugänglich gemacht.

Text der Gruppe A:

Eine Autofahrt

Ein fremder Mann ruft einem Kind.

Mann: Komm, steig in mein Auto, wir machen eine schöne Fahrt! Du bekommst auch ein großes Eis und eine Tafel Schokolade!

Kind: Nein, ich darf nicht mit Fremden fahren, und ich muß nach Hause. Ich darf keine Süßigkeiten von Leuten annehmen.

Text der Gruppe B:

Die mißlungene Entführung

Mann: Hallo, Kind, komm doch mal her!

Kind: Warum denn? Ich muß weiter.

Mann: Wenn du mit mir kommst, bekommst du auch eine Tafel Schokolade.

Kind: Nein, nein, ich muß nach Hause, es ist ja schon fünf Uhr.

Mann: Wo ist denn die Burgstraße? Kannst du mir das zeigen?

Kind: Zum letzten Mal, nein!

Sonjas Text:

Peter und der fremde Mann

Mann: Hallo, du, möchtest du mitfahren?

Peter: Nein!

Mann: Du kriegst auch eine Tafel Schokolade.

Peter: Nein, Mutti hat es mir verboten.

Mann: Dann eben nicht. Vielleicht hast du Lust, dir junge Hunde anzusehen. Du darfst dir auch einen aussuchen.

Peter: Ich sage meiner Mutter zuerst Bescheid, sonst macht sie sich Sorgen, wenn ich später komme.

Mann: Ja, wenn du nicht viel Zeit hast, lade ich dich zu einem Eis ein, das geht schnell.

Peter: Ich soll zwischen den Mahlzeiten nichts essen, sonst werde ich zu dick. Meine Mutter kauft mir selbst Eis! Auf Wiedersehen!

Nicolas Text:

Mit fremden Leuten geht man nicht

An einem Nachmittag sollte Tina einkaufen gehen. Da sprach ein Mann sie an.

Mann: He, du da, komm, steig ein! Es gibt auch eine Tafel Schokolade und ein Eis mit drei Bällen!

Tina: Nein, ich muß einkaufen und Hausaufgaben machen.

Mann: Kriegst auch noch drei Tafeln Schokolade. Und wir gehen ins Schwimmbad und von mir aus auch noch Kuchen essen.

Tina: Nein, ich sagte es doch schon mal!

Mann: Komm schon mit!

Tina: Nein, und nochmals nein! Sonst schimpft meine Mutter.

Da ging sie nach Hause.

Herstellen informierender Texte

Gestaltungsaufgabe: *Berichten über ein Ereignis*

Thema: *Ein Beobachtungsgang zu einer Tankstelle*

Stufe: *3. Schuljahr*

1. Didaktische Information

1.1 Beim Herstellen eines Berichts im *3. Schuljahr* tritt neben den größeren Textumfang die bewußtere Beachtung textspezifischer Kriterien: die Einhaltung der richtigen zeitlichen Ordnung, die folgerichtige Gliederung des Geschehens, die knappe sprachliche Form sowie die nüchtern-sachliche Ausdrucksweise. Solche Anforderungen laufen dem entwicklungsbedingt bevorzugten erzählend-unterhaltenden Sprachstil des Acht- bis Zehnjährigen zuwider und bedürfen folglich einer behutsamen Anbahnung und systematischen Übung.

1.2 Ein Beobachtungsgang zu einer Tankstelle wurde als Unterrichtsthematik ausgewählt, weil er sich ohne übertriebenen organisatorischen und/oder planerischen Aufwand an Stadt- und an Landschulen realisieren läßt. Tankstellen sind in der Regel ohne Umstände und Gefahren erreichbar, das Geschehen dort ist von einem geeigneten Beobachtungspunkt aus gut zu verfolgen.

1.3 Didaktische Zielsetzung und methodische Verfahrensweise dieser Unterrichtseinheit lassen sich mühelos auf andere Beobachtungsobjekte übertragen, sofern diese geeigneter erscheinen, z. B. ein Tierpark, ein Warenhaus, eine belebte Straßenkreuzung, ein Sportplatz, ein Hafen, ein Bahnhof, Handwerksbetriebe, eine Gärtnerei, ein Marktplatz, ein Parkplatz, ein Wald, Felder, ein Fluß, ein See, ein Bauernhof u. a. m.

1.4 Läßt sich aus irgendwelchen Gründen ein gemeinsamer Beobachtungsgang mit der Klasse nicht durchführen, empfiehlt es sich, die Schüler in Gruppen von drei bis zehn Teilnehmern ein Objekt etwa 15 bis 30 Minuten außerhalb der Schulzeit vor Einstieg in die Unterrichtssequenz beobachten zu lassen.

1.5 Die nachfolgende Verlaufskonzeption geht von einem gemeinsamen Beobachtungsgang aus und bietet eine Reihe didaktisch-methodischer Vorzüge:

— Für die ganze Klasse besteht die *gleiche Ausgangslage* bezüglich sachlicher Vorinformation; an diese kann sich eine für alle Schüler gleichartige sprachliche Erschließung des Darstellungsgegenstandes anschließen;

— ein zeitlich begrenztes, für den Schüler überschaubares und in deutliche Einzelschritte aufgegliedertes Ereignis läßt sich vom Schüler der 3. Klasse mühelos in Sprache umsetzen;

— die gemeinsame Erfahrungsgrundlage bietet eine *verstärkte Schreibmotivation*, läßt sich methodisch für eine *deduktive Verfahrensweise* bei der sachlichen und sprachlichen Erschließung des Gestaltungsbereichs nutzen und ist realer Anlaß für eine adressatengerichtete Textproduktion.

2. Grobziel und Lernzielkontrolle

2.1 Herstellen eines schriftlichen Berichts für Mitschüler einer Parallelklasse über einen Beobachtungsgang zu einer Tankstelle.

2.2 Der Schreiber des Berichts informiert über die wichtigsten Einzelheiten des Beobachtungsganges in so sachlicher und klarer Ausdrucksweise, daß der Leser eine genaue Vorstellung von dem Ereignis erhält.

3. Lernhilfen

Beobachtungsgang zu einer Tankstelle; Stichwörterzettel bzw. Schreibblock; fehlerhafter Beispieltext auf Abzügen und an der Tafel; Tafeltexte: „Was fehlt", „Was uns nicht gefällt", „Was richtig ist", Stichwörtersammlung, Gestaltungskriterien

4. Verlauf des Unterrichts

4.1 Erste Stunde: Beobachtungsgang zu einer Tankstelle

Die Schüler erhalten den Auftrag, alle wichtigen Begebenheiten zu beobachten und sie u. U. in Stichpunkten auf einem Notizblock festzuhalten.

4.2 Zweite und dritte Stunde: Inhaltliche und sprachliche Erschließung des Darstellungsgegenstandes

Lernziele:

Die Schüler sollen

— an einem fehlerhaften Bericht über den Beobachtungsgang sachliche und sprachliche Mängel und Unstimmigkeiten herausarbeiten und benennen;
— Stichwörter zum tatsächlichen Verlauf des Beobachtungsganges nennen;
— Gestaltungsgrundsätze für eine angemessene Herstellung des Berichts erarbeiten;
— mündlich über den Beobachtungsgang berichten.

Phase/Zeit	*Mögliches Unterrichtsgeschehen*	*Didaktisch-method. Kommentar/Medien*
Motivation ca. 15'	L: Ich habe euch einen Text aufgeschrieben, in dem über unseren Beobachtungsgang zur Tankstelle berichtet wird. Lest ihn sorgfältig durch!	Einleitender Impuls
	Wir machten gestern einen Beobachtungsgang zur Tankstelle in der Ebert-Allee. Alle Kinder unserer Klasse gingen mit. Alle stellten sich in einer Zweierreihe auf und gingen auf dem Bürgersteig. Nur einmal ist etwas passiert. Zuerst tankte ein Audi, dann ein Kombi, dann ein Opel und zuletzt ein VW. Zum Schluß gingen wir zur Schule zurück.	*Arbeitsblatt* Der Einstieg über einen fehlerhaften Beispieltext garantiert eine Verstärkung der Lernmotivation.

Phase/Zeit	*Mögliches Unterrichtsgeschehen*	*Didaktisch-method. Kommentar/Medien*
	Spontane Schüleräußerungen zum Text, die der Lehrer kommentarlos entgegennimmt.	Es sollte reichlich Zeit zur kritischen und vom Lehrer unbeeinflußten Aussprache der Schüler geboten werden.
Erarbeitung ca. 60'	*Teilziel 1: Erarbeitung der Mängel und Fehler im Beispieltext*	
	L: Untersucht bitte in Gruppen, welche Angaben in dem Bericht fehlen oder gar falsch sind, was euch sonst nicht gefällt und was ihr für richtig haltet!	Gruppenarbeit Der Arbeitsauftrag kann auch in Allein- oder Partnerarbeit ausgeführt werden.
	Schreibt untereinander oder in drei Spalten nebeneinander!	
	Die Arbeitsergebnisse werden an der *Tafel* fixiert:	

Falsche und fehlende Angaben	Was uns nicht gefällt	Was richtig ist
nicht alle Schüler nahmen teil, Peter stieß Carmen vom Bürgersteig, Beobachtungsstelle: Bushaltestelle, ein Mercedes und ein Ford wurden auch noch betankt, der Fahrer des VW schimpfte, der Kombifahrer prüfte die Luft in den Reifen, der Ford fuhr zur Waschanlage, ein Tankwart betankte die Autos, der Tankwart kassierte	a) Inhalt: zu wenig Einzelheiten, was an der Tankstelle geschah, wichtige Einzelheiten fehlen, falsche Angaben b) Sprache: Wiederholungen am Satzanfang (alle, dann), Satzbau: Zuerst ... dann ... dann ... Überleitungen fehlen	Einleitender Satz, einige Angaben: Zweierreihe, Bürgersteig, wo die Tankstelle liegt, Rückkehr

	Teilziel 2: Erarbeiten von Stichwortmaterial	
	L: Ihr habt richtig bemerkt, daß der Schreiber des Berichts wichtige Einzelheiten übersehen hat. Wir wollen jetzt den Verlauf in Stichpunkten so festhalten, wie er sich tatsächlich ereignet hat!	Impuls
	1. Der Hinweg auf dem Schulhof aufstellen — in Zweierreihe auf dem Bürgersteig gehen — Peter stieß Carmen auf die Straße — ein Auto bremste scharf — Bushaltestelle — Tankstelle	Die dreiteilige Untergliederung des Stichwortmaterials strukturiert den Verlauf des Ereignisses übersichtlich und legt seine Reihenfolge fest.

Phase/Zeit	*Mögliches Unterrichtsgeschehen*	*Didaktisch-method. Kommentar/Medien*
	2. Unsere Beobachtungen an der Tankstelle Autos: Audi — Kombi — Opel — Mercedes — Ford — VW	*Tafelanschrift*
	Was der Tankwart tut: aufschrauben, tanken, kassieren, aufschließen, Scheiben putzen, Luft prüfen ... 3. Der Rückweg Karin und Susi schlenderten — alle liefen auf den Schulhof	Die Erarbeitung des Wortmaterials erfolgt im gelenkten Unterrichtsgespräch.
	Teilziel 3: Ableiten von Gestaltungskriterien L: Wenn ihr den Kindern aus eurer Parallelklasse über unseren Beobachtungsgang berichtet, müßt ihr einiges beachten, was der Schreiber unseres ersten Berichts übersehen hat!	
	1. Wir schreiben alle wichtigen Einzelheiten auf. Nebensächliches lassen wir weg. 2. Wir berichten in der richtigen Reihenfolge. 3. Wir berichten in der Vergangenheit. 4. Wir bilden klare und leicht verständliche Sätze. 5. Wir vermeiden Wiederholungen am Satzanfang und im Satz. 6. Wir benutzen Fachausdrücke.	*Tafelanschrift* Gelenktes Unterrichtsgespräch
Verarbeitung ca. 15'	Mehrere Schüler geben einen mündlichen Bericht über den Beobachtungsgang, dessen sachliche und sprachliche Angemessenheit die Schüler mit Hilfe der Gestaltungskriterien beurteilen.	

4.3 Weiterführung

4.31 Individuelle schriftliche Entwürfe werden als Hausarbeit oder in der folgenden Unterrichtsstunde erstellt.

4.32 Korrektur und Überarbeitung können durch die Schüler selbst oder durch den Lehrer vorgenommen werden.

4.33 Die Schreibanforderungen lassen sich differenzieren, indem

— den *schwächeren Schreibern* Stichwortmaterial nebst Lehrerhilfe zur Verfügung steht,

— die *schreibgewandten Schüler* ihre Texte selbständig herstellen.

5. *Beispiele zur Benotung* nach Kriterienkatalog „Bericht und Beschreibung" (Seite 27) und zur *Verbalbeurteilung*

Beispiel 1:

Gestern ging unsere Klasse zu einer Tankstelle. Unterwegs stupste Peter die Carmen auf die Straße. Da mußte das Auto scharf bremsen, und der Fahrer brüllte herum. Wir stellten uns auf die Bushaltestelle gegenüber der Tankstelle. Da kamen immer Autos, und der Tankwart tankte und kassierte. Und da schimpfte auf einmal der Fahrer von einem VW über den Tankwart, weil er so lange warten mußte. Da lachten die Jungen von unserer Klasse. Nachher gingen wir wieder zur Schule zurück. Petra und Doris trampelten ganz langsam hinterher.

I. Inhalt:

a) sachliche Richtigkeit	3 Punkte
b) logische Reihenfolge	3 Punkte
c) ausführliche Information	2 Punkte

Gesamtpunktzahl (verdoppelt): 16 Punkte; Teilnote „Inhalt" = gut

II. Gestaltung:

a) Begriffe, Verben, Adjektive	1 Punkt
b) Satzbau	2 Punkte
c) Darstellungsstil	1 Punkt
d) Zeitform	2 Punkte
e) Variationen in Wortwahl und Satzbau	2 Punkte

Gesamtpunktzahl (verdoppelt): 16 Punkte; Teilnote „Gestaltung" = gut

Gesamtnote: Gesamtpunktzahl 16 (einfach) = gut

Verbalbeurteilung

Du hast die wichtigsten Einzelheiten unseres Beobachtungsganges in der richtigen Reihenfolge berichtet. Der Leser vermißt aber noch Einzelheiten darüber, welche Autos betankt wurden und welche Tätigkeiten der Tankwart außer tanken und kassieren noch ausgeführt hat.

Dein Text ist gut verständlich. Einige Verben treffen nicht ganz zu, und du solltest sie durch andere ersetzen, z. B. stupsen, brüllen, trampeln. Auch hast du Sätze wiederholt mit „da" bzw. „und da" eingeleitet. Stelle die Sätze so um, daß die Wiederholungen vermieden werden!

Insgesamt erhält der Leser deines Berichts einen recht genauen und lebendigen Eindruck von unserem Beobachtungsgang.

Beispiel 2:

Wir waren gestern bei der Tankstelle. Die Jungen lachten wie verrückt über den VW, weil der Mann immer schimpfte und schimpfte, weil der Tankwart nicht rauskam. Nachher waren wir wieder in die Schule gegangen, weil wir Musik hatten.

I. Inhalt:

a) sachliche Richtigkeit	1 Punkt
b) logische Reihenfolge	0 Punkte
c) ausführliche Information	0 Punkte

Gesamtpunktzahl (verdoppelt): 2 Punkte; Teilnote „Inhalt" = ungenügend

II. Gestaltung:

a) Begriffe, Verben, Adjektive	0 Punkte
b) Satzbau	0 Punkte
c) Darstellungsstil	0 Punkte
d) Zeitform	1 Punkt
e) Variationen in Wortwahl und Satzbau	1 Punkt

Gesamtpunktzahl (verdoppelt): 4 Punkte; Teilnote „Gestaltung" = ungenügend

Gesamtnote: Gesamtpunktzahl 3 (einfach) = ungenügend

Verbalbeurteilung

Du hast leider viel zu wenig Einzelheiten darüber berichtet, was wir auf dem Hinweg zur Tankstelle und an der Tankstelle selbst alles beobachtet und erlebt haben. Deine Sätze sind nicht leicht verständlich. Bemühe dich künftig darum, kurze und klare Sätze zu formulieren.

Anmerkung:

Einem so schwachen Schreiber helfen Anregungen im Rahmen einer schriftlichen Verbalbeurteilung wenig. Er bedarf einer individuellen Betreuung des Lehrers, in der ihm gezielte mündliche Hilfen zur Durchführung der Berichtigung und zur künftigen Aufsatzarbeit gegeben werden.

Gestaltungsaufgabe: *Berichten über ein Geschehen*

Thema: *Ein Haus wird gebaut*

Stufe: *3. Schuljahr*

1. Didaktische Information

1.1 Der Bericht über ein *Geschehen* ist nicht wie der Bericht über ein *Ereignis* auf einen eng begrenzten, punktuellen Vorgang beschränkt, sondern erfaßt einen langfristigen und in zahlreiche Einzelstadien aufgegliederten Ablauf.

1.2 Die Herstellung eines Berichts über ein Geschehen läßt sich für das Kind im *3. Schuljahr* durch reichhaltigen Einsatz von *Bildmaterial* erleichtern. Es dient

— der Veranschaulichung und dem Verfügbarhalten des weitläufigen Geschehensverlaufs,
— der Strukturierung und Gliederung des Geschehens in seine wichtigsten Verlaufsstadien,
— der gezielten Spracharbeit bei Wortschatzsammlungen, bei der mündlichen und schriftlichen Textherstellung sowie bei der Leistungsbewertung.

1.3 Die Unterrichtsthematik „Hausbau" entstammt der Erlebens- und Erfahrungswelt der Kinder, die entweder den Bau eines Hauses als Ganzes oder in Teilstadien mitverfolgt haben. Wenn auch viele Schüler mit dem Hausbau vertraut sind, ist eine gründliche sachliche und sprachlich-stilistische Erschließung des Gestaltungsbereichs wegen der Vielfalt und Vielschichtigkeit von Einzelmomenten erforderlich. Trotz enger Verzahnung von Sache und Sprache ist es Schwerpunkt unseres unterrichtlichen Bemühens, den Schüler zur angemessenen informativen Sprachverwendung zu befähigen.

2. Grobziel und Lernzielkontrolle

2.1 Nach entsprechender sachlicher und sprachlicher Aufbereitung der Gestaltungsaufgabe sollen die Schüler einen sachgerechten und partnerbezogenen Text herstellen, in dem sie über den Bau eines Hauses informieren.

2.2 Mündlich und schriftlich hergestellte Texte berücksichtigen textspezifische Merkmale des Berichts in einer Weise, daß Hörer und/oder Leser genaue Vorstellungen vom Bau eines Hauses erhalten.

3. Lernhilfen

Zehnteilige Bilderfolge „Ein Haus wird gebaut" als Vervielfältigung für die Hand des Schülers, als Zeichnung auf Karton, als Overheadprojektion oder Tafelzeichnung; Tafeltexte: Wortschatzsammlungen, Gestaltungsmerkmale des Berichts; Negativbeispiel eines Berichts als Tafelanschrift, Hektographie oder Overheadprojektion

4. Verlauf des Unterrichts

4.1 Erste Stunde: Viele Handwerker arbeiten beim Hausbau mit

Lernziele:

Die Schüler sollen

— eine ungeordnete zehnteilige Bilderserie „Ein Haus wird gebaut" in die richtige Reihenfolge bringen,

— die Reihenfolge begründen,

— zu jedem Bild einen charakteristischen Satz aufschreiben können.

4.11 Einstieg (ca. 5')

Impuls: Ihr habt alle schon beobachtet, wie ein Haus gebaut wurde. — Schülerberichte werden kommentarlos entgegengenommen. Bei unterschiedlichen Meinungen oder Widersprüchen versuchen die Schüler, diese zunächst selbst einer Klärung zuzuführen. In Ausnahmefällen greift der Lehrer ein, wenn die Kenntnisse der Schüler zur Klärung des Sachverhalts nicht ausreichen.

4.12 Erarbeitung (ca. 40')

Teilziel 1: Ordnen der Arbeiten am Rohbau — Fixieren eines Satzes zu jedem Bild

Partnerarbeit: Je zwei Partner erhalten zunächst die ersten fünf der in zehn Einzelbilder zerschnittenen und ungeordneten Bilderfolge „Ein Haus wird gebaut" (Rohbau). Die Bilder sind zu ordnen, durchzunumerieren und mit je einem charakteristischen Satz zu versehen.

Bei angemessener Bewältigung der Aufgabenstellung wird folgende Anordnung mit beispielhaften Bildunterschriften vorgenommen:

Der Architekt zeichnet den Bauplan.

Der Bagger hebt die Baugrube aus.

Der Maurer baut die Mauern.

Der Zimmermann setzt den Dachstuhl auf.

Der Dachdecker deckt das Dach mit Ziegeln.

Die Schüler tragen ihre Anordnung der Klasse vor und vollziehen sie mit großformatigen Abbildungen an der Wandtafel nach. Sachliche Unstimmigkeiten oder Meinungsverschiedenheiten werden ausdiskutiert.

Tafelanschrift über Bilderfolge 1 bis 5:

Der Rohbau entsteht

Teilziel 2: Ordnen der Arbeiten beim Innenausbau — Fixieren eines Satzes zu jedem Bild

Partnerarbeit: Verfahren wie unter Teilziel 1

Bilderfolge mit Beispielsätzen:

Der Glaser setzt die Fenster ein.

Der Installateur baut die Heizung.

Der Verputzer verputzt die Wände.

Der Plattenleger legt Fliesen.

Der Maler streicht und tapeziert die Wände.

Tafelanschrift über Bilderfolge 6 bis 10:

Das Haus wird innen ausgebaut

Aufgabe: Beobachtet in eurer Umgebung Handwerker bei der Arbeit! Seht genau zu, was sie tun und welche Geräte sie bei ihrer Arbeit benutzen!

4.2 Zweite Stunde: Was Handwerker tun und welche Geräte sie benutzen

Lernziele:

Die Schüler sollen

— im arbeitsteiligen Gruppenunterricht Wörtersammlungen zu den Tätigkeiten der Handwerker und ihren Arbeitsgeräten und -materialien anfertigen;

— ihre Ergebnisse durch Gruppensprecher vortragen lassen, auf sachliche und sprachliche Richtigkeit hin überprüfen und bei Bedarf ergänzen;

— mündlich über den Bau eines Hauses berichten.

Hier ein *Tafelbild* mit beispielhaften Wörtersammlungen, wie es in gleicher oder ähnlicher Weise in mehreren Erprobungsklassen entstand:

Handwerker	Was er tut	Was er braucht
Maurer	mauern, messen, klopfen, auflegen, glattstreichen, heben ...	Eimer, Kelle, Lot, Schnur, Wasserwaage, Gerüst, Zement, Sand, Kies, Wasser, Steine, Sieb, Betonmischer ...
Zimmermann	sägen, hobeln, hämmern, klopfen, einschlagen, aufschlagen, hinauftragen, messen ...	Hobel, Säge, Hammer, Nägel, Balken, Bretter, Leisten, Leiter ...
Dachdecker	festnageln, legen, klettern, hochsteigen ...	Hammer, Nägel, Ziegel, Schieferplatten, Asphalt ...
Glaser	messen, schneiden, einsetzen, kitten, ausmessen ...	Glasschneider, Glasscheibe, Rahmen, Kitt ...
Installateur	zurechtschneiden, einbauen, schrauben, verlegen, bohren, schweißen ...	Heizkörper, Rohre, Schraubstock, Metallsäge, Schweißgerät ...
Verputzer	auftragen, anwerfen, verreiben, glätten, bespritzen, anfeuchten...	Wasser, Gips, Eimer, Kelle, Mörtel, Reibbrett ...
Plattenleger	ausmessen, verlegen, ausfugen, abwaschen, beklopfen ...	Fliesen, Gips, Mörtel, Metermaß, Wasserwaage, Schnur, Lot ...
Maler	anstreichen, pinseln, aufkleben, ausmessen, abschneiden, hochheben ...	Tapeten, Kleister, Pinsel, Tapeziertisch, Schere, Messer, Farbe ...
Elektriker	durchschneiden, meißeln, verlegen, hämmern, vergipsen ...	Leitung, Leitungsdrähte, Schalter, Steckdose ...

4.3 Dritte und vierte Stunde: Herstellen des Erstentwurfs

Lernziele:

Die Schüler sollen

— von einem Fehlbeispiel Gestaltungskriterien eines angemessenen Berichts ableiten;

— einen Bericht unter Beachtung dieser Kriterien abfassen.

4.31 Anknüpfung (ca. 30')

Die Schüler erhalten den Auftrag, das folgende *Arbeitsblatt* in Allein-, Partner- oder Gruppenarbeit zu bearbeiten:

> Neulich wurde neben uns ein Haus gebaut. Es gab morgens plötzlich einen Riesenlärm. Ich sprang schnell aus dem Bett und lief in die Küche. Mutter sagte: „Halfmanns heben die Baugrube aus." Schnell zog ich mich an und lief zur Baustelle. Nach ein paar Wochen ist der Rohbau fertig. Zum Schluß kommen noch die Verputzer und machen den Außenputz.

Bearbeite folgende Fragen:

1. Berichtet der Schreiber tatsächlich über alle wichtigen Einzelheiten beim Bau eines Hauses?
2. Hat der Schreiber die Arbeiten in der richtigen Reihenfolge angeführt?
3. Hat der Schreiber die Tätigkeiten und die Geräte der Handwerker richtig benannt?
4. Was fällt dir noch an diesem Text auf?

4.32 Erarbeitung (ca. 60')

Teilziel 1: Ableiten von Gestaltungskriterien des Berichts

Die Schüler nehmen in folgender Weise Stellung zum Text:

Frage	Antworten	Abgeleitetes Kriterium als *Tafelanschrift*
1.	— der Schreiber berichtet überwiegend persönliche Erlebnisse — über den Bau des Hauses werden zu wenig Einzelheiten berichtet: welche Handwerker außer Maurer und Verputzer noch tätig waren und welche Arbeiten sie ausgeführt haben	1. Berichte über wichtige Einzelheiten beim Bau des Hauses! Nebensächliches laß weg!
2.	— es werden so wenig Einzelheiten über den Hausbau berichtet, daß überhaupt keine Reihenfolge erkennbar wird	2. Berichte Einzelheiten in der richtigen Reihenfolge!
3.	— der Schreiber benennt überhaupt keine Tätigkeiten und Geräte der Handwerker; so weiß der Leser nicht, welche Arbeiten beim Bau eines Hauses ausgeführt werden	3. Verwende treffende Verben zur Benennung der Tätigkeiten der Handwerker! Verwende treffende Nomen zur Bezeichnung von Gerät und Material!
4.	— der Schreiber wechselt die Zeiten	4. Berichte in der Vergangenheit!

Teilziel 2: Textherstellung

Tafeltexte mit Wortschatzsammlung und Gestaltungskriterien sowie Wörterbücher stehen allen Schülern zur Verfügung. Der Lehrer hilft besonders den rechtschreibschwachen Kindern.

Nach Fertigstellung werden die Texte eingesammelt.

4.33 Beispiele zufriedenstellender Schülerarbeiten:

Beispiel 1:

Zuerst hob der Bagger die Baugrube aus. Dann bauten die Maurer die Wände auf. Damit die Steine zusammenhielten, mischten sie den Mörtel aus Wasser, Sand und Zement. Auf die Mauern setzte der Zimmermann den Dachstuhl. Der Dachdecker deckte das Dach mit Ziegeln. Nun war der Rohbau fertig. Bevor die Familie einziehen konnte, legten noch die Elektriker die Stromleitungen, und die Monteure bauten die Heizung und die Wasserleitung. Den Fußboden legte der Plattenleger. Zuletzt tapezierten die Maler die Zimmer. Nun konnte die Familie einziehen.

Beispiel 2:

Der Architekt zeichnete zuerst den Bauplan. Dann kam der Bagger und hob ein großes Loch für den Keller aus. Nun baute der Maurer die Mauern auf. Darauf montierte der Zimmermann den Dachstuhl. Als das Richtfest vorbei war, legte der Elektriker die Stromleitungen. Jetzt wurden Fenster und Türen eingesetzt. Das machten der Glaser und der Schreiner. Die Wände wurden verputzt und angestrichen.

4.4 Weiterführung

Der Lehrer korrigiert die Entwürfe, indem er

— Rechtschreibfehler kennzeichnet bzw. durch richtige Schreibweise ersetzt,

— im Rahmen einer Verbalbeurteilung Anregungen zur Behebung sachlicher, grammatischer und sprachlich-stilistischer Mängel gibt.

Die überarbeiteten Entwürfe werden in eine reinschriftliche Fassung gebracht, mit einer Bilderfolge illustriert und Schülern einer Nachbarklasse zur Lektüre angeboten.

Gestaltungsaufgabe: *Beschreiben eines Gegenstandes*

Thema: *Jürgen hat seine Armbanduhr verloren*

Stufe: *3. Schuljahr*

1. Didaktische Information

1.1 Die Notwendigkeit der Beschreibung eines Gegenstandes ist den Schülern aus dem Unterricht des 2. Schuljahres und aus der Alltagserfahrung (Wiederbeschaffung verlorengegangener Spiel-, Schreib-, Malutensilien, Bücher, Hefte, Kleidungsstücke u. ä.) bekannt. Sie kennen auch schon vom 2. Schuljahr her die besondere Charakterisierungs- und Unterscheidungsfunktion des Adjektivs bei der exakten Kennzeichnung von Gegenständen nach Farbe, Form, Größe und Material.

1.2 Im *3. Schuljahr* geht es nun darum, die besonderen Anforderungen der Beschreibung differenzierter und ausgeprägter ins Bewußtsein des Schülers zu heben: die streng *sachliche, präzise, knappe und zweckgebundene Sprache* ohne Gefühlsäußerungen und phantasievolle oder wertende Aussagen; nur wesentliche sichtbare Einzelteile eines Gegenstandes werden benannt und durch Eigenschaftswörter, Be- oder Umschreibungen präzisiert.

1.3 In dieser Unterrichtssequenz werden besondere didaktische Akzente gesetzt:

— Sowohl Bereitschaft als auch sachliche und sprachliche Voraussetzungen zur selbständigen Bewältigung einer Gegenstandsbeschreibung werden in einer ausnehmend intensiven Motivationsphase gewonnen;

— die Herstellung einer Suchanzeige verlangt ein Schreiben unter kommunikativen Bedingungen, wie sie die Lebensrealität jederzeit abverlangt;

— an beispielhaften Schülertexten soll die Benutzung unseres auf der Seite 27 dargestellten Kriterienkatalogs samt einer hieraus resultierenden Verbalbeurteilung und Notenfindung aufgezeigt werden.

2. Grobziel und Lernzielkontrolle

2.1 Die Schüler sollen in Kooperation und anschließend in Alleinarbeit eine Armbanduhr im Rahmen einer Suchanzeige beschreiben können.

2.2 Die angemessene Bewältigung der Aufgabenstellung läßt sich überprüfen an

— den Ergebnissen der Gruppenarbeit,
— der mündlichen Zusammenschau,
— der schriftlichen Fixierung einer Suchanzeige in Einzelarbeit.

3. Lernhilfen

Armbanduhr aus Pappe, Wortkarten, Arbeitsblätter, Tonbandaufnahmen, Tafeltexte und -zeichnungen

4. Verlauf des Unterrichts

4.1 Erste und zweite Stunde: Jürgen sucht seine Armbanduhr

Lernziele:

Die Schüler sollen

— aus dem Stegreif Dialoge zwischen Jürgen, der seine Uhr sucht, und dem Hausmeister gestalten und hierbei die Notwendigkeit präziser Gegenstandsbeschreibung erkennen und benennen;
— aus einer mißglückten Suchanzeige Jürgens ableiten, welche Einzelteile zu einer Armbanduhr gehören und mit Hilfe welcher Adjektive und Umschreibungen sie sich genau beschreiben lassen;
— Gestaltungsmerkmale einer exemplarischen Beschreibung kennenlernen;
— mündliche und schriftliche Beschreibungen auf ihre sachliche und sprachliche Angemessenheit hin überprüfen.

Phase/Zeit	*Mögliches Unterrichtsgeschehen*	*Didaktisch-method. Kommentar/Medien*
Motivation ca. 20'	*Teilziel 1: Problemstellung durch Lehrervortrag und Lösungsversuche im Dialog*	
	L: Als Jürgen gestern mittag nach dem Essen auf seine Armbanduhr sehen will, stellt er erschrocken fest, daß sie verschwunden ist. „Ich werde sie nach dem Turnen im Umkleideraum liegengelassen haben", sagt er zu seiner Mutter. „Morgen früh werde ich gleich Herrn Frisch, unseren Hausmeister, danach fragen. Die Putzfrau hat sie bestimmt bei ihm abgegeben." „Hoffentlich", meint die Mutter. Am nächsten Morgen läuft Jürgen gleich zu Herrn Frisch ...	Lehrerdarbietung zur Bereitstellung der Situation und zur Schaffung eines Sprechanlasses
	Die Schüler gestalten Dialoge zwischen Jürgen und dem Hausmeister, die u. a. zu folgenden Problemlösungen führen können:	Der L fordert die SS auf, sich jeweils neue Lösungen auszudenken.

Phase/Zeit	*Mögliches Unterrichtsgeschehen*	*Didaktisch-method. Kommentar/Medien*
	— die Uhr wurde von einer Putzfrau gefunden und beim Hausmeister abgegeben; — die Uhr wurde nicht beim Hausmeister, sondern beim Rektor abgegeben; — Jürgen und der Hausmeister suchen die Uhr und finden sie; — die Uhr bleibt unauffindbar. L: Stellt euch vor: Jürgens Uhr konnte tatsächlich nicht gefunden werden. Jürgens Klassenlehrer empfahl, eine Suchanzeige an das „Schwarze Brett" zu hängen.	An den Dialogen wird den SS die Notwendigkeit präziser Beschreibung einsichtig, ohne die der Hausmeister die Uhr nicht erkennen kann.
	Teilziel 2: Lesen der Suchanzeige *Suchanzeige:*	

Uhr gesucht!

Ich habe meine Uhr in der Turnhalle verloren. Gestern habe ich es gleich bemerkt. Sie hat ein Armband und ein Zifferblatt mit Zeigern. Sie hat fast 100 DM gekostet. Der Finder bekommt zwei Hefte zur Belohnung.
Sie ist abzugeben bei

Jürgen Wolf
3c

Tafeltext oder Overheadprojektion

Die in den Dialogen intuitiv erfaßte Notwendigkeit präziser Beschreibung wird durch das Fehlbeispiel nochmals herausgefordert.

Phase/Zeit	*Mögliches Unterrichtsgeschehen*	*Didaktisch-method. Kommentar/Medien*
	Die SS erkennen und benennen spontan und ohne Lehrerkommentar sachliche und sprachliche Ungereimtheiten des Textes.	
Erarbeitung ca. 50'	*Teilziel 1: Welche Einzelteile hat die Armbanduhr?*	
	Gespräch mit dem Ergebnis: Die Suchanzeige sagt nicht genau genug, wie Jürgens Uhr aussieht. Anstelle von Nebensächlichkeiten (wann er den Verlust der Uhr bemerkt hat, was die Uhr gekostet hat) muß er ihre Einzelteile benennen. Eine beigefügte Abbildung darf nicht klein und unscheinbar sein, sondern muß alle Details deutlich erkennen lassen.	Gelenktes Unterrichtsgespräch zur detaillierten Analyse der Suchanzeige
	Tafelanschrift ① (Seite 184)	
	L: Und so sah Jürgens Uhr tatsächlich aus!	Modell der Uhr
	Tafelbild ②!	
	Die SS benennen anhand des Modells alle wesentlichen Einzelteile, die der L im Tafelbild ergänzt. *Tafelanschrift* ③!	

Phase/Zeit	*Mögliches Unterrichtsgeschehen*	*Didaktisch-method. Kommentar/Medien*
	Teilziel 2: Wie die Einzelteile aussehen	
	L: Genügt es schon, wenn Jürgen in seine Suchanzeige schreibt, wie die Teile seiner Uhr heißen? Ergebnis des Gesprächs: Der Leser will nicht nur Einzelteile erfahren, die auf fast alle Uhren zutreffen, sondern will wissen, wie sie genau nach Farbe, Form und Größe aussehen.	Impuls Gelenktes Unterrichtsgespräch
	Die SS charakterisieren die Teile durch Adjektive, Be- und Umschreibungen. *Tafelanschrift* ④!	
	Teilziel 3: Wie die Einzelteile der anderen Uhren aussehen	
	Analoge Gruppen- bzw. Partnerarbeit: Jede Tischgruppe bzw. je zwei Partner erhalten eine Armbanduhr. Jedem Schüler steht ein *Arbeitsblatt* zur Verfügung. Auftrag: Schreibt bitte auf, wie die Einzelteile bei eurer Uhr aussehen! Nach Fertigstellung tragen die Gruppensprecher die Ergebnisse vor. Sachliche, sprachliche und rechtschriftliche Korrekturen werden angebracht und an der Seitentafel festgehalten.	Der Wechsel der Sozial- und Arbeitsform dient — der Erhaltung von Aufmerksamkeit und Interesse, — der Bereitstellung des Wortmaterials für die folgende Alleinarbeit (Anwendung). Das Arbeitsblatt entspricht dem Tafelbild.
	Teilziel 4: Mündliches Beschreiben und Ableiten von Gestaltungsprinzipien	
	Entsprechend den Schülerbeiträgen trägt der L Sätze im *Tafelbild* ⑤ ein.	
	Beim wiederholten Vorlesen der Sätze erfassen und kritisieren die SS die Monotonie der Sprachgestalt. Ergebnis: Das ist noch keine gut klingende Beschreibung der gesuchten Uhr, weil die Sätze zu gleichartig gebaut sind. Was Jürgen bei einer ordentlichen Suchanzeige ändern müßte *(Tafelanschrift ⑥):*	Vorlesen Gelenktes Unterrichtsgespräch

Mängel der Darstellung	Lösung
Die Sätze sind gleich gebaut.	Sätze umbauen! Sätze verbinden! Wenn nötig, Reihenfolge der Sätze ändern!
Die bestimmten Geschlechtswörter kommen häufig vor.	Fürwörter verwenden!

Tafelbild:

Jürgen schreibt eine Suchanzeige

②

① Keine Nebensächlichkeiten aufschreiben!

③ Einzelteile benennen!	④ Einzelteile genau beschreiben!	⑤ Verständliche Sätze bilden!
Schließvorrichtung	goldgelb, rechteckig	Die Schließvorrichtung ist ...
Armband	aus schwarzem Leder	Das Armband ist ...
Gehäuse	goldgelb, rund	Die Uhr hat ...
Uhrglas	rund, flach	Das Uhrglas ist ...
Zifferblatt	weiß	Das Zifferblatt ist ...
Stundenzeiger	} gerade, mit grünem	Die Zeiger sind ...
Minutenzeiger	} Farbstrich darauf	
Stundenzeichen	arabische Ziffern	Die Stundenzeichen bestehen aus ...
Minutenzeichen	Punkte	Die Minutenzeichen sind ...

⑥ Herstellen der Suchanzeige:
Sätze umbauen!
Sätze verbinden!
Wenn nötig, Reihenfolge der Sätze ändern!
Fürwörter verwenden!

4.2 Dritte und vierte Stunde: Erstentwurf, Korrektur und Reinschrift

Lernziele:

Die in den ersten beiden Stunden grundgelegten Kenntnisse, Fähigkeiten und Fertigkeiten im Herstellen einer Gegenstandsbeschreibung werden angewendet, indem die Schüler

— in Einzelarbeit Suchanzeigen zu ihren eigenen bzw. abgebildeten Armbanduhren herstellen;

— die Entwürfe in Partnerarbeit korrigieren;

— reinschriftliche Endfassungen herstellen;

— in einem abschließenden Spiel nach den Beschreibungen die betreffenden Uhren aussuchen.

Phase/Zeit	*Mögliches Unterrichtsgeschehen*	*Didaktisch-method. Kommentar/Medien*
Verarbeitung/ Sicherung	*Teilziel 1: Schriftliche Fixierung einer Suchanzeige in Gruppenarbeit*	
ca. 20'	L: Wir wollen Jürgen helfen, seine Uhr zu finden, und für ihn eine Suchanzeige anfertigen!	Impuls
	Jede Gruppe erhält ein Pappmodell der Uhr. Die Gruppensprecher notieren und tragen anschließend vor.	Wechsel von Aktivitäts- und Sozialform

Beispiel einer gelungenen Arbeit:

Armbanduhr gesucht!

Sie hat ein rundes, flaches Uhrglas und darunter ein weißes Zifferblatt. Auf dem Stundenzeiger und auf dem Minutenzeiger sieht man einen grünen Farbstrich. Das Armband besteht aus schwarzem Leder. An ihm ist eine rechteckige, goldgelbe Schließe. Bitte abgeben bei

Jürgen Wolf
3c

Teilziel 2: Besprechung und Bewertung der Arbeitsergebnisse

Dies kann auf zweierlei Art geschehen:

a) Die Texte werden mit dem Episkop veranschaulicht. — Episkop

b) Die Texte werden auf Tonband genommen. — Tonband

Die Klasse überprüft die sachliche, sprachliche und rechtschriftliche Richtigkeit und unterbreitet Verbesserungsvorschläge.

5. *Beispiele zur Benotung* nach Kriterienkatalog „Beschreibung" (Seite 27) und zur *Verbalbeurteilung*

Das Verfahren sei an zwei Schülerarbeiten exemplifiziert, in denen lediglich Rechtschreibmängel behoben wurden:

Text 1:

Uhr gesucht!

Meine Uhr ist rund und ziemlich klein. Das Armband ist Leder. Die Schließe ist Gold. Jeden Morgen muß ich sie aufziehen, weil sie da steht. Die Zahlen sind arabisch.

Erwin aus der 3c

Text 2:

Armbanduhr gesucht!

Sie hat ein silbernes Armband mit einer rechteckigen, silbernen Schließvorrichtung. Über dem runden Gehäuse ist ein flaches Uhrglas. Der Stundenzeiger ist kürzer und hat einen gelben Strich oben drauf. Am meisten fallen die Stundenzeichen auf, weil das nur dünne Striche sind. Aber bei der Zwölf sind zwei Striche. Wer sie findet, erhält einen Zeichenblock. Sie kann beim Hausmeister oder bei mir abgegeben werden.

Erika, Klasse 3c

Bewertung von Text 1:

I. Inhalt:

a) sachliche Richtigkeit — 1 Punkt (—3: zu wenig Einzelteile)

b) logische Reihenfolge — 2 Punkte (—1: Reihenfolge nicht eingehalten)

c) ausführliche Information	0 Punkte	(—3: Leser hat keine Vorstellung von der Uhr)

Insgesamt 6 Punkte (verdoppelt) — Teilnote „Inhalt" = mangelhaft

II. Gestaltung:

a) Begriffe, Verben, Adjektive	1 Punkt	(—1: zu wenig Fachtermini)
b) Satzbau	2 Punkte	
c) Darstellungsstil	1 Punkt	(—1: der umfangreichste Satz ist unsachlich)
d) Zeitform	2 Punkte	
e) Variationen in Wortwahl und Satzbau	0 Punkte	(—2: ständige Wortwiederholungen; gleicher Satzbau)

Insgesamt 12 Punkte (verdoppelt) — Teilnote „Gestaltung" = befriedigend (—)

Gesamtpunktzahl (einfach) = 9 Punkte — *Gesamtnote* = ausreichend

Verbalbeurteilung zu Text 1:

Du hast einige wenige Einzelteile deiner Uhr genannt; sie treffen aber auf jede beliebige Uhr zu, weil sie nicht durch Adjektive (goldgelb, rechteckig, braun) näher gekennzeichnet sind. Wichtige Teile hast du völlig übersehen: Gehäuse, Zifferblatt, Stunden- und Minutenzeiger. Der Finder deiner Uhr kann nicht wissen, daß sie dir gehört. Schreibe jetzt noch einige wesentliche Einzelteile mit ihren besonderen Eigenschaften zu deiner Suchanzeige dazu!

Erfreulich sind deine gut verständlichen Sätze. Du solltest versuchen, das Wort „ist" durch andere Verben zu ersetzen oder durch Umbau des Satzes zu vermeiden. Beispielsweise kannst du statt „Die Schließe ist aus Gold" sagen: „Sie hat eine goldgelbe Schließe."

(Evtl. noch einen ermutigenden abschließenden Satz anfügen, sofern diese Arbeit eine wenn auch nur geringfügige Leistungssteigerung erkennen läßt!)

Bewertung von Text 2:

I. Inhalt:

a) sachliche Richtigkeit	3 Punkte	(—1: einige Einzelteile fehlen)
b) logische Reihenfolge	3 Punkte	
c) ausführliche Information	3 Punkte	

Insgesamt 18 Punkte (verdoppelt) — Teilnote „Inhalt" = sehr gut

II. Gestaltung:

a) Begriffe, Verben, Adjektive	1 Punkt	(—1: gehäufte Hilfsverben)
b) Satzbau	2 Punkte	
c) Darstellungsstil	2 Punkte	
d) Zeitform	2 Punkte	
e) Variationen in Wortwahl und Satzbau	1 Punkt	(—1: zu wenig Variationen bei Verben; gleichmäßiger Satzbau)

Insgesamt 16 Punkte (verdoppelt) — Teilnote „Gestaltung" = gut

Gesamtpunktzahl (einfach) = 17 Punkte — *Gesamtnote* = gut

Verbalbeurteilung zu Text 2:

Der Leser deiner Suchanzeige erhält ein genaues Bild von deiner Uhr. Du hast alle wichtigen Einzelteile bis auf das Zifferblatt und die Minutenzeichen beschrieben. Du verwendest die richtigen Fachausdrücke. Die Sätze sind klar und leicht verständlich. Ein wenig störend wirkt sich aber die Wiederholung des Hilfszeitworts „ist" aus.

Gestaltungsaufgabe: *Beschreiben eines Vorgangs*

Thema: *Ich putze Schuhe*

Stufe: *3. Schuljahr*

1. Didaktische Information

Während es im 2. Schuljahr um behutsame Hinführung zum objektgerichteten Darstellungsstil in der Absicht ging, einen Vorgang in richtiger Abfolge der Einzelschritte in mehr oder weniger starren syntaktischen Strukturen darzustellen, wird im *3. Schuljahr* eine *erhöhte Anschaulichkeit und Genauigkeit der Aussage* durch Einsatz lebendiger Verben, ausdrucksstarker Adjektive und variierter Satzanfänge bei gleichzeitiger Erweiterung des aktiven Wortschatzes erstrebt. Auch im 3. Schuljahr bedarf es noch der Bereitstellung von Wort- und Satzmaterial, das weniger den individuellen Gestaltungsfreiraum einengen als vielmehr abstützendes sprachliches Korsett sein will.

Wenn dem Schüler eine sachliche Darstellungsweise beim Beschreiben des Vorgangs „Schuhe putzen" ohne Phantasieaussagen, Gefühlsäußerungen und persönliche Wertungen abverlangt wird, so ist das besondere methodische Geschick des Lehrers gefordert, einerseits den an sich „trockenen" Unterrichtsstoff durch konkrete Handlungen und Beobachtungen der Schüler und reichlichen Bildeinsatz zu veranschaulichen und zum anderen Einsicht in die Notwendigkeit einer *präzisen und zweckgebundenen Sprachverwendung* zu vermitteln.

2. Lernziele und Lernzielkontrollen

2.1 Grobziel

Den Vorgang des Putzens von Schuhen sowohl mündlich als auch schriftlich sachgerecht beschreiben.

2.2 Feinziele

Die Schüler sollen

— die wichtigsten Schuhputzutensilien kennenlernen;
— die Funktionen dieser Säuberungsgegenstände erkennen und benennen;
— den Vorgang des Schuheputzens in seiner richtigen Abfolge bestimmen, nachvollziehen und versprachlichen;
— zur sprachlichen Darstellung treffende und abwechslungsreiche Verben, Adjektive und Satzanfänge finden;
— von einem Negativbeispiel die wichtigsten Merkmale einer Vorgangsbeschreibung ableiten;
— bei differenzierten Schreibanforderungen den Vorgang schriftlich fixieren;
— an vier exemplarischen Schülertexten positive und negative Gestaltungselemente belegen;
— nach Überarbeitung der Erstentwürfe eine reinschriftliche Textfassung herstellen.

2.3 Lernzielkontrollen
— Mündliche Gestaltungsversuche,
— Zusammenstellen der Merkmale einer Vorgangsbeschreibung,
— gezielte Überarbeitung der Entwürfe,
— angemessene schriftliche Endfixierung.

3. Lernhilfen

3.1 Anschauungsmittel

Ein Paar schmutzige Schuhe, ein (evtl. mehrere) Schuhputzkasten mit Schuhputzutensilien (Dose mit Schuhcreme, Schmutzbürste, Auftragbürste, Polierbürste, Poliertuch); Bild- und Wortkarten; verschiedene Schuharten

3.2 Arbeitsmittel

Tonbandgerät, Arbeitsblatt, Tafelanschrift

4. Verlauf des Unterrichts

4.1 Erste Stunde: Wir putzen Schuhe

4.11 Einstieg (ca. 5')

Stummer Impuls: Der Lehrer zeigt der Klasse ein Paar verschmutzte Schuhe. Die spontanen Schüleräußerungen führen zu der Einsicht, daß die Schuhe geputzt werden sollen.

Tafelanschrift: | Wir putzen Schuhe |

4.12 Erarbeitung (ca. 30')

Teilziel 1: Was wir zum Putzen brauchen

L: Putzt jetzt diese schmutzigen Schuhe!

Dieser provozierende Auftrag führt zur Aussage, daß man Schuhputzgerät benötigt.

L: Ich habe euch einen Schuhputzkasten mitgebracht. Nehmt die Gegenstände heraus, die ihr zum Putzen der Schuhe benötigt!

Zwei Schüler führen den Arbeitsauftrag vor der Klasse aus. Während ein Kind einen Gegenstand aus dem Kasten herausholt, heftet das andere die entsprechende *Bildkarte* an die mittlere Tafel („Wir putzen Schuhe").

L: Kennt ihr auch die Namen der Geräte?

Die Schüler benennen die Gegenstände mit den Fachausdrücken und hängen die entsprechenden Wortkarten an die Tafel (mittlere Tafel).

Teilziel 2: Wozu die einzelnen Gegenstände notwendig sind

Kommentarlos zeigt der Lehrer folgende *Wortkarten:*

| auftragen | nachreiben | öffnen |
| säubern | bürsten | |

Die Schüler erkennen den Arbeitsauftrag, heften die einzelnen Wortkarten jeweils zu den betreffenden Gegenständen und formulieren gleichzeitig je einen Satz, den der Lehrer an die linke Tafelseite schreibt.

L: Einer von euch darf nun die Schuhe nach dieser Anleitung an der Tafel putzen. Die Klasse stellt fest, daß die Sätze erst in eine richtige Reihenfolge gebracht werden müssen. Dies geschieht durch Numerieren.

Teilziel 3: Wir suchen abwechslungsreiche Satzanfänge

Die Putzanleitung wird laut vorgelesen. Spontan bemängeln die Schüler die gleichartigen Satzanfänge.

Aufgabenstellung: Schreibt die Putzanleitung in euer Heft mit abwechslungsreichen Satzanfängen!

Der Arbeitsauftrag wird in Alleinarbeit ausgeführt. Schwachen Schülern steht der Lehrer als Helfer und Ratgeber zur Seite. Nach Beendigung der Arbeit lesen mehrere Schüler ihre Texte vor. Die Mitschüler nehmen kritisch Stellung. An der rechten Tafelseite werden die genannten Satzanfänge notiert.

4.13 Vertiefung (ca. 10')

Zwei Schüler putzen nun bereitgestellte Schuhe und erläutern jeden einzelnen Arbeitsschritt. Nach Beendigung der Arbeit wird kritisch reflektiert, sowohl über die sachliche Richtigkeit und die richtige Reihenfolge der vollzogenen Handlungen, als auch über die Angemessenheit ihrer sprachlichen Darstellung.

Mittlere Tafel:

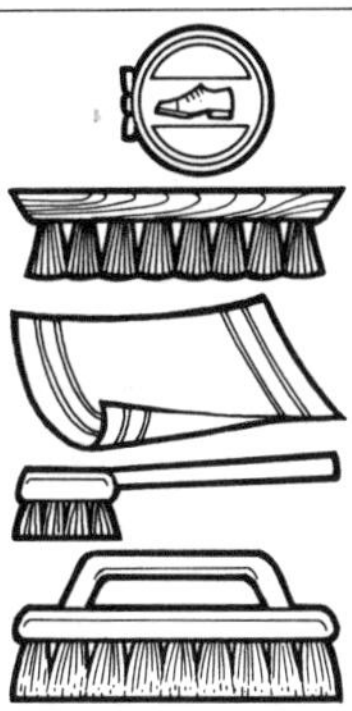

Wir putzen Schuhe

Dose mit Schuhcreme	öffnen
Schmutzbürste	säubern
Poliertuch	nachreiben
Auftragbürste	auftragen
Polierbürste	bürsten

Linke Tafelseite:

2. Wir öffnen die Dose mit der Schuhcreme.
1. Wir säubern die Schuhe mit der Schmutzbürste.
5. Wir reiben die Schuhe mit dem Poliertuch nach.
3. Wir tragen die Schuhcreme mit der Auftragbürste auf.
4. Wir bürsten die Schuhe mit der Polierbürste.

Rechte Tafelseite:

Satzanfänge

zuerst, dann,
danach, nun,
anschließend,
zuletzt, als zweites,
abschließend,
im Anschluß daran,
schließlich ...

4.2 Zweite Stunde: Wir helfen dem kleinen Schuhputzer Johnny

4.21 Einstieg (ca. 5')

Der Lehrer klappt die linke Tafelseite auf. Die Schüler sehen sich das Bild mit dem kleinen Negerjungen an, der in einer verkehrsreichen Straße einem Mann die Schuhe putzt.

Auf spontane Schüleräußerungen und -fragen gibt der Lehrer notwendige Erläuterungen zum Verständnis des situativen Kontextes.

4.22 Erarbeitung (ca. 35')

Teilziel 1: Johnny muß viele Schuhe putzen

L: Ihr könnt euch vorstellen, daß Johnny in einer großen Stadt viele Schuhe putzen muß.

Kommentarlos werden verschiedene Schuhe auf das Pult gestellt und mit Namen versehen, die an der mittleren *Tafel* fixiert werden.

Teilziel 2: Was Johnny zum Putzen braucht

L: Schaut euch das Bild noch einmal an! Wir wollen Johnny beim Schuheputzen helfen!

Es werden drei Versuche zum genauen Kennenlernen der Eigenschaften der Schuhputzutensilien durchgeführt:

Versuch 1:

Zwei Bürsten mit harten bzw. weichen Borsten liegen neben einem verschmutzten Schuh.

Die Schüler probieren aus, welche Bürste für die Beseitigung des Schmutzes geeignet ist, und begründen ihre Meinung. Die Einsicht wird als *Tafelanschrift* gesichert.

Versuch 2:

Auf dem Pult stehen ein Paar weiße und ein Paar schwarze Stiefel. Daneben liegt eine Dose mit brauner Schuhcreme. Die Schüler erkennen, daß Schuh und Schuhcreme aufeinander abgestimmt sein müssen.

Versuch 3:
Ein Schuh ist geputzt. Er muß nur noch mit Tuch und Bürste nachpoliert werden. Eine harte Polierbürste und ein schmutziges Tuch stehen den Kindern zur Verfügung.
Erkenntnis: Johnny braucht ein sauberes Tuch und eine weiche Bürste.

Teilziel 3: Johnny arbeitet gut

An der *Tafel* sind Schuhe vor und nach dem Putzvorgang zu sehen. Zwei Kinder beschreiben, wie Johnny es anstellt, die Schuhe so glänzend zu bekommen. Ihre Texte werden mit Tonband aufgenommen.

4.23 Vertiefung (ca. 5')

Besprechung und Bewertung der Texte nach sachlicher und sprachlicher Richtigkeit bei mehrmaligem konzentriertem Anhören.

Mittlere Tafel:

Wir helfen dem kleinen Schuhputzer

1. Johnny muß viele Schuhe putzen:
Herrenschuhe, Damenschuhe, Kinderschuhe, Stiefel, Halbschuhe, Wanderschuhe, Reitstiefel, Sandalen, Spangenschuhe, Schnallenschuhe

2. Johnny braucht:
eine Schmutzbürste [mit harten Borsten]
viele Dosen mit Schuhcreme [in verschiedenen Farben]
eine Auftragbürste
ein [sauberes] Poliertuch
eine [weiche] Polierbürste

3. Johnny arbeitet gut:

vorher
schmutzig
häßlich

?

nachher
sauber
schön

4.3 Dritte Stunde: Herstellen des Erstentwurfs

4.31 Einstieg (ca. 5')

Lehrerdarbietung: Anita putzt ihrem kleineren Bruder Uli jeden Tag die Schuhe, weil Mutter den ganzen Tag arbeitet. Sie hat oft wenig Zeit, weil sie Hausaufgaben machen muß oder mit ihren Freundinnen spielen will. Deshalb muß Uli oft mit schmutzigen Schuhen zur Schule gehen. Darüber ärgert er sich immer wieder. Eines Tages legt er seiner Schwester einen Zettel auf den Schuhputzkasten:

Tafelanschrift:

So putzt man Schuhe

Zuerst öffnet man die Dose mit der Schuhcreme. Dann holt man Schmutzbürste, Tuch, Polierbürste und Auftragbürste. Ich habe braune Schuhe und deshalb nimmst du am besten braune Schuhcreme. Meine Schuhe sind ja sehr hübsch. Du weißt, ich habe sie zum Geburtstag bekommen. Jetzt trägt man mit der Auftragbürste die Creme auf. Dann reibst du meine Schuhe mit der Bürste nach.

Die Schüler äußern spontan, was ihnen an dem Text falsch und verbesserungsbedürftig erscheint.

4.32 Erarbeitung (ca. 40')

Teilziel 1: Erarbeitung von Gestaltungsmerkmalen der Vorgangsbeschreibung

Sofern die Schüler nicht ohne Impulse und Anleitung des Lehrers an Textstellen typische Gestaltungsmerkmale der Vorgangsbeschreibung nachweisen, läßt sich methodisch etwa in folgender Weise verfahren:

— Der Lehrer deutet auf die Wörter Schuhcreme, Schmutzbürste, Tuch, Polierbürste, Auftragbürste.

  Als *Tafelanschrift* gesicherte Erkenntnis:

Die richtige Reihenfolge einhalten!

— Der Lehrer zeigt die Sätze: Die Schuhe sind sehr hübsch. Ich habe sie zum Geburtstag bekommen.

  Als *Tafelanschrift* gesicherte Erkenntnis:

Nur wichtige Einzelheiten aufschreiben!

In gleicher Weise werden drei weitere Gestaltungsprinzipien gewonnen:

Treffende Verben und Adjektive verwenden! Die Satzanfänge abwechslungsreich gestalten! In der Gegenwart schreiben!

Teilziel 2: Herstellen des Erstentwurfs

Mögliche Differenzierung der Schreibanforderungen:

a) *Leistungsschwächste Gruppe:* Die Schüler ergänzen einen *Lückentext* etwa folgender Art:

> Wie man seine Schuhe richtig putzt
>
> Zunächst säubert man die Schuhe mit einer ____________________. Dann öffnet man die Dose mit der ____________________. Mit der ____________________ wird eine dünne Schicht aufgetragen. Diese muß kurze Zeit eintrocknen. Schließlich ____________________ man die Schuhe mit einer weichen Polierbürste blank. Zum Schluß werden sie mit einem sauberen ____________________ nachgerieben.
>
> Setze richtig ein: Auftragbürste, bürsten, Poliertuch, Schuhcreme, Schmutzbürste

b) *Mittlere Leistungsgruppe:* Ihr steht das wichtigste *Wortmaterial* auf einem Abzug zur Verfügung:

Schuhcreme	öffnen	braun
Dose	säubern	schwarz
Schuhe	reinigen	weiß
Schuhputzkasten	auftragen	hart
Poliertuch	bürsten	weich
Auftragbürste	trocknen	trocken
Polierbürste	reiben	sauber
		glänzend

c) Die *leistungsstärkste Gruppe* gestaltet den Text frei.

Als Textadressaten können gleichaltrige Mitschüler und -schülerinnen, Geschwister und Freunde angesprochen werden, die gelegentlich ihre Schuhe selbst putzen müssen.

L: Schreibt eure Anleitung jetzt so auf, daß der Leser danach seine Schuhe ordnungsgemäß putzen kann!

Am Ende der Stunde werden die Entwürfe vom Lehrer zur Korrektur eingesammelt.

4.4 Vierte Stunde: Besprechung und Bewertung exemplarischer Entwürfe

Auf Arbeitsblättern werden zwei gelungene, ein mittelmäßiger und ein schlechter Entwurf mit Arbeitsaufträgen versehen. Diese werden zunächst in Gruppenarbeit, später im Klassenverband besprochen und bewertet.

Arbeitsblatt:

① *Ich putze Schuhe*

Als erstes nehme ich die Schmutzbürste mit den harten Borsten und bürste den Schmutz ab. Dann öffne ich die Dose mit der braunen Schuhcreme. Danach hole ich die Auftragbürste und trage die Creme dünn auf. Anschließend bürste ich mit der weichen Polierbürste die Schuhe blank. Zuletzt reibe ich kräftig mit dem Poliertuch nach.

② *Wie ich Schuhe putze*

Zuerst hole ich die Schuhe und den Schuhputzkasten. Jetzt öffne ich die Schuhcremedose und hole mir ein bißchen auf den Lappen. Ich lasse die Schuhcreme trocknen. Als nächstes reibe ich die Schuhcreme trocken und lasse den Rest trocknen.

③ *Wie ich meine Schuhe putze*

Zuerst nehme ich die Schuhe. Und dann hole ich den Schuhputzkasten. Dann gehe ich in den Keller. Jetzt bürste ich den größten Dreck ab. Danach öffne ich die Schuhcremedose. Als nächstes hole ich einen trockenen Lappen und trage Schuhwichse drauf. Nun lasse ich die Schuhe trocknen. Mit einem trockenen Lappen reibe ich sie blank.

④ *Wie ich Schuhe putze*

Zuerst hole ich meine schmutzigen Halbschuhe. Dann nehme ich die Schuhbürste mit den harten Borsten und kratze den Dreck ab. Wenn ich das gemacht habe, kann ich die braune Schuhcreme auf den Schuh verteilen. Dann nehme ich die Auftragbürste mit den weichen Borsten, streife ein bißchen Schuhcreme drauf und verteile alles auf den Schuh. Zum Schluß poliere ich noch mit dem Poliertuch nach.

Prüfe nach, ob der Leser nun weiß, wie Schuhe geputzt werden!

1. Ist die Reihenfolge genau eingehalten worden?
2. Hat der Schreiber einen Schritt vergessen?
3. Hat der Schreiber treffende Substantive, Verben und Adjektive verwendet?
4. Hat der Schreiber Wiederholungen am Satzanfang und im Satz vermieden?
5. Wie würdest du die Arbeiten benoten?

In die Besprechung werden gleiche oder ähnliche Aspekte einfließen wie in die folgenden *beispielhaften Verbalbeurteilungen* zu diesen Texten:

Verbalbeurteilung zu den Texten 1 und 4 (gelungen):

Nach deiner Anleitung vermag jeder Leser mühelos seine Schuhe zu putzen. Du hast alle wichtigen Einzelheiten in der richtigen Reihenfolge gut verständlich beschrieben.

Verbalbeurteilung zu Text 2 (mißlungen):

Du hast einige wichtige Einzelheiten beim Schuheputzen in verständlichen Sätzen aufgeschrieben. Das war schon recht erfreulich! Du solltest aber noch ergänzen, daß die schmutzigen Schuhe mit einer Schmutzbürste gereinigt werden müssen. Im zweiten Satz mußt du noch sagen, w a s du auf den Lappen holst (Schuhcreme). Überlege dir auch, ob du tatsächlich, wie du im letzten Satz schreibst, die Schuhcreme trocken reibst und dann noch den Rest trocknen läßt. Welchen Rest eigentlich? Du darfst mir das einmal erklären!

Verbalbeurteilung zu Text 3 (mittelmäßig):

Alle wesentlichen Einzelheiten beim Schuheputzen hast du angeführt. Nach deiner Anleitung kann ein Leser tatsächlich seine Schuhe putzen.

Überlege aber einmal, ob du nicht einige Wortwiederholungen vermeiden kannst, etwa bei „dann" oder „trocken, trocknen". Statt „die Schuhe trocknen lassen" kann man auch sagen: „die Schuhcreme einziehen lassen".

4.5 Fortführung der Arbeit

Reinschriftlicher Eintrag der überarbeiteten Textfassungen in ein Arbeitsheft bzw. in eine Sammelmappe.

Herstellen appellierender Texte

Gestaltungsaufgabe: *Persönlicher Brief*

Thema: *Einen (eine) Freund (in) einladen*

Stufe: *3. Schuljahr*

1. Didaktische Information

1.1 Die *Einladung* als Form des persönlichen Briefes zählt zu jenen *appellativen Textformen*, die dem Schüler nicht erst in seinem künftigen, sondern auch schon in seinem gegenwärtigen Leben begegnen. Sie wird bei angenehmen Anlässen

(Geburtstags-, Namenstags-, Hochzeits-, Tauffeier u. ä.), aber auch bei traurigen (Beerdigungen) oder sachlichen Angelegenheiten (Informations- und Fortbildungsveranstaltungen beruflicher, fachlicher, politischer Art u.a.m.) ausgesprochen.

1.2 Im *3. Schuljahr* geht es darum, das Kind mit ersten formalen, inhaltlichen und sprachlichen Strukturen eines Einladungstextes in möglichst *anschaulicher* und *konkreter* Weise vertraut zu machen und ihm ihre Anwendung in *realen* Schreibsituationen zu ermöglichen. Hierbei ist dem Kind in ungezwungener und natürlicher Atmosphäre Einsicht zu verschaffen in

a) *die formalen Komponenten:*

— den Briefkopf mit Namen und Adresse des Absenders, mit Ort und Datum abfassen,

— die dem Adressaten adäquate Anredeform wählen,

— die entsprechende Schlußformel wählen,

— die angemessenen Abstände zwischen Briefkopf, Anrede, Text und Schlußformel einhalten,

— sich um ein gut lesbares Schriftbild bemühen;

b) *die inhaltlichen Komponenten:*

— den Grund der Einladung genau bezeichnen,

— den Zeitpunkt des Beginns und den Ort der Veranstaltung angeben;

c) *die sprachlichen Komponenten:*

— die Sprachebene wählen, die dem privaten und persönlichen Charakter der Einladung entspricht;

— vorrangig das Präsens verwenden.

1.3 Bei Erprobung der Unterrichtseinheit hat sich die *deduktive* Methode am vorteilhaftesten erwiesen: Während in einem ersten Unterrichtsblock zunächst am Beispiel eines vorgegebenen „Floskelbriefes" und eines „Musterbriefes" grundlegende Gestaltungsmerkmale des Einladungsschreibens gewonnen werden, erfolgt deren Anwendung, Kontrolle und Verbesserung in einem zweiten Unterrichtsblock. Aus der unvermittelten Konfrontation der Schüler mit einer Problemstellung resultiert zum einen eine verstärkte Motivation, und zum anderen ergeben sich bedeutsame lernpsychologische und zeitökonomische Vorteile.

1.4 Wie in der „Theoretischen Grundlegung" bereits angemerkt wurde, können Unterrichtsplanung und -gestaltung nicht immer reale Schreibanlässe abwarten. Daher treten in der folgenden Konzeption die Schüler der Klasse gegenseitig als Textautoren und -empfänger in Erscheinung. Tritt der unvorhergesehene Glücksfall ein, daß ein Kind aus realem Anlaß einen Einladungstext abfassen möchte, so wird er selbstverständlich genutzt.

2. Grobziel und Lernzielkontrolle

2.1 Einen Einladungstext zu einer Feier, einem Fest oder einem Ferienaufenthalt an einen dem Autor persönlich bekannten Empfänger herstellen.

2.2 Die Schüler sind in der Lage, erarbeitete Gestaltungsregeln eines Einladungstextes bei eigenen und fremden Entwürfen zu beachten, anzuwenden und zu überprüfen.

3. Lernhilfen

Arbeitsblatt mit „Floskelbrief" und „Musterbrief"; Tafeltexte: Negative und positive Gestaltungsmerkmale, Regeln zur Herstellung eines Einladungstextes, Anlässe und Adressaten eines Einladungstextes, Inhalte einer Einladung zu einem Ferienaufenthalt, Formen der Anrede und der Schlußformel eines Briefes; Briefbögen im DIN-A5- oder DIN-A4-Format

4. Verlauf des Unterrichts

4.1 Erste Stunde: Wie ein Einladungsschreiben aussieht

Lernziele:

Die Schüler sollen

— positive und negative Merkmale einer schriftlichen Einladung aus einem „Floskelbrief" und einem „Musterbrief" ableiten;

— Regeln zur Herstellung eines Einladungsschreibens erarbeiten.

4.11 Motivation/Sprechanlaß (ca. 15')

Teilziel 1: Gewinnung positiver und negativer Gestaltungskriterien in Partner- oder Gruppenarbeit

L: Manche Kinder laden zu ihrem Geburtstag oder zu einer anderen Feier Freunde, Verwandte und Bekannte ein. Ich habe euch zwei Briefe aufgeschrieben, in denen Kinder ihre Freunde zu einem Fest einladen. Besprecht sie mit eurem Tischnachbarn (in eurer Gruppe), unterstreicht und notiert, was euch an den Briefen gefällt oder nicht gefällt!

Arbeitsblatt:

① *Sabine lädt ihre Freundin Karin ein:*

Liebe Karin

Bei uns ist bald Jahrmarkt. Wenn du willst, kannst du mit mir auf den Rummelplatz gehen. Ich freue mich schon sehr darauf.

Bis bald

Sabine

② *Markus lädt seinen Freund Stefan so ein:*

Markus Schmitt
Buchenweg 8
5500 Trier

Trier, den 9. 6.

Mein lieber Freund Stefan!

Wir feiern am Sonntag, dem 30. Juni, unsere Kirmes. Ich lade Dich herzlich ein, mit mir auf den Kirmesplatz zu gehen. Deine Eltern können Dich mit dem Auto zu uns bringen. Meine Eltern freuen sich auch schon auf Euren Besuch.

Viele liebe Grüße sendet Dir
Dein Freund
Markus

Teilziel 2: Auswertung und Sicherung der Arbeitsergebnisse

Die Schüler tragen zunächst spontan und ohne Lehrerkommentar ihre Feststellungen vor und diskutieren unterschiedliche bzw. gegensätzliche Standpunkte. Im Bedarfsfalle weist der Lehrer auf übersehene Fakten hin.

Tafelanschrift:

Brief 1	Brief 2
• Name, Adresse des Absenders, Ort und Datum fehlen	• Name, Ort und Datum werden angegeben
• kein Abstand zwischen Anrede und Text vorhanden	• die Abstände zwischen Anrede, Text und Schlußgruß sind richtig
• hinter der Anrede fehlt das Ausrufezeichen (oder Komma)	• hinter der Anrede steht ein Ausrufezeichen
• Anredefürwörter werden groß geschrieben	• die Anredefürwörter sind groß geschrieben
• der Brief enthält nicht, wann der Jahrmarkt stattfindet	• im Brief steht, wann der Jahrmarkt stattfindet
• am Ende fehlt ein Gruß	• am Ende steht ein Gruß

4.12 Erarbeitung (ca. 20')

Im Lehrer-Schüler-Gespräch werden, durch Impulse und Hinweise auf den Tafeltext, Merkmale eines Einladungstextes erarbeitet.

Tafelanschrift:

Wie ich eine Einladung schreibe:

1. Links oben stehen Name und Anschrift des Absenders, rechts oben stehen Ort und Datum.
2. Hinter der Anrede steht ein Ausrufezeichen oder ein Komma.
3. Anredefürwörter werden groß geschrieben (Du, Dein, Dich).
4. Im Brief steht, wann und wo eine Feier oder ein Fest stattfindet.
5. Am Ende steht ein Gruß oder ein Wunsch.

4.13 Sicherung (ca. 10')

Abschreiben der Tafeltexte

Hausarbeit: Schreibt auf, wen ihr einladet und zu welcher Gelegenheit!

4.2 Zweite und dritte Stunde: Herstellen eines Einladungsbriefes

Lernziele:

Die Schüler sollen

— Anlässe und Adressaten von Einladungsschreiben nennen;

— inhaltliche Schwerpunkte sowie verschiedene Formen der Anrede und der Schlußformel eines Einladungsschreibens an einen Ferienfreund erarbeiten;

— Einladungen zu einem Ferienaufenthalt oder aus einem Anlaß eigener Wahl mündlich und schriftlich gestalten;
— die Entwürfe beurteilen und ggf. Empfehlungen zu ihrer Verbesserung geben;
— reinschriftliche Textfassungen herstellen.

4.21 Anknüpfung (ca. 10')

Hausaufgabenkontrolle: Die von den Schülern vorgetragenen Anlässe und Adressaten von Einladungstexten werden diskutiert und an der Tafel fixiert.

Beispielhafte Tafelanschrift:

Grund	Wen wir einladen
Geburtstags- oder Namenstagsfeier	Freunde, Freundinnen, Eltern, Großeltern, Geschwister, Verwandte, Bekannte
Jahrmarkt, Kirmes, Volksfest	Freunde, Freundinnen, Nachbarskinder
Ferienaufenthalt	bekannte und verwandte Kinder
Kinderkarneval	Freunde, Freundinnen, Kusin, Kusine, Nachbarskinder

4.22 Erarbeitung (ca. 60')

Teilziel 1: Erarbeiten von Inhalten eines Einladungsbriefes

L: Einige von euch haben sicherlich schon bekannte oder verwandte Kinder zu sich in die Ferien eingeladen!

SS berichten, wie sie selbst eingeladen haben oder eingeladen wurden.

L: Ein Brief an einen Freund oder eine Freundin muß wichtige Angaben enthalten.

Im gelenkten Unterrichtsgespräch werden Gesichtspunkte erarbeitet.

Tafelanschrift:

<u>Was in dem Brief steht:</u>
Wann die Ferien beginnen
Wie der Freund oder die Freundin anreist:
mit dem Auto, dem Bus, dem Zug, dem Fahrrad...
Was wir in den Ferien unternehmen wollen:
eine Fahrradtour machen, den Zoo besuchen, ins Schwimmbad gehen, Fußball spielen...
Wie lange die Ferien dauern

Teilziel 2: Mündliche Gestaltungsversuche und Ableitung verschiedener Anrede- und Schlußformeln eines Briefes

Mehrere Schüler gestalten einen Einladungstext. Die Mitschüler beurteilen die Gestaltungsversuche danach, ob

— alle für den Adressaten wichtigen Informationen gegeben,
— adressatengerechte Anrede- und Schlußformeln gefunden wurden.

Es ist zu erwarten, daß die Schüler die ihnen aus dem Musterbeispiel bekannten Anrede- und Schlußformeln verwenden. Der Lehrer macht auf unterschiedliche Möglichkeiten aufmerksam, die mit Hilfe von Impulsen gewonnen werden.

Tafelanschrift:

> Anrede:
>
> Mein lieber ...
> Meine liebe ...
> Lieber ...
> Liebe ...
> Mein lieber Freund ...
> Meine liebe Freundin ...
> ...
>
> Gruß am Briefende:
>
> Alles Gute wünscht Dir ...
> Alles Liebe wünscht Dir ...
> Viele herzliche Grüße sendet Dir ...
> Auf ein Wiedersehen freut sich ...
> Nochmals alles Gute wünscht Dir ...
> ...

Teilziel 3: Entwurf eines Einladungsbriefes in Alleinarbeit

Briefbogen werden verteilt.

Differenzierung der Schreibanforderungen:

Je nach Leistungsstand einer Klasse im schriftsprachlichen Bereich

— verfassen *alle Schüler* eine Einladung an einen Freund oder eine Freundin zu einem Ferienaufenthalt,

— verfassen *schwache Schüler* eine Einladung zu einem Ferienaufenthalt; *schreibgewandten Schülern* wird die Wahl eines eigenen Schreibanlasses (Geburtstag, Fest u. ä.) anheimgestellt.

Die Kinder wählen in gegenseitigem Einvernehmen einen Klassenkameraden als Adressaten aus. Fertiggestellte Briefe werden an die Adressaten zum Lesen weitergereicht.

Beispiele einiger Schülerarbeiten (ohne Briefkopf):

Meine liebe Kusine Anja!

Ich lade Dich ein, in den großen Ferien zwei Wochen zu uns zu kommen. Meine Eltern freuen sich auch, wenn Du kommst. Dann können wir wieder zusammen schwimmen und radfahren. Deine Eltern können Dich ja mit dem Auto bringen, und wir fahren Dich wieder nach Hause.

Viele Grüße sendet Dir

Deine Kusine Christa

Liebe Astrid!

Hast Du Lust, in den Sommerferien zu mir zu kommen? In der Zeit zwischen dem 1. 8. und dem 23. 8. bin ich zu Hause. Meine Eltern könnten Dich abholen. Ich und meine ganze Familie freuen sich schon sehr auf Deinen Besuch. Wenn Du kommst, rufe bitte an!

Noch viele herzliche Grüße an Dich und Deine Eltern sendet Dir

Deine Petra

Lieber Michael,
ich feiere am Mittwoch, dem 27. Oktober, meinen Geburtstag. Dazu möchte ich Dich herzlich einladen. Ich würde mich freuen, wenn Du kommen könntest.
Gib mir bald Nachricht!

Viele liebe Grüße sendet Dir
Dein Freund Matern

Lieber Jürgen!
Ich würde mich sehr freuen, wenn Du mit Deinem Bruder und Deinen Eltern mit uns wandern würdest. Die Wanderung beginnt am 1. Mai um acht Uhr morgens. Wir haben vor, auf der „Dreifaltigkeit" Würstchen zu braten. Ich warte mit meinen Eltern am Kaisergarten auf Euch.

Viel Grüße sendet Dir
Dein Thomas

Liebe Claudia!
Ich feiere am 16. 7. eine kleine Gartenparty. Sie beginnt um 14 Uhr. Ich und meine Eltern freuen sich sehr, wenn Du kommst. Ich hoffe, daß die anderen auch kommen. Wir spielen auch Topfschlagen, Sackhüpfen und „Hänschen, du stinkst". Viel Spaß!

Alles Gute wünscht Dir
Deine Elke

4.23 Verarbeitung (ca. 20')

Teilziel 1: Besprechen und Beurteilen der Entwürfe im Klassenverband

— Einige Schüler lesen die an sie adressierten Briefe mit Zustimmung der Autoren vor und treffen Feststellungen zu ihrer Angemessenheit; übersehene positive und negative Fakten ergänzt die Klasse.
— Ausgewählte geglückte oder mißlungene Textbeispiele werden mit Hilfe des Episkops einer detaillierten Analyse zugänglich gemacht.

Teilziel 2: Überarbeiten und Korrigieren der Entwürfe

Hausarbeit: Herstellen der Reinschrift

Gestaltungsaufgabe: *Sachlicher Brief*

Thema: *Eine Anfrage an einen Förster richten*

Stufe: *3. Schuljahr*

1. Didaktische Information

1.1 Die *Anfrage* als Form eines sachlichen Briefes läßt sich unter kommunikativem Aspekt einer speziellen Ausprägung *appellativer Texte* zuordnen, in denen der Appell nicht direkt sprachlich formuliert ist, sondern aus einer erbetenen Information abgeleitet werden muß.

1.2 Die lebenspraktische Bedeutung der Anfrage und ihre hieraus resultierende Bildungsrelevanz sind unbestritten. Zahlreiche Lebenslagen erfordern das Einholen von Informationen bei Behörden, Verwaltungen, Betrieben, Schulen u. dgl. In diesem Sinne steht die Unterrichtsthematik „Wildfütterung im Winter" *exemplarisch* für zahllose gleich oder ähnlich gelagerte Schreibsituationen und -intentionen.

Wo sie außerhalb der Interessensphäre der Schüler liegt, werden didaktische und methodische Strukturen dieser Unterrichtseinheit auf standortspezifische Fragenkomplexe übertragen, z. B.: Anfragen an eine Zooverwaltung bezüglich der Überwinterung von Tieren aus südlichen Erdteilen, Anfrage an eine Stadtverwaltung bezüglich des geplanten Baus eines Spielplatzes, eines Schwimmbades, einer Turnhalle u. ä.

1.3 Im *3. Schuljahr* müssen Thematik und Problematik der Anfrage

— eingebettet sein in den Erfahrungs- und Erlebnisbereich des Kindes; die Problemstellung ergibt sich in der Regel im Sachunterricht oder im Leseunterricht bei der Behandlung eines Prosastücks oder eines Gedichts;

— auf einen e i n z i g e n abgeschlossenen Fragenkomplex abheben, der für das Kind dieser Altersstufe überschaubar und in seinen Schichtungen durchschaubar ist.

1.4 Aus der Sicht des Deutschunterrichts ist die Klärung eines spezifischen problematischen Sachverhalts gegenüber der Vermittlung formaler, inhaltlich-sachlicher und sprachlicher Grundstrukturen eines sachlichen Briefes von untergeordter Bedeutung.

Während sich die formale Gestaltung einer Anfrage kaum von derjenigen des persönlichen Briefes abhebt, weist sie doch völlig andere inhaltliche und sprachliche Aspekte auf.

Inhalte:

— kurze Begründung der Anfrage,

— Bitte um Antwort,

— sachliche, knappe und klar verständliche Fragen zum Sachverhalt,

— Vermeidung persönlicher Aussagen,

— Dank im voraus für die erteilten Auskünfte.

Sprache:

— die Sprachebene entspricht dem sachlichen und nicht-persönlichen Charakter der Anfrage,

— die erbetenen Auskünfte werden in Fragen gekleidet,

— überwiegendes Anredefürwort ist „Sie".

1.5 Bei der Anfrage an einen Förster als *realen* Textempfänger, der auch eine schriftliche Antwort gibt, lernen die Kinder einen abgeschlossenen Kommunikationsprozeß kennen. Im Antwortschreiben erfahren sie *real* die Wirkung eines Briefes und die Reaktion des Empfängers. Die damit verbundenen Einsichten und Erkenntnisse wiegen den Nachteil auf, daß nicht jeder einzelne Schüler, sondern nur die ganze Klasse als Sender und Empfänger in Erscheinung treten kann.

2. Grobziel und Lernzielkontrolle

2.1 Eine sachliche Anfrage zur Problematik der Wildfütterung im Winter an einen Förster abfassen.

2.2 Formale, inhaltliche und sprachliche Kriterien einer Anfrage werden bei mündlichen und schriftlichen Textproduktionen angemessen berücksichtigt und angewendet.

3. Lernhilfen

Tafeltexte: ungeordnete und geordnete Fragen an einen Förster, Beschriftung von Briefbogen und Briefumschlag, Regeln zur Herstellung einer schriftlichen Anfrage; Fotografie, Abbildung, Film, Zeitungsbericht, Tonbandmitschnitt eines Rundfunk- oder Fernsehberichts über notleidende Tiere im Winter; Briefbogen in DIN-A5- oder DIN-A4-Format; Briefumschläge

4. Verlauf des Unterrichts

4.1 Erste Stunde: Inhalte einer Anfrage an den Förster

Lernziele:

Die Schüler sollen

- Notwendigkeit und Möglichkeit einer Anfrage an den Förster aus einer im Unterricht aufgetauchten Problemstellung ableiten;
- Fragen an den Förster notieren, vorlesen und abschreiben.

Phase/Zeit	*Mögliches Unterrichtsgeschehen*	*Didaktisch-method. Kommentar/Medien*
Motivation ca. 10'	Sprechanlaß und Problemstellung: Die Schüler benennen die Möglichkeit einer schriftlichen Anfrage an den Förster zum Problem der Wildfütterung im Winter aufgrund — einer Reihe ungeklärter Fragen, die im Sachunterricht aufgetaucht sind; — offener Fragen im Anschluß an ein Lesestück oder ein Gedicht, die sich mit der Problematik notleidender Tiere im Winter befassen; — allgemein winterlicher Witterungsverhältnisse; — eines Films über notleidende Tiere im Winter; — einer aktuellen Fotografie aus Zeitung oder Zeitschrift; — eines aktuellen Zeitungs-, Rundfunk- oder Fernsehberichts über notleidende Tiere.	Der L wählt den Sprechanlaß aus, der sich aus der natürlichen Unterrichtssituation ergibt. Eine Einbettung in den stofflichen Rahmen des Sach- oder Leseunterrichts ist bei Bereitstellung anderweitiger motivierender Medien (Fotografien, Zeitungs-, Rundfunk-, Fernsehberichte) nicht erforderlich.
	In spontanen Äußerungen versuchen die Kinder, die aufgetauchten Probleme der Überwinterung von Tieren mit Hilfe ihres Vorwissens zu lösen.	Der L nimmt die Beiträge ungelenkt und ohne Kommentar entgegen.
	L: Ihr habt selbst gemerkt, daß unser Wissen nicht ausreicht, auf alle Fragen eine ausreichende Antwort zu geben. Wir können aber genaue Auskünfte einholen!	Impuls
	SS benennen die Möglichkeit der Anfrage bei einem Förster.	
Erarbeitung ca. 30'	*Teilziel 1: Erarbeiten von Fragen an den Förster* Die SS notieren die Fragen auf ihrem Block.	Partner- oder Gruppenarbeit
	Teilziel 2: Vortragen und Sichern der ungeordneten Fragen an der Tafel	

Phase/Zeit	*Mögliches Unterrichtsgeschehen*	*Didaktisch-method. Kommentar/Medien*
	Fragen an den Förster: Wo wird die Futterkrippe aufgestellt? Wer stellt die Futterkrippe auf? Welches Futter liegt in der Futterkrippe? Wer füllt das Futter nach? Welche Tiere kommen zur Futterkrippe? Kommen auch kleine Tiere wie Hasen, Eichhörnchen und Vögel? Was und wieviel fressen die Tiere? Wie oft kommen die Tiere? Haben die Tiere Angst? ...	Umfang und Ausdifferenzierung der Fragen hängen vom individuellen Wissensstand und Interesse einer Klasse ab.
Sicherung ca. 5'	Abschreiben des Tafeltextes *Hausaufgabe:* Wählt vier bis sechs Fragen aus, die euch am wichtigsten und interessantesten erscheinen!	Wechsel der Aktivitätsform

4.2 Zweite und dritte Stunde: Herstellen einer Anfrage an den Förster

Lernziele:

Die Schüler sollen

— Gesichtspunkte und Regeln zur formalen, inhaltlichen und sprachlichen Gestaltung eines sachlichen Briefes erfahren;
— die Beschriftung des Briefumschlags kennenlernen;
— mündliche und schriftliche Anfragen herstellen;
— einen gelungenen schriftlichen Entwurf zum Versand an den Förster auswählen.

Phase/Zeit	*Mögliches Unterrichtsgeschehen*	*Didaktisch-method. Kommentar/Medien*
Anknüpfung ca. 15'	Mehrere SS lesen ihre ausgewählten Fragen vor. *Anschrift* an der linken Tafelseite:	Hausaufgabenkontrolle
	Unsere Fragen Welche Tiere kommen an die Futterkrippe? Was fressen die Tiere? Wer stellt die Futterkrippe auf und sorgt für das Futter? Wo werden Futterkrippen aufgestellt? Wie oft kommen die Tiere zur Futterkrippe? Haben die Tiere an der Futterkrippe Angst?	Auswahl und Reihenfolge der fixierten Fragen erfolgen nach Diskussion und in Übereinstimmung mit der Klasse. Der nebenstehende Katalog hat lediglich Beispielcharakter und läßt sich beliebig kürzen oder erweitern.

Phase/Zeit | *Mögliches Unterrichtsgeschehen* | *Didaktisch-method. Kommentar/Medien*

Erarbeitung
ca. 65'

Teilziel 1: Wie wir Briefbogen und Briefumschlag beschriften

Im gelenkten Unterrichtsgespräch werden Form und Inhalt der Anfrage erarbeitet.

Anschrift auf der Mitteltafel:

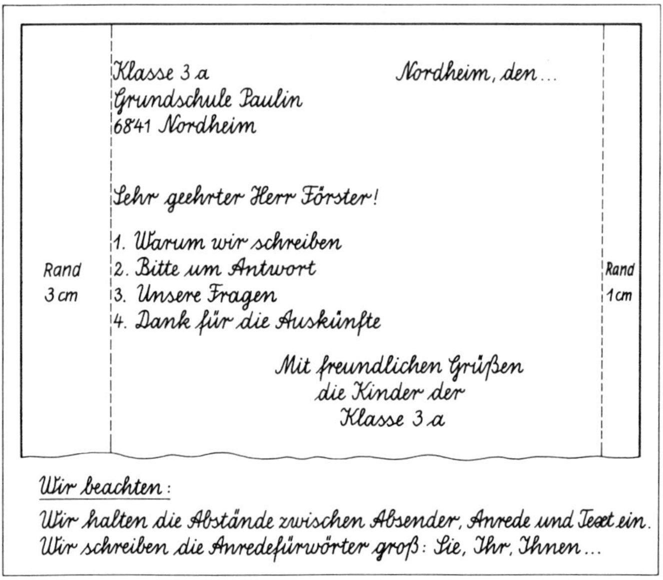

Gelenktes Unterrichtsgespräch

Anschrift auf der rechten Tafelseite:

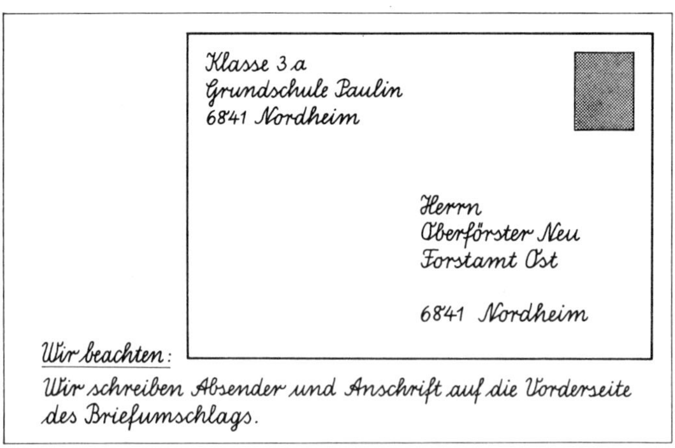

Gelenktes Unterrichtsgespräch

Phase/Zeit	Mögliches Unterrichtsgeschehen	Didaktisch-method. Kommentar/Medien
	Teilziel 2: Mündliche Textherstellung	
	Die Gestaltungsversuche werden danach beurteilt, ob	
	— alle erforderlichen formalen Angaben (Absender, Ort, Datum, Anrede, Schlußformel) gegeben worden sind,	Die Tafeltexte stehen zur ständigen Einsicht bereit.
	— vier bis sechs wichtige Fragen an den Förster in einer sinnvollen Reihenfolge enthalten sind.	
	Teilziel 3: Herstellen schriftlicher Entwürfe	
	Briefpapier und Briefumschläge werden verteilt.	Allein-, Partner- oder Gruppenarbeit
	L: Schreibt eure Briefe sauber und fehlerfrei! Den „schönsten" Brief wollen wir nachher auswählen und an Herrn Oberförster Neu schicken!	Briefbögen und Briefumschläge Das benötigte Wort- bzw. Satzmaterial steht bereits an der Tafel, sodaß jeder durchschnittlich begabte Schüler die Aufgabenstellung bewältigen kann.
Verarbeitung ca. 10'	Die fertigen Entwürfe werden innerhalb der Sitzgruppen mit vier bis sechs SS ausgetauscht, vorgelesen und bezüglich ihrer inhaltlichen und formalen Gestaltung besprochen.	Gruppenarbeit
	Der beste Entwurf wird ausgewählt und der Klasse abschließend mit Hilfe des Episkops veranschaulicht.	Episkop

Beispiel einer gelungenen Schülerarbeit, die abgesandt und beantwortet wurde:

Klasse 3a
Grundschule Paulin
6841 Nordheim

Nordheim, den 16.1. ...

Sehr geehrter Herr Oberförster Neu!

Im Sachunterricht sprechen wir gerade über die Not der Tiere im Winter. Wir wissen aber oft nicht genau Bescheid. Bitte, beantworten Sie uns ein paar Fragen!
Wer stellt die Futterkrippen auf und sorgt für das Futter?
Wo werden die Futterkrippen aufgestellt?
Welche Tiere kommen?
Was wird ihnen angeboten?
Haben sie Angst?
Wir sagen Ihnen vielen Dank für Ihre Antwort.

Mit freundlichen Grüßen
die Kinder der
Klasse 3a

Antwortschreiben von Oberförster Neu:

Oberförster Neu
Forstamt Ost
6841 Nordheim

Nordheim, den 22. 1. . . . .

An die
Klasse 3a
Grundschule Paulin
6841 Nordheim

Liebe Kinder!

Über Euren Brief vom 16. 1. habe ich mich sehr gefreut, und ich danke Euch recht herzlich dafür.

Die Versorgung des Wildes während der kalten Wintermonate bereitet uns auch im Forstamt Ost Jahr für Jahr große Sorge, doch gelingt es uns immer wieder, die ärgste Not der Tiere zu lindern.

Nun will ich Eure Fragen in der Reihenfolge beantworten, wie Ihr sie vorgetragen habt:

Die Futterkrippen stellen in der Regel Förster und Forstgehilfen oder Jagdpächter und ihre Helfer auf. Diese versorgen die Krippen regelmäßig mit Futter.

Die Futterkrippen werden an geschützten Stellen im Wald, fernab von Straßen- und Verkehrslärm, aufgestellt, wo reger Wildwechsel herrscht. Vorwiegend große Tiere, die viel Nahrung brauchen und bei Frost und hohem Schnee kein Futter finden, suchen die Futterkrippe auf. Dazu zählen vor allem Hirsche, Rehe und Wildschweine. Seltener finden Hasen oder Vögel den Weg zur Futterkrippe.

In der Futterkrippe werden Heu, Stroh, Rüben- und Kartoffelgrütze, Eicheln, Bucheckern und Getreidearten angeboten. Es ist anzunehmen, daß so scheue Tiere wie Hirsche, Rehe und Wildschweine nur mit großer Überwindung das schützende Dickicht verlassen, um an die Futterkrippe zu kommen. Der Hunger ist jedoch stärker als die Angst.

Für Euer Interesse darf ich mich nochmals herzlich bedanken. Ich wünsche Euch viel Spaß in der Schule und bin

mit freundlichen Grüßen

Neu, Oberförster

4.3 Fortführung

Das Antwortschreiben des Försters wird der Klasse fotokopiert oder vervielfältigt zur gründlichen Besprechung vorgelegt. Die Schüler treffen Feststellungen dazu, ob der Förster

— auf ihre Einzelfragen ausreichend informierende Antworten erteilt und
— in seinem Schreiben die formalen Gestaltungsmerkmale des Briefes beachtet hat.

Unterrichtseinheiten für das 4. Schuljahr

Herstellen erzählender Texte

Gestaltungsaufgabe: *Erzählen nach einer vertauschten Bilderfolge*

Thema: *Der Schmöker*

Stufe: *4. Schuljahr*

1. Didaktische Information

1.1 Die Bildervorlage (1):

1.2 Diese Bilderfolge erzählt eine lustige Begebenheit zwischen Vater, Mutter und Sohn in sechs Einzelbildern ohne breite Geschehenslücken. Ihre Pointe beruht auf dem überraschenden Verhalten des Vaters, das nicht dem vom Betrachter erwarteten Rollenverhalten bzw. Vaterklischee folgt. Es bietet sich ein Bündel vorzüglicher didaktischer Nutzungsmöglichkeiten an:

- Die Bilderfolge ermöglicht über ihre Primärfunktion sprachlicher Kompetenzerweiterung durch mündliches Erschließen und schriftliches Gestalten der Bildinhalte hinaus Entfaltung und Training von Kombinations- und Konzentrationsfähigkeit der Schüler, indem vor die sprachliche Erschließung des Gesamtgeschehens das logische Ordnen der durcheinandergewürfelten Einzelbilder gestellt ist. Die hieran gekoppelte Problemstellung verstärkt Lernanreiz und Schreibmotivation.
- Bei Weglassen des letzten Bildes der Serie bleibt der Ausgang des Geschehens offen, und seine zeichnerische und sprachliche Lösung wird zur verlockenden Aufgabe für den Schüler.
- Prägend für diese Bildergeschichte ist ihr *Dialogcharakter*, der eine frische, lebhafte, unterhaltsame, d. h. letztlich eine auf Leser oder Hörer abgestellte Umsetzung der Bildinformationen in Sprache erwarten läßt. Diesen gilt es in besonderer Weise durch szenisches Spiel und schriftliche Fixierung der Dialoge für eine lebendige und mitreißende Textherstellung nutzbar zu machen.

2. Grobziel und Lernzielkontrolle

2.1 Herstellen einer frischen und lebendigen Erzählung nach der Bilderfolge „Der Schmöker", die Lesern und Hörern angenehme Unterhaltung bietet.

2.2 Die typischen Erzählmomente der Bildergeschichte werden berücksichtigt bei mündlichen Gestaltungsversuchen, Entwurf, Korrektur und Reinschrift.

3. Lernhilfen

Abzüge der verstellten Einzelbilder von „Der Schmöker" ohne das sechste und letzte Bild; szenisches Spiel; Tafeltexte: Gestaltungsmerkmale und -hilfen, Wortmaterial

4. Verlauf des Unterrichts

4.1 Erste und zweite Stunde: Erschließen der Bilderfolge sowie mündliche und schriftliche Textgestaltung

Lernziele:

Die Schüler sollen

- aus dem ungeordneten Bilderangebot den richtigen Geschehensablauf finden und die Situation durch zeichnerische Füllung des leeren Bildrahmens am Ende einer sinnvollen Lösung zuführen;
- die Bildinhalte einzeln und im Kontext durch Fixierung von Dialogtexten und szenisches Spiel erschließen und auf Adressaten bezogene Gestaltungsregeln und -hilfen benennen;
- mündlich und schriftlich eine lebendige und frische Erzählung herstellen, die Hörer und/oder Leser fesselt.

4.11 Einstieg (ca. 5')

Möglichkeiten:

a) *Vorbereitende Hausaufgabe:* Die Schüler erhalten Abzüge der Bilderfolge mit dem Auftrag: Schneidet die Bilder aus, klebt sie in der richtigen Reihenfolge im Heft oder im Block auf und füllt den leeren Bildrahmen am Ende aus! Schreibt unter jedes Bild, was die dargestellten Personen sprechen!

b) *Unterrichtsgespräch:* Antizipation möglicher Bildinhalte von der Thematik „Der Schmöker" (Tafelanschrift) her.

c) *Unterrichtsgespräch:* Kinder kommen gelegentlich der Bitte ihrer Mutter nicht nach, sich an den gedeckten Mittagstisch zu setzen.

d) *Unterrichtsgespräch:* Aufgaben, Pflichten und Verhaltensweisen unseres Vaters.

e) *Unvermittelte Konfrontation der Schüler mit der Bildervorlage:* Der Lehrer nimmt spontane Schüleräußerungen kommentarlos entgegen; diese leiten zur weiteren Aufgabenstellung über.

4.12 Erarbeitung (ca. 40')

Teilziel 1 (sofern nicht im Rahmen der Hausarbeit erledigt): *Ausschneiden, Ordnen, Aufkleben und Ergänzen der Bilderfolge* in Allein-, Partner- oder Gruppenarbeit mit anschließender Diskussion der erarbeiteten Lösungen

Die vertauschte Bildervorlage:

Schneide die fünf Bilder aus und klebe sie in der richtigen Reihenfolge auf!
Male in den leeren Rahmen das letzte Bild der Geschichte und klebe es dazu!

⑥

Beispiele für Lösungen, die Schüler einer Erprobungsklasse für den Ausgang der Geschichte fanden:

- *Die Familie sitzt vereint am Mittagstisch und speist.*
- *Während der Sohn den Vater gewaltsam zum Mittagstisch zieht, nimmt Vater das Buch - hinter dem Rücken versteckt - mit.*
- *Vater, Mutter und Sohn lassen das Mittagessen stehen und lesen auf dem Bauch liegend in einem Buch.*
- *Als der Sohn den Vater zum Mittagstisch bringt, liest Mutter ihrerseits in einem Buch.*

Teilziel 2: Szenisches Spiel

Die einzelnen Spielgruppen erhalten den Auftrag, die Situation am Ende jeweils einer anderen Lösung zuzuführen. Vor Spielbeginn beraten die Spielpartner kurz den geplanten Spielverlauf.

Die Schüler fanden u. a. folgende Lösungsmöglichkeiten:

— Der Sohn bringt seinen Vater mühelos zum Mittagstisch.

— Sohn und Vater lesen gemeinsam im Buch weiter.

— Vater und Sohn kommen miteinander im Buch lesend zum Mittagstisch.

— Vater und Sohn lesen im Spielzimmer, Mutter ihrerseits greift in der Küche zu einem Buch und beginnt ebenfalls zu lesen.

— Der Vater legt sich zu seinem Sohn und liest; schließlich kommt Mutter hinzu, legt sich zu den beiden und liest ebenfalls in dem Buch.

Teilziel 3: Aufschreiben, Vorlesen und Besprechen von Dialogtexten zu jedem Bild
Beispiele aus der Praxis:

Josef:

Bild 1	Bild 2	Bild 3
Vater: „Wo bleibt denn heute unser sehr geehrter Herr Sohn?" *Mutter:* „Ach, geh' ihn doch bitte holen!"	*Vater:* „Steh' auf, du Schlingel! Hast du denn nicht gehört, daß Mutter gerufen hat?" *Sohn:* „Ich geh' ja schon . . ."	*Vater:* „Marsch ab! — Sehr interessant, hoch interessant!"

Bild 4	Bild 5	Bild 6
Mutter: „Wo Vater nur bleibt . . ." *Sohn:* „Ich seh' mal nach."	*Vater:* „Spannendes Buch! Wirklich spannendes Buch!"	*Sohn:* „Wo bleibst du Schlawiner denn so lange? Ab an den Mittagstisch! Und außerdem gehört das Buch mir!" *Vater:* „Ja, ja."

Annette:

Bild 1	Bild 2	Bild 3
Vater: „Wo ist denn unser Sohn?“ *Mutter:* „Der ist bestimmt in seinem Zimmer. Hole ihn doch bitte, damit wir mit dem Essen anfangen können!“	*Vater:* „Manfred, komm zum Mittagessen!“ *Sohn:* „Mach' ich, ich kennzeichne nur gerade noch, wo ich am Lesen bin.“	*Vater:* „Ja, was liest du denn Schönes?“ *Sohn:* „Robin Hood.“ *Vater:* „Oh, das ist bestimmt interessant!“ *Sohn:* „Und wie!“

Bild 4	Bild 5	Bild 6
Mutter: „Wo bleibt denn Vater so lange?“ *Sohn:* „Ich weiß nicht . . .“ *Mutter:* „Am besten, du suchst ihn mal. Das Essen wird ja kalt.“	*Sohn:* „Vater, nun komm endlich! Das Essen wartet auf dich!“ *Vater:* „Ich komme gleich!“	*Sohn:* „Also gut, dann essen eben Mutter und ich die ganzen Knödel allein auf!“ *Vater:* „Oh nein, das darf nicht sein! Ich komm' ja schon!“

Petra:

Bild 1	Bild 2	Bild 3
Vater: „Könntest du mir bitte die Kartoffeln geben?“ *Mutter:* „Geh' bitte erst den Jungen holen! Er ist in seinem Zimmer!“	*Vater:* „Peter, Peter! Komm sofort zum Essen! Liest du wieder einen Schmöker? Du guckst besser in das Schulbuch!“ *Sohn:* „Ja, ja, ich komm ja schon. Überhaupt, das ist der neueste Krimi!“	*Vater:* „Red' nicht so viel, mach', daß du ißt!“ *Sohn:* „Ich bin ja schon unterwegs.“ *Vater:* „Ich guck' mal in das Buch. Krimis lese ich ja besonders gern. Und auch noch von meinem Lieblingsautor.“

Bild 4	Bild 5	Bild 6
Mutter: „Da bist du ja! Wo bleibt denn jetzt dein Vater? Geh' ihn suchen, man kann ja nie zusammen essen!“	*Sohn:* „Immer muß ich Papa suchen! Wo der bloß steckt! Vielleicht in meinem Zimmer! Ich guck' mal nach. Sag bloß, das ist Papa? Liegt auf dem Boden und liest mein Buch! Und mich schickt er essen. So was hat man gern! Na warte!“	*Sohn:* „Papi! Du darfst das Buch lesen, aber erst, wenn ich fertig bin. Und platsch, jetzt schlage ich das Buch zu!“

Teilziel 4: Benennen möglicher Textadressaten

Als Leser bzw. Hörer kommen in Frage: Schüler der eigenen und anderer Klassen, Eltern, Freunde, Geschwister, Bekannte, Lehrer u. a. Publikationsorgane können sein: Pinnwand in Klasse oder Schule, Klassengeschichtenbuch, Lesemappe u. ä.

Teilziel 5: Erarbeiten von Gestaltungsregeln und -hilfen

Im gelenkten Unterrichtsgespräch werden Gestaltungsprinzipien vor, während oder nach den mündlichen Gestaltungsversuchen gesammelt. Der folgende Kriterienkatalog läßt sich um zwei bis fünf Merksätze erweitern, deren Beachtung und bewußte Anwendung einer Klasse noch in besonderer Weise Schwierigkeiten bereitet, z. B. abwechslungsreiche Gestaltung der Satzanfänge, Einhaltung der richtigen Reihenfolge, Erzeugung von Lebendigkeit und Spannung durch Frage- und Ausrufesätze u. a. m.

Tafelanschrift:

So erzähle ich meine Bildergeschichte:

1. Ich wähle eine treffende Überschrift.
2. Ich erzähle alle Einzelheiten in der richtigen Reihenfolge.
3. Ich lasse die Personen Lustiges und Interessantes reden, rufen, fragen und denken.
4. Ich wähle abwechslungsreiche Verben und farbige Adjektive.
5. Ich spreche meine Hörer und Leser unmittelbar an:

Was meint ihr, . . .	Falsch geraten!
Ihr ratet nicht, . . .	Ihr habt gedacht, daß . . .
Glaubt ihr, . . .	Nur Geduld!
Hört nur, wie . . .	

6. Ich erzähle lebendig mit Ausrufen und Fragen:

Ui!	Achtung!
Oh Schreck!	Hoppla!
O weh!	Was nun?
Schade!	

4.13 Verarbeitung (ca. 45')

Teilziel 1: Mündliche Gestaltungsversuche

Ihre Besprechung erfolgt nach Maßgabe der Kriterien.

Teilziel 2: Schriftliche Textherstellung

Sofern die Zeit zur Bewältigung der Aufgabenstellung nicht ausreicht, wird die Arbeit als Hausaufgabe zu Ende geführt.

Beispiele zufriedenstellender Schülerarbeiten

Entwurf 1:

Viel Wirbel um ein Buch

Mutter stellte das Essen auf den Tisch und sagte: „Das Essen ist fertig, wir können anfangen." Doch Vater fragte: „Wo ist denn unser Sohn Paul?" Da antwortete sie: „Ach, der ist bestimmt in seinem Zimmer. Geh' ihn bitte holen!" Vater schmollte, denn er saß gerade so schön gemütlich am Mittagstisch. Aber er ging trotzdem. „Paulchen, Paulchen, Paul! Komm sofort zum Essen! Liest du schon wieder einen Schmöker? Du guckst besser in das Schulbuch!" Paulchen antwortete: „Ja, ja, ich komm' ja schon. Überhaupt, das ist der neueste Krimi." Vater aber meinte: „Halte keine Gardinenpredigt! Mach', daß du in die Küche kommst!" Als Paul weg war, glotzte Vater in das Buch, weil es von seinem Lieblingsautor stammte. Paul saß schon am Tisch, da fragte ihn Mutter: „Wo warst du so lange? Und wo ist denn jetzt Vater? Geh' ihn suchen! Man kann wohl nie zusammen essen!" Paul meckert: „Immer ich! Wo der bloß ist?" Was glaubt ihr, was Paulchen entdeckte, als er in sein Zimmer kam? Lag doch wahrhaftig sein Vater auf dem Boden und las sein Buch! Jetzt wurde Paul aber wütend. „Mich schickst du zum Essen und selber liest du!" donnerte er seinen Vater an, „na warte!" Und „bum" schlug er dem verdutzten Vater das Buch vor der Nase zu.

Entwurf 2:

Das dumme Buch ist schuld

Vater und Mutter sitzen schon am Mittagstisch. Genüßlich zieht Vater den Essensduft ein. Da bemerkt er den leeren Platz seines Sohnes. Er fragt: „Wo bleibt denn unser Herr Sohn?" Mutter antwortet: „Wo soll er schon stecken? In seinem Zimmer natürlich! Ruf' ihn doch bitte!" Murrend steht der Vater auf und geht in Toms Zimmer. „Essen kommen!" ruft er in das Zimmer hinein. Tom erhebt sich langsam, ohne den Blick vom Buch zu wenden. „Au!" schreit Tom, den Tränen nahe, „mein armer Kopf!" Der arme Junge ist gegen den Türpfosten gestoßen. Er torkelt in die Küche. Vater sieht das aufgeschlagene Buch am Boden liegen und fängt an zu lesen: „Fünf Freunde wittern ein Geheimnis. Oh, Lichter in der Hütte. — Spannend, sehr spannend das Buch." Tom und seine Mutter warten in der Küche eine geschlagene Viertelstunde auf Vater. Plötzlich wird es Mutter zu bunt, und sie fragt ihren Sohn: „Was macht denn Vater so lange?" „Ich weiß nicht", antwortet Tom, „ich sehe einmal nach." Als Tom in sein Zimmer kommt . . . Ihr glaubt nicht, was er da erblickte! Der Vater lag auf dem Bauch und wippte mit den Beinen. Vor ihm lag das Buch. Tom stellt sich vor ihn und sagt: „Ach, du Schreck! Jetzt hast du meine Seite verschlagen!" Plötzlich brach er in ein schallendes Gelächter aus. Er fand es zu komisch, wie sein Vater da auf dem Boden lag. Nun kommt auch Mutter herbei und sagt: „So, meine Herrschaften, jetzt ist das Essen kalt! Ihr müßt es wohl kalt essen!"

Entwurf 3:

So ein Vater!

An einem Mittag, es war kurz vor zwölf, fragte der Vater die Mutter: „Wo ist denn unser Herr Sohn?" Mutter antwortet: „Der muß in seinem Spielzimmer sein." Vater stößt einen Seufzer aus und erhebt sich von seinem Stuhl. Er eilt mit Riesenschritten zum Zimmer seines Sohnes. Nun öffnet er die Tür und fragt: „Was machst du denn da?" Peter antwortet: „Ich lese den ‚Schatz von Lietsch'." Vater gibt zu bedenken: „Das Mittagessen wird kalt." „Schade, jetzt muß ich essen gehen, wo es gerade so spannend wird", murrt Peter. Er verzieht sich in die Küche. Mutter fragt: „Wo ist denn nun der Herr Papa?" „Das weiß ich doch nicht!" brummt Peter. Mutter sagt: „Geh' mal den Vater holen!" Peter steht auf und geht in sein Zimmer. Und was meint ihr, wer da auf dem Boden lag? Erraten! Der Herr Papa! Peter ruft: „Komm essen, Vati!" Vater antwortet vertieft: „Ich komme gleich." Peter sagt jetzt energisch: „Du kommst jetzt sofort und nicht gleich!" Er geht zum Vater und klappt ihm das Buch vor der Nase zu. „So, und jetzt kommst du mit zum Essen!"

4.2 Korrekturmaßnahmen des Lehrers

Er liest die eingesammelten Entwürfe mindestens zweimal sorgfältig durch und prüft, ob und welche Sprachübungen für eine effektivere Gestaltungsweise erforderlich sind. Entsprechend Art und Kumulation der aufgetretenen Mängel werden Schwerpunkte für eine vertiefende Spracharbeit in den folgenden Stunden festgelegt; dies können im Falle der vorliegenden Bildergeschichte sein:

4.21 Übungen zur Wortschatzerweiterung

— Treffende und abwechslungsreiche Verben finden durch Erarbeitung von Wortfeldern, z. B. des Wortfeldes „schimpfen": brüllen, toben, schreien, grölen, plärren, donnern . . .

— Einsetzübungen: in einem bereitgestellten Lückentext treffende Verben und farbige Adjektive ergänzen

— farbige Adjektive zur ausschmückenden Charakteristik von Personen, Situationen, Gegenständen u. ä. suchen, z. B.:

Wie Mutter ist	*Wie der Sohn ist*	*Wie der Vater ist*
böse, streng, wütend, enttäuscht . . .	flink, betrübt, wißbegierig, gehorsam, ungehorsam, satt, mürrisch, hungrig . . .	vorwitzig, neugierig, vergeßlich, gleichgültig, ungehorsam, oberflächlich, vertieft, verlegen . . .

4.22 Ubungen zum richtigen und verständlichen Satzbau

— Erarbeiten von Wortmaterial zur variablen Gestaltung der Satzanfänge: zuerst, sogleich, danach, kurz darauf, hierauf . . .

— Umstellung von Sätzen und Herstellen neuer Satzverbindungen; Übungen im Bilden und Verbinden von Haupt- und Nebensätzen.

4.23 Übungen zum richtigen Kasusgebrauch

Der Lehrer wählt etwa drei Kontrastbeispiele mit typischen sprachlichen Vorzügen und Mängeln an der Wandtafel aus:

— für eine vergleichende Besprechung und Beurteilung im Klassenverband,

— für eine gemeinsame schriftliche Überarbeitung im Klassenverband.

4.3 Weiterführung

In der dritten Stunde werden entsprechend den unter 4.2 aufgezeigten Möglichkeiten vertiefende Sprachübungen durchgeführt, in der vierten und fünften Stunde erfolgen Überarbeitung und Reinschrift.

Anmerkung:

1. Aus „e. o. plauen, Vater und Sohn", © Südverlag GmbH, Konstanz. Wiedergabe mit freundlicher Genehmigung der Gesellschaft für Verlagswerte GmbH, Kreuzlingen/Schweiz

Gestaltungsaufgabe: *Den Schluß zu einer vierteiligen Bilderfolge erfinden*

Thema: *Peter und Struppi*

Stufe: *4. Schuljahr*

1. Didaktische Information

1.1 Die Bildervorlage (1):

1.2 Medienanalyse

Inhalt: Diese Bildergeschichte hat einen direkten Bezug zum Erlebnis- und Erfahrungsbereich des Kindes und berücksichtigt seine augenblickliche Interessenlage. Ein Tier zu besitzen, ist ein altersspezifischer Wunsch der meisten Grundschulkinder. Die Geschichte enthält Konfliktstoff: Der Junge weiß nicht, ob seine Eltern ihm erlauben, den Hund zu behalten. Er versteckt ihn daher im Kleiderschrank. Die Lösung dieses Konflikts soll vom Schüler selbst gefunden werden.

Handlung: Sie ist aktionsreich, komplex und enthält viel Information. Trotz breiter Geschehenslücken, vor allem zwischen den Bildern 3 und 4, bleibt das Gesamtgeschehen durch- und überschaubar. Mit ein wenig Phantasie vermag das durchschnittlich begabte Kind die unvollendete Situation einer Lösung zuzuführen.

Grafische Darstellung: Die Grundforderung nach Klarheit und Einfachheit ist berücksichtigt. Gegenüber der Originalvorlage wurde auf klare Umrisse, wenig Innenzeichnung, deutliche Abhebung der Figuration voneinander und Vermeidung von Überschneidungen geachtet.

1.3 Diese Unterrichtseinheit steht als *exemplarisches Konzept* für das sukzessive mündliche Erschließen einer Bildervorlage, das Schließen ihrer Geschehenslücken und das Ergänzen des Schlußteils. Die Verlaufsdarstellung hebt daher bewußt auf die Phase der mündlichen Erschließung des Gestaltungsgebietes ab. Als Orientierungshilfe für die weitere Planung hier die

Übersicht zur gesamten Unterrichtseinheit

Erste und zweite Stunde:

Erschließen des Gestaltungsbereichs durch Versprachlichen der Bildinhalte

Weckung des Gestaltungswillens durch mündliche Textgestaltung und Benennung der Adressaten

Dritte Stunde:

Erstentwurf unter Berücksichtigung und Anwendung grundlegender Gestaltungsregeln der Bildergeschichte

Vierte und fünfte Stunde:

Sprachübungen zur effektiveren Textgestaltung

Überarbeitung, Korrektur, Reinschrift

Sechste und siebente Stunde:

Nachbereitung: Rückgabe und Besprechung, Beurteilung nach Wirkung auf Leser oder Hörer, Publikation der Texte

2. Grobziel und Lernzielkontrolle

2.1 Herstellen einer spannenden und/oder lustigen Erzählung zur Bilderfolge „Peter und Struppi".

2.2 Beachtung typischer Gestaltungsregeln der Bildergeschichte bei mündlichen Gestaltungsversuchen, Erstentwurf, Korrektur und Reinschrift.

3. Lernhilfen

Fünf großformatige Kartons mit Szenen der Bildergeschichte (vier bemalte, ein leerer); Stoffhund; leere Arbeitsblätter, Filzstifte; Tafeltexte und -zeichnungen: Stichwortmaterial, Sprechblasentexte, Symbole, Gestaltungskriterien

4. Verlauf des Unterrichts

4.1 Erste und zweite Stunde: Erschließung des Gestaltungsbereichs und mündliche Gestaltungsversuche

Lernziele:

Die Schüler sollen in einer ersten Schwerpunktphase die Bildervorlage mündlich erschließen, indem sie

— die Stimmung des Hundes verbalisieren;

— das Wortfeld „leise" mit Begriffen füllen;

— treffende Ausrufe der überraschten Mutter nennen;

— einzelne Situationen des Gesamtgeschehens szenisch darstellen;

— die Geschehenslücken zwischen den Bildern versprachlichen;
— den Ausgang der Geschichte zeichnerisch darstellen und mit eigenen Worten wiedergeben.

Sie sollen in einer zweiten Phase
— nach geläufigen und/oder neu erarbeiteten Regeln das Gesamtgeschehen mündlich gestalten;
— mögliche Adressaten benennen.

Phase/Zeit	*Mögliches Unterrichtsgeschehen*	*Didaktisch-method. Kommentar/Medien*
Einstieg ca. 5'	Tafelanschrift des Lehrers	*TA* ①
	Schüleräußerungen zur Antizipation möglicher Bildinhalte	Die SS sollen auf die Unterrichtsthematik eingestimmt werden.
Erarbeitung ca. 55'	*Teilziel 1: Versprachlichung von Bild 1 und der Geschehenslücke zwischen Bild 1 und 2*	
	Bild 1 wird aufgedeckt. Die SS äußern sich spontan und ungelenkt.	Bild 1
	L: Der Hund ist also wütend und fletscht die Zähne?	Provokativer Impuls
	Die SS stellen den tatsächlichen Sachverhalt heraus.	
	L: Wie sitzt der Hund da?	
	Treffende Begriffe werden an der Tafel festgehalten.	*TA* ②
	L: Schauen wir uns den Jungen (Peter) an, er kommt gerade von einer Geburtstagsfeier!	Provokativer Impuls Der Name des Jungen wird vom L gegeben, um die Konzentration auf das Bildgeschehen zu lenken.
	L: Was Peter wohl gerade denkt?	*TA* ③
	SS stellen Vermutungen an.	Die Verwendung wörtlicher Rede erleichtert die spätere lebendige Gestaltung.
	L: Die beiden haben sich also angeschaut; Peter hat sich etwas gedacht, und nun gehen beide wieder auseinander!	Provokativer Impuls
	Mehrere SS stellen den möglichen weiteren Gang des Geschehens szenisch dar.	Stoffhund
	Der L dreht Bild 2 um.	Bild 2
	Die SS äußern sich wiederum spontan, indem sie das Dargestellte verbalisieren und die Geschehenslücke schließen.	
	L: Die Tür ist offen. Wie hat Peter sie wohl aufgemacht?	
	Szenische Darstellung durch die SS	*TA* ④

Phase/Zeit	*Mögliches Unterrichtsgeschehen*	*Didaktisch-method. Kommentar/Medien*
	Teilziel 2: Versprachlichung von Bild 2	
	L: Was wird Peter zu Struppi sagen?	
	Szenische Darstellung der Situation durch mehrere SS	*TA* ⑤
	L: Was glaubt ihr, wie es jetzt wohl weitergeht?	
	SS: Vermutungen	
	Teilziel 3: Versprachlichung von Bild 3 und der Geschehenslücke zwischen Bild 3 und 4	
	Bild 3 wird gezeigt.	Bild 3
	L: Stellt euch vor, der arme Struppi sitzt im Schrank ... Wie sieht es darin aus?	Impuls
	SS: Vermutungen	
	L: Und Struppi sitzt darin, freut sich und wedelt mit dem Schwanz ...	Provokativer Impuls
	SS kennzeichnen das wirkliche Verhalten des Hundes.	*TA* ⑥
	Teilziel 4: Versprachlichung von Bild 4	
	Bild 4 wird gezeigt.	Bild 4
	L: Schreibt auf, was Mutter wohl gesagt oder gerufen hat! Arbeitet mit eurem Nachbarn zusammen!	Wechsel der Aktivitäts- und Sozialform
	Die anschließend vorgetragenen Ausrufe der Mutter werden in einer Sprechblase fixiert.	*TA* ⑦
	L: Was für ein Gesicht hat sie wohl gemacht? Szenische Darstellung durch die SS	*TA* ⑧
	Teilziel 5: Zeichnen und Versprachlichen des Ausgangs der Geschichte	
	L dreht den leeren Karton 5 um.	Leerer Bildrahmen
	Überraschung bei den SS. Sie stellen die Vermutung an, daß die zeichnerische Lösung durch sie selbst gefunden werden soll.	Arbeitsblätter Filzstifte
	Nach Fertigstellung der Bilder versprachlichen die SS in drei bis fünf Sätzen ihre selbstgemalten Bilder.	Unterschiedliche Lösungen am Ende werden bewußt als gültig und richtig anerkannt.
Verarbeitung ca. 30'	*Teilziel 1: Mündliche Gestaltungsversuche und Gewinnung von Gestaltungshilfen*	
	Einige SS gestalten das Gesamtgeschehen mündlich; die Mitschüler besprechen die Gestaltungsversuche kritisch, indem sie Vorzüge und Mängel benennen. Hiervon werden Gestaltungsregeln zur effektiven Herstellung einer Bildergeschichte abgeleitet.	Gelenktes Unterrichtsgespräch *TA* ⑨
	Teilziel 2: Festlegen der Textadressaten	
	Die SS nennen die von ihnen gewünschten Adressaten.	*TA* ⑩

Tafelbild:

Linke Tafelseite:

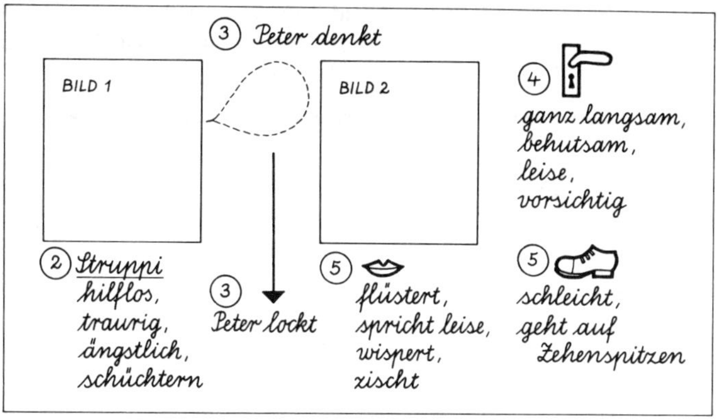

Mitteltafel:

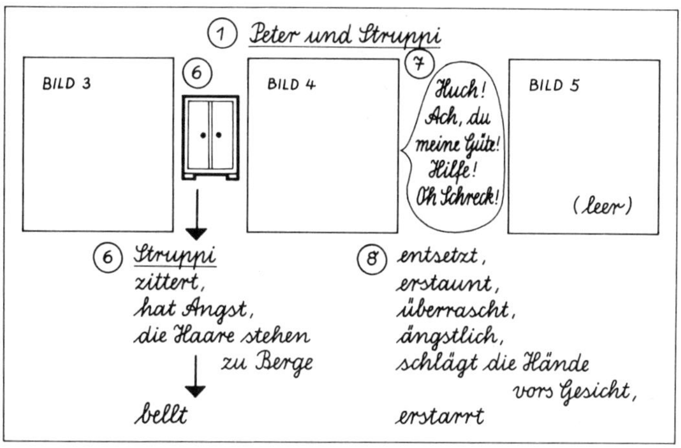

Rechte Tafelseite:

⑨ Wir beachten:	⑩ Wem wir unsere Geschichte aufschreiben:
1. Wir erzählen alle Einzelheiten in der richtigen Reihenfolge. 2. Wir erzählen auf den Höhepunkt zu. 3. Wir erzählen in <u>einer</u> Zeit oder wechseln die Zeit auf dem Höhepunkt. 4. Wir verwenden wörtliche Reden, Fragen und Ausrufe. 5. Wir wählen treffende Verben und farbige Adjektive. ...	● den Kindern in unserer Klasse, ● den Kindern in unserer Schule, ● unseren Eltern, ● unseren Freunden, ● unseren Geschwistern, ...

Anmerkung:

1. Die Anregung zu dieser Bildergeschichte verdanken wir *C. Le Boeuf:* „Raconte . . .", Verlag Huesmann & Benz, Radolfzell. Die ursprünglich siebenteilige Bilderserie wurde aus didaktischen Erwägungen um die Bilder 2, 6 und 7 gekürzt. Hierdurch werden die Geschehenslücken breiter, die Anforderungen an die Kreativität der Schüler wird gesteigert.

Gestaltungsaufgabe: *Zu einer Bilderfolge aus verschiedenen Perspektiven erzählen*

Thema: *Erna läuft weg*

Stufe: *4. Schuljahr*

1. Didaktische Information

1.1 Bildervorlage:

1.2 Diese Bilderfolge übermittelt Inhalte zur Herstellung einer Bildergeschichte, die ihrem Wesen nach eine Mittelstellung zwischen Nacherzählung, Phantasieerzählung und Erlebniserzählung einnimmt und deren Stoff nicht sprachlich, sondern in Form mehrerer Bildszenen eines erdachten oder wirklichen Handlungsablaufs vorgegeben ist. Der Erzähler hat die Aufgabe, die möglichen Ereignisse v o r, w ä h r e n d und n a c h diesen Ausschnitten erlebnishaft oder aus der Phantasie darzustellen. Die Produktivität der Bildergeschichte, durch welche sie sich deutlich von der Nacherzählung abhebt, besteht darin, daß an die Stelle der vorgegebenen sprachlichen Formulierung eine Szenenfolge in Bildern tritt.

1.3 Auf den ersten Blick mag die Zuordnung der überschaubaren und leicht verständlichen Bilderfolge zum *4. Schuljahr* überraschen. Denn sie hält drei bedeutsame Augenblicke einer geschlossenen Handlung in kontinuierlicher Abfolge fest. Es klaffen jedoch zwischen den Einzelbildern breite Geschehenslücken, und zudem bleibt das Ende der Geschichte offen. Das durchschnittlich begabte Kind wird den Handlungszusammenhang mühelos verstehen. Der Erzählstoff ist so eingegrenzt, daß hemmungslose Phantasterei ebenso ausgeschlossen bleibt wie die völlige Fesselung der Vorstellungs- und Einbildungskräfte, und er garantiert „reichlich Möglichkeiten für die Überbrückung zwischen den Bildausschnitten durch die gesteuerte Phantasie" (1).

1.4 Vom traditionellen Erzählen einer Bildergeschichte hebt sich die folgende Unterrichtskonzeption dadurch ab, daß nicht einzig und allein aus der Perspektive des außenstehenden Betrachters erzählt wird, sondern gerade auch aus dem Blickwinkel der Handlungsträger „Mutter" oder „Kind". Hierbei bieten sich besondere Chancen für eine *leistungsorientierte Differenzierung* der Schreibanforderungen:

— *schwachbegabte Schüler* versehen Bilderfolge und Lücken mit einem oder mehreren Sätzen, ordnen eine verstellte Satzfolge zu einer zusammenhängenden Geschichte oder erzählen das Ende der Geschichte zu einem vorhandenen Anfangsteil;

— *schreibgewandte Schüler* bemühen sich um eine effektive inhaltliche und sprachliche Ausgestaltung des bildhaft bereitgestellten Erzählgerüsts aus der Perspektive der Handlungsträger „Kind" oder „Mutter" oder des außenstehenden Betrachters.

1.5 Didaktische und methodische Strukturen dieser Unterrichtseinheit lassen sich in gleicher oder geringfügig variierter Weise auf jede beliebige Bildergeschichte mit mehreren Handlungsträgern übertragen, aus deren Perspektive die Kinder die Geschichte gestalten.

2. Grobziel und Lernzielkontrolle

2.1 Herstellen einer lebendigen und frischen Erzählung zur Bilderfolge „Erna läuft weg" aus der Perspektive der Handlungsträger „Mutter" oder „Kind" oder des außenstehenden Betrachters.

2.2 Der Schüler ist in der Lage,

— die Geschehenslücken in der Bilderfolge zeichnerisch zu schließen;

— Stichwortmaterial zu den Bildern und den Geschehenslücken zusammenzutragen;

— sowohl bei eigenen als auch bei fremden mündlichen und schriftlichen Textproduktionen Regeln zur Herstellung einer adressatengerechten Bildergeschichte zu beachten und anzuwenden.

3. Lernhilfen

Dreiteilige Bilderfolge „Erna läuft weg" auf großformatigem Karton; Arbeitsblatt 1: dreiteilige Bilderfolge; Arbeitsblatt 2: dreiteilige Bilderfolge mit breiten Lücken zwischen den Einzelbildern; Arbeitsblatt 3: Anfang der Bildergeschichte mit Arbeitsauftrag oder verstellter Satzfolge; Tafeltexte: Stichwörter bzw. Rohtext, Gestaltungsregeln der Bildergeschichte

4. Verlauf des Unterrichts

4.1 Erste und zweite Stunde: Sukzessives Erschließen der Bildinhalte und mündliche Gestaltungsversuche

Lernziele:

Die Schüler sollen

— das Geschehen auf den Bildern angemessen versprachlichen und die Lücken zwischen den Bildern schließen;
— im darstellenden Spiel verschiedene Lösungsmöglichkeiten des offenen Ausgangs der Geschichte gestalten;
— zu jedem Bild Stichwörter bzw. Rohtexte in Partner- oder Gruppenarbeit erarbeiten;
— die Bildergeschichte aus verschiedenen Perspektiven unter Beachtung grundlegender Gestaltungsprinzipien gestalten.

Phase/Zeit	*Mögliches Unterrichtsgeschehen*	*Didaktisch-method. Kommentar/Medien*
Einstieg ca. 5'	Bild 1 wird an der Tafel befestigt. SS äußern sich spontan zum Bildinhalt. L: Heute erzähle ich euch keine Geschichte. Ich habe sie gemalt. Ihr sollt mir anhand der Bilder die Geschichte erzählen.	Bild 1 als stummer Impuls
Erarbeitung	*Teilziel 1: Erschließen von Bild 1*	
ca. 85'	L: Unterhalte dich flüsternd mit deinem Nachbarn über das Bild! Sicher habt ihr einiges entdeckt, was das Bild erzählt! Mögliche Schülerbeiträge: — Das Mädchen geht mit seiner Mutter einkaufen.	Der Bildinhalt wird vertieft erschlossen, da sich die Partner gegenseitig auf übersehene Einzelheiten aufmerksam machen können.
	— Das Mädchen und seine Mutter sind eben aus dem Omnibus ausgestiegen. — Das Mädchen könnte Erna heißen. ... Ein S erzählt zusammenfassend, was auf Bild 1 dargestellt ist.	Die SS sollten alle wichtigen Details erkennen und benennen, um sich vertieft in die Situation hineinzuversetzen.

Phase/Zeit	*Mögliches Unterrichtsgeschehen*	*Didaktisch-method. Kommentar/Medien*
	Teilziel 2: Erschließen von Bild 2 und der Geschehenslücke. Antizipation des weiteren Geschehens	
	L heftet Bild 2 an die Tafel. Die SS verbalisieren spontan und ungelenkt, was auf diesem Bild zu sehen ist, und schließen die Geschehenslücke zwischen Bild 1 und Bild 2.	Bild 2
	L: Sicher kannst du dir vorstellen, wie es Erna im Kaufhaus zumute ist!	
	SS: — Erna langweilt sich. — Sie möchte Bonbons oder Spielzeug haben. — Sie will schnell wieder zum Spielen zu Hause sein. ...	
	L: Wie geht die Geschichte wohl weiter?	
	SS äußern sich frei und ungelenkt: — Erna beginnt zu jammern und zu heulen; daraufhin beeilt sich Mutter beim Einkauf. — Erna kriecht unter den Verkaufsständen umher und sieht sich das Kaufhaus „von unten" an. — Erna macht Dummheiten: Sie stößt gestapelte Konserven o. ä. um. — Erna verläuft sich im Kaufhaus und wird durch den Lautsprecher ausgerufen. — Erna schleicht unbemerkt aus dem Kaufhaus und will allein nach Hause gehen. ...	Förderung von Kreativität und folgerichtigem Denken
	L: Was tatsächlich geschieht, seht ihr auf Bild 3.	Überleitender Impuls
	Teilziel 3: Erschließen von Bild 3 und spielerische Gestaltung des Ausgangs der Geschichte	
	Bild 3 wird an die Tafel gehängt.	Bild 3
	L: Du kannst dich nun wieder mit dem Tischnachbarn über das Bild unterhalten!	
	SS äußern sich frei und berichten über den Inhalt des Bildes. Sie versuchen, die breite Geschehenslücke zwischen Bild 2 und Bild 3 zu schließen: — Erna schlüpft unbemerkt durch die Kassen und will nach Hause, zur Freundin, zum Spielplatz, zur Oma usw. gehen, verirrt sich unterwegs und wird von einer Polizeistreife aufgegriffen. — Erna findet sich unterwegs nicht mehr zurecht und bittet Erwachsene oder einen Polizeibeamten um Hilfe. ...	

Phase/Zeit	Mögliches Unterrichtsgeschehen	Didaktisch-method. Kommentar/Medien
	L: Damit habe ich euch alle Bilder der Geschichte gezeigt! SS stellen fest, daß noch nicht klar ist, wie Erna nach Hause kommt.	Provozierender Impuls, evtl. verstärkt durch Gestik und Mimik
	L: Das wollen wir einmal im Spiel darstellen! *Möglichkeiten:* — Erna bittet einen Polizisten, ihre Mutter zu benachrichtigen; diese holt ihre Tochter auf der Polizeiwache ab; — eine Polizeistreife bringt Erna nach Hause;	Vor Spielbeginn besprechen die Spielpartner die geplante Spielweise.
	— eine Polizeistreife sucht zusammen mit Ernas Mutter im Kaufhaus, in der Stadt, bei Verwandten u. ä.	Darstellendes Spiel
	— eine Polizeistreife sucht Mutter und bringt sie zu der wartenden Erna auf die Polizeiwache. ...	Der L fordert die Spieler zu immer neuen Lösungen auf und berät evtl. die Spielpartner.
	Teilziel 4: Gewinnung von Stichwortmaterial	
	Arbeitsblatt 1 wird verteilt.	Arbeitsblatt 1
	L: Überlegt mit eurem Partner (in eurer Gruppe) noch einmal die ganze Geschichte! Schreibt zu jedem Bild die wichtigsten Wörter auf!	Partner- oder Gruppenarbeit
	Auswertung der Arbeitsergebnisse *Möglichkeit 1:* In einer *leistungsstarken Klasse* genügen wenige Stichwörter zu jedem Bild:	Umfang und Ausdifferenzierung des Wortmaterials richten sich nach dem Leistungsniveau einer Klasse im schriftlichen Sprachgestalten.
	Bild 1: Mädchen — Mutter — Bus — aussteigen — Kaufhaus — einkaufen Bild 2: Einkaufswagen — schieben — langweilig — wegschleichen Bild 3: auf der Polizeiwache — Polizeibeamter — anrufen — ausfragen — Angst	Gelenktes Unterrichtsgespräch *Tafelanschrift* unter den Bildern
	Möglichkeit 2: Bei *mittelmäßigem oder schwachem Leistungsstand* der Klasse empfiehlt sich eine Ausdifferenzierung des Wortmaterials. Zwei Verfahren bieten sich wiederum an:	

Phase/Zeit	*Mögliches Unterrichtsgeschehen*	*Didaktisch-method. Kommentar/Medien*

Verfahren 1: Wortschatzsammlung an der *Tafel*

	Bild 1 — Lücke	Bild 2 — Lücke	Bild 3 — Ende
Personen	Mutter, Mädchen (Erna, Evi ...)	Verkäuferinnen, Leute, Männer, Frauen, Kinder, Polizeibeamter	Polizeibeamte, Mädchen, Mutter, Vater, Oma ...
Ort	Bus, Bushaltestelle, Straße, Bürgersteig	Kaufhaus, Stände, Kassen, Straße, Bürgersteig, Kreuzung, Häuser	Polizeiwache, Streifenwagen, zu Hause
Was sie tun	aussteigen, hineingehen	schieben, warten, langweilen, umherschauen, umwerfen, weglaufen, schleichen, verirren, fragen, hetzen, rennen, weinen, Angst haben, zittern ...	ausfragen, erkundigen, anrufen, nach Hause fahren, schimpfen, sich freuen, weinen, umarmen ...
Wie sie sind und wie ihnen zumute ist	eilig, schnell ...	langweilig, uninteressant, leise, schnell, flink, ängstlich, erschrocken, enttäuscht, aufgeregt ...	froh, böse, zufrieden, glücklich, erlöst ...

Verfahren 2: Rohtextherstellung

Bild 1 — Lücke:

Erna und Mutter steigen aus dem Bus — im Kaufhaus einkaufen

Bild 2 — Lücke:

Erna schiebt den Einkaufswagen — langweilt sich — bittet Mutter: „Beeile dich!" — geht heimlich weg — schleicht durch die Kassen — geht auf dem Bürgersteig — sieht die Schaufenster an — verirrt sich an einer Straßenkreuzung — bittet Polizisten um Hilfe — geht mit auf die Polizeiwache

Bild 3 — Ende:

Polizeibeamter fragt Erna aus: „Wo wohnst du? Wie heißen deine Eltern? Wo warst du zuletzt? Wer war bei dir?" — ruft Streifenwagen — Erna fährt mit dem Streifenwagen nach Hause — Mutter weint vor Freude und umarmt Erna

Tafelanschrift

Der Vorzug des Rohtextes beruht darin, daß er dem Schreiber einen Handlungsgang mit dem wichtigsten Sprachmaterial bereitstellt. Er verhindert jedoch gerade bei sprachgewandten Kindern eigenschöpferisches Sprachschaffen.

Die SS schreiben den Tafeltext ab.

Wechsel der Aktivitätsform

Phase/Zeit	Mögliches Unterrichtsgeschehen	Didaktisch-method. Kommentar/Medien

Teilziel 5: Mündliche Gestaltung der Bildergeschichte und Gewinnung von Gestaltungsregeln

Die SS gestalten die Bildergeschichte aus der Perspektive der Mutter, des Kindes und des außenstehenden Betrachters. Während der Besprechung werden folgende Gestaltungsregeln abgeleitet:

L führt die SS durch entsprechende Impulse zu der Möglichkeit des Wechsels der Erzählperspektive hin.

So erzählen wir die Bildergeschichte:

1. Wir erzählen viele Einzelheiten in der richtigen Reihenfolge.
2. Wir erzählen, was zwischen den Bildern geschieht.
3. Wir erzählen auf die spannendste Stelle, den Höhepunkt, zu.
4. Wir erzählen frisch und lebendig mit wörtlichen Reden, Fragen und Ausrufen.
5. Wir wählen treffende Verben und ausschmückende Adjektive.
6. Wir vermeiden Wiederholungen.
7. Wir erzählen in einer Zeit oder wechseln die Zeit auf dem Höhepunkt.

Tafelanschrift

Erfahrungsgemäß empfiehlt es sich, daß der L während der mündlichen Gestaltungsversuche die jeweiligen positiven und negativen Auffälligkeiten notiert und die SS während der folgenden Besprechung durch Impulse darauf aufmerksam macht.

Weder Anzahl noch Reihenfolge des Kriterienkatalogs sind bindend; sofern einzelne Kriterien einer Klasse bereits geläufig sind, wird auf ihre Fixierung verzichtet.

Der Kriterienkatalog wird für spätere schriftliche Entwürfe auf Plakatkarton an der Seitenwand ausgehängt oder auf Abzügen den SS ausgehändigt.

Hausarbeit:

Schneidet die drei Bilder auf eurem Arbeitsblatt aus und malt selbst Bilder dazu, was dazwischen und am Ende geschieht! Klebt die ganze Geschichte in der richtigen Reihenfolge auf!

4.2 Dritte und vierte Stunde: Entwurf, Besprechung, Korrektur und Reinschrift

Lernziele:

Die Schüler sollen

— ihre mit Hilfe des Episkops veranschaulichten Hausarbeiten erläutern;

— die Bildergeschichte bei differenzierten Aufgabenstellungen aufschreiben;

— sich die Entwürfe in Gruppen mit vier bis sechs Teilnehmern gegenseitig vorlesen, besprechen, Korrekturempfehlungen aussprechen und bei unüberwindlichen Schwierigkeiten den Lehrer befragen;
— ihre Entwürfe korrigieren und eine reinschriftliche Textfassung herstellen.

Klare Artikulation der Stunde und überwiegende Schüleraktivitäten erübrigen eine detaillierte Verlaufsdarstellung. Es sei lediglich auf wenige Brennpunkte verwiesen:

4.21 Differenzierung der Schreibanforderungen

a) *Leistungsschwächere Schülergruppe*

Möglichkeit 1:
Arbeitsblatt 2 mit der dreiteiligen Bilderfolge und breiten Lücken zwischen den Einzelbildern wird verteilt. Die Schüler erhalten den Auftrag, unter jedes Bild sowie in die Lücken einen oder mehrere Sätze zu schreiben.

Möglichkeit 2:
Die Schüler erhalten *Arbeitsblatt 3* mit der Aufgabenstellung, die verstellte Satzfolge am Ende der Geschichte auszuschneiden, in die richtige Reihenfolge zu bringen und die ganze Geschichte, mit einer Überschrift versehen, auf dem Block zu notieren.

Arbeitsblatt 3:

Erna ging mit ihrer Mutter einkaufen. Im Kaufhaus schob sie zuerst den leeren Einkaufswagen. Aber bald schon wurde es ihr langweilig, und sie bat ihre Mutter: „Beeile dich bitte! Ich möchte nach Hause und mit Cornelia Federball spielen." Aber Mutter hörte nicht und kramte weiter in den Kleiderständern herum. Da schlich Erna unbemerkt durch die Kassen und lief auf die Straße. Zuerst ging sie in die Richtung, aus der Mutter und sie mit dem Bus gekommen waren. An einer Kreuzung wußte sie nicht mehr, wie sie weitergehen mußte. Alles ringsum kam ihr fremd und unbekannt vor. Ihr wurde ganz bang, und das Herz schlug ihr bis zum Halse herauf. Sie lief noch ein Stück in die nächste Straße hinein, da entdeckte sie einen Polizisten.
Mutter nahm sie erleichtert in die Arme und sagte: „Eigentlich bin ich an allem schuld! Ich hätte besser auf dich auspassen sollen!"
Schnell lief sie zu ihm und sagte: „Herr Polizist! Ich habe mich verirrt. Bitte, bringen Sie mich nach Hause!"
Mit einem Streifenwagen fuhr sie nach Hause.
Der Polizeibeamte fragte: „Wo wohnst du denn?"
Der Polizeibeamte ging mit ihr zur Polizeiwache.
„In der Petrusstraße", erwiderte Erna zitternd.

Möglichkeit 3:
Arbeitsblatt 3 mit dem Anfang der Geschichte wird verteilt (bis „Polizisten"). Auftrag: Erzähle die Geschichte zu Ende!

b) *Leistungsstarke Schülergruppe*

Auftrag: Erzähle die Geschichte aus der Sicht des Mädchens, der Mutter oder des außenstehenden Betrachters!

Entwurf 1:

Aus der Perspektive des Mädchens erzählt

Mein aufregendster Nachmittag

Letzte Woche, es war am 8. April, ging ich mit meiner Mutter einkaufen. Wir nahmen den Autobus. Von da aus gingen wir ins Kaufhaus. Ich durfte den Einkaufswagen schieben. Zuerst machte es mir großen Spaß. Aber bald wurde es langweilig. Als meine Mutter auch noch anfing, in einem Kleiderständer zu stöbern, riß mir der Geduldsfaden. Ich fing an zu meutern: „Ach, Mama, beeile dich doch bitte! Ich wollte mir doch noch bei Dora ein Buch ausleihen und nachher zu Silvia gehen!" Aber Mutter sagte barsch: „Sei doch mal still!" So faßte ich einen Entschluß . . . Ich schlich mich an der Kasse entlang und aus dem Kaufhaus hinaus. Jetzt lief ich weiter und weiter am Stadion entlang und von dort aus durch die Hochstraße und durch viele Straßen. Erst als ich merkte, daß ich Hunger bekam, wurde es mir klar: Ich hatte mich verlaufen! Weinend ging ich eine Straße weiter. Aber was sah ich da? Eine Notrufsäule! Na, die kam mir wie gerufen. Schnell rief ich hinein: „Bitte, kommen Sie schnell, hier ist Gina! Ich stehe am Eingang zum Stadion!" Kurz danach brachte mich ein Streifenwagen auf das Polizeirevier. Sie vernahmen mich und riefen meine Mutter an. Sie war froh und versprach, mich sofort abzuholen.

Entwurf 2:

Aus der Perspektive der Mutter erzählt

Ein sorgenvoller Tag

Ich ging mit Anne einkaufen. Im Kaufhaus durfte sie den Einkaufswagen schieben. Bald jedoch wurde es ihr langweilig und sie drängelte: „Mach doch schneller! Um drei Uhr kommt Petra zu mir spielen!" „Nein! Ich suche mir jetzt ein Kleid aus, und damit basta!" Ich nahm ein schönes Kleid heraus und schaute es an. Dabei hatte ich Anne den Rücken zugekehrt. Ich hängte das Kleid wieder weg und drehte mich um. „Nanu, wo ist denn Anne?" dachte ich. Da fiel mir ein, daß sie bestimmt bei den Spielwaren sei. Ich lief hin. Aber da war sie nicht! Schnell ging ich zum Einkaufswagen, riß meine Tasche heraus und eilte im Sturmschritt zum Ausgang. Ich rannte, so gut es eben ging, nach Hause. Ich trat in die Wohnung und rief: „Anne, bist du da?" Keine Antwort! Da bekam ich einen gewaltigen Schreck! Ich lief durchs ganze Haus und suchte Anne. „Vielleicht ist die Arme entführt worden, oder sie hat sich verirrt!" Mir kamen die seltsamsten Gedanken, und ich fing an zu schluchzen. In diesem Moment schrillte das Telefon. Ich nahm den Hörer ab. „Müller." „Hier ist Kommissar Rot. Suchen Sie ihre Tochter?" „Ja, ja. Ist sie bei Ihnen?" „Genau. Sollen wir sie bringen oder holen Sie sie ab?" „Bitte, bringen Sie Anne! Ich würde den Weg vor Aufregung doch nicht finden!" Wenige Minuten später stand Kommissar Rot mit Anne vor der Tür. Ich schloß Anne in die Arme und sagte: „Ich werde nie mehr so lange in einem Kleiderständer herumwühlen!"

4.22 Korrektur und Überarbeitung der Entwürfe

In dieser Phase hilft der Lehrer vor allem den schwachen Schülern, indem er ihre Texte (Bildunterschriften, geordnete Satzfolge, ergänztes Ende) überprüft und verbessert.

Leistungsstarke Schüler berät er bei Schwierigkeiten, die von den Kindern selbst nicht zu bewältigen sind.

Anmerkung:

1. *Beck, O.:* Aufsatzerziehung und Aufsatzunterricht, Band 1, 1.—4. Schuljahr. Bonn-Bad Godesberg 1973[5], Seite 111.

Gestaltungsaufgabe: *Erfinden einer Geschichte zu mehreren unabhängigen Einzelbildern*

Thema: *Palme — Vogel — Wurst; Schloß — Uhr — Krug u. ä.*

Stufe: *4. Schuljahr*

1. Didaktische Information

1.1 Eine in der Theorie ebensowenig reflektierte wie in der Praxis erprobte erzählende Darstellungsform ist das Erfinden einer abgeschlossenen und abgerundeten Geschichte zu mehreren Einzelbildern ohne unmittelbar erkennbaren inneren oder äußeren Bezug zueinander. Sie läßt sich der Phantasieerzählung zuordnen und kann als Vorstufe zur Reizwortgeschichte gelten. Ihre didaktische Aufgabe ist, einerseits *Sprech- und Schreibanlaß* und zum anderen *stoffliches Grundgerüst* zu einem kreativ-schöpferischen Sprachakt zu sein, bei dem Einzelvorstellungen mit Hilfe der Phantasie zu einem sinnvollen und abgerundeten Geschehnisverlauf kombiniert werden.

1.2 Diese Darstellungsweise empfiehlt sich ab dem *4. Schuljahr*, wenn schreibtechnische und rechtschriftliche Grundkenntnisse im altersgemäßen Gebrauchswortschatz hinreichend abgesichert sind. Im Frühstadium kreativer Textproduktion kann jedoch noch nicht auf Vorbereitungsmaßnahmen verzichtet werden; das bedeutet:

— In einem ersten Unterrichtsblock erfahren die Kinder durch Herstellen mündlicher und schriftlicher Phantasieerzählungen zu den drei Einzelbildern „Palme", „Vogel" und „Wurst", wie überhaupt ein Geschehenszusammenhang zwischen unabhängig erscheinenden Bildinhalten zustande kommt und welche inhaltlichen und sprachlichen Regeln es bei der Textherstellung zu beachten gilt;

— anders als bei linearen Bildergeschichten mit einem abgeschlossenen Vorgang soll und darf bei der Herstellung einer Phantasieerzählung zur Erhaltung des individuellen Gestaltungsfreiraums kein mehr oder weniger einheitliches Wort- und/oder Satzmaterial bereitgestellt werden, da hieraus zwangsläufig eine Kanalisierung der Autorideen und -vorstellungen resultieren würde; die Einsicht in positive und negative Gestaltungsmomente wird an exemplarischen Textbeispielen im Rahmen einer Vorbereitungsphase vermittelt;

— in einem zweiten Stundenblock erfolgt die Anwendung der Kenntnisse über Gestaltungsgesetzmäßigkeiten bei der individuellen Darstellung phantastischer Geschichten zu Einzelbildern. Hierbei wählen die Schüler aus einem Angebot von neun Bildern (Uhr, Auto, brennendes Haus, Schlüssel u. a.) entsprechend ihrem Ideenreichtum, ihrer Kombinationsgabe und ihrer schriftlichen Gestaltungsfähigkeit zwei bis drei Beispiele aus und konstituieren sie zu einem sinnvoll-logischen Gesamtgeschehen. Die erstellten Texte können in besonderer Weise zu einer objektivierten Leistungsbeurteilung und -benotung herangezogen werden, wenn auf jegliche Einflußnahme und Unterstützung des Lehrers vor und während der Textproduktion verzichtet wurde.

1.3 Die folgende Verlaufsdarstellung setzt neben dem Aufweis nachvollziehbarer Lernziele zu den Einzelstunden den Akzent auf die Besprechung und Benotung beispielhafter Schülerarbeiten.

2. Grobziel und Lernzielkontrolle

2.1 Die Schüler sollen zu mehreren unabhängigen Einzelbildern eine sinnvoll-abgerundete Phantasieerzählung herstellen.

2.2 Erarbeitete Gestaltungshilfen werden bei
— mündlichen Gestaltungsversuchen,
— Entwurf, Besprechung, Überarbeitung und Korrektur schriftlicher Texte,
— Herstellung der Reinschriften berücksichtigt.

3. Lernhilfen

Bildvorlagen als Abzüge im DIN-A4-Format: Palme, Vogel, Wurst; Tafelanschrift: Gestaltungsregeln, überarbeitete Textfassung eines Fehlerbeispiels; Abzüge mit vier Schülerarbeiten; Hektographien mit neun abgebildeten Gegenständen: Uhr, Schlüssel, Krug, Eis, Feuerwehrauto, brennendes Haus, Hahn, Schloß bzw. Burg, Kran; Schere, Klebstoff

4. Verlauf des Unterrichts

4.1 Erste und zweite Stunde: Mündliche und schriftliche Gestaltungsversuche

Lernziele:

Die Schüler sollen
— sich spontan zu den auf Arbeitsblättern abgebildeten Gegenständen äußern und die Möglichkeit der Herstellung einer Phantasieerzählung erkennen und benennen;
— mündliche Texte herstellen, in denen die abgebildeten Gegenstände in einer vom Erzähler selbst bestimmten Reihenfolge einen sinnvollen Zusammenhang konstituieren;
— bei der Aussprache über die mündlichen Gestaltungsversuche sechs Regeln ableiten;
— schriftliche Entwürfe herstellen.

Die *Bildervorlagen:*

Gestaltungshilfen als *Tafelanschrift:*

1. Denke dir eine spannende, gefährliche, lustige oder traurige Geschichte aus, in der die drei Gegenstände eine wichtige Rolle spielen!
2. Erzähle nur eine einzige Begebenheit und reihe nicht mehrere kurze Geschichten aneinander!
3. Wähle eine spannungsweckende Überschrift!

4. Gliedere in Einleitung, Hauptteil und Schluß!
5. Erzähle auf einen Höhepunkt zu!
6. Erzähle frisch und lebendig mit
   wörtlichen Reden, abwechslungsreichen Verben,
   Ausrufen, farbigen Adjektiven!
   Fragen,

4.2 Dritte und vierte Stunde: Besprechung und Überarbeitung der Entwürfe

Lernziele:

Die Schüler sollen

— in einer ersten Phase vier vervielfältigte Entwürfe in Gruppen besprechen, beurteilen, ihre Stellungnahme dem Klassenverband vortragen und diskutieren;

— in einer zweiten Phase das verbesserungswürdige Fehlerbeispiel (Entwurf 4) in Gruppen in eine überarbeitete Fassung bringen;

— in einer dritten Phase nach den Korrekturempfehlungen des Lehrers die eigenen Entwürfe überarbeiten und ausgewählte Beispiele der Klasse vorlesen.

Schülerarbeiten (auf Abzügen) *zur Besprechung und Beurteilung:*

Entwurf 1 (Stefanie, 8 Jahre):

Der diebische Vogel

Auf einer Insel in der Südsee standen Palmen. Die Insel war sehr groß, und dort hausten wilde Tiere. Bei Sonnenuntergang sah die Insel besonders schön aus.

Eines Tages, die See war besonders stark bewegt, tauchte ein Schiff am Horizont auf. Die Wellen schlugen an das Schiff. Plötzlich türmte sich eine haushohe Welle vor dem Schiff auf und schlug darüber zusammen. Das Schiff ging unter! Leute sprangen über Bord und schwammen auf die Insel zu. Einer der Schiffbrüchigen hatte sich noch eine Wurst holen können und schwamm auf die Insel zu. Er stieg auf die Insel und setzte sich in den Sand. Plötzlich kam ein Vogel angeflogen und schnappte sich die Wurst. Der Schiffbrüchige sprang auf und rannte dem Vogel nach, aber es war zu spät! Der Vogel war auf eine Palme geflogen, die Wurst im Schnabel, und verzehrte sie gerade.

Entwurf 2 (Jochen, 9 Jahre):

Besuch im Zoo

An einem schönen Sommertag stand ich schon sehr früh auf, denn meine Mutter hatte mir versprochen, daß wir in den Zoo gehen. Meine Mutter hatte schon den Frühstückstisch gedeckt. „Mama, Mama!" „Ja." „Wir wollen doch in den Zoo gehen." „Jetzt essen wir erst mal, und dann gehen wir." „Prima!" Als wir dann bei der Kasse standen, fragte meine Mutter: „Wieviel kostet es denn für mich und für meinen Sohn?" „10 Mark." Nun gingen wir hinein. In den ersten Käfigen saßen Affen, Löwen und sogar ein Luchs. „Mama, was ist das?" „Das ist ein Gepard, er ist das schnellste Tier auf dem Land." „Mama, ich habe Durst." „Dann komm, da hinten ist eine Gaststätte." „Mama, kriege ich ein Eis?" „Na gut." Manchmal bin ich auch zu den Tieren gegangen. Als ich zu einer Palme kam, sah ich den Vogel gar nicht. „Mama, guck mal, da oben der schöne Vogel." „Ja, komm jetzt, wir müssen gehen." „Warte, Mama, ich habe noch eine Wurst eingesteckt." „Aber das darfst du nicht, sonst beißen die Tiere." „Schade."

Entwurf 3 (Judith, 9 Jahre):

Ein Vogeltraum

Ein Vogel saß auf einer Palme. Er träumte vor sich hin. In einem Haus hatte er sich bei offenem Fenster im Vorratsraum eine Wurst gestohlen und war dann auf eine Palme geflogen. So wollte er die Wurst in Sicherheit bringen, um sie zu verschlingen. Aus Angst, daß andere Vögel seine Beute erblickten, hatte er sich ganz oben im Gipfel versteckt. Nun machte er die Augen zu und knabberte ganz genießerisch an der Wurst. Aber o weh! Als er seine Augen öffnete, bemerkte er, daß alles leider nur ein Traum war.

Entwurf 4 (Marianne, 8 Jahre):

Die Palme

Es war einmal ein Vogel, der hieß Piep. Der saß auf einer Palme in Hawai. Er hatte sich ein Nest aus einer Wurst gebaut. Piep flog weg, um sich Futter zu suchen. Er hatte sich viel, viel Gewürm gesucht. Auf dem Weg nach Hause wußte Piep nicht mehr, wo sein Nest war. Er suchte und suchte, bis er es gefunden hatte, und war wieder fröhlich wie zuvor.

In der *Besprechung* dieser Texte im Klassenverband wurden vor allem folgende Gesichtspunkte herausgestellt:

Die ideenreiche und sprachgewandte Autorin von *Entwurf 1* kleidet die abgebildeten Gegenstände sowohl inhaltlich als auch sprachlich in eine mitreißende Geschichte:

— Die Überschrift ist spannungserzeugend,

— eine Grobgliederung in Einleitung, Hauptteil und Schluß ist erkennbar,

— die Erzählung ist geschickt auf einen Höhepunkt hin angelegt,

— neben treffenden Verben und ausschmückenden Adjektiven ist der klare und leicht verständliche Satzbau besonders auffällig.

Der Autorin wird empfohlen, vor allem wörtliche Reden, Fragen und Ausrufe sowie direkte Anrede des Hörers oder Lesers bei der Überarbeitung des Entwurfs einzubauen.

Im *Entwurf 2* wird trotz seiner erheblichen Länge — gleichsam beiläufig — erst am Ende von den drei Gegenständen erzählt, die doch im Mittelpunkt des Geschehens stehen sollten. Neben diesem Kardinalfehler erscheinen alle weiteren kleineren Mängel nebensächlich. Eine Überarbeitung dieses Entwurfs erscheint nicht lohnenswert. Statt dessen wird eine völlige Neufassung empfohlen, in der der Autor seiner Phantasie mehr Freiraum gewähren sollte.

Die Autorin von *Entwurf 3* kleidet ihre mit einer interessanten Überschrift versehene Erzählung geschickt in einen Traum ein, so daß die Begebenheit am Schluß in einer überraschenden Pointe gipfelt. Für die Überarbeitung wird der Autorin die Verwendung wörtlicher Rede, Ausrufe und Fragen nahegelegt.

Im *Entwurf 4* kommen zwar die drei Gegenstände vor, doch erreicht die Autorin keinen Sinnzusammenhang mit einer Steigerung auf einen Höhepunkt zu. Statt dessen stellt sie irgendeine belanglose Begebenheit dar und gleitet stellenweise in reine Phantasterei ab. Ihr mangelt es am Ideenreichtum, um eine glatte und gefällige Integration der drei Gegenstände in einen Geschehenszusammenhang zu erzielen. Der Entwurf bietet sich als Rohtext für eine Überarbeitung in Gruppen und anschließend im Klassenverband an.

Überarbeitete Textfassung von Entwurf 4:

Das vergessene Nest

Es war einmal ein Vogel, der hieß Piep. Er hatte sein Nest auf eine Palme in Hawai gebaut.

Piep war ein seltsamer Vogel. Er sammelte nämlich überall am Strand Wurstreste auf und brachte sie zu seinem Nest. Die fraß er immer auf, wenn es ihm zu heiß war, um Würmer und Schmetterlinge zu fangen.

Eines Tages fand er keine Wurstreste mehr. Er flog immer weiter am Strand entlang, bis es dunkel wurde. Nun wollte er umkehren und bekam auch schreckliche Angst. Aber o weh! Er fand den Weg zurück nicht mehr, weil er auf dem Hinflug nur nach Wurstresten am Strand gespäht hatte. „Wo soll ich nur übernachten?" überlegte Piep ganz aufgeregt. Da sah er in der Dämmerung eine hohe Palme mit großen Blättern. „Dort will ich mich hineinsetzen und den Morgen abwarten", dachte er.

Am nächsten Morgen fand Piep es schön in der Gegend und beschloß, sich in der Palme ein neues Nest zu bauen.

4.3 Fünfte und sechste Stunde: Herstellen einer Phantasieerzählung zu mehreren selbstgewählten Einzelbildern

Lernziele:

Die Schüler sollen

— unter neun Abbildungen je nach Ideenreichtum, Kombinationsgabe und Gestaltungsfähigkeit zwei oder drei Gegenstände auswählen, zu denen sie in beliebiger Reihenfolge eine Geschichte erfinden;

— ihre Entwürfe auf rechtschriftliche, inhaltliche und sprachlich-stilistische Mängel überprüfen und korrigieren;

— eine reinschriftliche Textfassung herstellen.

Arbeitsblatt:

Schneide von den Bildern zwei oder drei heraus, zu denen du eine Geschichte erfinden möchtest! Klebe sie an der entsprechenden Stelle in deinen Text hinein!

5. *Beispiele zur Benotung* nach Kriterienkatalog „Phantasieerzählung" (Seite 26) und zur *Verbalbeurteilung*

Text 1:

Abbildungen „Schloß — Uhr — Schlüssel"

Das Schloß der Gespenster

In einem fernen Lande, weit weg von hier, wohnte ein König, der besaß ein schönes Schloß. Dieses wurde überall das „Schloß der Gespenster" genannt. In diesem Schloß gab es eine geheimnisvolle Kammer und darin eine Truhe, die von jedem im Lande geliebt wurde. Nur einer im Lande, der ehrgeizige Istvan, wollte die Truhe haben.

Eines Nachts ging er durch einen Geheimgang ins Schloß, denn er glaubte nicht an Geister. Als er im Schloß anlangte, dachte er: „Im Schloß ist keiner, also kann ich mir die Truhe holen." Er ging in den Raum, wo der Schlüssel für die Kammer lag. Er nahm den Schlüssel, ging zur Truhe, öffnete das Schloß und sah sich das Gold an. Plötzlich schlug die Uhr zwölf, und aus allen Ecken kamen weiße Gestalten, und alle riefen sie: „Huh, huh, wir sind die Gespenster und beschützen die Truhe!" Da kam der König mit den Wachen. „Istvan, du mußt sterben, weil du den Schatz rauben wolltest!" Istvan wurde gehängt, und die Truhe steht noch da, wo sie immer gestanden hat.

I. Inhalt:

a) Aufgabe erfüllt	3 Punkte
b) Gestaltungseinheit	2 Punkte
c) Gestaltungszusammenhang	1 Punkt
d) Grobgliederung	1 Punkt
e) Überschrift	1 Punkt

16 Punkte (verdoppelt) = Teilnote „Inhalt" = gut

II. Gestaltung:

a) Verben, Adjektive	1 Punkt
b) Satzbau	2 Punkte
c) Satzanfänge	1 Punkt
d) Wörtliche Rede	1 Punkt
e) Spannungsbogen	1 Punkt
f) Erzählzeit	1 Punkt

14 Punkte (verdoppelt) = Teilnote „Gestaltung" = befriedigend

Gesamtpunktzahl 15 Punkte = *Gesamtnote* „gut" (—).

Text 2:

Abbildungen „Feuerwehrauto — Uhr — brennendes Haus"

Glück für Omas alte Uhr

Es war an einem glühendheißen Sommernachmittag. Als Oma sich in den Garten legen wollte, hatte sie ganz und gar vergessen, den Kochherd auszumachen.

Oma legte sich seelenruhig in den Liegestuhl. Aber was roch sie auf einmal? Brannte etwas? Oma sprang mit einem Satz auf und lief ins Haus. O Schreck! Was meint ihr, was sie da sah? Die ganze Küche stand in Flammen! Sie konnte gerade noch das Telefon erreichen, um die Feuerwehr anzurufen. Sie rief ganz verzweifelt ins Telefon: „Hallo, hallo, hier ist Oma Lustikus, Gartenstraße 24. Kommen Sie, so schnell Sie können! Meine Küche brennt lichterloh!" Bis die Feuerwehr kam, räumte Oma die wichtigsten Dinge aus dem Hause. Leider konnte sie die schwere Kuckucksuhr nicht tragen. Als das Feuerwehrauto endlich kam, sagte Oma: „Können Sie mir noch, bevor die Küche gelöscht wird, meine wertvolle Kuckucksuhr abhängen und an einen sicheren Platz vor die Haustür stellen?" Die Feuerwehr sagte: „Aber gern, gnädige Frau!" Die Feuerwehr legte die Uhr behutsam vor die Haustür und löschte dann die Küche. Oma war glücklich, daß ihre alte Uhr heil geblieben war.

I. Inhalt:		*II. Gestaltung:*	
a) Aufgabe erfüllt	3 Punkte	a) Verben, Adjektive	1 Punkt
b) Gestaltungseinheit	2 Punkte	b) Satzbau	2 Punkte
c) Gestaltungszusammenhang	2 Punkte	c) Satzanfänge	1 Punkt
d) Grobgliederung	1 Punkt	d) Wörtliche Rede	2 Punkte
e) Überschrift	1 Punkt	e) Spannungsbogen	1 Punkt
		f) Erzählzeit	1 Punkt
18 Punkte (verdoppelt) = Teilnote „Inhalt" = sehr gut		16 Punkte (verdoppelt) = Teilnote „Gestaltung" = gut	

Gesamtpunktzahl 17 Punkte = *Gesamtnote* „gut" (+).

Text 3:

Abbildungen „Eis — Feuerwehrauto — brennendes Haus"

Das brennende Haus

Als Heike mit ihrem Hund Purzel spazieren ging, hatte sie Lust auf ein Eis. Sie schaute in ihrer Tasche nach. Sie fand 30 Pfennige. Als sie das Eis schon verzehrt hatte, kam ein Feuerwehrauto vorbei. Das Auto fuhr mit „Tatütata". Heike lief dem Auto nach. Sie dachte: „Bei wem brennt es bloß?" Da sah sie die Feuerwehr bei Frau Eifel anhalten. Das Haus war am Brennen. Frau Eifel hatte einige Verletzungen. Heike war traurig. Sie lief nach Hause und erzählte alles ihrer Mutter.

I. Inhalt:		*II. Gestaltung:*	
a) Aufgabe erfüllt	1 Punkt	a) Verben, Adjektive	0 Punkte
b) Gestaltungseinheit	1 Punkt	b) Satzbau	1 Punkt
c) Gestaltungszusammenhang	1 Punkt	c) Satzanfänge	1 Punkt
d) Grobgliederung	1 Punkt	d) Wörtliche Rede	0 Punkte
e) Überschrift	0 Punkte	e) Spannungsbogen	1 Punkt
		f) Erzählzeit	1 Punkt
8 Punkte (verdoppelt) = Teilnote „Inhalt" = ausreichend		8 Punkte (verdoppelt) = Teilnote „Gestaltung" = ausreichend	

Gesamtpunktzahl 8 Punkte = *Gesamtnote* „ausreichend" (—).

Text 4:

Abbildungen „Uhr — Huhn — Kran"

Hühnerjagd mit Kranuhr

Frau Schäfer hat ein Huhn. Einmal, als sich Frau Schäfer hinlegte, ging ihr Huhn in der Stadt Hamburg spazieren, und so landete das Huhn in dem Hafen. Es pickte Krümel auf. Und da kletterte das Huhn auf die Säcke. Auf einmal hebt sich die Ladung, und das Huhn springt in Todesangst nach unten und läuft wieder in seinen Garten und pickt Würmer. Seitdem ist es nie wieder in den Hafen gegangen. Kurz danach wachte Frau Schäfer auf, und gerade, als sie aufstand, klingelte die Uhr.

I. Inhalt:		*II. Gestaltung:*	
a) Aufgabe erfüllt	1 Punkt	a) Verben, Adjektive	0 Punkte
b) Gestaltungseinheit	0 Punkte	b) Satzbau	1 Punkt
c) Gestaltungszusammenhang	1 Punkt	c) Satzanfänge	1 Punkt
d) Grobgliederung	0 Punkte	d) Wörtliche Rede	0 Punkte
e) Überschrift	0 Punkte	e) Spannungsbogen	0 Punkte
		f) Erzählzeit	0 Punkte
4 Punkte (verdoppelt) = Teilnote „Inhalt" = ungenügend		4 Punkte (verdoppelt) = Teilnote „Gestaltung" = ungenügend	

Gesamtpunktzahl 4 Punkte = *Gesamtnote* „ungenügend".

Gestaltungsaufgabe: *Erlebniserzählung*

Thema: *Angst gehabt — Erschrocken*

Stufe: *4. Schuljahr*

1. Didaktische Information

1.1 Im *4. Schuljahr* kann bereits eine kunstvoll aufgebaute Erlebniserzählung erwartet werden, da das Kind infolge entwicklungspsychologischer Gegebenheiten in der Lage ist, alle erforderlichen textkonstitutiven Elemente einer Erlebniserzählung zu erfassen und bei eigenen Textproduktionen anzuwenden.

Die Vorbereitungs-, Gestaltungs- und Korrekturarbeiten heben daher nicht mehr auf allgemeingültige Gestaltungsprinzipien einer Erzählung wie z. B. Wahl einer spannungsweckenden Überschrift, Einhaltung der zeitlichen Reihenfolge, Beschränkung auf ein einziges Erlebnis, Vermeidung von Wiederholungen bei Wörtern und am Satzanfang u. a. m. ab, sondern setzen den Akzent auf Erzählmomente, die der *Erzeugung von Spannung* und einer *hochwertigen Sprachform* dienen:

— Zuordnen der Erzählung zu einem Spannungsbogen,
— gezielter Wechsel der Erzählzeit,
— reflektierter Einsatz abwechslungsreicher, treffender Verben und ausschmückender Adjektive,
— bewußte Verwendung wörtlicher Reden, Fragen und Ausrufe,
— Ausbau wichtiger Erzählteile vor und auf dem Höhepunkt,
— Grobgliederung des Textganzen in Einleitungs-, Haupt- und Schlußteil.

Dieses Kriterienpaket garantiert

— eine adressatengerichtete und zugleich adressatengerechte Erzählweise,
— das Vertrautwerden der Schüler mit den Grundlagen einer lebendigen, frischen und spannenden Erlebniserzählung am Ende der Grundschulzeit,
— die Fähigkeit des Schülers zur Besprechung und Bewertung fremder Erlebniserzählungen bei gleichzeitigem Verständnis für die Beurteilung eigener Gestaltungsleistungen durch den Lehrer.

1.2 Der Aufbau dieser Unterrichtseinheit hat *exemplarische Bedeutung,* da er sich auf jedes beliebige Rahmenthema einer Erlebniserzählung transferieren läßt. Hier die *Grobstrukturen:*

— Schreibanlaß und -gegenstand zur gemeinsamen Erarbeitung eines Beispieltextes im Klassenverband können Bilder, gemeinsame Erlebnisse aller oder mehrerer Schüler, aber auch das ausgewählte Erlebnis eines Schülers zu einem Rahmenthema sein;
— die inhaltliche und sprachliche Aufschlüsselung des Rahmenthemas wird über Wortschatzsammlungen eingeleitet, in denen zugleich das Wortmaterial für spätere Einzelgestaltungen verfügbar gemacht wird;
— vor, während und/oder nach der gemeinsamen Erarbeitung des Beispieltextes werden Gestaltungsprinzipien der Erlebniserzählung erarbeitet;
— mehrere Schüler gestalten mündlich i h r Erlebnis zum Rahmenthema, die Mitschüler besprechen die gehörten Texte unter Verwertung der Gestaltungsprinzipien;
— Entwurf, Korrektur, Rückgabe und Besprechung erfolgen nach bekannten und bewährten Mustern.

2. Grobziel und Lernzielkontrolle

2.1 Herstellen einer lebendigen, frischen und vor allem spannenden Erlebniserzählung zu den Rahmenthemen „Angst gehabt" oder „Erschrocken", die Leser oder Hörer mitreißt und begeistert.

2.2 Die grundlegenden Gestaltungsprinzipien einer Erlebniserzählung werden
— bei der gemeinsamen Erarbeitung eines Beispieltextes,
— bei mündlichen Gestaltungsversuchen,
— bei der Herstellung der Entwürfe, ihrer Besprechung, Überarbeitung und Korrektur,
— bei der Herstellung der Reinschriften angemessen bewältigt.

3. Lernhilfen

Einzelbild „Axel und das Gespenst" als Zeichnung auf Karton, als Tafelzeichnung oder Overheadprojektion; Tafelanschrift: Wortlisten „Was Axel tut", „Wie Axel ist", Beispieltext „Geräusch im Dunkeln", Gestaltungskriterien einer Erlebniserzählung, Spannungsbogen, Einzelthemen zum Rahmenthema, beispielhafte Überschriften

4. Verlauf des Unterrichts

4.1 Erste und zweite Stunde: Vorbereitende Maßnahmen zur Herstellung individueller Erlebniserzählungen

Lernziele:

Die Schüler sollen
— zu einer Bildsituation Wortmaterial zusammentragen;
— eine Erzählung zu der ausschnitthaft im Bild gezeigten Situation mündlich gestalten;
— Gestaltungskriterien der Erlebniserzählung nennen, soweit sie bekannt bzw. geläufig sind;
— Beiträge zur Erarbeitung eines Beispieltextes im Klassenverband beisteuern;
— den Beispieltext „Geräusch im Dunkeln" dem Spannungsbogen zuordnen.

Phase/Zeit	*Mögliches Unterrichtsgeschehen*	*Didaktisch-method. Kommentar/Medien*
Einstieg ca. 10'	Die Klasse wird mit folgendem Bild konfrontiert:	

Bild als stummer Impuls

Zeichnung auf Karton, Tafelzeichnung oder Overheadprojektion

	Spontane Schüleräußerungen zum Bild, die der L kommentarlos, aber mit entsprechend bestätigender bzw. fragender Mimik entgegennimmt.	Einzelne SS versuchen bereits, einen umfassenden Erzählzusammenhang herzustellen, bzw. tragen eigene Erlebnisse zu gleichen oder ähnlichen Situationen vor.
Erarbeitung ca. 55'	*Teilziel 1: Wortschatzsammlung*	
	L: Was wird der arme Axel in seiner Not alles machen? Wie wird es ihm zumute sein?	
	Tafelanschrift:	Stichpunktartige Sammlung der Schülerbeiträge an der Tafel

Was Axel tut	*Wie Axel ist*
— atmet schwer	ängstlich
— fällt vor Schreck aus dem Bett	erschrocken, aufgeregt
— kriecht unter die Bettdecke	müde, still und starr
— schreit: „Hilfe, ein Gespenst!"	krank, fiebrig
— schlägt um sich	hungrig
— ihm bricht der Schweiß aus	durstig, schlaftrunken
— schließt die Augen	hellwach
— reibt sich die Augen	munter, ...
— springt auf	
— schaut auf den Wecker	
— zittert	
— schlottert	
...	

Phase/Zeit	*Mögliches Unterrichtsgeschehen*	*Didaktisch-method. Kommentar/Medien*
	Teilziel 2: Mündliches Gestalten einer Geschichte zum Bild Mehrere SS erzählen, die Mitschüler nehmen kritisch Stellung, machen Verbesserungsvorschläge.	
	Teilziel 3: Erarbeiten der Gestaltungskriterien einer Erlebniserzählung L: Wir wollen Axels Erlebnis so spannend wie möglich erzählen! Dazu müssen wir ganz bestimmte Grundsätze beachten. Die Schüler teilen die ihnen geläufigen bzw. bekannten Kriterien mit; der L führt durch Impulse und Hinweise auf frühere Erlebniserzählungen darauf hin.	Impuls
	Tafelanschrift: *So erzählen wir ein Erlebnis* 1. Wir gliedern in Einleitung, Hauptteil und Schluß. Die Einleitung führt knapp in wenigen Sätzen in das Erlebnis ein; der Hauptteil stellt ein einziges Erlebnis in Einzelheiten dar; der Schluß rundet in wenigen Sätzen die Erzählung ab. 2. Wir beachten den Spannungsbogen und erzählen auf den Höhepunkt zu. 3. Vor und auf dem Höhepunkt erzählen wir spannend und ausführlich: was wir gesehen, gesagt, gerufen, gerochen, gehört oder gefühlt haben. 4. Wir verwenden treffende Verben und ausschmückende Adjektive. 5. Wir beleben durch wörtliche Reden, Fragen und Ausrufe. 6. Wir wechseln auf dem Höhepunkt die Erzählzeit, um die Spannung zu steigern.	Im Unterrichtsvollzug werden diese sechs Kriterien je nach Kenntnislage der Klasse vor, während oder nach Textherstellung im Klassenverband gewonnen. In Erprobungsklassen wurden die Kriterien 1, 2, 4, 5 spontan genannt, die Kriterien 3 und 6 wurden während oder im Anschluß an die gemeinsame Textherstellung gewonnen. Je nach den Bedürfnissen einer Klasse (Leistungsniveau im schriftlichen Sprachgestalten) läßt sich der Kriterienkatalog um hier als geläufig vorausgesetzte Komponenten ergänzen.
	Teilziel 4: Gemeinsame Erarbeitung eines Beispieltextes im Klassenverband	
	Geräusch im Dunkeln Axel lag krank im Bett. Mitten in der Nacht wurde er durch ein Geräusch aufgeweckt. „Was ist los?" dachte er und rieb sich schlaftrunken die Augen. „War es das Fieber, das ihn aufweckte, oder war es der Durst?"	*Tafelanschrift* L nimmt jeweils mehrere Formulierungsvorschläge der SS entgegen, aus denen diese entweder die

Phase/Zeit	Mögliches Unterrichtsgeschehen	Didaktisch-method. Kommentar/Medien
	Aber nein! In diesem Augenblick entdeckte er die weiße Gestalt vor dem Schlafzimmerfenster. Zuerst saß er still und starr vor Schreck in seinem Bett. Dann sah er auf den Wecker: Mitternacht! Geisterstunde. Mit zitternder Stimme krächzt er: „Wer bist du? Was willst du von mir?" Da beginnt das Ungetüm zu heulen: „Juhu, ich bin Onugu, der Geisterkönig!" Axel zieht bebend die Decke über den Kopf. Das Herz schlägt ihm bis zum Hals herauf. Nach einer Weile geht die Schlafzimmertür auf und eine bekannte Stimme ruft: „Du Angsthase, weißt du nicht, daß es keine Gespenster gibt?" Wer, meint ihr, stand lachend unter einem Bettuch vor Axels Bett? Sein großer Bruder Udo!	beste sprachliche Fassung unverändert übernehmen oder mehrere Formulierungsvorschläge zur optimalen Fassung kombinieren. Während der L anschreibt, überlegen die SS in Partnerarbeit die weiteren Satzfolgen.
	Axel heulte vor Wut. Da kamen auch schon Vater und Mutter herbei. „Zur Strafe erhältst du drei Wochen kein Taschengeld", sagte Vater zu Udo. Axel aber durfte die ganze Nacht das Licht anlassen.	Der Text wird nach Fertigstellung zweimal vorgelesen.
Sicherung ca. 25'	*Teilziel 1: Abschreiben des Beispieltextes und Bearbeitung von Arbeitsaufträgen* L: Schreibt den Text ab und bearbeitet anschließend folgende Arbeitsaufträge!	
	Tafelanschrift: 1. Unterstreiche Einleitungs- und Schlußteil mit roter Farbe, den Hauptteil mit grüner Farbe! 2. Umrahme die Sätze, die zum Höhepunkt gehören!	Wechsel der Aktivitätsform der SS zur Erhaltung von Arbeitsbereitschaft und -freude Die Bearbeitung der Arbeitsaufträge kann als Allein- oder Partnerarbeit erfolgen.
	Teilziel 2: Ergebniskontrolle Die Überprüfung der Arbeitsergebnisse erfolgt durch Vergleich mit einem an der Tafel fixierten Spannungsbogen.	*Tafelzeichnung:* Spannungsbogen (s. Seite 247)

Hausarbeit:

Bearbeitung folgender Arbeitsaufträge:

1. Suche eine andere spannungsweckende Überschrift zu der Erzählung!
2. Schreibe wörtliche Reden, Ausrufe und Fragen heraus!
3. Schreibe besonders treffende Verben und ausschmückende Adjektive heraus!
4. Überlege gründlich, ob du auch einmal, so wie Axel, Angst hattest oder du, so wie er, erschrocken bist! Notiere dir die Situation!

4.2 Dritte und vierte Stunde: Entwurf, Besprechung, Überarbeitung

Lernziele:

Die Schüler sollen

— die Bearbeitung der vier Arbeitsaufträge vortragen und diskutieren;

— ihr Erlebnis zu den Rahmenthemen „Angst gehabt" oder „Erschrocken" mündlich gestalten;

— diese Texte unter Verwertung der bekannten Gestaltungskriterien besprechen und vor allem Vorschläge zur Gewinnung einer spannenden Erzählweise in einer gelungenen Sprachform unterbreiten;

— ihre Erlebnisse schriftlich fixieren;

— die Entwürfe in Sitzgruppen vorlesen, besprechen und bei Bedarf überarbeiten.

4.21 Anknüpfung (ca. 20')

Die Schüler tragen die Ergebnisse zur Bearbeitung der vier Arbeitsaufträge vor und diskutieren ihre Angemessenheit.

a) Zur Bearbeitung von *Arbeitsauftrag 1:*

Um die Schüler für treffende Überschriften zu sensibilisieren, werden alle Formulierungsvorschläge an der Tafel fixiert, im anschließenden Unterrichtsgespräch unbrauchbare Beispiele durchgestrichen und mittelmäßige Formulierungen eingeklammert.

Beispiele:

~~Axel und das Gespenst~~
Schreck in der Nacht
~~Das Gespenst~~
Eine gespenstische Nacht
(Das unheimliche Geräusch)
(Angst in der Nacht)
~~Das Geräusch vor dem Fenster~~
(Ein seltsames Geräusch)
Eine aufregende Nacht
Ein übler Scherz
(Ein arger Schreck)
Aufregung in der Nacht
(Gestörte Nachtruhe)

b) Zur Bearbeitung von *Arbeitsauftrag 4:*

Folgende beispielhafte Einzelthemen trugen Schüler zum Rahmenthema „Angst gehabt" zusammen:

Tafelanschrift:

Angst gehabt
— bei einem Gewitter
— im Wald
— bei einem Brand
— als ich mich verirrte
— vor einer Maus im Keller

— vor einem bissigen Hund
— nach einem Krimi im Bett
— vor seltsamen Geräuschen in der Nacht
— vor der Strafe nach einer Übeltat
— vor dem Arzt, Zahnarzt
— bei einem Unfall

4.22 Erarbeitung (ca. 70')

Teilziel 1: Mündliche Gestaltungsversuche

Bei Erprobung dieser Unterrichtseinheit hat es sich als empfehlenswert erwiesen, vor den zumeist mit großer Begeisterung vorgetragenen Erlebnissen auf die besonderen gestalterischen Anforderungen einer guten Erlebniserzählung hinzuweisen und diese mit Hilfe folgender *Tafelskizze* zu veranschaulichen:

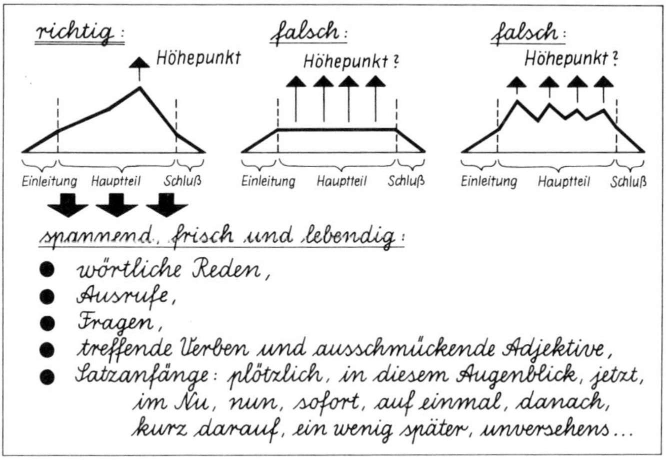

Mehrere Schüler tragen ihr Erlebnis vor. Die Besprechung setzt folgende *Akzente:*

— Wurde allmählich auf den Höhepunkt hin erzählt?

— Wurde der Höhepunkt spannend ausgestaltet, so daß die Zuhörer mitgerissen werden?

An Negativbeispielen wird exemplarisch vorgeführt, wie sich der Höhepunkt durch umfassendere Darstellung und spannungserzeugende Sprachstilelemente gestalten läßt.

— Wurde mit wenigen Sätzen in die Situation eingeführt, zügig auf den Höhepunkt hin erzählt und ein angemessener Ausklang gefunden?

Teilziel 2: Festlegen der Adressaten und Herstellen des Entwurfs

L: Jeder Schüler darf nun sein Erlebnis aufschreiben. Die fertigen Erzählungen wollen wir jemandem vorlesen, um ihn zu erfreuen!

Als mögliche Textrezipienten nennen die Schüler Kinder der eigenen Klasse, denen sie ihr Erlebnis in Sitzgruppen vorlesen, darüber hinaus Kinder aus anderen Klassen, Lehrer, Eltern, Geschwister u. a. m.

Während der Textherstellung hilft der Lehrer den *schwachen Schülern* vor allem bei rechtschriftlichen und stilistischen Schwierigkeiten, indem er Formulierungshilfen gibt und Ratschläge zu Wortwahl und Satzbau erteilt. In besonders gravierenden Fällen erstellt der Lehrer gemeinsam mit dem Schüler einen Text.

Teilziel 3: Vorlesen, Besprechen und Korrigieren der Entwürfe in Sitzgruppen

Je nach Klassenstärke werden vier bis acht Sitzgruppen gebildet, in denen sich die Gruppenmitglieder gegenseitig leise ihre Entwürfe vorlesen. Die Zuhörer

— stellen zunächst global fest, ob ihnen das gehörte Erlebnis gefallen oder nicht gefallen hat,
— diskutieren und begründen positive und negative Meinungsäußerungen durch detaillierte Textbelege,
— sprechen Empfehlungen zur Überarbeitung und Korrektur aus; in Zweifelsfällen oder bei kontroversen Meinungen wird der Lehrer zu Rate gezogen.

Beispiel eines Schülertextes vor ① und nach ② der Arbeit in der Sitzgruppe:

① **Aufregung im Keller**

Es war am Abend. Ich saß auf der Couch und sah mir einen Film an. Da rief meine Mutter, ich solle ihr eine Flasche Sprudel holen. Ich schloß die Kellertür auf und ging hinein. Mein Herz pochte. Ich schnappte mir eine Sprudelflasche. Das Licht im Flur war ausgegangen. Plötzlich klapperte etwas hinter mir. Ich machte die Kellertür zu. Jetzt war es ganz dunkel. Noch einmal klapperte es. Ich lief schnell die Kellertreppe hinauf. Oben erzählte ich mein Erlebnis meinen Eltern. Sie lachten nur und sagten: „Das Kellerfenster wird kaputt gewesen sein."

② **Allein im dunklen Keller**

Es war am Abend. Ich saß auf der Couch und sah mir einen Film im Fernsehen an. Da rief meine Mutter: „Annette, könntest du mir bitte eine Flasche Sprudel aus dem Keller holen?" Schnell zog ich meine Pantoffeln an und nahm den Kellerschlüssel. Unten im Keller hatte ich zuerst nur ein bißchen Angst, weil es so still und unheimlich war. Auf einmal pochte mein Herz immer stärker. Schnell schnappte ich mir eine Sprudelflasche aus der Kiste. In diesem Augenblick ging das Licht im Flur aus. Plötzlich klappert etwas dicht hinter mir. Dazu knarrt eine Tür. Mir läuft eine Gänsehaut eiskalt den Rücken herunter. Was soll ich nun tun? Um Hilfe schreien? Geschwind schließe ich die Kellertür hinter mir. Nun ist es stockdunkel. Und schon wieder klappert und knarrt es im Keller. Schnell poltere ich die Treppe hinauf zu meinen Eltern ins Wohnzimmer. Meine Mutter fragte: „Warum bist du so blaß?" Ich erzählte mein Erlebnis im Keller. Sie aber lachte, und mein Vater meinte: „Bestimmt steht ein Kellerfenster offen! Deshalb brauchst du doch keine Angst zu haben!" Noch heute gehe ich nicht gern in den Keller.

4.3 Weiterführung

— Die Entwürfe der schwächeren Schüler korrigiert der Lehrer selbst; er gibt mündliche und schriftliche Empfehlungen zur Überarbeitung.
— Reinschriftlicher Eintrag ins Klassengeschichtenbuch, in Klassenarbeitshefte, in Lesemappen, die Schülern, Lehrern, Eltern u. a. zur Lektüre bereitstehen.
— Ist eine Benotung der schriftlichen Gestaltungsleistung erforderlich, werden die Texte mit Hilfe des Kriterienkatalogs „Erlebniserzählung" (Seite 25) nach dem Beispiel der Lehraufgabe „Erlebnis mit einem Tier", 3. Schuljahr (Seite 133) bewertet und mit einem Verbalurteil versehen.

Gestaltungsaufgabe: *Reizwortgeschichte*

Thema: *Bach — Mütze — Schirm*

Stufe: *4. Schuljahr*

1. Didaktische Information

1.1 Reizwortgeschichten entstehen aus der Verbindung von Einzelbegriffen. Sie nehmen eine Mittelstellung ein zwischen Erlebniserzählungen und Phantasiedarstellungen. „Die Reizwörter sollen Spontaneität wecken, Probleme stellen und lösen, innere Motivationen und damit kindgemäße Sprechsituationen schaffen, die Phantasie anregen, Kombinationsmöglichkeiten erzeugen bzw. erzwingen und zum sprachlichen ... Gestalten herausfordern." (1)

Bei der Reizwortgeschichte erfolgt die Gestaltung in Anlehnung an ein Gerüst, das ein allzu zielloses Umhertasten ausschließt. Die Reizwörter stehen zwar in irgendeinem inhaltlichen Zusammenhang, der vom Schüler aber unterschiedlich interpretierbar ist und so zu ganz verschiedenen Gestaltungsformen führt. (2)

Art und Schwierigkeitsgrad der Reizwortgeschichte variieren je nach Ziel und Zweck der geplanten Unterrichtsaufgabe. Während im 2. und 3. Schuljahr gezielte Reizwörter mit einem vom Lehrer vorgeplanten Gedankengang („Kind — Ball — Auto", „Ball — Fenster — Junge") überwiegen, bieten Reizwortkombinationen im *4. Schuljahr* mehrere Lösungsmöglichkeiten oder beabsichtigen eine zweideutige Lösung bzw. gezielte Irreführung.

1.2 „Bach — Schirm — Mütze" sind Reizwörter mit mehreren Lösungsmöglichkeiten und bieten die Chance kreativer Textproduktion. Diese Unterrichtssequenz setzt den Akzent auf *Kreativität,* worunter wir einen „Arbeitsbegriff" verstehen, „der viele vorher bestehende Begriffe vereint und der durch die seit 1950 stark anwachsende experimentelle Forschung immer wieder einen neuen Sinn erhält". (3) In diesem Zusammenhang wird in dieser Unterrichtseinheit

— bewußt abgerückt von der üblichen sachlichen und sprachlichen Vorbereitung des Schülers auf die Textgestaltung,

— der unterrichtliche Schwerpunkt von den Lehrer- auf die Schüleraktivitäten verlagert,

— die Ideenproduktion der Schüler durch Einsatz von „Drudeln" gefördert,

— weniger Wert auf Darstellung nachvollziehbarer Verlaufsstrukturen gelegt, als vielmehr auf den Nachweis kreativen Sprachschaffens an Beispieltexten, wie sie in Erprobungsklassen erstellt worden sind.

2. Erste und zweite Stunde: Förderung der Ideenproduktion durch Drudel

2.1 Lernhilfen

In diesen Stunden gelangen zur Förderung der Ideenproduktion, wie sie zur Herstellung von Reizwortgeschichten erforderlich ist, sogenannte *„Drudel"* zum Einsatz. Die Bezeichnung „Drudel" stammt aus dem Englischen („Droodle"). Drudeln, manchmal auch als „Wortspiel für Analphabeten" belächelt (4), ist ein Verfahren, das von Personen verlangt, sie sollen für andere (Mitmenschen) Gegenstände oder Gegebenheiten mit möglichst *sparsamen Mitteln zeichnen.* Dabei können bzw.

sollen ungewohnte und überraschende Perspektiven gewählt werden. Musterbeispiel für das Drudeln (5):

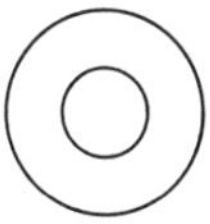

Suppenteller (von unten gesehen), Mexikaner (von oben gesehen) ...

Entscheidend ist der Ideenreichtum der betrachtenden Person.

Daneben gelangen als Lernhilfen zwei Arbeitsblätter, Tafelskizzen und Tafeltexte zum Einsatz.

2.2 Lernziele:

Die Schüler sollen

— den Drudel kennenlernen, indem sie seine Merkmale charakterisieren;

— zu bereitgestellten Drudeln möglichst viele kreative Ideen produzieren, ihre Deutungen vorlesen und ergänzen;

— selbst Drudel entwerfen und ihre Ideen dazu versprachlichen;

— beim Betrachten der Drudel des Partners möglichst viele Einfälle und Vorstellungen entwickeln.

2.3 Unterrichtsverlauf

2.31 Hinführung (ca. 5')

Der Lehrer heftet kommentarlos einen Drudel an die Tafel (*TA* ①).

Die Schüler äußern spontan ihre Ideen und Einfälle.

2.32 Erarbeitung (ca. 60')

Teilziel 1: Funktion und Begriff des Drudels

L: Wer eine Idee zu dem Bild hat, darf sie an die Tafel schreiben (*TA* ②).

Der Lehrer ergänzt (*TA* ③).

L: Schaut euch noch einmal das Bild und unseren Tafeltext an! Da fällt euch etwas auf!

Die Schüler stellen fest, daß es für das Bild viele Namen oder Bezeichnungen gibt.

L: Ein solches Bild nennen wir Drudel (*TA* ④).

Tafelbild:

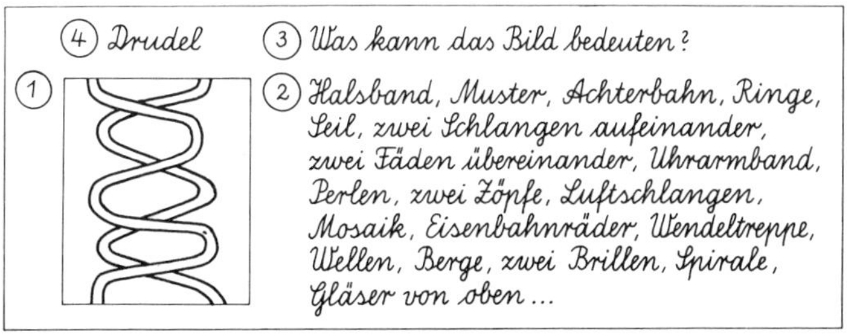

Teilziel 2: Bezeichnungen zu bereitgestellten Drudeln suchen

Arbeitsblatt 1 wird ausgeteilt.

L: Schaut euch die Drudel gut an! Schreibt eure Ideen dazu auf!

Die Schüler führen den Auftrag aus und lesen ihre Ideen vor.

Arbeitsblatt 1:

Was das sein könnte

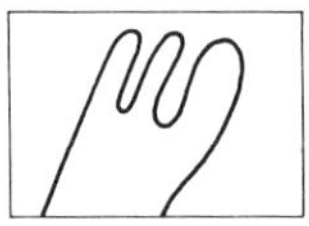

Klecksbild, Halbinsel (Griechenland), Krone, Burgfried, Abdruck von Füßen, Muster, Euter, Flügel, Straße, Kralle ...

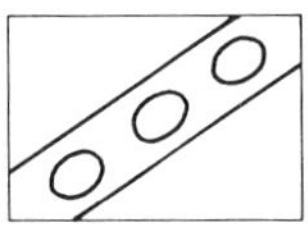

Flötenlöcher, Bienenwaben, drei Seen, Baum, Seil mit Löchern, Eier auf einem Laufband, Gürtel, Autobahn mit Autos ...

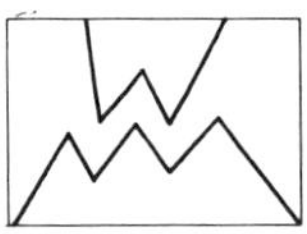

Zähne eines Igels, Berg- und Talbahn, Rückenzapfen eines Drachen, Gebirgskette, Eiszapfen, W und M ...

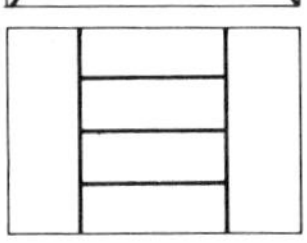

Gänge, Eisenbahnschienen, Pferdeboxen, Leiter vor dem Fenster, Drahtzaun, Stufen, Schrank, Gitter, Teppich ...

2.33 Vertiefung (ca. 25')

Teilziel 1: Entwerfen von Drudeln — Aufschreiben von Bezeichnungen

Arbeitsblatt 2 wird ausgeteilt.

L: Zeichne selbst Drudel und schreibe dazu, was du darin alles erkennst!

Arbeitsblatt 2 (Ausschnitt):

(ergänzt um exemplarische, von den Schülern entworfene Drudel; die Bezeichnungen stammen ebenfalls von den Schülern)

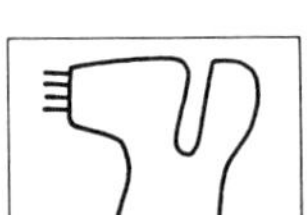

ein Apparat, ein Trichter, eine Hose, ein Scheinwerfer, bellender Hund, Zahnausfall ...

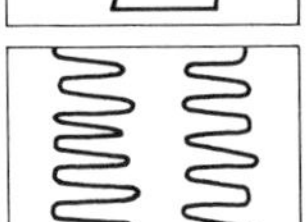

Kakteen, Wasserpflanze, Irrgarten, Mosaik, Finger eines Ungeheuers, Wandmuster, Baum, Tausendfüßler, auslaufende Farbe ...

Teilziel 2: Wir drudeln in Partnerarbeit

L: Knickt das Arbeitsblatt so, daß man nur noch eure Bilder sieht! Euer Nachbar soll möglichst viele Einfälle zu euren Bildern haben!

3. Dritte und vierte Stunde: Herstellen der Reizwortgeschichte

3.1 Lernziele:

Die Schüler sollen

— die vorgegebenen Reizwörter genau betrachten und die hervorgerufenen Vorstellungen so miteinander verknüpfen, daß der Grundplan eines zusammenhängenden Geschehens sichtbar wird;

— die Erzählabschnitte des Geschehens festlegen;

— besondere sprachliche Mittel zur Erhöhung der Spannung erwägen und kennenlernen;

— die erfundene Geschichte schriftlich fixieren.

3.2 Anmerkungen zur Methode

Kreative Textproduktion der Schüler erfordert das totale Zurücktreten des Lehrers. Der größte Teil dieser Doppelstunde steht zur schriftlichen Textherstellung bereit. Aus diesem Grunde erübrigt sich eine differenzierte Verlaufsdarstellung. Es sei lediglich auf zwei methodische Besonderheiten aufmerksam gemacht:

(1) Vor der Textproduktion darf kein vorbereitendes Unterrichtsgespräch stattfinden. Den Schülern muß allerdings aus dem 2. und 3. Schuljahr bekannt sein, wie Reizwortgeschichten verfaßt werden und welche Gestaltungskriterien zu berücksichtigen sind; diese sollten bei Bedarf nach Bekanntgabe der Reizwörter noch einmal wiederholt bzw. als *Tafelanschrift* bereitgestellt werden:

1. Suche eine passende Überschrift, die nicht zu viel von der eigentlichen Geschichte verrät!
2. Die drei Reizwörter sollen in deiner Geschichte eine wichtige Rolle spielen!
3. Erzähle ausführlich alle Einzelheiten!
4. Verwende Ausrufe- und Fragesätze!
5. Laß die Menschen in deiner Geschichte rufen und reden!
6. Gliedere in Einleitung, Hauptteil und Schluß!
7. Beachte den Spannungsbogen:

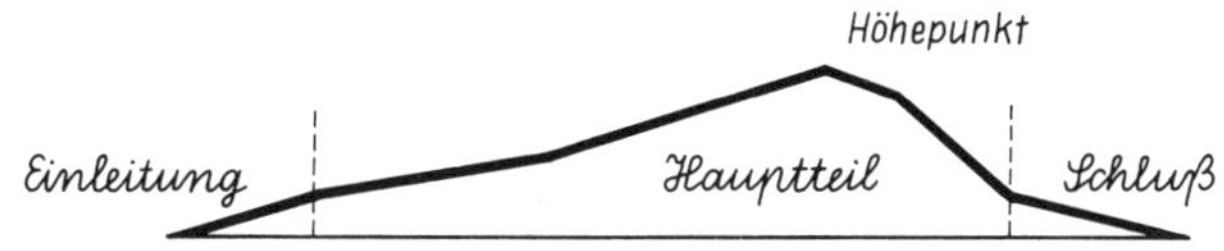

(2) Es ist den Schülern freigestellt, in welcher Reihenfolge sie die Begriffe assoziieren. Um zu verhindern, daß die vom Lehrer vorgegebene Reihenfolge der Reizwörter übernommen wird bzw. die zuerst genannten Begriffe die überragende Rolle spielen, empfiehlt es sich, die Reizwörter nicht vorzulesen, sondern nur schriftlich an der Wandtafel einzuführen. (6) Wir empfehlen darüber hinaus die Auflösung der sonst üblichen linearen Schreibweise:

Bach

Schirm

Mütze

3.3 Exemplarische Schülerarbeiten mit Besprechung

Entwurf 1:

Das Mißgeschick

Uli ging mit seinem Schirm durch Daun spazieren. Er ging in die Nähe der Lieser. Plötzlich kam ein heftiger Wind auf, und schon war Ulis Mütze weg. Sie landete genau am Ufer der Lieser. Der Knabe raste, so schnell er konnte, ans Ufer. Er hatte seine Mütze wieder.

Uli war sehr froh. Doch er freute sich zu früh. Er stolperte, und seine Mütze flog ins Wasser. Der Knabe lief der Mütze hinterher. Sie blieb an einem Stein im Wasser hängen. Uli probierte es mit dem Regenschirmgriff. Es klappte nicht. Plötzlich plumpste er ins Wasser, weil er sich zu viel gebeugt hatte. Jetzt konnte er die Mütze auch besser holen.

Er ging aus dem Wasser und raste nach Hause.

Besprechung:

Dieser Text ist ein mustergültiges Beispiel für eine konvergente Lösung der gestellten Aufgabe, d. h. die Textproduktion erfolgt genau in der erwarteten und von den Reizwörtern intendierten Weise. Dabei wird ein Handlungsschema verarbeitet und variiert, das den Kindern aus ihrem Erlebnisbereich bekannt ist. Der Handlungsverlauf ist nach diesem Schema logisch und folgerichtig aus den Informationen, die die Reizwörter bereitstellen, abgeleitet worden.

Entwurf 2:

Der Mützenmann

An einem Regentag im November ging einmal ein Mann mit einer Mütze und einem Schirm durch die Stadt. Alle Kinder und Leute schauten ihm mit großen Augen nach. „Der sieht aber ulkig aus mit seiner Pudelmütze", sagte Fritz, der Sohn des Wollhändlers Jakobus.

Den Namen des Mannes mit der Mütze wußte keiner, darum nannten sie ihn den „Mützenmann".

Jeden Tag hatte er eine andere Mütze an. Die Kinder der Stadt spotteten über ihn und riefen: „Sein Reichtum sind die Mützen." Dem Mützenmann sein Lieblingsplatz war die kleine Bank am Bach. Dort saß er jeden Tag. Er aß dort sein Butterbrot und schaute den Fischlein im Bach nach, wie sie da im Wasser herumtollten. Lustig sah es aus.

Doch einmal saß er auf der Bank und wachte nicht mehr auf. Die Menschen in der Stadt waren sehr traurig, obwohl sie ihn vorher verspottet hatten.

Die Stadt hatte sich verändert. Die Straßen waren leer. Kein Kind spielte mehr, alles war ruhig. Man hörte den Bach nicht mehr rauschen.

Sogar die Vögel sangen nicht mehr im Park.

Besprechung:

Diese Arbeit mit der interessanten Überschrift „Der Mützenmann" ist ein typisches Beispiel für eine überwiegend divergente Lösung der Darstellungsaufgabe. Den Ausgangspunkt für einen in diesem Zusammenhang überraschenden und märchenähnlichen Inhalt bildet die Gestalt des Mützenmannes, der nur scheinbar fern jeglicher Realitätsbezogenheit ist. In diesem Text ist ein intuitiver Sprung, ein hoher Grad von Neuheit, offensichtlich. Selbst dann, wenn davon auszugehen ist, daß einige Einzelheiten dieser Erzählung vom Schreiber nicht frei erfunden worden sind, sondern der Erinnerung an Freizeitlektüre oder Fernsehen entstammen, bleibt das Kriterium einer überraschend fernliegenden Verknüpfung der Reizwörter bestehen. Dieser Text muß daher in jedem Falle als *intuitiv* und *kreativ* bezeichnet werden.

4. Fünfte und sechste Stunde: Überarbeitung und Korrektur der Entwürfe

4.1 Grobziel

Die Schüler sollen inhaltliche und sprachliche Mängel und Vorzüge der Reizwortgeschichten „Das Mißgeschick" und „Der Mützenmann" erkennen und benennen.

4.2 Methodische Schwerpunkte des Unterrichtsverlaufs

a) Die Schüler erhalten Abzüge der beiden Reizwortgeschichten mit dem Auftrag, die Textstellen, die ihnen gefallen, blau zu unterstreichen, und was ihnen mißfällt, rot zu kennzeichnen.

b) Die Schüler bemängeln am Text „Das Mißgeschick" die ausdrucksschwache Wortwahl und die Wiederholungen. Der gezielten Ausdrucksschulung dient die Erarbeitung des Wortfeldes „gehen":

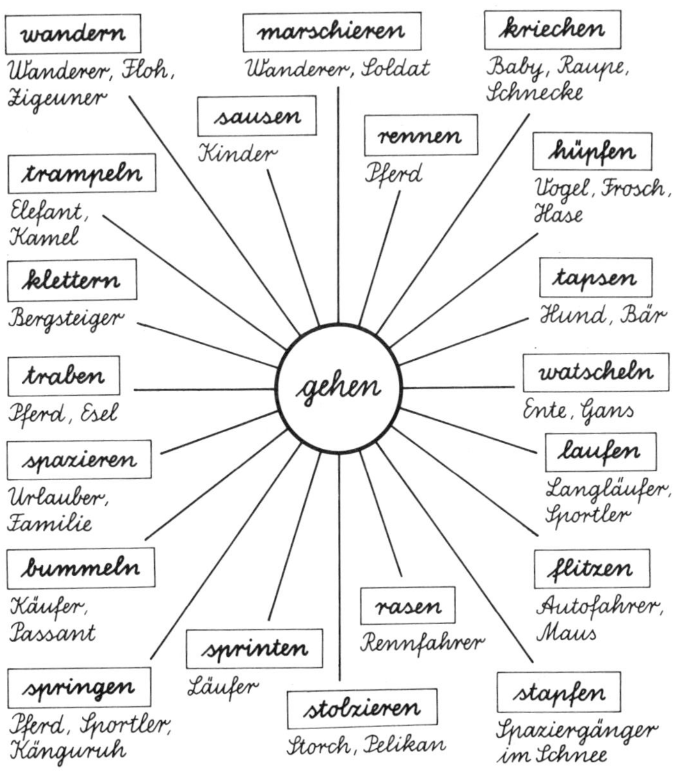

c) Die mit Korrekturen und Verbalbeurteilungen des Lehrers versehenen Entwürfe werden den Schülern ausgehändigt. Die Schüler fertigen reinschriftliche Endfassungen an.

4.3 Reinschriften der beiden Beispieltexte mit Besprechung

Endfassung 1:

Das Mißgeschick

Uli spazierte mit seinem Schirm und seiner Mütze durch Daun.
Der Bub lief in die Nähe der Lieser. Das war ein reißender Bach. Plötzlich kam ein heftiger Wind auf, und schon war Ulis Mütze weg.
Sie landete genau am Ufer der Lieser. Der Knabe raste, so schnell er konnte, zur Böschung des Baches. „Gott sei Dank! Da liegt ja meine Mütze!" rief der Junge freudestrahlend aus. Nun hatte er seine Mütze wieder. Uli strahlte über das ganze Gesicht. Freute er sich etwa zu früh? In Gedanken und ohne zu überlegen, lief er weiter. Da das Tal hügelig war, stolperte er über eine Wurzel. Nun segelte die Mütze im hohen Bogen ins Wasser.
Verflixt und zugenäht! Das hätte nicht passieren dürfen! Der Knabe rannte hinter seiner Kappe her. Er beobachtete, daß sie an einem Stein im Wasser hängenblieb. „Hurra, da ist ja meine geliebte Mütze!" Jetzt hatte Uli eine Idee. Der Regenschirm, den er bei sich trug, flüsterte: „Benutze mich! Ich kann dir helfen!" Nun probierte er, mit dem Regenschirmgriff die Kappe herauszufischen. Aber leider klappte es nicht. O Schreck! Plötzlich plumpste er ins kalte Wasser, weil er sich zu sehr nach vorne gebeugt hatte. Jetzt konnte er die Mütze auch besser angeln. Gesagt! Getan! Fröhlich stieg er aus dem Wasser und eilte rasch nach Hause.

Besprechung:

Der Entwurf wurde vom Schreiber intensiv überarbeitet. Auffallend ist vor allem die sprachliche Treffsicherheit, mit der er die Geschichte aufgelockert hat. Wortwiederholungen, knappe Darstellung und stereotyper Satzbau wurden zugunsten eines expressiven Sprachgebrauchs vermieden. Gegenüber dem Entwurf wurden die Kausalzusammenhänge verdeutlicht und durch einige Elemente so angereichert, daß die abschließende Gestaltung der Intention einer Reizwortgeschichte vollkommen gerecht wird.

Endfassung 2:

Der Mützenmann

An einem Regentag im November ging einmal ein Mann mit einer Mütze und einem Schirm durch die Stadt. Alle Kinder und Leute schauten ihm mit großen Augen nach.
„Haha, der sieht aber ulkig aus mit seiner Pudelmütze und seinem geblümten Regenschirm", sagte Fritz, der Sohn des Wollhändlers Jakobus.
Den Namen des Mannes mit der Mütze und dem Schirm mit den Blumen wußte keiner, darum nannten sie ihn den „Mützenmann", weil er jeden Tag eine Mütze trug. Der Mützenmann spazierte zum Bach, wo sein Lieblingsplatz war.
Dort saß er jeden Tag.
Er aß dort sein Butterbrot und schaute den Fischlein im Bach nach.
Wenn die Sonne brannte, nahm er seinen Regenschirm und benutzte ihn als einen Sonnenschirm.
Er baute Schiffchen aus Papier und ließ sie im Bach schwimmen. Es war ein sehr eigenartiger Mensch.
Doch oje! Einmal saß er auf der Bank und schlief. Er wachte nicht mehr auf.
Die Menschen in der Stadt wurden sehr traurig, obwohl sie ihn vorher verspottet hatten.
Ach Gott! Denn das Schlimmste war, daß kein Vogel mehr sein liebliches Stimmchen hören ließ. Die Straßen waren leer. Kein Kind spielte mehr. Sogar der Bach, der eigentlich der beste Freund des Mützenmannes war, rauschte nicht mehr.
Alles hatte sich verändert.

Besprechung:

Der Schreiber hat seinen ausdrucksvollen Aufsatz sprachlich etwas geändert. Eine inhaltliche Überarbeitung der Geschichte, die auf Grund der zu starken Beachtung des Reizwortes „Mütze" notwendig war, wurde vorgenommen. Die Ausformung und Verzögerung des Höhepunktes trägt dazu bei, daß die Spannung über einen längeren Zeitraum erhalten bleibt.

Anmerkungen:

1. Bengel, Josef: Reizwortgeschichten — Sprachgestaltung in der oberen Grundschulstufe. In: Die Scholle, Heft 11/1973, Seite 703
2. Vgl. Helmers, Hermann: Didaktik der deutschen Sprache. Stuttgart 1972[7], Seite 228
3. Ulmann, Gisela: Kreativität. Weinheim 1970[2], Seite 13
4. Vgl. Price, Roger: Der kleine Psychologe. Zürich 1975
   Vgl. Beer, Ulrich/Erl, Willi: Entfaltung der Kreativität. Tübingen 1972[3], Seite 68
5. Beer, Ulrich/Erl, Willi: Entfaltung der Kreativität. Tübingen 1972[3], Seite 68
6. Vgl. Krüger, Herbert: Die Arbeit mit Reizworterzählungen auf der Unter- und Mittelstufe — Ein Beitrag zum Thema Messen kreativer Leistungen im Sprachunterricht. In: Der Deutschunterricht, 26. Jahrgang 1974, Seite 17f.

Gestaltungsaufgabe: *Ergänzen eines Erzählteils*

Thema: *Fabel „Wind und Sonne"*

Stufe: *4. Schuljahr*

1. Didaktische Information

1.1 Das Fortführen einer begonnenen Geschichte ist den Schülern aus den vorangegangenen Schuljahren ebenso geläufig wie das Ergänzen von Anfangs- und Mittelteil zu einem bereitgestellten Schlußteil. Während in den ersten drei Schuljahren die zu ergänzende Situation in der Regel

— dem realen Erfahrungs- und Erlebnisbereich des Kindes entstammt und

— in einer dem Kinde besonders leicht verständlichen Lehrererzählung dargeboten wird,

stellt das Ergänzen des Schlußteils der Fabel „Wind und Sonne" erhöhte Anforderungen: Zum einen ist der Streit zwischen Wind und Sonne an sich abstrakter Natur, zum anderen erfordert die knappe Darstellungsweise der Fabel mit ihrem dialogischen Aufeinanderprall erhöhte Aufnahmefähigkeit und eine differenzierte sprachliche Gestaltungsfähigkeit.

1.2 Die Durchführung dieser Unterrichtseinheit setzt das Vertrautsein mit fabeltypischen Gestaltelementen voraus. Sofern diese nicht vom bisherigen literarischen Unterricht her hinreichend geläufig sind, empfiehlt es sich, dieser Unterrichtseinheit die Behandlung einer Fabel und das Kennenlernen ihrer Merkmale vorauszuschicken.

1.3 Die *Fabel* nach Aesop, nacherzählt von Rudolf Hagelstange (1):

Wind und Sonne

Wind und Sonne stritten miteinander, wer von ihnen der stärkere sei. „Ich bin die stärkste Macht auf dieser Welt", sagte die Sonne. „Nichts kann mir Widerstand leisten." „Nichts — außer mir", sagte der Wind. „Meine Kräfte übertreffen noch die deinen." „Machen wir eine Probe!" schlug die Sonne vor. „Siehst du den Mann die Straße herunterkommen? Also: Wer von uns beiden den Mann bewegt, seinen Mantel auszuziehen, muß als der stärkere erkannt werden. Du magst zuerst dein Glück versuchen."

Der Wind begann zu blasen, indes sich die Sonne hinter eine Wolke zurückzog. Dann pfiff er, und der Mann zog den Kopf ein. Dann heulte er und raste in eisigen Stößen gegen den Mann an. Aber je kälter er blies, um so fester hüllte sich der Mann in seinen Mantel ein.

„Jetzt will ich es versuchen", sagte die Sonne und kam wieder hinter der Wolke hervor. Sie schien zunächst sanft herunter auf den Mann, und der knöpfte seinen Mantel auf und hängte ihn lose um die Schultern. Die Sonne lächelte, und ihr Lächeln erwärmte alle Dinge und Wesen. Binnen weniger Minuten hatte sie auch den Mann auf der Straße so sehr erwärmt, daß er seinen Mantel von der Schulter nahm und Ausschau hielt nach einem Platz im Schatten.

1.4 In unserer Fabel streiten Wind und Sonne darüber, wer der stärkere von beiden sei. Die Sonne gewinnt die Probe. Die Handlung ist spannend und die Sprache ihrer anspruchslosen Wortwahl und klaren Syntax wegen für Schüler des *4. Schuljahres* leicht verständlich. Mit einer der beiden „Personen" können sich die Schüler identifizieren; sie fühlen sich persönlich angesprochen und werden entsprechend impulsiv reagieren.

1.5 Vorwiegende Intention dieser Unterrichtseinheit soll das *kreative Sprachschaffen* der Schüler sein; die individuelle Lösung des Streitfalles in selbständigen sprachlichen Formulierungen ohne lenkende Einflußnahme des Lehrers ist beabsichtigt; ihr vorangehen muß jedoch die sprachliche Erschließung des Gestaltungsbereichs durch Bereitstellen von Wortmaterial und Gestaltungskriterien.

2. Grobziel und Lernzielkontrolle

2.1 Die Fortsetzung zum Anfangsteil der Fabel „Wind und Sonne" unter Beachtung fabeltypischer Gestaltelemente aufschreiben.

2.2 Die Lernzielkontrolle erfolgt

— bei der Beurteilung der Gruppenarbeitsergebnisse,
— im szenischen Spiel,
— bei reinschriftlichen Textfassungen.

3. Lernhilfen

Tafelzeichnung/Overheadprojektion/Zeichnung auf Karton: „Wind und Sonne"; Tafeltexte: Stichwörtersammlungen, Gestaltungskriterien; Arbeitsblatt mit Anfangsteil der Fabel; szenisches Spiel

4. Verlauf des Unterrichts

4.1 Erste und zweite Stunde: Sprachliche Erschließung und Erstentwurf

Lernziele:

Die Schüler sollen

— Stichwörtersammlungen zu Tätigkeiten und Eigenschaften von Wind und Sonne zusammentragen;
— die Arbeitsergebnisse vortragen und auf ihre sachliche und sprachliche Angemessenheit hin überprüfen;

— nach Anhören des Anfangsteils der Fabel Vermutungen über den Ausgang des Geschehens äußern und begründen;
— fabeltypische Kriterien zur Herstellung des Schlußteils nennen;
— in Gruppen Entwürfe herstellen;
— die Gruppenarbeiten beurteilen;
— in Gruppen die Darstellung „ihrer" Fabel im szenischen Spiel planen und der Klasse vorführen.

4.11 Motivation (ca. 5')

Kommentarlos wird die Klasse mit folgender Abbildung konfrontiert, zu der sich die Schüler ungelenkt äußern:

4.12 Erarbeitung (ca. 40')

Teilziel 1: Stichwörtersammlung in Gruppenarbeit

Auftrag: Wir stellen in Gruppen Tätigkeiten und Eigenschaften von Wind und Sonne zusammen! An der Tafel (Seite 254) seht ihr die Überschriften!

Die fertiggestellten Stichwörtersammlungen werden an der Tafel fixiert.

Teilziel 2: Textbegegnung

L: Wir hören nun eine kurze Geschichte, in der Wind und Sonne eine wichtige Rolle spielen.

Lehrervortrag des Fabeltextes bis zu dem Satz: „Du magst zuerst dein Glück versuchen."

In allen Erprobungsklassen konzentrierten sich die spontanen Schüleräußerungen auf zwei Schwerpunkte:

— Vermutungen über den voraussichtlichen Sieger des Wettstreits,
— Hinweise auf die Textsorte „Fabel".

Sofern die Schüler nicht spontan die Fabel erkennen, gibt der Lehrer folgende Impulse: „Meist treten bei dieser Textsorte Tiere auf! — Diese reden und handeln wie Menschen!"

Teilziel 3: Erarbeiten von Gestaltungskriterien

L: Wenn wir unsere Geschichte zu Ende erzählen, wollen wir — wie der Dichter selbst — Merkmale der Fabel beachten!

Die Kriterien werden an der *Tafel* notiert und evtl. um einige für alle Erzählungen gültigen Grundsätze ergänzt, deren Einhaltung einer Klasse noch Schwierigkeiten bereitet.

Tafelbild:

Was der Wind tut	*Wie der Wind ist*	*Wie die Sonne ist*	*Was die Sonne tut*
blasen	unsichtbar	hell	bräunen
schütteln	stürmisch	gelb	trocknen
sausen	laut	feurig	wärmen
pfeifen	rauh	heiß	blenden
heulen	mild	rund	scheinen
wirbeln	kalt	strahlend	erhitzen
peitschen	schnell	warm	brennen
wehen	stark	glühend	untergehen
wüten	schwach	blendend	flimmern
treiben	warm	glänzend	austrocknen
stürmen	leise	leuchtend	erhellen
fegen	heftig	flimmernd	aufgehen
pusten	eisig	bräunend	lachen
rauschen	frisch	...	....
reißen	...		
...			

So erzähle ich weiter

1. Ich erzähle kurz und bündig, was Wind und Sonne tun.
2. Ich lasse Wind und Sonne miteinander reden.
3. Ich wähle eine treffende Überschrift.
4. Ich verwende treffende Verben und ausschmückende Adjektive.
5. Ich vermeide Wiederholungen am Satzanfang und im Satz.

...

4.13 Verarbeitung (ca. 45')

Teilziel 1: Gestaltung des Schlußteils der Fabel in Gruppen

Arbeitsblätter mit dem Anfangsteil der Fabel, jedoch ohne Überschrift, werden verteilt. In jeder Gruppe schreibt ein Schüler den gemeinsam erarbeiteten Text satzweise auf.

Teilziel 2: Besprechung der Arbeitsergebnisse

Hier die konkreten Ergebnisse aus einem 4. Schuljahr:

Gruppe 1:

> ... Da blies er. Dem Mann wurde es kalt, und er machte den Mantel zu. Jetzt war die Sonne an der Reihe. Sie schien so stark, daß der Mann den Mantel auszog. Nun hatte die Sonne gewonnen.

Besprechungspunkte mit der Klasse:

Diese Gruppe hat einen zu kurzen Schlußteil geschrieben. Mehr Einzelheiten zu dem, was Sonne und Wind tun, um den Wettstreit zu gewinnen, interessieren den Leser sehr; vor allem vermißt er Meinungsäußerungen der beiden Kontrahenten zum Verlauf und zum Ausgang des Wettstreits.

Gruppe 2:

> ... Der Wind blies so stark, daß der Mann seine Jacke zuknöpfte und seinen Hut festhielt. Die Sonne war schlau und schien nur schwach. Da kamen die Kinder aus den Häusern. Und der Mann? Der lachte und zog seinen Mantel aus. Der Wind ging mit einem feuerroten Gesicht davon.

Besprechungspunkte mit der Klasse:

Es werden zwar mehr Einzelheiten in einer lebendigeren und wendigeren Darstellungsweise erzählt, doch vermißt auch hier der Leser eine Auseinandersetzung zwischen Wind und Sonne in Dialogform.

Gruppe 3:

... Der Wind pustete so stark, daß dem Mann kalt wurde und er seinen Mantel zuknöpfte. Den Wind ärgerte das. Er wehte noch stärker, aber der Mann zog den Mantel nicht aus. Da ging der Wind zur Sonne und sagte: „Versuche nun du dein Glück!" Die Sonne strahlte so warm auf den Mann, daß er seinen Mantel auszog und murmelte: „Wo kommt denn jetzt die Sonne her?"

Besprechungspunkte mit der Klasse:

Die Bemühungen von Wind und Sonne um den Sieg werden ausführlicher als bei den beiden ersten Gruppen dargestellt. Auch ist ansatzweise ein Dialog erkennbar. Doch wäre am Schluß eine Aussage über die Reaktion der beiden Kontrahenten zum Verhalten des Mannes wünschenswert gewesen.

Gruppe 4:

... Also pustete der Wind aus vollen Backen. Er pustete und pustete. Aber der Mann zog den Mantel nicht aus, im Gegenteil, er zog ihn sogar mehr zusammen. Wütend drehte sich der Wind zur Sonne um und rief: „Jetzt bist du an der Reihe! Fang an!" Die Sonne schien aus Leibeskräften. Tatsächlich! Sie brachte den Mann dazu, den Mantel auszuziehen. Die Sonne hatte gewonnen, und der Wind schlich sich ärgerlich davon.

Besprechungspunkte mit der Klasse:

Ein inhaltlich wie vor allem auch sprachlich geschliffener Text, der der Gestaltungsweise der Fabel sehr nahe kommt.

Gruppe 5:

... Da fing der Wind an und pustete und pustete. Er entwickelte sich zu einem Orkan. Und auf einmal: Hui, da flog der Mantel des Mannes bis zu den Wolken. „Na?" fragte der Wind die Sonne. Und die antwortete: „Gut, du hast diesmal gewonnen. Komm, wir wollen Freunde werden. Wir haben beide eine große Macht." „Ja, das ist eine gute Idee", sagte da der Wind.

Besprechungspunkte mit der Klasse:

Diese Gruppe läßt überraschend den Wind als Sieger hervorgehen. Dies erfolgt in einer einsichtigen Weise und fabelähnlichen sprachlichen Darstellung.

Teilziel 3: Szenisches Spiel

Jede Gruppe plant die szenische Gestaltung der Fabel entsprechend ihrem Text und führt sie der Klasse vor.

4.2 Dritte und vierte Stunde: Weiterführung

— Individuelle Gestaltung des Schlußteils;

— Korrektur/Überarbeitung durch den Lehrer oder in Partnerarbeit;

— Beurteilung und Bewertung der Texte nach Einhaltung der Gestaltungskriterien.

Anmerkung:

1. Entnommen aus: „Fabeln des Aesop", nacherzählt von Rudolf Hagelstange. Verlag Otto Maier, Ravensburg 1967

Gestaltungsaufgabe: *Nacherzählen aus veränderter Perspektive*

Thema: *Fabel „Der Rabe und der Fuchs"*

Stufe: *4. Schuljahr*

1. Didaktische Information

1.1 Keine schriftliche Darstellungsform ist so umstritten wie die Nacherzählung, die sich in Inhalt und Sprache an vorgegebene Texte anlehnt. Der Autor produziert nicht eigene Erlebnisse, Erfahrungen, Vorstellungen, Sachverhalte u. dgl. in selbständiger sprachlicher Formulierung, sondern reproduziert Vorgegebenes. Trotz ihres unbestreitbar geringen sprachschaffenden Wertes hat die Nacherzählung im Hinblick auf Gedächtnisschulung, lückenlose Wiedergabe von Inhalten und deren Zusammenfassung in späteren Schuljahren, in Beruf und Alltag ihre Berechtigung als Bildungsgut des Aufsatzunterrichts in der Grundschule.

Der wertmindernde Effekt einer nahezu wortgetreuen Nacherzählung aus gleicher Perspektive wird in der folgenden Unterrichtskonzeption deutlich abgeschwächt durch den *Wechsel der Erzählperspektive*, aus dem zumindest gelegentlich der Zwang zu individueller Wortwahl in neuen syntaktischen Strukturen resultiert.

1.2 Zum Nacherzählen aus veränderter Perspektive eignet sich in der Grundschule vor allem die *Fabel* wegen

— ihrer inhaltlichen Kürze mit einer überschaubaren und abgeschlossenen Handlung;
— ihrer prägnanten und verständlichen Sprache;
— ihres auf Spannung angelegten Dialogcharakters;
— des mühelos nachvollziehbaren Wechsels der Erzählerperspektive, da dem Kind das Hineinversetzen in die Lage des handelnden Tieres, vor allem des überlegenen, Freude bereitet;
— der für einen durchschnittlich begabten Schüler inhaltlichen und sprachlichen Nachvollziehbarkeit der Gesamtdarstellung.

1.3 Die Fabeltexte:

Der Gegendienst (nach Aesop)

Ein paar Mäuse sprangen mutwillig um einen schlafenden Löwen herum, und da er sich nicht rührte, begannen sie sogar, auf ihm herumzutanzen. Da wurde er wach und hatte gleich eine von ihnen gepackt. „Ich bitte dich", flehte die Maus, „schone mein Leben, ich will es dir auch gern mit einem Gegendienst vergelten." Da mußte der Löwe lachen und ließ sie los.

Nach einiger Zeit aber verfing er sich in den Netzen der Jäger und vermochte sich auch mit aller Kraft nicht aus den Schlingen zu befreien. Da kam die Maus herzugelaufen und nagte mit emsigem Zahn eine von den Schleifen entzwei, eine einzige nur, aber auch die anderen begannen davon aufzugehen, und der Löwe konnte seine Fesseln zerreißen.

Der Rabe und der Fuchs (nach Aesop)

Ein Rabe hatte einen Käse gestohlen. Er setzte sich auf einen hohen Baum und wollte ihn essen. Der Duft des Käses lockte einen Fuchs herbei. Der sprach zum Raben: „Ach, lieber Rabe, was bist du doch für ein schöner Vogel. Deine Federn sind prächtig, deine Figur ist wunderbar. Sicher kannst du auch wunderbar singen — oder nicht?" Der Rabe war von diesem Lob sehr geschmeichelt. Er wollte seinen Gesang hören lassen und öffnete den Schnabel. Dabei fiel ihm der Käse hinunter. Der Fuchs schnappte ihn und rannte davon.

2. Grobziel und Lernzielkontrolle

2.1 Nacherzählen der Fabel „Der Rabe und der Fuchs" aus der Perspektive von Rabe oder Fuchs.

2.2 Gestaltungskriterien der Nacherzählung werden berücksichtigt bei
— mündlichen Gestaltungsversuchen,
— schriftlichen Entwürfen, ihren Überarbeitungen und Korrekturen,
— Reinschriften.

3. Lernhilfen

Fabeltexte „Der Gegendienst", „Der Rabe und der Fuchs"; Tafeltexte: Gestaltungsregeln der Nacherzählung, Fehlerbeispiel, positive und negative Gestaltelemente, Wortschatzsammlung, überarbeitete Fassung des Fehlerbeispiels

4. Verlauf des Unterrichts

4.1 Erste und zweite Stunde: Mündliches und schriftliches Nacherzählen der Fabel „Der Gegendienst" aus veränderter Perspektive

Lernziele:

Die Schüler sollen
— die Fabel aufnehmen, sich spontan dazu äußern und im Spiel nachgestalten;
— die Fabel mündlich aus der Sicht des Löwen oder der Maus nacherzählen und hierbei Gestaltungskriterien ableiten;
— in Gruppen Nacherzählungen entwerfen und der Klasse vortragen.

Phase/Zeit	*Mögliches Unterrichtsgeschehen*	*Didaktisch-method. Kommentar/Medien*
Einstieg ca. 10'	Zweimaliger Lehrervortrag der Fabel „Der Gegendienst" Spontane Schüleräußerungen zum Textinhalt nimmt der L kommentarlos entgegen und erläutert unverstandene Sachverhalte und Textstellen.	Sitzordnung: Gesprächskreis oder Hufeisenform Der wiederholte Textvortrag garantiert eine unverfälschte Textrezeption bei allen SS. Ein evtl. Vertrautsein der SS mit dem Fabeltext gefährdet nicht die Lernzielrealisation.
Erarbeitung ca. 40'	*Teilziel 1: Spielerische Gestaltung der Fabel*	Die SS werden mit Inhalt, Wortmaterial und Aufbau des Textes vertraut gemacht.
	Teilziel 2: Mündliche Gestaltungsversuche Mehrere SS erzählen aus der Perspektive des Löwen und der der Maus. Der L motiviert in folgender Weise: „Stellt euch vor: Die Maus oder der Löwe kommt nach Hause und erzählt das Erlebnis ihren/seinen Kindern (Familie, Rudel)!"	Impuls, der das Hineinversetzen in die Situation der Tiere erleichtert und Sprechbereitschaft provoziert

Phase/Zeit	*Mögliches Unterrichtsgeschehen*	*Didaktisch-method. Kommentar/Medien*
	Die Mitschüler beurteilen die Gestaltungsversuche nach ihrer inhaltlichen und sprachlichen Richtigkeit. Durch Lehrerimpulse geleitet, werden folgende *Merksätze* erarbeitet:	Gelenktes Unterrichtsgespräch
	Was wir beim Nacherzählen beachten: 1. Erzähle in der Ich-Form, was eines der Tiere tatsächlich erlebt hat! Erfinde **keine** neuen Einzelheiten dazu! 2. Erzähle mit deinen eigenen Worten! Wähle selbst treffende Verben und ausschmückende Adjektive! 3. Schreibe, was die Tiere miteinander reden! 4. Erzähle in der Vergangenheit! 5. Erzähle in der richtigen Reihenfolge! 6. Erzähle mit Ausrufen und Fragen! 7. Vermeide Wiederholungen!	*Tafelanschrift* Der Kriterienkatalog läßt sich um solche Kriterien kürzen oder ergänzen, deren Beachtung einer Klasse bereits selbstverständlich ist bzw. noch besonders schwerfällt.
Anwendung ca. 40'	*Teilziel 1: Herstellen schriftlicher Nacherzählungen in Gruppenarbeit* Auftrag: Schreibt die Fabel aus der Sicht des Löwen oder der Maus für die Kinder der anderen Gruppen auf!	Sitzordnung: Gruppen zu vier bis sechs SS Impuls, der adressatengerichtetes Schreiben bewußt macht
	Teilziel 2: Vorlesen und Kommentieren der Entwürfe durch Gruppensprecher	

Beispiele einiger Schülerarbeiten

a) Aus der Perspektive der *Maus* erzählt:

Entwurf 1:

Stellt euch vor, gestern tanzten wir ausgelassen auf einem Löwen umher! Als dieser aufwachte, hatte er ausgerechnet mich in den Pfoten, um mich genüßlich zu verspeisen. Ich bat ihn: „Laß das doch bitte bleiben, ich werde dir auch einen Gegendienst erweisen!" Da ließ er mich lachend los. Kurze Zeit darauf hörte ich jemand jämmerlich schreien. Neugierig, wie ich bin, lief ich sofort hin. Und was sah ich da? Hatte sich der Löwe doch wahrhaftig in den Netzen verfangen! Geschwind nagte ich eine Schleife durch. Die anderen Schlingen lösten sich selber. Jetzt war er frei.

Entwurf 2:

An einem schönen Sommermorgen lag nicht weit von unserer Höhle ein Löwe. Vetter Piep kletterte zuerst auf den Löwen, denn er schlief. Wir kamen nach und tanzten auf dem Löwen herum. Nach kurzer Zeit wachte er auf und griff nach mir. Als er mich in die Luft hob, bat ich ihn: „Laß mich los! Ich leiste dir einen Gegendienst." Er ließ mich los. Am anderen Morgen verfing er sich im Netz der Jäger und schrie nach Hilfe. Ich lief hin und zerbiß eine Schnur, dann konnte er die anderen Fesseln zerreißen und war frei.

b) Aus der Perspektive des *Löwen* erzählt:

Entwurf 1:

Stellt euch mal vor, Kinder! Neulich schlief ich im Wald. Da bemerkte ich plötzlich, daß irgend etwas auf mir herumsprang. Ich packte sofort zu und hatte eine winzige Maus in der Tatze. Sie bat mich: „Ach, lieber Löwe, laß mich bitte frei! Ich möchte dir dafür einen Gegendienst erweisen." Darauf mußte ich so sehr lachen, daß ich sie losließ. Als ich mich beruhigt hatte, machte ich mich auf den Weg nach Hause. Plötzlich verfing ich mich in den Netzen der Jäger. Ich brüllte, so laut ich konnte. Da kam die Maus angerannt und nagte mit emsigem Zahn das Seil durch. Es war nur ein einziges, doch die anderen begannen sich davon zu lösen. Und ich war wieder frei. Darum merkt euch: Auch kleine Mäuse können helfen!

Entwurf 2:

Stellt euch vor, heute zwickte mich eine Maus ins rechte Ohr, als ich im Wald schlief. Da packte ich sie. Die Maus aber rief: „Lieber Löwe, laß mich leben. Ich will es dir mit einem Gegendienst vergelten." Ich fing an, fürchterlich zu lachen, und ließ die Maus los. Aber als ich mich auf den Heimweg machte, verfing ich mich in den Netzen der Jäger. Ich brüllte, so laut ich nur konnte. Da kam die Maus herbeigelaufen und biß eine der Schlaufen durch. Nun konnte ich meine Fesseln zerreißen. Die Maus hatte ihr Versprechen gehalten.

4.2 Dritte Stunde: Exemplarische Überarbeitung eines Fehlerbeispiels

Lernziele:

Die Schüler sollen

— in einem Fehlerbeispiel (Gruppenentwurf) mißglückte Textstellen und Ausdrucksmängel benennen und Verbesserungsvorschläge erarbeiten;

— sinnvolle Beiträge zur Neufassung des Fehlerbeispiels beisteuern.

Phase/Zeit	*Mögliches Unterrichtsgeschehen*	*Didaktisch-method. Kommentar/Medien*
Erarbeitung ca. 45'	*Teilziel 1: Erkennen und Benennen fehlerhafter Textstellen* Fehlerbeispiel als *Tafeltext:*	
	Als ich vor einiger Zeit mal meinen Mittagsschlaf machte, tanzte etwas auf mir herum, das störte mich. Ich griff danach. Als ich die Augen aufmachte, hatte ich eine Maus in der Hand, die mich anflehte, daß ich sie loslassen solle, sie würde mir auch einen Gegendienst erweisen. Ich mußte so herzhaft lachen, daß ich losließ. Wie ich heute morgen in ein Netz geriet, kam die Maus und nagte ein einziges Seil durch, aber dadurch wurden alle Seile los, und ich war wieder frei.	*Anschrift* an der linken Tafelseite Die SS benennen sprachlich-stilistische Mängel und kennzeichnen die Textstellen mit Wellenlinien

Phase/Zeit	Mögliches Unterrichtsgeschehen	Didaktisch-method. Kommentar/Medien
	Teilziel 2: Herausarbeiten positiver und negativer Gestaltungsmerkmale *Tafeltext:*	
	Was richtig ist: — das Erlebnis des Löwen ist richtig erzählt — die Reihenfolge ist eingehalten **Was falsch ist:** — nicht mehrere Haupt- und Nebensätze aneinanderreihen; kurze und leicht verständliche Sätze bilden — statt Hilfsverben treffende Vollverben verwenden — statt indirekter Rede direkte Rede verwenden — unzutreffende Wörter und Ausdrücke vermeiden	Gelenktes Unterrichtsgespräch *Anschrift* auf der Mitteltafel
	Teilziel 3: Verbessern fehlerhafter Textstellen in Partnerarbeit Die von den SS unterbreiteten Verbesserungsvorschläge werden fixiert, z. B.:	
	. . . *den Mittagsschlaf machen:* den Mittagsschlaf halten, sich zum Mittagsschlaf hinlegen, sich zum Mittagsschlaf ausstrecken . . . *die Augen aufmachen:* die Augen öffnen, die Augen aufschlagen, die Augen aufreißen . . . *Hand des Löwen:* Pfote des Löwen, Tatze des Löwen, Pranke des Löwen . . . *dadurch wurden alle Seile los:* lösten sich alle Seile, lockerten sich alle Seile	*Anschrift* auf der Mitteltafel Die verbesserte Formulierung wird mit bunter Kreide geschrieben.
	Teilziel 4: Neufassung des Fehlerbeispiels im Klassenverband Der überarbeitete Text:	
	Als ich vor einiger Zeit im Wald meinen Mittagsschlaf hielt, krabbelte etwas auf meinem Rücken umher. Das störte mich. Blitzschnell griff ich zu. Ihr erratet nicht, was ich in meiner	*Anschrift* auf der rechten Tafelseite

Phase/Zeit	Mögliches Unterrichtsgeschehen	Didaktisch-method. Kommentar/Medien
	Tatze hielt! Eine winzige Maus! Sie flehte mich an: „Laß mich bitte los, stolzer, starker Löwe! Ich will dir auch einen Gegendienst erweisen." Darüber mußte ich so herzhaft lachen, daß sie mir aus der Pranke schlüpfen konnte. Heute morgen hatte ich großes Pech und geriet in das Netz der Jäger. Soviel ich auch zog und zerrte, ich kam nicht mehr los. In diesem Augenblick erschien die winzige Maus. Und was meint ihr, was sie machte? Sie nagte nur ein einziges Seil vom Netz durch, aber dadurch lösten sich alle Seile, und ich war wieder frei.	Gelenktes Unterrichtsgespräch, bei dem sich der L, soweit als eben möglich, im Hintergrund hält. Die SS unterbreiten möglichst unbeeinflußte Formulierungsvorschläge, die sie akzeptieren oder verbessern.

4.3 Vierte und fünfte Stunde: Schriftliches Nacherzählen der Fabel „Der Rabe und der Fuchs"

Lernziele:

Die Schüler sollen

— nach zweimaligem Hören eine Nacherzählung aus der Sicht des Raben oder des Fuchses entwerfen;

— die Entwürfe überarbeiten und korrigieren;

— Reinschriften herstellen.

5. *Beispiele zur Benotung* nach Kriterienkatalog „Nacherzählung" (Seite 26) und zur *Verbalbeurteilung*

Text 1:

(aus der Perspektive des *Fuchses* nacherzählt)

Der Rabe Kra-kra hatte sich ein großes Stück Käse geklaut. Als er anfing zu fressen, stieg mir der herrliche Duft in die Nase. Ich rannte sofort zu ihm hin und sagte bewundernd: „O Rabe, wie hast du so schöne Federn, so seidig und glatt. Da muß deine Stimme noch tausendmal schöner als die der Nachtigall sein!" Dadurch fühlte er sich sehr geschmeichelt. Und dumm, wie er war, fing er an zu singen. Natürlich fiel das Stück Käse sofort auf die Erde. Schnell schnappte ich es mir und machte, daß ich weg kam. Im Versteck mußte ich noch lange über seine Dummheit lachen.

Benotung:

I. Inhalt:

a) Inhalt/Perspektive 2 Punkte
b) entbehrliche Details 2 Punkte
c) Pointe 3 Punkte
d) Reihenfolge 2 Punkte

18 Punkte (verdoppelt) = Teilnote „Inhalt" = sehr gut

II. Gestaltung:

a) Verben, Adjektive 3 Punkte
b) Satzbau 2 Punkte
c) Satzanfänge 2 Punkte
d) Wörtliche Rede 1 Punkt
e) Ausrufe, Fragen 0 Punkte
f) Erzählzeit 1 Punkt

18 Punkte (verdoppelt) = Teilnote „Gestaltung" = sehr gut

Gesamtpunktzahl 18 Punkte = *Gesamtnote* „sehr gut".

Verbalbeurteilung:

Du hast den Inhalt der Fabel mit deinen eigenen Worten in so trefflicher Weise erzählt, daß sich daran jeder Leser erfreut. Die List des Fuchses wäre aber noch verständlicher geworden, wenn du geschrieben hättest, daß der Rabe mit seinem Käse, für den Fuchs unerreichbar, auf einem hohen Baum saß.

Text 2:

(aus der Perspektive des *Raben* nacherzählt)

> Als ich am Morgen mir einen Käse gestohlen hatte, flog ich auf einen Baum. Als ich ihn fressen wollte, da kam der Fuchs und sagte, ich hätte schöne Federn und eine gute Stimme. Ich war ganz entzückt und fing an zu singen. Beim Singen fiel der Käse auf den Boden, und der Fuchs schnappte ihn und lief davon.

Benotung:

I. Inhalt:

a) Inhalt/Perspektive 1 Punkt
b) entbehrliche Details 1 Punkt
c) Pointe 2 Punkte
d) Reihenfolge 2 Punkte

12 Punkte (verdoppelt) = Teilnote „Inhalt" = befriedigend

II. Gestaltung:

a) Verben, Adjektive 1 Punkt
b) Satzbau 1 Punkt
c) Satzanfänge 0 Punkte
d) Wörtliche Rede 0 Punkte
e) Ausrufe, Fragen 0 Punkte
f) Erzählzeit 1 Punkt

6 Punkte (verdoppelt) = Teilnote „Gestaltung" = mangelhaft

Gesamtpunktzahl 9 Punkte = *Gesamtnote* „ausreichend".

Verbalbeurteilung:

Du hast den Inhalt der Fabel richtig verstanden und auch in der richtigen Reihenfolge nacherzählt.

Allerdings wünscht sich der Leser noch mehr Einzelheiten. Wiederholungen am Satzanfang (als) stören. Du hättest die Rede des Fuchses wörtlich aufschreiben und spannungsweckende Ausrufe und Fragen verwenden sollen.

Text 3:

(aus der Perspektive des *Raben* nacherzählt)

> Ich stahl einen Käse und flog, daß keiner es merkt, auf einen hohen Baum. Der Duft des Käses holte aber einen Fuchs herbei. Dieser sprach: „Du bist ein schöner Vogel, hast prächtige Federn, und dein Gesang ist wundervoll. Laß mich ein Lied hören!" Das rührte mich, und ich zwitscherte mein Lieblingslied ihm vor. Aber dabei fiel mir der Käse aus dem Mund, und der Fuchs lief mit dem Käse davon.

Benotung:

I. Inhalt:

a) Inhalt/Perspektive 2 Punkte
b) entbehrliche Details 2 Punkte
c) Pointe 2 Punkte
d) Reihenfolge 2 Punkte

II. Gestaltung:

a) Verben, Adjektive 1 Punkt
b) Satzbau 1 Punkt
c) Satzanfänge 2 Punkte
d) Wörtliche Rede 1 Punkt
e) Ausrufe, Fragen 0 Punkte
f) Erzählzeit 1 Punkt

16 Punkte (verdoppelt) = Teilnote „Inhalt" = gut	12 Punkte (verdoppelt) = Teilnote „Gestaltung" = befriedigend

Gesamtpunktzahl 14 Punkte = *Gesamtnote* „befriedigend".

Verbalbeurteilung:

Deine Nacherzählung gibt den Inhalt der Fabel in der richtigen Reihenfolge wieder. Du hättest aber treffendere Verben und mehr ausschmückende Adjektive sowie Ausrufe und Fragen verwenden können, um deine Leser noch mehr in Spannung zu versetzen.

Text 4:

(aus der Perspektive des *Fuchses* nacherzählt)

> Stellt euch vor, Kinder! Als ich heute im Wald meinen Streifzug machte, kam mir ein Käseduft in die Nase. Ich ging ihm nach, und was sah ich da? Da hockte doch Rabe Krummschnabel auf einem Ast! Er hatte ein großes Stück Käse in seinem Schnabel. Ich sagte: „Lieber Rabe, schönster unter allen Raben! Was hast du doch für schöne Federn. Sicher kannst du auch gut singen, oder nicht?" Der Rabe fühlte sich sehr geehrt und wollte ein Lied anstimmen. Er machte den Schnabel auf, und der Käse fiel heraus. Ich schnappte ihn mir und lief in den Wald hinein, um ihn zu verzehren.

Benotung:

I. Inhalt:		*II. Gestaltung:*	
a) Inhalt/Perspektive	3 Punkte	a) Verben, Adjektive	2 Punkte
b) entbehrliche Details	2 Punkte	b) Satzbau	2 Punkte
c) Pointe	3 Punkte	c) Satzanfänge	2 Punkte
d) Reihenfolge	2 Punkte	d) Wörtliche Rede	1 Punkt
		e) Ausrufe, Fragen	1 Punkt
		f) Erzählzeit	1 Punkt
20 Punkte (verdoppelt) = Teilnote „Inhalt" = sehr gut		18 Punkte (verdoppelt) = Teilnote „Gestaltung" = sehr gut	

Gesamtpunktzahl 19 Punkte = *Gesamtnote* „sehr gut".

Verbalbeurteilung:

Du hast die Fabel mit deinen eigenen Worten in so trefflicher Weise nacherzählt, daß sich jeder Leser daran erfreut.

Herstellen informierender Texte

Gestaltungsaufgabe: *Berichten über ein Ereignis*

Thema: *Ein Unfall*

Stufe: *4. Schuljahr*

1. Didaktische Information

1.1 Berichten setzt sich zum Ziel, einen Adressaten über ein Ereignis oder Geschehen in Kenntnis zu setzen und zu informieren. Es hat lebenspraktische Aufgaben zu erfüllen. Hieraus resultiert seine *knappe und nüchterne Sachsprache.*

1.2 In der Grundschule ist es aus lernpsychologischen Gründen von besonderer Bedeutung, daß das Kind dem berichteten Sachverhalt ein gewisses Interesse entgegenbringt. Dies kann bei unmittelbar beobachteten und eng begrenzten Vorgängen vorausgesetzt werden, wie die Unterrichtsbeispiele für das 1./2. Schuljahr („Wie wir einen Schneemann bauten", „Wie der Regenschauer niederging") und das 3. Schuljahr („Ein Beobachtungsgang zu einer Tankstelle") belegen.

1.3 Diese Unterrichtseinheit greift mit dem Thema „Unfall" zwar nicht auf ein unmittelbar beobachtetes, dennoch aber auf ein handlungsträchtiges, für das Kind überschaubares und sprachlich zu bewältigendes Ereignis zurück, das nicht „erzählt", sondern „berichtet" wird. Hierbei lernt das Kind, von persönlichen Meinungsäußerungen abzusehen und beobachtete oder erlebte Tatsachen *sachlich, klar verständlich, vollständig, geordnet und zusammenhängend* darzustellen.

1.4 In der Vergangenheit hat sich der Einstieg in eine Unterrichtssequenz und die rechte Motivation der Kinder für das Berichten als ein besonders schwieriges didaktisches Phänomen erwiesen, da in der Regel kein für alle Kinder gleiches Gestaltungsgebiet vorhanden war. Das Herstellen eines sachgerechten Berichts über ein Ereignis setzt aber grundlegende Kenntnisse und Schreiberfahrungen voraus. Diese werden in der folgenden Darstellung in einem *ersten Block* am Beispiel einer Unfallsituation gewonnen, die mit Hilfe eines bisher im schriftlichen Sprachgestalten noch kaum beachteten Mediums, einer *Fotofolge*, veranschaulicht wird. Sie vermag dem Kind von einem Unfallhergang einen weitaus realistischeren Eindruck zu vermitteln als die üblichen Lehrer- oder Schülerberichte und ermöglicht zugleich die Konzentration auf wenige, für den Bericht maßgebliche Strukturelemente: beteiligte Personen, Hergang und Ort des Geschehens.

Im Hinblick auf die im *zweiten Unterrichtsblock* erfolgende Anwendung erworbener Kenntnisse und Fertigkeiten gelingt mit Hilfe der *Fotoserie*

— die Aufhellung dunkler, verschwommener Vorstellungen über einen eigenen, oftmals längere Zeit zurückliegenden Unfall,
— die Bereitstellung des erforderlichen Wortmaterials,
— die Gewinnung, vorläufige Anwendung und Kontrolle grundlegender Gestaltungsregeln des Berichts.

2. Grobziel und Lernzielkontrolle

2.1 Herstellen eines Berichts über einen eigenen oder beobachteten Unfall.

2.2 Kriterien eines sach- und adressatengerechten Berichts werden bei

— mündlichen und schriftlichen Gestaltungsversuchen,
— Besprechung und Bewertung der Entwürfe,
— Korrektur und Reinschrift berücksichtigt und angewendet.

3. Lernhilfen

Vierteilige Fotoserie „Ein Schülerunfall in der Sportstunde"; Tafeltexte: Stichwörter zur Fotofolge, Stichwörtersammlung positiver und negativer Gestaltungsmerkmale, Gestaltungsregeln des Berichts, Unfallsituationen der Schüler; Wortschatzsammlungen; Arbeitsblatt mit „Fehlerbeispiel" und „Musterbeispiel"; Schülerzeichnungen: Ein Unfall

4. Verlauf des Unterrichts

4.1 Vorbemerkungen und Hinweise

Der Einstieg in die Unterrichtseinheit und die beabsichtigte Hinführung der Schüler zum sach- und adressatengerechten Berichten läßt sich vor allem auf fünf verschiedenen Wegen verwirklichen. Vier Möglichkeiten seien skizzenhaft, eine ausführlich dargestellt.

Die Fotofolge „Schülerunfall in der Sportstunde" gelangt bei drei Verfahren zum Einsatz:

Foto 1

Foto 2

Foto 3

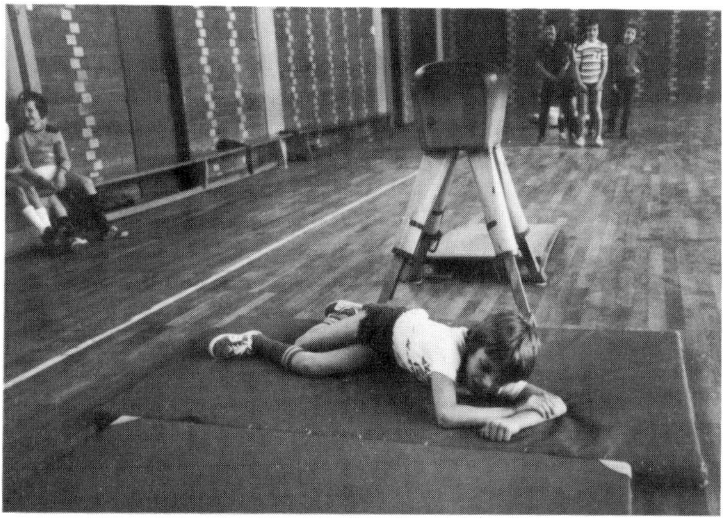

Foto 4

Möglichkeit 1:

Voraussetzung: Alle Schüler haben einen Unfall auf dem Schulhof, während der Sportstunde, auf einer Wanderung, auf dem Schulweg o. ä. gemeinsam miterlebt und verfolgt.

a) Nach einer kurzen Rekapitulation des Unfallgeschehens wird gemeinsam mit der ganzen Klasse ein beispielhafter Bericht an der Tafel fixiert.

   Hiervon werden Gestaltungskriterien eines Berichts abgeleitet (siehe Seite 270).

b) Nach einer kurzen Rekapitulation des Unfallgeschehens gibt der Lehrer ein Fehlerbeispiel des Berichts an der Tafel vor, in dem

— wichtige Angaben fehlen und überflüssige Details gegeben sind,
— das Unfallgeschehen „erzählt" anstatt „berichtet" wird: anstelle knapper Darstellungsweise in nüchterner Sachsprache herrschen persönliche Meinungsäußerungen mit ausschmückenden Einzelheiten vor.

Hiervon werden Gestaltungskriterien eines Berichts abgeleitet.

Möglichkeit 2:

Nach entsprechenden Lehrerimpulsen berichten die Schüler von ihren Unfällen auf dem Schulhof. Aus den Beispielen greift der Lehrer eines heraus und schreibt es in kurzer Form an die Tafel.

Beispiel:

Heidi und Sonja spielten auf dem Schulhof. Sonja paßte nicht auf und fiel hin. Sie blutete am linken Knie. Die Lehrerin klebte ein Heftpflaster auf die Wunde.

Die Kinder lesen die Geschichte und äußern sich spontan zu den erkannten Mängeln:

Es wird nicht berichtet
— was die beiden Mädchen spielten,
— warum Sonja hinfiel,
— welche Verletzungen sie davontrug.

Die am Unfall beteiligten Kinder beantworten die Fragen der Mitschüler nach unbekannten oder unklaren Einzelheiten. Der Lehrer notiert ihre Angaben in Stichwörtern an der Tafel:

spielten Nachlaufen — stolperte über Heidis Fuß — fiel auf den Asphaltbelag des Schulhofes — eine Schürfwunde am Knie — Lehrerin hob sie auf — tupfte das Blut ab — klebte ein Pflaster darüber — schickte sie nach Hause

Es folgen mündliche Gestaltungsversuche mit Ableitung von Gestaltungskriterien des Berichts und der erste schriftliche Entwurf.

Möglichkeit 3:

— Die Fotofolge „Schülerunfall in der Sportstunde" wird mit Hilfe des Episkops gezeigt. Die Schüler äußern sich spontan zum jeweils dargestellten Sachverhalt.
— Stichwörtersammlung an der *Tafel:*

Foto 1	*Foto 2*	*Foto 3*	*Foto 4*
Bock, anlaufen . . .	zum Sprung ansetzen, aufstützen, abspringen . . .	abrutschen, rechter Fuß bleibt hängen, vornüber stürzen, heftig mit dem linken Arm auf der Matte aufprallen . . .	Schmerzen, linker Unterarm, hinlegen . . .

— Lehrerimpuls: Für die Versicherung soll ein Unfallbericht geschrieben werden. Die Versicherung interessiert sich aber nicht nur dafür, wie es zu dem Unfall kam!

Im gelenkten Unterrichtsgespräch werden weitere wichtige Merkmale des Berichts gewonnen.

Tafelanschrift:

Wichtige Angaben
Name des Verletzten: ______
Ort: ______
Zeitpunkt: ______
Art der Verletzungen: ______
Hilfen für den Verletzten: ______

— Herstellen eines schriftlichen Berichts in Partner- oder Gruppenarbeit;
— vergleichende Besprechung der Entwürfe mit Ableitung der Gestaltungsregeln des Berichts;
— in Alleinarbeit Herstellen eines schriftlichen Berichts über einen erlebten oder beobachteten Unfall.

Möglichkeit 4:

— Die Schüler äußern sich spontan zur gezeigten Fotofolge „Schülerunfall in der Sportstunde"
— Stichwörtersammlung zu jedem Foto (siehe unter Möglichkeit 3!)
— Erarbeitung und Fixierung der „Wichtigen Angaben" (siehe unter Möglichkeit 3!)
— Mündliche Gestaltungsversuche und Ableitung erster Gestaltungsregeln des Berichts
— Gemeinsame Erarbeitung eines Beispieltextes an der Tafel (siehe unter 4.2 Erarbeitung!)
— Ergänzen des Kriterienkatalogs „So berichten wir über einen Unfall" (siehe unter 4.2 Erarbeitung!)
— Alleinarbeit: Entwurf eines Berichts über einen eigenen oder beobachteten Unfall

4.2 Erste und zweite Stunde — *Möglichkeit 5:* Wie wir einen Unfallbericht herstellen

Lernziele:

Die Schüler sollen
— nach der Fotofolge „Schülerunfall in der Sportstunde" spontan und ungelenkt berichten;
— an einander gegenübergestelltem „Fehlerbeispiel" und „Musterbeispiel" positive und negative Gestaltungsmerkmale herausarbeiten;
— Gestaltungsregeln des Berichts ableiten.

Phase/Zeit	*Mögliches Unterrichtsgeschehen*	*Didaktisch-method. Kommentar/Medien*
Motivation ca. 20'	Mit dem Episkop wird die Fotofolge „Schülerunfall in der Sportstunde" gezeigt.	Fotofolge als Sprechanlaß und Motivationsgrundlage
	L: Unterhalte dich im Flüsterton mit deinem Tischnachbarn darüber, was auf den Bildern geschieht!	Impuls
	Spontane Schüleräußerungen, die das Unfallgeschehen punktuell oder in größeren Zusammenhängen beschreiben. Wichtige Einzelaussagen werden am jeweiligen Foto belegt.	Das genaue Erschließen der Bildinhalte ermöglicht das Vertrautwerden der Kinder mit dem Unfallgeschehen.
	L: Aus unseren Fotos gehen wichtige Einzelheiten des Unfalls nicht hervor.	
	Der Lehrer beantwortet Fragen der Schüler und fixiert die Angaben an der *Tafel:*	
	Name des Jungen: Jochen Müller *Ort:* Turnhalle *Zeit:* 4. Stunde, 11.05 Uhr *Verletzungen:* linker Unterarm gebrochen *Hilfen:* auf die Turnmatte legen, Krankenwagen bringt Jochen ins Krankenhaus	Die Angaben gehen aus dem Musterbeispiel des Berichts auf dem Arbeitsblatt hervor. Sie können vor Unterrichtsbeginn oder während der Erarbeitung an der Tafel fixiert werden.
Erarbeitung ca. 55'	*Teilziel 1: Vergleichende Besprechung von „Fehlerbeispiel" und „Musterbeispiel"*	
	L: Jochens Klassenkameraden haben als Zeugen des Unfalls einen Bericht für die Versicherung geschrieben. Zwei Beispiele stehen auf einem Arbeitsblatt. Lest sie sorgfältig durch und besprecht miteinander, mit welchem Text die Versicherung zufrieden sein kann! Unterstreicht wichtige und richtige Angaben mit grüner, überflüssige oder falsche Angaben mit roter Farbe!	Aufgabenstellung für Partner- oder Gruppenarbeit
	Die *Arbeitsblätter* werden verteilt:	
	① *So berichtet Ralf* Neulich geschah bei uns ein Unfall. Jochen hat sich den Arm gebrochen. Er wollte über den Bock springen, da passierte es! Ich habe ganz genau gesehen, wie er herunterfiel. Zuerst hat er geweint. Nachher kam der Krankenwagen. Jetzt hat er den Arm in Gips.	
	② *So berichtet Erika:* Am 4. 5. verunglückte Jochen Müller um 11.05 Uhr während unserer Sportstunde in der Turnhalle. Wir übten gerade Bockspringen. Jochen lief schnell an. Als er sich auf dem Bock mit beiden Händen abstützen wollte, rutschte er ab und blieb auch noch mit dem rechten Bein am Gerät hängen. Er stürzte kopfüber und prallte heftig mit dem linken Arm auf die Matte. Sofort klagte er	*Arbeitsblatt* mit „Fehlerbeispiel" und „Musterbeispiel" Wechsel von Aktivitäts- und Sozialform

über heftige Schmerzen im linken Unterarm. Herr Meier legte ihn auf die Turnmatte und rief den Krankenwagen an. Im Krankenhaus wurde festgestellt, daß Jochen sich den linken Unterarm gebrochen hat.

Teilziel 2: Auswertung und Sicherung der Arbeitsergebnisse

Die SS tragen ihre Feststellungen vor, die L oder SS an der *Tafel* fixieren:

Text ①	*Text* ②
Wichtige Einzelheiten fehlen.	Alle wichtigen Einzelheiten werden angegeben.
Unwichtige Dinge werden berichtet.	Alle Angaben werden in der richtigen Reihenfolge gegeben.
Die Reihenfolge ist vertauscht.	Es wird in der Vergangenheit berichtet.
Die Versicherung muß nachfragen.	Die Versicherung weiß genau Bescheid.

Teilziel 3: Ableiten von Gestaltungsgrundsätzen des Berichts

Im gelenkten Unterrichtsgespräch wird die *Tafelanschrift* erarbeitet:

So berichten wir über einen Unfall

1. Wir berichten nur wichtige Einzelheiten:
   Wer ist verunglückt?
   Wann und wo geschah der Unfall?
   Wie geschah der Unfall?
   Welche Verletzungen gab es?
   Wie wurde dem Verletzten geholfen?
2. Wir berichten in der richtigen Reihenfolge.
3. Wir berichten in der Vergangenheit.
4. Wir verwenden Fachausdrücke, treffende Verben und erläuternde Adjektive.
5. Wir bilden klar verständliche Sätze.

Auf die Fixierung der Kriterien 4 und 5 kann verzichtet werden, sofern sie den SS bereits geläufig sind.

Sicherung ca. 15'

Teilziel 1: Berichten über eigene und beobachtete Unfälle

L: Die meisten von euch hatten auch schon einen Unfall oder haben einen Unfall beobachtet!

Impuls

Phase/Zeit	*Mögliches Unterrichtsgeschehen*	*Didaktisch-method. Kommentar/Medien*
	Während die SS berichten, fixiert der L die Unfallsituationen an der *Tafel:*	
	Wo wir einen Unfall hatten auf der Straße, beim Spielen, auf dem Schulhof, beim Klettern, auf dem Eis, im Schwimmbad, beim Fußballspiel, beim Radfahren, beim Turnen, zu Hause ...	
	Teilziel 2: Abschreiben der Gestaltungsregeln des Berichts	Wechsel der Aktivitätsform
	Hausaufgabe: Malt auf drei bis sechs Bildern einen Unfall, den ihr selbst erlitten oder mitangesehen habt! Schreibt unter jedes Bild einen oder mehrere Sätze!	

4.3 Dritte und vierte Stunde: Entwurf eines Berichts über einen Unfall

Lernziele:

Die Schüler sollen

— ihre Bilderfolge über einen Unfall Mitschülern mit allen erforderlichen Informationen (Ort, Zeitpunkt, Folgen usw.) erläutern;
— Stichwörter zu Unfallschwerpunkten nennen;
— mündlich über einen eigenen oder beobachteten Unfall berichten;
— die mündlichen Texte mit Hilfe der Gestaltungsregeln des Berichts beurteilen;
— schriftliche Entwürfe herstellen.

4.31 Anknüpfung (ca. 15')

Die Schüler tauschen ihre gemalten Bilderfolgen in Sitzgruppen zu vier bis sechs Schülern aus und besprechen sie. Ein gelungenes Beispiel aus jeder Gruppe wird der Klasse mit Hilfe des Episkops gezeigt.

4.32 Erarbeitung (ca. 45')

Teilzeit 1: Wortschatzsammlung
Im gelenkten Unterrichtsgespräch werden Stichwörter erarbeitet.

Tafelanschrift:

1. Wie kam es zu dem Unfall?

spielten Räuber und Gendarm, Nachlaufen, Fangen, Verstecken, Katz und Maus, Fußball ...

kletterte auf einen Baum, fuhr Fahrrad, lief über die Straße, prallte zusammen, stieß zusammen, stolperte über, glitt aus, rutschte aus, blieb hängen, fiel herunter, stürzte ...

2. Welche Verletzungen gab es?

die Hand, den Finger, den Arm, das Bein gebrochen, verstaucht, verrenkt ...
eine Schramme, ein Kratzer, ein Schnitt, ein Riß, eine Beule ...
eine tiefe, lange, kleine, breite Wunde, eine Platzwunde, eine Schürfwunde ...
eine Gehirnerschütterung, Nasenbluten ...

3. Wie wurde dem Verletzten geholfen?

rief den Arzt, rief den Krankenwagen, hob mich auf, legte mich hin, tupfte das Blut ab, entfernte den Schmutz, betupfte die Wunde mit Jod, verband sie, klebte ein Pflaster darauf, schiente den Arm ...

Teilziel 2: Mündliche Gestaltungsversuche

Die Texte werden von den Mitschülern danach beurteilt, ob

— alle wichtigen Informationen über die Person des Verletzten, Unfallort und -zeitpunkt, Unfallhergang und -folgen in der richtigen Reihenfolge gegeben worden sind;
— erforderliche Fachausdrücke, treffende Verben und charakterisierende Adjektive eine sachgerechte Wiedergabe des Unfallgeschehens ermöglichten und förderten;
— in der angemessenen Zeitform, der Vergangenheit, berichtet worden ist;
— klar verständliche Sätze mit wechselnden Anfängen formuliert worden sind.

4.33 Verarbeitung/Anwendung (ca. 30')

Alleinarbeit: Herstellen des schriftlichen Entwurfs

4.4 Fortführung

— Korrektur der Entwürfe durch Lehrer oder Schüler bei rechtschriftlichen und sprachlich-stilistischen Mängeln
— Herstellen einer Reinschrift
— Rückgabe mit Erläuterung der Noten und Verbalbeurteilungen

5. *Beispiele zur Benotung* und zur *Verbalbeurteilung* nach Kriterienkatalog „Bericht" (Seite 27)

Text 1:

Wie meine Schwester verunglückte

Meine Schwester fuhr mit dem Dreirad auf einem Bürgersteig mit hohen Bordsteinen. Ich hatte Rollschuhe an. Ich hängte mich hinten dran und schob sie. Wir fuhren auf den Bordstein zu. Das hintere Rad hing schon in der Luft, dann kippte sie ganz um und prallte hart mit dem rechten Arm auf die Straße. Da meine Schwester fürchterlich vor Schmerz schrie, brachten meine Eltern sie ins Krankenhaus. Dort stellte man fest, daß sie zwei Brüche im rechten Arm hatte.

I. Inhalt:

a) sachliche Richtigkeit	3 Punkte
b) logische Reihenfolge	3 Punkte
c) ausführliche Information	2 Punkte

16 Punkte (verdoppelt) = Teilnote „Inhalt" = gut

II. Gestaltung:

a) Begriffe, Verben, Adjektive	2 Punkte
b) Satzbau	1 Punkt
c) Darstellungsstil	2 Punkte
d) Zeitform	2 Punkte
e) Variationen in Wortwahl und Satzbau	1 Punkt

16 Punkte (verdoppelt) = Teilnote „Gestaltung" = gut

Gesamtpunktzahl 16 Punkte = *Gesamtnote* „gut".

Verbalbeurteilung:

Der Leser deines Berichts erhält ein recht klares Bild vom Unfall deiner Schwester. Alle wichtigen Einzelheiten sind in der richtigen Reihenfolge berichtet, treffende Verben (hing, prallte) und erläuternde Adjektive (hart, fürchterlich) werden verwendet.

Text 2:

Mein Unfall beim Radfahren

Vor längerer Zeit lieh mein Vetter mir sein Fahrrad. Als ich ungefähr fünfzig Meter gefahren war, rief mein Vetter mich. Ich schaute mich nach ihm um, da geschah es. Ich kam mit dem linken Fuß in den Vorderreifen, verhakte mich und überschlug mich. Mein Vetter kam mir zu Hilfe, weil ich mir den Fuß verstaucht hatte und kaum noch gehen konnte.

I. Inhalt:

a) sachliche Richtigkeit	2 Punkte
b) logische Reihenfolge	2 Punkte
c) ausführliche Information	2 Punkte

12 Punkte (verdoppelt) = Teilnote „Inhalt" = befriedigend

II. Gestaltung:

a) Begriffe, Verben, Adjektive	1 Punkt
b) Satzbau	2 Punkte
c) Darstellungsstil	1 Punkt
d) Zeitform	2 Punkte
e) Variationen in Wortwahl und Satzbau	1 Punkt

14 Punkte (verdoppelt) = Teilnote „Gestaltung" = befriedigend

Gesamtpunktzahl 13 Punkte = *Gesamtnote* „befriedigend"

Verbalbeurteilung:

Der Leser deines Berichts kann sich den Verlauf deines Fahrradunfalls recht gut vorstellen. Alle wichtigen Einzelheiten sind knapp in der richtigen Reihenfolge berichtet. Überlege dir aber einmal, ob du tatsächlich mit dem Fuß in den „Vorderreifen" geraten bist! Wohin bist du mit deinem Fahrrad gestürzt?

Gestaltungsaufgabe: *Beschreiben eines Tieres*

Thema: *Dackel entlaufen*

Stufe: *4. Schuljahr*

1. Didaktische Information

1.1 Maßgebliche didaktische Intentionen zur Einkleidung einer Tierbeschreibung in eine Suchmeldung im Rahmen dieser Unterrichtseinheit sind:

— Im Sinne eines *Spiralcurriculums* werden die Kenntnisse, Fähigkeiten und Fertigkeiten ausdifferenziert, die in den vorangegangenen Schuljahren bei der Herstellung von Beschreibungsrätseln (1./2. Schuljahr) und Suchanzeigen (3. Schuljahr) grundgelegt worden sind;

— die Suchmeldung richtet sich an *reale Adressaten* wie Zeitungsleser, Polizeibeamte, Tierheimangestellte, Spaziergänger u. a. m., ihre Herstellung erfolgt unter Schreibanforderungen, wie sie die Lebensrealität jederzeit abverlangen kann;

— der *reale Schreibanlaß* fördert die Einsicht der Kinder dieser Altersstufe in Notwendigkeit und Bedingungen einer genauen, klar verständlichen, sachlich und sprachlich richtigen Textherstellung und wirkt sich motivierend auf die eigenen Gestaltungsversuche aus, da ihnen selbst evtl. einmal ein Haustier entlaufen ist bzw. sie sich leicht in eine solche Situation hineinversetzen können.

1.2 Gegenüber den vorangegangenen Schuljahren sind die Anforderungen an Schreibfähigkeit und -fertigkeit der Kinder deutlich gesteigert. Der individuellen Textherstellung gehen zwar die Erarbeitung von Gestaltungskriterien einer Tierbeschreibung und die Bereitstellung von Wortmaterial voraus, doch wird am Ende des Unterrichtsprozesses die selbständige sprachliche Gestaltungsleistung der Schüler in Form der Herstellung einer Suchmeldung zu einem Heimtier eigener Wahl (Katze, Wellensittich, Schildkröte) abverlangt.

1.3 Als besonders motivierend im Hinblick auf Mitarbeit und Schreibfreude der Schüler hat sich seit jeher das Mitbringen geeigneter Tiere (Katze, Hund, Meerschweinchen u. a.) als *Anschauungs- und Beschreibungsobjekte* in den Unterricht erwiesen. Diese Maßnahme ist heute jedoch für viele Lehrer an großen Schulsystemen mit erheblichem Aufwand oder unüberwindlichen organisatorischen Schwierigkeiten verbunden. Aus diesen Überlegungen heraus weist unsere Konzeption bewußt einen methodischen Weg ohne konkrete Anschauungsobjekte auf und beschränkt sich auf die abgebildete Wirklichkeit. Die Integration konkreter Anschauungsobjekte anstelle bildhafter Wiedergaben ist ab der dritten Stunde der Unterrichtseinheit möglich und sinnvoll; in diesem Fall charakterisiert das erarbeitete Wortmaterial nicht nur Fakten, die dem Gesichtssinn, sondern auch dem Tastsinn (z. B. das Fell ist seidenweich, dicht usw.), dem Gehör (z. B. schnurren, fauchen usw.) und dem Geruchssinn zugänglich sind.

2. Grobziel und Lernzielkontrolle

2.1 Ein Heimtier so exakt in seinem Aussehen beschreiben, daß Textempfänger/Leser dieses erkennen bzw. wiedererkennen können.

2.2 Berücksichtigt der Autor der Suchmeldung die Kriterien einer Tierbeschreibung in angemessener Weise, vermag der Leser aus einer dreiteiligen Bilderserie mit Haustieren das beschriebene Tier mühelos zu identifizieren.

3. Lernhilfen

Tonbandaufnahme: Gespräch zwischen Jürgen und Udo über den entlaufenen Dackel „Maxi"; Abbildung des Kurzhaardackels „Maxi" als Zeichnung auf Karton, Tafelzeichnung, Overheadprojektion, Hektographie oder Veranschaulichung mit Hilfe des Episkops; Tafeltexte: Gestaltungskriterien, Stichwortmaterial, Textadressaten, Negativtext mit Überarbeitung; Bilderserien mit Heimtieren: Katze, Wellensittich, Schildkröte

4. Verlauf des Unterrichts

4.1 Erste und zweite Stunde: Gewinnung sachlicher und sprachlicher Gestaltungskriterien einer Tierbeschreibung

Lernziele:

Die Schüler sollen

— vom Negativbeispiel einer Suchmeldung inhaltlich-sachliche Kriterien einer Tierbeschreibung ableiten;

— zur Abbildung des Kurzhaardackels „Maxi" Stichwortmaterial zusammentragen;

— in Partner- oder Gruppenarbeit den Entwurf einer ausführlichen Suchmeldung herstellen;

— im Klassenverband einen sprachlich schlechten Beispieltext überarbeiten, indem sie Häufungen und Wiederholungen von Hilfsverben (ist, hat...) durch Gebrauch von Vollverben vermeiden und charakterisierende Adjektive zur Detailbeschreibung verwenden.

Phase/Zeit	*Mögliches Unterrichtsgeschehen*	*Didaktisch-method. Kommentar/Medien*
Motivation ca. 10'	L: Hört euch ein Gespräch zwischen Jürgen und Udo an! *Tonbandaufnahme:*	Impuls
	Jürgen: Hallo Udo, wo kommst du her? *Udo:* Tag Jürgen, ich war im Schwimmbad. *Jürgen:* Weißt du schon das Neueste? Gestern mittag mußte ich wieder einmal „Maxi", unseren Dackel, ausführen. Du kennst ihn ja, das verflixte Teufelchen. Auf dem Sportplatz spielten die Jungen Fußball. Sie riefen: „Komm, mach mit!", und da band ich „Maxi" am Torpfosten an. Als wir dann später aufhörten, bekam ich einen Riesenschreck! ... *Udo:* „Maxi" war weg! *Jürgen:* Erraten! Wir suchten ihn überall, aber er blieb wie vom Erdboden verschwunden. *Udo:* Und dein Vater? Was hat der gesagt? *Jürgen:* Frag' mich nicht! Zuerst gab's ein Donnerwetter. Dann reichte er eine Suchmeldung bei der Polizei und der Zeitung ein: Hund entlaufen! Abzugeben bei Scholl.	Eine vorbereitete Tonbandaufnahme weckt Interesse und Aufmerksamkeit der SS mehr als eine Lehrererzählung; dennoch kann das Gespräch auch als Lehrererzählung dargeboten werden. Dieser Dialogtext läßt sich nach Belieben auf andere Situationen verlagern, kürzen, ergänzen oder teilweise umgestalten. Er beansprucht lediglich Beispielcharakter.

|---|---|---|
	Udo: Und? Habt ihr euren „Maxi" wieder? . . .	Der offene Schluß provoziert die SS zur Stellungnahme über den gehörten Sachverhalt und zur Mitteilung eigener ähnlicher Erlebnisse mit einem Heimtier.
	Spontane Schüleräußerungen nimmt der Lehrer ungelenkt entgegen.	
Erarbeitung ca. 80'	*Teilziel 1: Erarbeiten von Adressaten und inhaltlich-sachlichen Gestaltungskriterien*	
	L: An wen richtet sich die Suchmeldung von Jürgens Vater?	
	SS: Zeitungsleser, Polizeibeamte, Spaziergänger, Tierheime . . . (*TA* ①)	
	L: Für die Leser der Suchmeldung von Jürgens Vater war es recht einfach, „Maxi" wiederzufinden!	Impuls mit provokativem Charakter, zu dessen Verstärkung der L auf die *Tafelanschrift* ② deutet.
	SS erklären, die Suchmeldung sei zu kurz und mit ihr könne der Dackel nicht erkannt werden.	
	L: Was müßte denn nach eurer Meinung in der Suchmeldung stehen, um „Maxi" sofort erkennen zu können?	
	Einzelbeiträge der Schüler werden zu übergeordneten Gestaltungskriterien zusammengefaßt und an der Tafel fixiert (*TA* ③).	Gelenktes Unterrichtsgespräch
	Teilziel 2: Erarbeiten der Beschreibungsmerkmale „Maxis"	Die Arbeit läßt sich in Allein-, Partner- und Gruppenarbeit durchführen.
	L: Ich habe euch hier eine Abbildung von Jürgens „Maxi" mitgebracht. Versucht nun, die wichtigsten Merkmale seines Äußeren aufzuschreiben!	
		Großformatige Zeichnung auf Karton zum Aufhängen vor der Klasse oder Hektographien, Tafelzeichnung, Overheadprojektion
	Die Arbeitsergebnisse werden vorgetragen und an der *Tafel* gesichert (*TA* ④).	
	Teilziel 3: Herstellen einer Suchmeldung in Gruppenarbeit	
	L: Nun sollt ihr eine Verlustmeldung für Polizei und Zeitung aufschreiben, mit deren Hilfe „Maxi" tatsächlich gefunden werden kann!	Gruppenarbeit

Phase/Zeit	*Mögliches Unterrichtsgeschehen*	*Didaktisch-method. Kommentar/Medien*

Die Gruppen lesen ihre Entwürfe vor. Ein sprachlich unzulängliches Beispiel wird für eine detaillierte Besprechung und Überarbeitung ausgewählt.

Teilziel 4: Sprachlich-stilistische Überarbeitung eines Beispieltextes im Klassenverband

Hierzu ein Schülertext mit den entsprechenden Verbesserungen und Ergänzungen in den Leerzeilen:

Dackel entlaufen!
(Er ist ein Kurzhaardackel. Sein Fell ist auf dem
Es handelt sich um einen Kurzhaardackel
Rücken schwarz.) Er ist ungefähr 20 cm hoch (. Die
mit schwarzem Fell. und
Beine sind kurz und krumm.)(Er hat lange
hat kurze, krumme Beine. Die langen Ohren
Ohren und dunkle Augen.) Er heißt „Maxi“.
hängen ihm fast über seine dunklen Augen.
Der Finder erhält eine Belohnung.

Tafelanschrift, in der jeder beschriebenen Zeile eine Leerzeile für Verbesserungen und Änderungen im Text folgt.

Die Überarbeitungen sind im Beispieltext in Druckschrift dargestellt.

Teilziel 5: Ableiten sprachlicher Gestaltungskriterien einer Tierbeschreibung

Sicherung der Ergebnisse in *TA* ⑤.

Gelenktes Unterrichtsgespräch

Tafelanschrift:

① Leser der Suchmeldung
Zeitungsleser
Polizeibeamte
Tierheimangestellte
Spaziergänger

② Suchmeldung:
Hund entlaufen!
Abzugeben bei
Scholl.

③ 1. Wir beschreiben alle wichtigen Einzelheiten, die wir sehen können:
Körpergröße
Fell: Farbe, Haarlänge und -form
Ohren: Länge, Form
Beine: Länge, Form
Schwanz: Länge, Behaarung
Augen: Größe, Farbe

2. Wir nennen die Einzelheiten in einer sinnvollen Reihenfolge.

④ Wie Maxi aussieht:
Kurzhaardackel
etwa 15 bis 25 cm groß
schwarzes Fell mit kurzem gelocktem Haar
lange Ohren
große, dunkle Augen
struppiger, kurzer Schwanz
kurze, krumme Beine
...

⑤ 3. Wir vermeiden die Häufung und Wiederholung von Hilfsverben (ist, hat, sind, haben) und verwenden Vollverben.

4. Wir verwenden zur genauen Kennzeichnung der Einzelheiten treffende Adjektive.

4.2 Dritte und vierte Stunde: Bereitstellung des Wortmaterials und Erstentwurf

Lernziele:

Die Schüler sollen

— Stichwortmaterial zur Beschreibung von Katze, Wellensittich oder Schildkröte, so wie sie auf Abbildungen dargestellt sind, oder zu einem Heimtier eigener Wahl in Allein-, Partner- oder Gruppenarbeit zusammentragen;

— eine Suchmeldung zu einem Heimtier unter Beachtung der Gestaltungskriterien und des Stichwortmaterials herstellen.

Eine detaillierte Verlaufsdarstellung erübrigt sich wegen der überwiegenden Schüleraktivität. Es seien lediglich die Abbildungen der Haustiere mit beispielhaftem Stichwortmaterial aufgezeigt:

ungefähr 30 cm groß,
schwarz-weiß geflecktes Fell,
schwarze, spitze Ohren,
dicker, buschiger Schwanz,
spitze Krallen an den Pfoten,
lange, dünne Barthaare,
runder Kopf,
scharfe Augen …

grünes Gefieder,
heißt „Hansi",
dünne Beine mit langen Krallen,
kurzer, gelber Schnabel …

graugrüner, runder Panzer,
schmaler, länglicher Kopf,
der einer Schlange gleicht,
dünner, langer Hals,
ungefähr 8 bis 10 cm hoch,
vier kurze Beine …

4.3 Weiterführung

Der Lehrer korrigiert die Entwürfe

— *schwacher Schüler,* indem er fehlerhafte Textstellen bei Rechtschreibung, Stil, Syntax und Wortwahl durchstreicht und die richtige Schreibweise darüberschreibt;

— *der übrigen Schüler,* indem er fehlerhafte Textstellen kennzeichnet und unter dem Text verbale Anregungen zur Verbesserung und Überarbeitung gibt.

Die Schüler stellen abschließend eine reinschriftliche Textfassung her. Hierzu drei gelungene Schülertexte aus der Praxis:

Katja:

Katze entlaufen!

Seit Dienstag, dem 5. 11., ist unsere „Muschi" verschwunden. Sie hat ein schwarzweiß geflecktes Fell, und ihre kurzen, schwarzen Ohren stehen steil in die Höhe. Ihr Kopf ist rund wie ein Ball. Um ihren Mund stehen dünne, lange Barthaare. Sie hat einen buschigen Schwanz. Mit ihren scharfen Augen kann sie alles genau sehen.

Wer sie findet, erhält 10 DM Belohnung.

Petra:

Wellensittich entflogen!

Er hört auf den Namen „Hansi". Sein Gefieder leuchtet hellgrün. Der Schnabel ist gelb. An seinen dünnen Beinen hat er lange Krallen. Damit sitzt er immer auf einer Stange.

Der ehrliche Finder erhält eine Belohnung.

Jürgen:

An alle Hausbewohner!

Unsere Schildkröte ist seit gestern aus unserer Wohnung verschwunden. Sie hat einen graugrünen Panzer, der wie Gummi aussieht und auch ganz glatt ist. Der Panzer ist ziemlich rund. Vorne schaut ein ziemlich langer Hals heraus. Der Kopf sieht einer Schlange ähnlich. An den vier Seiten kommen krumme Beine heraus.

Bitte abgeben bei Peters.

Gestaltungsaufgabe: *Beschreiben eines Vorgangs*

Thema: *Ein Futterhäuschen wird gebaut*

Stufe: *4. Schuljahr*

1. Didaktische Information

1.1 Gehen wir bei der Einordnung der Werkanleitung als einer Form der Vorgangsbeschreibung von der herkömmlichen normativen Einteilung in vier bzw. fünf Grundformen aus, so haben wir es mit einer Zwischen- oder Übergangsform vom Bericht zur Beschreibung zu tun. Ihre Charakteristik: Sie zeichnet den *Ablauf eines Ereignisses* oder einer Handlung in seinen Einzelheiten *klar und genau* in der *richtigen zeitlichen Reihenfolge* nach.

Die Auswahl der Werkanleitung garantiert beim Schüler sowohl die Einübung *objektbetonter* Gestaltungskriterien, die für die Herstellung informativer Texte verschiedenster Art grundlegend sind, als auch die adressatenbezogene Textproduktion aufgrund eines *realen Schreibanlasses*. Als Kommunikationspartner bieten sich bei der Werkanleitung Mitschüler, Freunde, Geschwister, aber auch Lehrer und Eltern an, denen sie zum Lesen oder Nachvollzug angeboten wird.

1.2 Der in der folgenden Unterrichtssequenz beschrittene Weg über die Bildinformation ist bei der Gestaltung erzählender Texte in den verschiedensten Varianten jedem Praktiker geläufig. Seine vielfältigen Vorzüge sind unbestritten. Zu selten findet das Bild jedoch als Ausgangspunkt, Hilfsmittel, Anschauungs- und Arbeitsgrundlage zu informativer Textproduktion Verwendung.

So wie das Erzählen nach einem oder mehreren Bildern der Hinführung zur Erzählung in abstrakteren Formen (Erlebniserzählung, Reizwortgeschichte u. a.)

dient, kann der Weg über das Bild als *Vorstufe* zu Formen des Berichts und der Beschreibung gelten, die auf einer einmaligen Beobachtung beruhen. Anders als bei erzählender Textproduktion, bei der Bilder als Lieferant von Stoffen und Inhalten auftreten, kommt dem Bild bei der Vorgangsbeschreibung eine untergeordnete Funktion zu. Denn Vorgänge und Geschehen, deren Ablauf beschrieben werden soll, müssen in der Realität selbst beobachtet werden können.

So werden trotz gezielter Bildinformationen die Schüler in der folgenden Unterrichtseinheit das Futterhäuschen selbst herstellen, um die benutzten Gegenstände und die Abfolge der Tätigkeiten konkret wahrzunehmen. Dem Einsatz der Bilder wird aus folgenden Erwägungen didaktischer und methodischer Wert eingeräumt:

— die Bilder weisen dem Schüler ohne großen Zeitverlust einen sicheren Weg zur Herstellung eines Futterhäuschens, den er sich überdies selbst aus den Bildern erschließen kann;

— die Bilder bieten reichlich Anlaß zu intensiver mündlicher Spracharbeit;

— die Bilder strukturieren die Werkanleitung in ihre wichtigsten Verlaufsstadien;

— die Bilder fixieren einen einmaligen Vorgang und halten seine Verlaufsstadien jederzeit für die Anschauung verfügbar;

— unter jedem Bild läßt sich in Stichpunkten das jeweilige Stadium des Werkvorganges sichern und nach Bedarf bei der Textherstellung verfügbar machen;

— die Bilder lassen sich bei der Lernzielkontrolle verwenden, wenn die Entwürfe der Schüler mit dem im Bild beschriebenen Vorgang verglichen werden.

2. Lernhilfen

Overheadprojektion bzw. Tafelzeichnung mit Werkmaterialien; Obst- oder Gemüsekistchen, Plastiktaschen oder -tüten, Fichtenzweige, Stroh, Karton, Hammer, Nägel, Schere, Klebstoff, Schnur; Bilderfolge zum Werkvorgang; Tafeltexte: Wortlisten, Gestaltungskriterien

3. Verlauf des Unterrichts

3.1 Grobziel

Die Schüler sollen

— in einer ersten Phase der Unterrichtssequenz einer Bilderfolge die Anleitung zum Bau eines Futterhäuschens entnehmen und sachgerecht nachvollziehen;

— in einer zweiten Phase unter gezielter Verwendung der maßgeblichen Gestaltungsmittel einer Vorgangsbeschreibung die Werkanleitung sach- und adressatengerecht aufschreiben;

— in einer dritten Phase ihre Arbeitsergebnisse anhand von Bilderfolge, Stichpunkten und erarbeiteten Gestaltungskriterien überprüfen und berichtigen können.

3.2 Erste Stunde: Wir wollen ein Futterhäuschen bauen

3.21 Hinführung

Lehrer-Schüler-Gespräch: Die Vögel leiden in der kalten Jahreszeit Not. Wir können sie lindern, indem wir ein Futterhäuschen bauen und ihnen darin Nahrung anbieten.

3.22 Problemstellung

Wie stellen wir ein Futterhäuschen her? — Die Schüler unterbreiten Vorschläge aufgrund ihrer Umwelterfahrungen.

3.23 Erarbeitungsphase

Der Lehrer zeigt eine Overheadprojektion und gibt den Impuls: Was ihr zum Bau eines Futterhäuschens braucht, könnt ihr diesem Bild entnehmen.

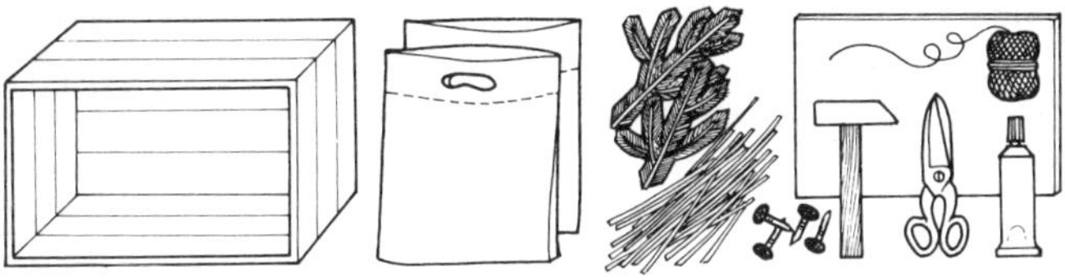

Die Schüler benennen die dargestellten Gegenstände: Obst- oder Gemüsekistchen, Plastiktaschen oder -tüten, Fichtenzweige, Stroh, Karton, Hammer, Nägel, Schere, Klebstoff, Schnur.

Hausaufgabe: Notiert euch, was ihr auf dem Bild seht! Besorgt in Gruppen für die nächste Stunde diese Gegenstände!

3.3 Zweite Stunde: Inhaltliche und sprachliche Erschließung der Werkanleitung aus einer Bilderfolge

3.31 Hinführung

Die Schüler zeigen und benennen die in Gruppen beschafften Materialien. Sie leiten daraus Vorschläge zum Bau des Futterhäuschens ab.

Impuls: Wir wollen nun einmal eure Vorschläge mit einer Bilderfolge vergleichen, die uns eine Anleitung zum Bau des Futterhäuschens gibt!

3.32 Erarbeitungsphase

Teilziel 1: Die Schüler sehen sich die Bilderfolge genau an und äußern sich ungeordnet zu den Bildern.

Teilziel 2: Die Schüler sprechen gezielt unter behutsamer Lenkung durch den Lehrer zu jedem Bild. Sie benennen genau die beim Bau des Futterhäuschens benutzten Gegenstände und ausgeführten Tätigkeiten.

Zur Sicherung des Wortmaterials, dessen geläufige Verwendung eine entscheidende Voraussetzung für das Gelingen der späteren Gestaltungsversuche der Schüler ist, bieten sich zwei methodische Verfahrensweisen an:

— In einem fortgeschrittenen Stadium der Aufsatzerziehung empfiehlt sich die Zusammenstellung von Substantiven und Verben zur Bezeichnung der Gegenstände und Tätigkeiten entweder unter jedem Einzelbild oder in zwei Wortgruppen folgender Art:

Was wir brauchen:

Obstkistchen, Plastiktüten, Schere, Hammer, Fichtenzweige usw.

Was wir tun:

hinstellen, aufschneiden, bekleben, bestreichen, einschlagen, ausmalen usw.

— Bei erstmaliger Hinführung zur Vorgangsbeschreibung bietet sich eine Stichwortsammlung unter jedem Bild an, die sich nach Bedarf bei den schwächeren Schülern einsetzen läßt:

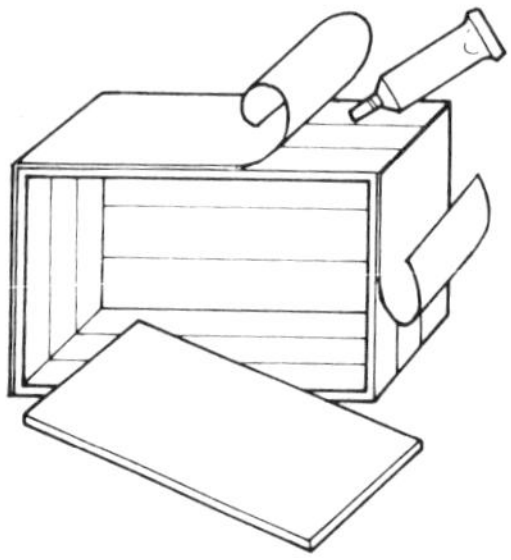

auf ein Obstkistchen aufgeschnittene
Plastiktüten aufkleben
den Boden mit Karton auslegen

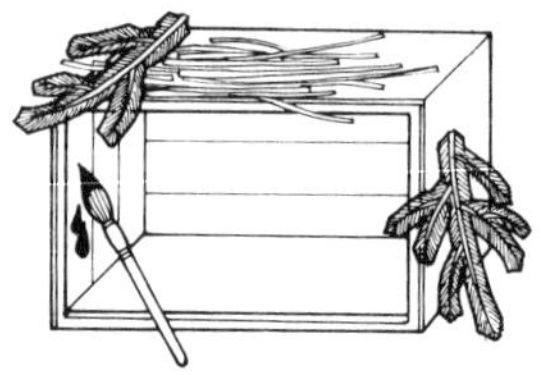

Fichtenzweige und Stroh aufkleben
die Innenseite braun und grau ausmalen

an den vier Ecken des Daches Nägel
einschlagen
Schnüre befestigen

die Schnüre um einen Ast verknoten

3.4 Dritte Stunde: Wir bauen in Gruppenarbeit ein Futterhäuschen

Diese Stunde sollte nach Möglichkeit in den Kunst- oder Werkunterricht verlegt werden.

3.5 Vierte und fünfte Stunde: Mündliches und schriftliches Herstellen der Werkanleitung

3.51 Einstieg

Die Schüler berichten, wem sie ihr Futterhäuschen gezeigt und was ihre Gesprächspartner dazu gemeint haben.

Impuls: Als eure Mitschüler, Geschwister, Freunde, Eltern eure Futterhäuschen sahen, wollten sie sicherlich genau wissen, wie ihr sie gebaut habt! Wir wollen heute für sie aufschreiben, wie wir es gemacht haben!

3.52 Erarbeitungsphase

Teilziel 1: Erarbeitung grundlegender Gestaltungskriterien einer Werkanleitung

Mehrere Schüler beschreiben *mündlich* unter Zuhilfenahme der Bilderfolge und der Stichwörter den Ablauf der Herstellung des Futterhäuschens. Aus der sorgfältigen und taktvollen Besprechung dieser Gestaltungsversuche und der gezielten Herausarbeitung aufgetretener Mängel werden die folgenden grundlegenden Prinzipien zur schriftlichen Fassung einer Bastelanleitung an der Tafel gewonnen:

> Benenne genau, welche Gegenstände man beim Bau des Futterhäuschens benötigt!
>
> Sage treffend, welche Tätigkeiten man ausführen muß!
>
> Beachte die Reihenfolge, in der das Futterhäuschen entsteht!
>
> Beschreibe den Ablauf der Arbeiten knapp und genau in den wichtigsten Einzelheiten!

Teilziel 2: Herstellen des schriftlichen Erstentwurfs

Innere Differenzierung: Den *schwachen Schülern* stehen die Stichwörter (evtl. auch die Bilder) auf Abzügen zur Verfügung; die *leistungsstärkeren Schüler* verfassen ihre Texte ohne Hilfen. Während der Textherstellung gibt der Lehrer Anregungen, hilft weiter und wählt für die folgende Besprechung geeignete Textbeispiele aus.

Teilziel 3: Besprechung der Erstentwürfe

Schwache, mittelmäßige und gelungene Entwürfe werden gegenübergestellt.

Ihre Mängel und Vorzüge werden herausgearbeitet. Hieraus ergeben sich Vorschläge und Anregungen für die nachfolgende Überarbeitung.

Hier drei Entwürfe aus der Praxis des 4. Schuljahres:

Beispiel 1:

Das Futterhäuschen

Im Winter ist es oft kalt. Die Vögel suchen Futter und kommen ins Futterhäuschen. Wir helfen ihnen in ihrer Not. Das Futterhäuschen ist eine Kiste aus Holz. Außen ist Tannengrün und Plastik. Innen ist es braun. Es hängt am Baum.

Beispiel 2:

Wie ich ein Futterhäuschen baue

Zuerst besorge ich eine Holzkiste. Dann klebe ich Plastik darauf, damit es innen nicht naß wird. Auf das Plastik klebe ich Tannenzweige und Stroh. Auf den Boden lege ich Karton und bemale die Bretter innen mit brauner Farbe. In jede Ecke des Daches schlage ich einen Nagel ein, an den ich eine Schnur binde. Die Schnüre lege ich um einen Ast und binde sie zusammen. Nun können die Vögel kommen und ihren Hunger stillen.

Beispiel 3:

Wie ein Futterhäuschen gebaut wird

Eine Gemüsekiste wird zunächst außen herum mit aufgeschnittenen Plastiktüten oder Plastiktaschen beklebt. Dann werden Fichtenzweige und Strohhalme mit Klebstoff bestrichen und am Dach, an den Seitenwänden und an der Rückwand aufgedrückt. Den Boden legt man innen mit Kartonstreifen aus und bemalt die Innenseiten mit brauner und grauer Farbe. In die vier Ecken des Daches werden Nägel eingeschlagen und Schnüre daran befestigt. Diese lassen sich um einen Ast oder an einem Nagel verknüpfen.

Bei der Besprechung der Texte wird herausgearbeitet:

In *Beispiel 1* gehören die ersten drei Sätze nicht in eine Werkanleitung, sondern eher in eine Erlebniserzählung. Die folgenden vier Sätze geben statt einer Vorgangsbeschreibung eine Gegenstandsbeschreibung. Wichtige Einzelheiten des Herstellungsvorgangs sind überhaupt nicht angeführt. Anstelle treffender Verben zur Beschreibung der Tätigkeiten wird laufend „ist" gesetzt. Aus diesem Text kann kein Leser eine Anleitung zum Bau eines Futterhäuschens entnehmen.

In *Beispiel 2* sind dagegen alle maßgeblichen Einzelheiten des Herstellungsvorgangs erfaßt. Treffende Verben verdeutlichen die ausgeführten Tätigkeiten. An der sprachlichen Fassung wirken sich störend die Häufung der ersten Person, die Wiederholung des Verbs „kleben" und der letzte Satz des Textes aus, der in eine Erlebniserzählung paßt.

Der Verfasser des *Beispiels 3* beherrscht bereits die objektbetonte Darstellungsweise. Ihm gelingt durchgehend die Hinwendung zum beschriebenen Vorgang. Alle Einzelheiten sind in der richtigen Reihenfolge dargestellt. Neben einer treffenden Verwendung aussagekräftiger Verben fallen geschickter Satzbau und gefällige Aneinanderreihung der Sätze ins Auge.

3.6 Abschluß der Unterrichtseinheit

Es bleibt der individuellen Planung des einzelnen Lehrers überlassen, die beiden folgenden Schwerpunkte unmittelbar an die Besprechungsphase anzuschließen oder in eine spätere Stunde zu verlegen:

— Überarbeitung der Erstentwürfe: Der Lehrer gibt besonders den schwachen Schülern Formulierungs- und Rechtschreibhilfen

— Reinschriftlicher Eintrag in Arbeitsmappe, Klassenarbeitsheft u. ä.

Gestaltungsaufgabe: *Entwerfen einer kurzen Mitteilung*

Thema: *Bin um sechs zurück*

Stufe: *4. Schuljahr*

1. Didaktische Information

1.1 Die Erkenntnisse über die kommunikativen Funktionen und Zusammenhänge der *Sprache in realen Sprech- und Schreibsituationen* rückten neben anderen auch eine im Aufsatzunterricht der Vergangenheit übersehene Textsorte in den Blickwinkel des Interesses: die *kurze schriftliche Mitteilung*. Sie tritt unvergleichlich häufiger in *realen Lebenssituationen* des Kindes auf als die meisten erzählenden, informierenden und appellierenden Textformen. Wenn ihr auch einige typische Komponenten des traditionellen Aufsatzes bezüglich ihres Inhalts, ihrer Sprachform, ihres Aufbaus, ihrer Sprachebene u. a. fehlen, hat sie im Alltag des Kindes unserer Zeit erhebliche Bedeutung erlangt: die Eltern zahlreicher Kinder sind berufstätig, und ein Elternteil kehrt häufig erst im Laufe des Nachmittags zurück, wenn sich das Kind bei Spielkameraden, bei Verwandten, bei Spaziergängen u. ä. aufhält.

1.2 Gerade wegen des Realitätsbezugs der Mitteilung darf ihre sachgerechte Herstellung nicht dem Zufall überlassen bleiben; ihre inhaltlichen Merkmale sind dem Kind zunächst bewußt und einsichtig zu machen und anschließend bei eigenen Textproduktionen zu üben und zu überprüfen.

1.3 Als wertvolle Hilfen zum Behalten solcher Merkmale einer Mitteilung haben sich folgende *Fragewörter* erwiesen:

— „Warum?": Warum ich weggegangen bin
— „Wo und bei wem?": Wo oder bei wem ich mich aufhalte
— „Was?": Was ich dort tue
— „Wann?": Wann ich spätestens wieder zu Hause bin

Ihre Bedeutung erkennt das Kind sofort: Mutter will z. B. nicht nur wissen, warum ich weggegangen bin, sondern auch, wo ich mich aufhalte und wann ich wieder nach Hause komme.

2. Grobziel und Lernzielkontrolle

2.1 Herstellen einer kurzen Mitteilung an die Mutter

2.2 Drei maßgebliche Merkmale des Inhalts einer Mitteilung werden bei mündlichen und schriftlichen Gestaltungsversuchen angemessen beachtet.

3. Lernhilfen

Tafelanschrift: Merkmale der Mitteilung; evtl. Arbeitsblatt und Episkop

4. Verlauf des Unterrichts

4.1 Erste und zweite Stunde: Mündliches und schriftliches Herstellen einer kurzen Mitteilung

Lernziele:

Die Schüler sollen

— an einer vorgegebenen Situation die Notwendigkeit zur Herstellung einer schriftlichen Mitteilung erkennen;
— von fehlerhaften und gelungenen Entwürfen drei grundlegende Merkmale zur Herstellung einer schriftlichen Mitteilung ableiten;
— mündliche und schriftliche Mitteilungen unter Beachtung der drei Gestaltungsregeln herstellen, besprechen und beurteilen.

Phase/Zeit	*Mögliches Unterrichtsgeschehen*	*Didaktisch-method. Kommentar/Medien*
Motivation ca. 20'	Es bieten sich drei Verfahrensweisen an: *a) Erste Möglichkeit:* Die SS bearbeiten folgendes *Arbeitsblatt* in Partner- oder Gruppenarbeit:	Unvermittelte Konfrontation der SS mit dem Arbeitsblatt
	Lies zunächst folgenden Text durch und besprich ihn mit deinem Partner (deiner Gruppe): Elkes Mutter kommt jeden Tag kurz nach zwei Uhr von der Arbeit nach Hause. Eines Tages ist sie überrascht, als ihr Elke nicht wie immer die Tür öffnet. In der Wohnung ruft sie nach ihr, aber vergeblich! Elkes Schultasche liegt auf dem Küchentisch. „Sie macht doch sonst immer zuerst ihre Schularbeiten, bevor sie zum Spielen geht", überlegt Mutter besorgt, „es wird ihr doch nichts zugestoßen sein?"	Partner- oder Gruppenarbeit Ziel ist die Aktivierung der SS beim Erkennen der Problemstellung, bei der Entwicklung von Lösungsstrategien und bei der Bewältigung der Lösung ohne Einwirken und Lenken des Lehrers.

Phase/Zeit	*Mögliches Unterrichtsgeschehen*	*Didaktisch-method. Kommentar/Medien*
	Was hätte Elke tun müssen, um ihrer Mutter unnötige Sorgen zu ersparen? Besorgt ihr nun für Elke, was diese versäumt hat!	In allen Erprobungsklassen wurde spontan das Schreiben eines „Zettels" genannt. Sollte diese Möglichkeit nicht erkannt werden, macht der L durch Hinweise und Impulse darauf aufmerksam.
	b) Zweite Möglichkeit: Der L schildert Elkes Verhalten entsprechend dem Text auf dem Arbeitsblatt. Die SS	Lehrerdarbietung
	— äußern sich spontan und nennen Möglichkeiten zur Lösung der Problemlage, — berichten spontan, wie sie selbst schon einmal ihrer Mutter einen „Zettel" mit einer kurzen Mitteilung hinterlassen haben.	Spontane und ungelenkte Schüleräußerungen
	Der L fordert die SS ohne weitere Vorbereitungsmaßnahmen zum Abfassen einer Mitteilung an Elkes Mutter auf.	Herstellen der Entwürfe in Partner- oder Gruppenarbeit
	c) Dritte Möglichkeit: Zunächst verfährt der L wie unter b), doch werden die drei Gestaltungsmerkmale einer Mitteilung, wie weiter unten dargestellt, vor Herstellung der Entwürfe erarbeitet.	Gelenktes Unterrichtsgespräch, in dessen Verlauf die SS, durch Impulse und Fragen des L geleitet, auf die Merkmale einer Mitteilung stoßen.
Erarbeitung ca. 30'	Der weitere Unterrichtsverlauf geht von Einstieg a) oder b) aus. *Teilziel 1: Gewinnung grundlegender Merkmale einer kurzen Mitteilung* Die Arbeitsergebnisse der Partner- oder Gruppenarbeit werden vorgelesen und besprochen. *Beispiele:*	
	Liebe Mama! Ich bin zur Petra gegangen, weil wir uns verabredet haben. Mach Dir keine Sorgen! Elke	An die Stelle des Vorlesens der Entwürfe kann ihre Veranschaulichung mit Hilfe des Episkops treten.
	Besprechung: Hier weiß Mutter nicht, wann Elke zurück ist. Sie muß deshalb u. U. unnötige Zeit mit Warten vergeuden, die sie dringend anderweitig benötigt hätte.	Gelenktes Unterrichtsgespräch, in dessen Verlauf die unten aufgeführten Merkmale der Mitteilung herausgearbeitet werden.

Phase/Zeit	*Mögliches Unterrichtsgeschehen*	*Didaktisch-method. Kommentar/Medien*
	Liebe Mutti! Ich gehe gerade für die Schule etwas einkaufen. Bin gleich wieder da. Elke	
	Besprechung: Mutter erfährt, warum Elke weggegangen ist und daß sie in Kürze zurück sein wird. Diese Mitteilung genügt als Grobinformation.	
	Liebe Mutter! Mach Dir keine Sorgen! Bin auf dem Spielplatz. Komme schnellstens wieder zurück. Es grüßt Dich Deine Elke	
	Besprechung: Sinnvoll an dieser Mitteilung ist die Angabe des Aufenthaltsortes. Der Zeitpunkt der Rückkehr dagegen wird ungenau angegeben; wer zum Spielen geht, kommt wohl kaum „schnellstens wieder zurück". Erforderlich wäre eine genaue Terminangabe gewesen. Die abgeleiteten Merkmale einer Mitteilung werden an der *Tafel* fixiert:	
	Was die Mitteilung enthalten sollte: 1. Warum ich weggegangen bin. 2. Wo oder bei wem ich mich aufhalte. 3. Wann ich spätestens zurück sein werde.	*Tafelanschrift*
Verarbeitung ca. 40'	*Teilziel 1: Mündliche Gestaltungsversuche* L: Stelle dir vor: Du kommst mittags aus der Schule nach Hause und deine Mutter ist noch in der Arbeit, beim Einkaufen oder erledigt eine andere dringende Angelegenheit. Du selbst willst oder mußt aber noch einmal weg. Was würdest du Mutter schreiben?	Impuls
	Die mündlichen Texte werden nach Einhaltung und Beachtung der drei Merkmale beurteilt.	Lehrer-Schüler-Gespräch
	Teilziel 2: Herstellen schriftlicher Entwürfe in Einzelarbeit L: Schreibt nun die Mitteilungen an eure Mutter auf! Ihr sollt sie heute nachmittag zu Hause vorlesen und von eurer Mutter feststellen lassen, ob sie mit eurer Mitteilung zufrieden ist. Morgen dürft ihr darüber in der Klasse berichten.	Einzelarbeit Die Mutter als realer Textempfänger motiviert und stimuliert selbst schwachbegabte SS zu erstaunlichen und zufriedenstellenden Textproduktionen.

Beispiele einiger zufriedenstellender Schülerarbeiten:

Liebe Mama!
Ich bin zur Tina gegangen, weil Du nicht zu Hause warst. Um 16.15 Uhr komme ich wieder.
Deine Nicola

Liebe Mutter!
Ich bin mit meinem Freund Rolf ins Schwimmbad. Komme um fünf Uhr wieder zurück.
Dein Peter

Liebe Mutti!
Du brauchst Dir keine Sorgen zu machen. Peter und ich sind ins Kino gegangen. Wir gucken uns einen King-Kong-Film an. Den Eintritt bezahle ich von meinem Geld. Wir sind um sechs Uhr wieder zu Hause.
Viele Grüße
Dein Thomas

Liebe Mama!
Ich bin mit meinen beiden Freundinnen ins Schwimmbad gegangen. Um fünf bin ich wieder zu Hause. Bitte mach Dir keine Sorgen, ich ertrinke schon nicht!
Noch herzliche Grüße
Deine Claudia

4.2 Weiterführung

In der folgenden Deutschstunde lesen die Schüler ihre Texte vor und berichten, was ihre Mütter dazu gesagt haben. Bei Bedarf werden Ergänzungen, Änderungen oder Korrekturen durchgeführt.

Herstellen appellierender Texte

Gestaltungsaufgabe: *Entwerfen eines Entschuldigungsschreibens*

Thema: *Bus verpaßt*

Stufe: *4. Schuljahr*

1. Didaktische Information

1.1 Das Entschuldigungsschreiben ist eine *gemäßigte oder verdeckte Appellationsform*. Der Appell wird nicht, wie beispielsweise bei einer Bitte, einer Aufforderung, einer Mahnung, einem Befehl u. dgl., direkt sprachlich artikuliert, sondern Leser/Hörer müssen den Appell aus einer gegebenen Information ableiten.

1.2 Auf die folgende Unterrichtsthematik bezogen, bedeutet dies: Der Schreiber informiert einen Adressaten darüber, daß er den Bus verpaßt hat und dadurch einer Einladung nicht nachkommen konnte. Er appelliert damit an Einsicht und Verständnis des Adressaten für sein vermeintlich unkameradschaftliches Verhalten.

1.3 Sollen Kenntnisse und Fertigkeiten zur Herstellung appellativer Texte im Unterricht vermittelt werden, kann nur in den seltensten Fällen ein realer Schreibanlaß genutzt oder abgewartet werden. Wir halten es daher didaktisch für unbedenklich, in der nachstehenden Lernsequenz fiktive Schreibanlässe durch Vorgabe solcher Situationen zu schaffen, wie sie in der Lebensrealität eines Kindes jederzeit auftreten können.

1.4 Die Schreibanlässe dieser Unterrichtseinheit sind *nach geschlechtsspezifischen Gesichtspunkten differenziert:* Mädchen entschuldigen sich für eine versäumte Geburtstagsfeier, Jungen für ein verpaßtes Fußballspiel. Diese Maßnahme ist zur Vermeidung unrealistischer und wenig motivierender Schreibanforderungen unumgänglich.

2. Grobziel und Lernzielkontrolle

2.1 Abfassen eines Entschuldigungsschreibens, in dem beim Adressaten um Verständnis für ein vermeintliches Fehlverhalten geworben wird.

2.2 Die Aufgabenstellung gilt als bewältigt, wenn Leser/Hörer des Entschuldigungsschreibens den Eindruck gewinnen, daß ein entschuldbares Versäumnis des Textautors vorliegt.

3. Lernhilfen

Tafeltexte: Stichwortmaterial zu möglichen Briefinhalten, beispielhafter Briefbogen; Arbeitsblätter: leere Briefbogen; ausgewählte Schülerarbeiten; Episkop

4. Verlauf des Unterrichts

4.1 Erste und zweite Stunde: Herstellen eines Entschuldigungsschreibens

Lernziele:

Die Schüler sollen

— Vorschläge zur Lösung einer Problemsituation unterbreiten;
— Inhalt, Sprache und Form eines Entschuldigungsschreibens kennenlernen;
— mündlich und schriftlich einen Entschuldigungsbrief herstellen;
— an Beispieltexten positive und negative Merkmale des Inhalts, der Sprache und der äußeren Gestaltung aufzeigen.

4.11 Einstieg/Motivation (ca. 10')

Lehrerdarbietung:

a) an die *Mädchen* adressiert:

Karin hat vor einer Woche von ihrer Freundin Sylvia eine schriftliche Einladung zu einer Geburtstagsfeier erhalten. Sylvia wohnt in einem entfernten Stadtteil (Nachbarort). Karin will mit dem Bus zu ihr fahren. Als sie an jenem Nachmittag zur Bushaltestelle kommt, ist der Bus bereits abgefahren. Sie sieht auf dem Fahrplan nach und stellt fest, daß der nächste Bus erst in zwei Stunden fährt. Aber dann ist die Geburtstagsfeier bereits zu Ende! Traurig und enttäuscht geht sie nach Hause und überlegt: „Was wird Sylvia nun von mir denken? . . .“

b) an die *Jungen* adressiert:

Bernd hat mit seinem Freund Jürgen, der in einem entfernten Nachbarort wohnt, vereinbart, daß er am Nachmittag beim Fußballspiel der E-Jugend Torwart spielt. Als Bernd zur Bushaltestelle kommt, sieht er den Bus eben um eine Häuserecke biegen. Verpaßt! Ärgerlich sieht er auf den Fahrplan. So etwas Dummes! Der nächste Bus fährt erst in einer Stunde. Dann ist das Fußballspiel wahrscheinlich schon zu Ende! Verärgert geht er nach Hause zurück und erzählt seiner Mutter von dem Mißgeschick.

Spontane Schüleräußerungen zur Lösung der Problemlage. Als eine unter mehreren Möglichkeiten schlagen die Schüler das Schreiben eines Entschuldigungsbriefes vor, in dem Karin bzw. Bernd ihr Verhalten den Freunden erklären.

Tafelanschrift:

Entschuldigungsbrief

4.12 Erarbeitung (ca. 50')

Teilziel 1: Erarbeiten möglicher Briefinhalte

L: Versetzt euch in die Lage von Karin und Bernd! Was werden Sylvia und Jürgen von den beiden wissen wollen?

Im gelenkten Unterrichtsgespräch werden folgende Gesichtspunkte erarbeitet und an der Tafel fixiert:

Warum ich der Einladung nicht folgen konnte

- unterwegs zur Haltestelle getändelt – Schaufenster angesehen – gebummelt
- Bekannte getroffen – geredet – unterhalten
- Verkehrsstau – warten müssen – geschimpft
- Verkehrsunfall – Straße gesperrt – geschaut
- Mutter beim Spülen geholfen – zu spät weggegangen
- Geburtstagsgeschenk gekauft – gesucht – vergessen
- Fußballschuhe, Trikot liegengelassen – zurückgelaufen
- zu Hause gespielt – zu spät weggegangen.
- unterwegs ausgerutscht – gestolpert – hingefallen – Knie verletzt – Fuß verstaucht
- Bus zu früh abgefahren
- meine Uhr ging falsch

...

Teilziel 2: Erarbeiten der Form des Briefbogens

Sofern die Beschriftung des Briefbogens bekannt ist, wird sie kurz wiederholt. Andernfalls erläutern die Schüler an folgendem Tafelbild äußere Merkmale eines Briefes und nennen Beispiele für unterschiedliche Anreden, Gruß- und Schlußformeln.

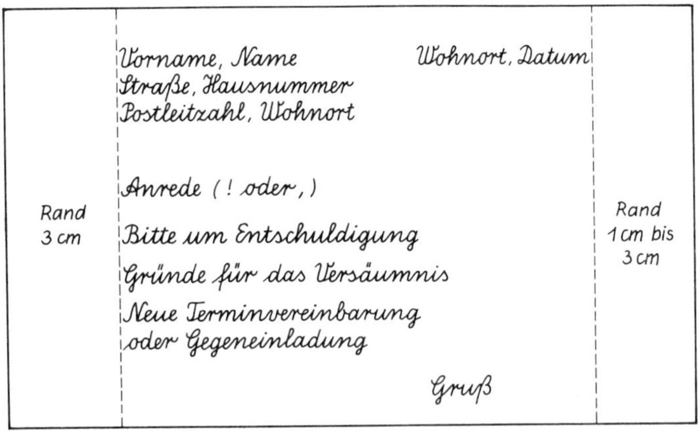

Teilziel 3: Mündliche Gestaltungsversuche

Mehrere Schüler stellen mündliche Texte her, die Mitschüler beurteilen und bewerten sie nach ihrer inhaltlichen und sprachlichen Angemessenheit.

Teilziel 4: Herstellen eines Entschuldigungsschreibens in Allein-, Partner- oder Gruppenarbeit

Leere Briefbogen werden zur Bearbeitung verteilt.

4.13 Verarbeitung (ca. 30')

Teilziel 1: Besprechen und Beurteilen ausgewählter Schülerarbeiten

Die Texte werden mit Hilfe des Episkops der Klasse veranschaulicht. Die Autoren lesen sie vor. Die Mitschüler bewerten sie hinsichtlich

— ihrer *inhaltlichen Gestaltung:* Wurden hinreichende und einsichtige Gründe zur Entschuldigung des Versäumnisses genannt?

— ihrer *sprachlichen Bewältigung:* Treffende Wortwahl, Richtigkeit und Verständlichkeit des Satzbaues, freundlicher Tonfall, Orthographie und Interpunktion;

— ihrer *äußeren Gestaltung:* Schriftbild, Einhaltung der Ränder und Abstände bei der Textanordnung.

Teilziel 2: Überarbeitung und Korrektur der Entwürfe/Neufassungen

Gestaltungsaufgabe: *Entwerfen eines Beschwerdeschreibens*

Thema: *Mehr Schwimmunterricht!*

Stufe: *4. Schuljahr*

1. Didaktische Information

1.1 Das Beschwerdeschreiben gehört neben der Kaufwerbung, der Werbung für Vorhaben, Meinungen und Ideen, der Warnung, dem Befehl u. a. zu den *eindringlicheren Appellationsformen.* Der Textverfasser will durch gezielten Einsatz entsprechender sprachlicher Mittel den Adressaten zu einer Aktion veranlassen.

1.2 Für die vorliegende Unterrichtsthematik bedeutet dies: Mit Hilfe des Beschwerdeschreibens an den Rektor einer Schule wollen Schüler eines *4. Schuljahres* erreichen, daß ihr Sportlehrer dem Schwimmunterricht einen breiteren Raum als bisher einräumt. Ihre Intention ist, schwache und/oder schlechte Argumente ihres Sportlehrers gegen den Schwimmunterricht durch eigene stichhaltigere Argumente für den Schwimmunterricht zu entkräften.

1.3 Der fiktive Schreibanlaß der folgenden Unterrichtseinheit steht exemplarisch für zahlreiche ähnlich gelagerte Fälle des schulischen Alltags. Die didaktisch-methodische Konzeption läßt sich mühelos auf andere Themenkreise transferieren, z. B.:

— Wir wollen weniger Hausaufgaben!

— Wir wollen Herrn/Frau N. als Klassenlehrer/in behalten!

— Am Wandertag möchten wir N. besichtigen!

— Wir wollen ein modernes Kinderbuch im Deutschunterricht lesen!
Usw.

Primäre didaktische Intention ist die Vermittlung grundlegender Kenntnisse und Erfahrungen bei der Herstellung einer gesteigerten appellativen Textsorte; die Frage nach dem Realitätsbezug des Schreibanlasses ist zweitrangig. Selbstverständlich sollte, wo immer möglich, ein *realer Schreibanlaß* seiner größeren Motivationswirkung wegen genutzt werden. Stellt er sich nicht ein, wird die übergeordnete Unterrichtszielsetzung durch Schaffung eines *fiktiven Schreibanlasses*, wie es in der nachfolgenden Lernsequenz geschieht, keineswegs gefährdet.

2. Grobziel und Lernzielkontrolle

2.1 Herstellen von Beschwerdeschreiben zur Durchsetzung eigener Ziele, Wünsche und Absichten.

2.2 Bei der Herstellung von mündlichen und schriftlichen Beschwerdetexten werden inhaltliche, sprachliche und formale Gesetzmäßigkeiten der Gestaltung in einer Weise beachtet und angewendet, daß sich der Textempfänger zur Handlung im Sinne des Autors veranlaßt sieht.

3. Lernhilfen

Abzüge eines Negativbeispiels zu einem Beschwerdeschreiben; Tafelbild: Stichwörter, beispielhafter Briefbogen

4. Verlauf des Unterrichts

4.1 Erste und zweite Stunde: Inhalt und Form eines Beschwerdeschreibens

Lernziele:

Die Schüler sollen

— Möglichkeiten zur Lösung einer Konfliktsituation aufzeigen;
— negative Merkmale eines vorgegebenen Beschwerdeschreibens erkennen und benennen;
— Vorschläge zur effektiven Gestaltung eines Beschwerdeschreibens unterbreiten;
— Argumente für und wider den Schwimmunterricht zusammentragen;
— äußere Form und inhaltliche Schwerpunkte des Beschwerdeschreibens kennenlernen und bei mündlichen und schriftlichen Gestaltungsversuchen anwenden.

Phase/Zeit	*Mögliches Unterrichtsgeschehen*	*Didaktisch-method. Kommentar/Medien*
Motivation ca. 15'—20'	*Lehrervortrag:* Ich möchte euch heute von einer Begebenheit berichten, die sich an einer Nachbarschule zugetragen hat. Macht euch Gedanken darüber und nehmt nachher Stellung dazu! Die Schüler der Klasse 4b stellen fest, daß ihre Parallelklasse häufig in der Sportstunde zum Schwimmen geht, während sie selbst nur äußerst selten ins Schwimmbad dürfen. Als sie ihrem Sportlehrer Blum den Wunsch nach mehr Schwimmunterricht vortragen, lehnt dieser ab: Boden- und Geräteturnen oder Leichtathletik	Vorgabe einer fiktiven Situation, aus der Problemstellung, Sprech- und Schreibanlaß resultieren

Phase/Zeit	Mögliches Unterrichtsgeschehen	Didaktisch-method. Kommentar/Medien
	seien wichtiger als Schwimmen. Überhaupt sei es viel zu gefährlich, wenn ein Lehrer einer ganzen Klasse Schwimmunterricht erteile. Wenn einem Nichtschwimmer etwas zustoße, trage der Lehrer die ganze Verantwortung. Damit sei für ihn die Diskussion ein für allemal beendet.	
	Spontane und ungelenkte Schüleräußerungen zum Verhalten des Sportlehrers Blum; Vorschläge zu Gegenmaßnahmen; u. a. wird auch die Möglichkeit eines Beschwerdeschreibens an den Rektor der Schule genannt.	Es ist reichlich Gelegenheit zur Diskussion der Konfliktsituation zu garantieren, da sich die SS hierbei mit den Argumenten des Sportlehrers vertraut machen können.
	Beschwerdeschreiben	*Tafelanschrift*
Erarbeitung ca. 70'—75'	*Teilziel 1: Kritische Analyse eines Fehlerbeispiels in Gruppenarbeit*	
	L: Einige Schüler der Klasse 4 b trafen sich am Nachmittag und setzten ein Beschwerdeschreiben auf. Ich habe es vervielfältigt. Besprecht es in Gruppen und stellt fest, ob es so in Ordnung ist!	Arbeitsauftrag

Sehr geehrter Herr Rektor!
Wir dürfen bei Herrn Blum nicht ins Schwimmbad. Er sagt, das wäre ihm viel zu gefährlich. Die 4 a darf aber jede Woche einmal zum Schwimmen. Das macht uns auch großen Spaß. Bitte, sorgen Sie dafür, daß wir auch Schwimmunterricht haben.

Die Kinder von
der 4 b

Abzüge eines in Form und Inhalt fehlerhaften Beispieltextes

Gruppenarbeit oder Partnerarbeit

Teilziel 2: Auswerten der Arbeitsergebnisse

Es wird herausgearbeitet, daß

- in dem Beschwerdeschreiben lediglich der Wunsch nach mehr Schwimmunterricht und Herrn Blums ablehnende Haltung dazu vorgetragen werden;
- es erforderlich ist, dem Rektor eigene stichhaltige Gründe für mehr Schwimmunterricht vorzutragen; — Gelenktes Unterrichtsgespräch
- Form und Textanordnung eines Briefbogens berücksichtigt werden müssen (Briefkopf, Datum, Abstände, Ränder, Grußformel).

Teilziel 3: Sammeln und Sichern von Argumenten für und wider den Schwimmunterricht

Herrn Blums Gründe <u>gegen</u> den Schwimmunterricht:
- Bodenturnen, Geräteturnen und Leichtathletik sind wichtiger
- Schwimmen mit einer ganzen Klasse ist zu gefährlich

Unsere Gründe <u>für</u> den Schwimmunterricht:
- Schwimmen macht Spaß
- Schwimmen macht den Sportunterricht abwechslungsreicher
- Schwimmen fördert unsere Gesundheit
- Schwimmen kann vor dem Ertrinken retten
- mehr Aufsichtspersonen: ein zweiter Lehrer, der Bademeister, unsere Eltern

Tafelanschrift, die den Rohtext für die nachfolgenden mündlichen und schriftlichen Gestaltungsversuche bereitstellt.

Teilziel 4: Inhalt und Form des Beschwerdebriefes

Ein vorbereitetes *Tafelbild* mit einem unbeschrifteten Briefbogen wird gezeigt. Anmerkungen zu Form und Inhalt werden ergänzt:

Rand 3 cm	Klasse 4b — Ort, den ... Sehr geehrter Herr Rektor! Kurze Erklärung des Sachverhalts Die Gründe von Lehrer Blum Unsere Gründe für den Schwimmunterricht Abschließende Bitte um mehr Schwimmunterricht Viele Grüße Klasse 4b	Rand 1 cm oder etwas mehr

Gelenktes Unterrichtsgespräch, in dessen Verlauf das *Tafelbild* vervollständigt wird

Teilziel 5: Mündliche Gestaltungsversuche

Die Mitschüler weisen auf negative und positive Elemente

— des Inhalts (treffende und ausreichende Argumente)

— der Sprache (Wortwahl, richtiger und verständlicher Satzbau) hin,

nehmen kritisch Stellung und unterbreiten ggf. Verbesserungsvorschläge.

An den mündlichen Texten läßt sich feststellen, ob die SS in der Lage sind, stichhaltige Argumente in verständlicher Sprachfassung vorzubringen.

Teilziel 6: Herstellen schriftlicher Entwürfe in Partner- oder Gruppenarbeit

Während der Textherstellung geht der L in der Klasse umher, berät und hilft insbesondere schwachen Schülergruppen.

Die fertigen Entwürfe werden eingesammelt.

4.2 Weiterführung

Der Lehrer liest die Entwürfe mindestens zweimal sorgfältig durch, korrigiert grobe stilistische und rechtschriftliche Mängel und versieht

— *gelungene Entwürfe* mit einer knappen *Verbalbeurteilung,* die die erbrachte sprachliche Leistung würdigt.

Beispiel:

Sehr geehrter Herr Rektor!

Wir möchten Sie herzlich bitten, daß wir mehr Schwimmunterricht bekommen. Unser Lehrer meint, Leichtathletik, Bodenturnen und Geräteturnen seien wichtiger. Wir wollen aber den Schwimmunterricht, weil das Spaß macht und auch gut für unsere Gesundheit ist. Wenn man schwimmen kann, kann man sich vor dem Ertrinken retten, wenn man einmal in einen Fluß oder in einen See fällt. Ein paar Kinder aus unserer Klasse müssen aber das Schwimmen erst noch lernen. Jede Woche kann ja auch ein Vater von uns mitgehen, wenn es Herrn Blum allein mit der Klasse zu gefährlich ist.

Bitte, sorgen Sie dafür, daß wir jede Woche wenigstens einmal ins Schwimmbad gehen.

Mit freundlichen Grüßen
Klasse 4 b

Verbalbeurteilung:

Ihr führt ausreichend viele und einsichtige Gründe für mehr Schwimmunterricht in leicht verständlicher Weise an. Der Herr Rektor wird mit Sicherheit um Erfüllung eurer Wünsche bemüht sein.

— *mittelmäßige und unzulängliche Entwürfe* mit *Korrekturempfehlungen:*

Beispiele:

Sehr geehrter Herr Rektor!

Wir möchten Ihnen mitteilen, daß wir gern mehr Schwimmunterricht hätten. Schwimmen ist gut für die Gesundheit, und es macht Spaß. Natürlich rettet es auch vor dem Ertrinken. Es gibt bei uns Kinder, die noch nicht richtig schwimmen können. Sie wollen es aber lernen.

Viele Grüße von der
Klasse 4 b

Korrekturempfehlung:

Ihr habt recht ausführlich und gut verständlich die Gründe für mehr Schwimmunterricht dargelegt. Ihr habt aber die Gründe eures Sportlehrers gegen den Schwimmunterricht nicht genannt. Das solltet ihr noch nachholen!

Sehr geehrter Herr Rektor!

Mit diesem Schreiben möchten wir Ihnen sagen, daß wir zu wenig Schwimmunterricht haben. Unsere Klasse besteht darauf, daß Sie uns mehr Schwimmunterricht geben.

Mit freundlichen Grüßen

die Klasse 4b

Korrekturempfehlung:

Ihr bringt weder die Gründe eures Sportlehrers gegen den Schwimmunterricht noch eure Gründe für mehr Schwimmunterricht zur Sprache. Wahrscheinlich wird der Herr Rektor bei euch die genauen Gründe erfragen oder um ein neues Schreiben bitten, in dem die Gründe aufgeführt sind. Versucht jetzt einmal, ein ausführliches Schreiben aufzusetzen!